2022

화 학

9급 지방직 · 고졸 채용을 위한
기술직 공무원 합격 완벽 대비서

TECH BIBLE

기출이 답이다

SD에듀
㈜시대고시기획

Always with you

사람이 길에서 우연하게 만나거나 함께 살아가는 것만이 인연은 아니라고 생각합니다.
책을 펴내는 출판사와 그 책을 읽는 독자의 만남도 소중한 인연입니다.
SD에듀는 항상 독자의 마음을 헤아리기 위해 노력하고 있습니다.
늘 독자와 함께 하겠습니다.

PREFACE

머리말

이 책은 공무원 시험을 준비하는 수험생들을 위하여 집필하게 되었습니다. 9급 공무원 화학 과목을 준비하는데 다소 많은 내용 혹은 7급까지 대비를 마련해 놓은 기존의 책들과 다르게 9급에 나오는 주요 내용만을 최대한 담으려고 노력하였습니다.

화학문제는 대부분은 현 고등학교 교육과정 수준의 문제이나 일부 문제의 경우 일반화학에만 나오는 내용이 포함되어 있으며, 기존의 교육과정에서 다루는 내용이나 현재는 바뀐 내용도 일부 포함되어 있습니다.

시험에 나왔던 혹은 나올 가능성이 있는 개념을 중점으로 하고, 화학에 기초가 없는 학생들을 위하여 기본적인 개념을 수록하되 시험 출제 경향에 맞게 핵심이론을 상세하게 작성하였습니다. 시험의 출제 빈도 등에 따라 단원을 배치하여 시험 준비에 편리함을 가지도록 하였으며, 기출된 개념의 빈도수를 연도별로 분석하여 시험 준비를 원활하게 할 수 있도록 하였습니다.

한 번만 출제된 일부 개념의 경우 이론 부분에 담지 못한 경우도 있고 이 책을 보게 될 수험생 모두를 만족시킬 수는 없겠지만 이 책이 합격에 많은 도움이 되기를 기원합니다.

이 책이 출판되기까지 애써주신 SD에듀 편집진 및 모든 분들에게 감사드립니다.

편저자 정 지 수

🧪 기술직 공무원의 업무

기계, 전기, 화공, 농업, 토목, 건축, 전산 등 각 분야에 대한 전문적이고 기술적인 업무를 수행

🧪 응시자격

▶ 9급채용 응시연령 : 18세 이상(고졸자 경력경쟁임용시험은 조기 입학한 17세 해당자도 응시 가능)

▶ 국가공무원법 제33조 및 지방공무원법 제31조(결격사유), 국가공무원법 제74조 및 지방공무원법 제66조(정년)에 해당되는 자 또는 지방공무원 임용령 제65조(부정행위자 등에 대한 조치) 및 부패방지 및 국민권익위원회의 설치와 운영에 관한 법률 제82조(비위면직자 등의 취업제한) 등 관계법령에 의하여 응시자격이 정지된 자는 응시할 수 없음

국가공무원법 제33조, 지방공무원법 제31조(결격사유)

- 피성년후견인

- 파산선고를 받고 복권되지 아니한 자

- 금고 이상의 형을 선고받고 그 집행이 종료되거나 집행을 받지 아니하기로 확정된 후 5년이 지나지 아니한 자

- 금고 이상의 형을 선고받고 그 집행유예 기간이 끝난 날부터 2년이 지나지 아니한 자

- 금고 이상의 형의 선고유예를 선고받고 그 선고유예 기간 중에 있는 자

- 법원의 판결 또는 다른 법률에 따라 자격이 상실되거나 정지된 자

- 공무원으로 재직기간 중 직무와 관련하여 형법 제355조(횡령, 배임) 및 제356조(업무상의 횡령과 배임)에 규정된 죄를 범한 사람으로서 300만원 이상의 벌금형을 선고받고 그 형이 확정된 후 2년이 지나지 아니한 자

- 성폭력범죄의 처벌 등에 관한 특례법 제2조에 규정된 죄를 범한 사람으로서 100만원 이상의 벌금형을 선고받고 그 형이 확정된 후 3년이 지나지 아니한 자

- 미성년자에 대한 다음의 어느 하나에 해당하는 죄를 저질러 파면 · 해임되거나 형 또는 치료감호를 선고받아 그 형 또는 치료감호가 확정된 자(집행유예를 선고받은 후 그 집행유예 기간이 경과한 자를 포함한다)
  - 성폭력범죄의 처벌 등에 관한 특례법 제2조에 따른 성폭력범죄
  - 아동 · 청소년의 성보호에 관한 법률 제2조제2호에 따른 아동 · 청소년대상 성범죄

- 징계로 파면처분을 받은 때부터 5년이 지나지 아니한 자

- 징계로 해임처분을 받은 때부터 3년이 지나지 아니한 자

EXAM GUIDE

▶ 거주지 제한(지방직 공무원, 아래의 요건 중 하나를 충족하여야 함)

  – 매년 1월 1일 이전부터 최종시험(면접시험)일까지 계속하여 응시지역에 주민등록상 주소지 또는 국내거소신고(재외국민에 한함)가 되어 있는 자

    📢 동 기간 중 주민등록의 말소 및 거주 불명으로 등록된 사실이 없어야 함

    📢 재외국민(해외영주권자)의 경우 위 요건과 같고 주민등록 또는 국내거소신고 사실증명으로 거주한 사실을 증명함

  – 매년 1월 1일 이전까지 주민등록상 주소지 또는 국내거소신고(재외국민에 한함)가 응시지역으로 되어 있었던 기간을 모두 합산하여 총 3년 이상인 자

    📢 각 시 · 도에 따라 다를 수 있음

🏺 시험방법

▶ 제1 · 2차 시험(병합실시) : 선택형 필기시험(과목별 20문항, 4지택일형)

  📢 서류전형 : 필기시험 합격자에 한해 서면으로 실시(응시자격, 가산점 등)

▶ 제3차 시험 : 면접시험(필기시험 합격자 중 서류전형 합격자)

🏺 가산점

▶ 가산점 적용대상자 및 가산점 비율표

구 분	가산비율	비 고
취업지원대상자	과목별 만점의 10% 또는 5%	· 취업지원대상자 가점과 의사상자 등 가점은 1개만 적용 · 취업지원대상자/의사상자 등 가점과 자격증 가산점은 각각 적용
의사상자 등	과목별 만점의 5% 또는 3%	
직렬별 가산대상 자격증 소지자	과목별 만점의 3~5% (1개의 자격증만 인정)	

  📢 세부 사항은 변경될 수 있으니 원서접수 홈페이지를 확인하시기 바랍니다.

▶ 기술직 가산점

구 분	9급	
	기술사, 기능장, 기사, 산업기사	기능사
가산비율	5%	3%

  📢 폐지된 자격증으로서 국가기술자격법령 등에 따라 그 자격이 계속 인정되는 자격증은 가산대상 자격으로 인정됨

이 책의 구성과 특징

01

핵심이론

필수적으로 학습해야 하는 중요한 이론들을 각 과목별로 분류하여 수록하였습니다. 시험에 꼭 나오는 이론을 중심으로 효과적으로 공부할 수 있습니다.

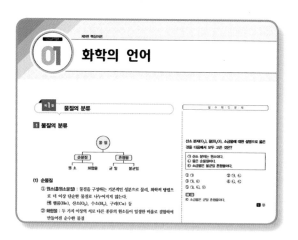

02

적중예상문제

실제 과년도 기출문제와 유사문제를 단원별로 수록하여 실전에 대비할 수 있도록 하였습니다. 상세한 해설을 통해 핵심이론에서 학습한 중요 개념과 내용을 한 번 더 확인할 수 있습니다.

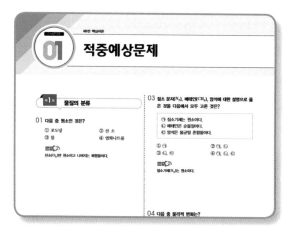

03

최근 기출문제

최근에 출제된 기출문제로 가장 최신의 출제경향을 파악하고 새롭게 출제된 문제의 유형을 익혀 처음 보는 문제도 모두 맞출 수 있도록 하였습니다.

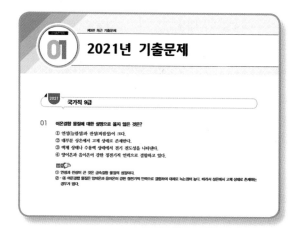

표 준 주 기 율 표
Periodic Table of the Elements

표기법:

원자 번호
기호
원소명(국문)
원소명(영문)
일반 원자량
표준 원자량

1	2	3	4	5	6	7	8	9	10	11	12	13	14	15	16	17	18
1 **H** 수소 hydrogen 1.008 [1.0078, 1.0082]																	2 **He** 헬륨 helium 4.0026
3 **Li** 리튬 lithium 6.94 [6.938, 6.997]	4 **Be** 베릴륨 beryllium 9.0122											5 **B** 붕소 boron 10.81 [10.806, 10.821]	6 **C** 탄소 carbon 12.011 [12.009, 12.012]	7 **N** 질소 nitrogen 14.007 [14.006, 14.008]	8 **O** 산소 oxygen 15.999 [15.999, 16.000]	9 **F** 플루오린 fluorine 18.998	10 **Ne** 네온 neon 20.180
11 **Na** 소듐 sodium 22.990	12 **Mg** 마그네슘 magnesium 24.305 [24.304, 24.307]											13 **Al** 알루미늄 aluminium 26.982	14 **Si** 규소 silicon 28.085 [28.084, 28.086]	15 **P** 인 phosphorus 30.974	16 **S** 황 sulfur 32.06 [32.059, 32.076]	17 **Cl** 염소 chlorine 35.45 [35.446, 35.457]	18 **Ar** 아르곤 argon 39.948
19 **K** 포타슘 potassium 39.098	20 **Ca** 칼슘 calcium 40.078(4)	21 **Sc** 스칸듐 scandium 44.956	22 **Ti** 타이타늄 titanium 47.867	23 **V** 바나듐 vanadium 50.942	24 **Cr** 크로뮴 chromium 51.996	25 **Mn** 망가니즈 manganese 54.938	26 **Fe** 철 iron 55.845(2)	27 **Co** 코발트 cobalt 58.933	28 **Ni** 니켈 nickel 58.693	29 **Cu** 구리 copper 63.546(3)	30 **Zn** 아연 zinc 65.38(2)	31 **Ga** 갈륨 gallium 69.723	32 **Ge** 저마늄 germanium 72.630(8)	33 **As** 비소 arsenic 74.922	34 **Se** 셀레늄 selenium 78.971(8)	35 **Br** 브로민 bromine 79.904 [79.901, 79.907]	36 **Kr** 크립톤 krypton 83.798(2)
37 **Rb** 루비듐 rubidium 85.468	38 **Sr** 스트론튬 strontium 87.62	39 **Y** 이트륨 yttrium 88.906	40 **Zr** 지르코늄 zirconium 91.224(2)	41 **Nb** 나이오븀 niobium 92.906	42 **Mo** 몰리브데넘 molybdenum 95.95	43 **Tc** 테크네튬 technetium	44 **Ru** 루테늄 ruthenium 101.07(2)	45 **Rh** 로듐 rhodium 102.91	46 **Pd** 팔라듐 palladium 106.42	47 **Ag** 은 silver 107.87	48 **Cd** 카드뮴 cadmium 112.41	49 **In** 인듐 indium 114.82	50 **Sn** 주석 tin 118.71	51 **Sb** 안티모니 antimony 121.76	52 **Te** 텔루륨 tellurium 127.60(3)	53 **I** 아이오딘 iodine 126.90	54 **Xe** 제논 xenon 131.29
55 **Cs** 세슘 caesium 132.91	56 **Ba** 바륨 barium 137.33	57-71 란타넘족 lanthanoids	72 **Hf** 하프늄 hafnium 178.49(2)	73 **Ta** 탄탈럼 tantalum 180.95	74 **W** 텅스텐 tungsten 183.84	75 **Re** 레늄 rhenium 186.21	76 **Os** 오스뮴 osmium 190.23(3)	77 **Ir** 이리듐 iridium 192.22	78 **Pt** 백금 platinum 195.08	79 **Au** 금 gold 196.97	80 **Hg** 수은 mercury 200.59	81 **Tl** 탈륨 thallium 204.38 [204.38, 204.39]	82 **Pb** 납 lead 207.2	83 **Bi** 비스무트 bismuth 208.98	84 **Po** 폴로늄 polonium	85 **At** 아스타틴 astatine	86 **Rn** 라돈 radon
87 **Fr** 프랑슘 francium	88 **Ra** 라듐 radium	89-103 악티늄족 actinoids	104 **Rf** 러더포듐 rutherfordium	105 **Db** 두브늄 dubnium	106 **Sg** 시보귬 seaborgium	107 **Bh** 보륨 bohrium	108 **Hs** 하슘 hassium	109 **Mt** 마이트너륨 meitnerium	110 **Ds** 다름슈타튬 darmstadtium	111 **Rg** 뢴트게늄 roentgenium	112 **Cn** 코페르니슘 copernicium	113 **Nh** 니호늄 nihonium	114 **Fl** 플레로븀 flerovium	115 **Mc** 모스코븀 moscovium	116 **Lv** 리버모륨 livermorium	117 **Ts** 테네신 tennessine	118 **Og** 오가네손 oganesson

57 **La** 란타넘 lanthanum 138.91	58 **Ce** 세륨 cerium 140.12	59 **Pr** 프라세오디뮴 praseodymium 140.91	60 **Nd** 네오디뮴 neodymium 144.24	61 **Pm** 프로메튬 promethium	62 **Sm** 사마륨 samarium 150.36(2)	63 **Eu** 유로퓸 europium 151.96	64 **Gd** 가돌리늄 gadolinium 157.25(3)	65 **Tb** 터븀 terbium 158.93	66 **Dy** 디스프로슘 dysprosium 162.50	67 **Ho** 홀뮴 holmium 164.93	68 **Er** 어븀 erbium 167.26	69 **Tm** 툴륨 thulium 168.93	70 **Yb** 이터븀 ytterbium 173.05	71 **Lu** 루테튬 lutetium 174.97
89 **Ac** 악티늄 actinium	90 **Th** 토륨 thorium 232.04	91 **Pa** 프로트악티늄 protactinium 231.04	92 **U** 우라늄 uranium 238.03	93 **Np** 넵투늄 neptunium	94 **Pu** 플루토늄 plutonium	95 **Am** 아메리슘 americium	96 **Cm** 퀴륨 curium	97 **Bk** 버클륨 berkelium	98 **Cf** 캘리포늄 californium	99 **Es** 아인슈타이늄 einsteinium	100 **Fm** 페르뮴 fermium	101 **Md** 멘델레븀 mendelevium	102 **No** 노벨륨 nobelium	103 **Lr** 로렌슘 lawrencium

※ 출처 : 대한화학회(www.kcsnet.or.kr)

제 1 편

9급 국가직 · 지방직 · 고졸채용을 위한 합격 완벽 대비서

핵심이론

기술직

TECH BIBLE

화학

9급 국가직 · 지방직 · 고졸채용을 위한 합격 완벽 대비서

합격의 공식
시대에듀

▶

잠깐!

자격증 · 공무원 · 금융/보험 · 면허증 · 언어/외국어 · 검정고시/독학사 · 기업체/취업

이 시대의 모든 합격! 시대에듀에서 합격하세요!

www.youtube.com ➜ 시대에듀 ➜ 구독

CHAPTER 01 화학의 언어

제1절 물질의 분류

 물질의 분류

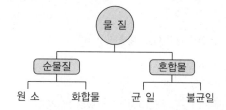

(1) 순물질

① 원소(홑원소물질) : 물질을 구성하는 기본적인 성분으로 물리, 화학적 방법으로 더 이상 단순한 물질로 나누어지지 않는다.

예 헬륨(He), 산소(O_2), 수소(H_2), 구리(Cu) 등

② 화합물 : 두 가지 이상의 서로 다른 종류의 원소들이 일정한 비율로 결합하여 만들어진 순수한 물질

예 포도당, 염화나트륨(NaCl), 물(H_2O), 암모니아(NH_3) 등

(2) 혼합물

① 균일 혼합물 : 순물질이 골고루 섞여 있는 혼합물

예 설탕물, 소금물, 공기, 합금 등

② 불균일 혼합물 : 순물질이 고르게 섞이지 않아 부분마다 성질이 다른 혼합물

예 흙탕물, 우유, 암석 등

산소 분자(O_2), 물(H_2O), 소금물에 대한 설명으로 옳은 것을 다음에서 모두 고른 것은?

㉠ 산소 분자는 원소이다.
㉡ 물은 순물질이다.
㉢ 소금물은 불균일 혼합물이다.

① ㉠
② ㉠, ㉡
③ ㉠, ㉢
④ ㉡, ㉢
⑤ ㉠, ㉡, ㉢

해설
㉢ 소금물은 균일 혼합물이다.

답 ②

다음 중 화학적 변화만을 모두 고른 것은?

> ㄱ. 얼음을 고온에서 녹인다.
> ㄴ. 나무를 불에 태운다.
> ㄷ. 음식물이 소화기관에서 분해된다.
> ㄹ. 바닷물을 증발시켜 소금을 얻는다.
> ㅁ. 물에 전류를 흘려 수소와 산소를 발생시킨다.
> ㅂ. 고무줄을 잡아당기면 늘어난다.

① ㄱ, ㄴ, ㅂ
② ㄴ, ㄷ, ㄹ
③ ㄴ, ㄷ, ㅁ
④ ㄹ, ㅁ, ㅂ

해설
ㄱ. 상태 변화이므로 물리적 변화이다.
ㄹ. 혼합물을 분리한 것이므로 물리적 변화이다.
ㅂ. 입자의 배치만 변한 것이므로 물리적 변화이다.
답 ③

다음 중 화학적 변화는?

① 설탕이 물에 녹았다.
② 물이 끓어 수증기가 되었다.
③ 옷장에서 나프탈렌이 승화하였다.
④ 상온에 방치된 우유가 부패하였다.

해설
①, ②, ③은 상태만 변한 것이므로 물리적 변화이다.
답 ④

다음 설명 중 옳지 않은 것은?

① 용액(Solution)은 균일한 혼합물이다.
② 분자 형태로 존재하는 원소가 있다.
③ 원자 형태로 존재하는 화합물이 있다.
④ 수소(^{1}H)와 중수소(^{2}H)는 서로 다른 원자이다.

해설
② H_2, N_2, O_2, F_2 등이 있다.
③ 화합물은 2가지 이상의 원소로 구성되므로 원자 형태로 존재하는 것은 불가능하다.
답 ③

---

(3) 물리적 변화와 화학적 변화

구 분	물리적 변화	화학적 변화
특 징	물질의 조성이나 성질이 바뀌지 않는다.	전혀 다른 물질로 변한다.
화학식 변화	없 음	있 음
예	상태변화, 혼합물의 분리 $H_2O(l) \rightarrow H_2O(g)$	연소, 전기분해 등의 화학반응 $2H_2O(l) \rightarrow 2H_2(g) + O_2(g)$

2 원자와 분자

(1) 원자(Atom) : 일정한 질량과 크기를 가지고 있으며 물질을 구성하는 가장 작은 입자

예 수소원자(H), 산소원자(O), 헬륨원자(He)

(2) 분자 : 물질의 고유한 성질을 가지는 가장 작은 입자

예 헬륨(He), 네온(Ne), 물(H_2O), 이산화탄소(CO_2), 암모니아(NH_3)

3 원소와 원자의 구분

원 소	원 자
성 분	입 자
종 류	개 수

> • 모든 분자는 화합물이다. (×) → 산소기체 같은 원소도 분자이다.
> • 모든 화합물은 분자이다. (×) → NaCl은 화합물이지만 분자가 아니다.
> • 화합물과 분자, 원소와 원자 등은 각각 다른 개념이므로 포함관계에 연결시켜 이해하지 않도록 한다.

제2절 원소기호와 원자량, 원소분석

1 원소기호

원소를 나타내는 기호로 주로 라틴어로 된 원소기호의 앞 글자 또는 두 번째
글자까지를 사용한다.
예 수소 : H(Hydrogen), 탄소 : C(Carbon), 산소 : O(Oxygen)

2 화학식

원소기호와 숫자를 사용하여 화합물을 이루고 있는 원자의 종류와 개수를 나타
낸 식이다. 먼저 화합물을 이루는 원소의 원소기호를 쓰고 원소기호 뒤에 아래
첨자로 원자의 개수를 적는다.
예 H_2O 물 분자는 수소원자 2개와 산소원자 1개로 이루어져 있다.

3 원자량

(1) **정의** : 질량수가 12인 탄소원자(^{12}C)를 기준으로 하여 비교한 상대적인 질량이다.

(2) **사용 이유** : ^{12}C 원자 1개의 실제 질량은 $19.99 \times 10^{-23}g$으로 매우 작다. 따라서
편리를 위해 이를 사용한다.

(3) 원자량은 실제로 정수가 아니므로 문제에서 무조건 주어지게 된다.

4 평균원자량

동위원소의 존재비율을 고려하여 나타낸 원자량의 평균값이다.
예 염소의 경우 질량수가 35, 37인 원소가 있으며 $^{35}_{17}Cl$가 75%, $^{37}_{17}Cl$가 25%
있다.

염소의 평균원자량은 $35 \times \dfrac{75}{100} + 37 \times \dfrac{25}{100} = 35.5$이다.

다음의 화합물 중에서 원소 X가 산소(O)일 가능성이 가장 낮은 것은?(단, O의 몰질량(g/mol)은 16이다)

화합물	ㄱ	ㄴ	ㄷ	ㄹ
분자량	160	80	70	64
원소 X의 질량 백분율(%)	30	20	30	50

① ㄱ   ② ㄴ
③ ㄷ   ④ ㄹ

해설
X의 질량을 계산하면 다음과 같다.
ㄱ. $160 \times 0.3 = 48g$
ㄴ. $80 \times 0.2 = 16g$
ㄷ. $70 \times 0.3 = 21g$
ㄹ. $64 \times 0.5 = 32g$
O의 원자량인 16의 배수가 아닌 'ㄷ'이 산소일 가능성이 가장 적다.

답 ③

질량 백분율이 N 64%, O 36%인 화합물의 실험식은?
(단, N, O의 몰질량(g/mol)은 각각 14, 16이다)

① N_2O ② NO
③ NO_2 ④ N_2O_5

해설
%농도를 100g으로 환산하면
$N : O = \dfrac{64}{14} : \dfrac{36}{16} \approx 4.5 : 2.25 = 2 : 1$이므로
실험식은 N_2O이다.

답 ①

어떤 화합물에 질량 기준으로 원소 A가 25%, 원소 B가 75% 포함되어 있다. 원소 B의 원자량이 원소 A의 원자량의 2배라면 이 화합물의 실험식은?

① A_3B_2 ② A_2B_3
③ A_2B ④ AB_2

해설
B원자량이 A원자량의 2배이므로 A의 원자량을 a라고 가정하면 $\dfrac{25}{a} : \dfrac{75}{2a} = 2 : 3$이므로 실험식은 A_2B_3이다.

답 ②

5 분자량

분자를 구성하는 원자들의 원자량의 총합을 말한다.
예 H_2O의 분자량은 18이다(원자량 $H = 1$, $O = 16$이라고 가정).

6 실험식과 분자식

(1) 실험식

① 물질을 이루는 구성 원소의 개수 비율을 가장 간단한 정수비로 나타낸 식이다.
② 분자가 아닌 물질(예 NaCl)을 나타내거나 분자를 가장 간단한 정수비로 약분한 것이다.
③ 실험식량은 실험식을 이루는 원자들의 원자량 합이다.

(2) 분자식

한 분자를 이루는 원자의 종류와 수를 나타낸 식이다.

구 분	물	벤 젠	염화나트륨	아세틸렌
분자식	$H_2O(18)$	$C_6H_6(78)$	분자가 아님	$C_2H_2(26)$
실험식	$H_2O(18)$	$CH(13)$	$NaCl$	$CH(13)$

7 질량 백분율로 분자식(실험식) 구하기

(1) 질량 백분율이 A원소 x%, B원소 y%인 경우

① 백분율의 합은 100이므로 100g으로 환산한다.
② 환산한 질량을 원자량으로 나누어 가장 간단한 정수비를 구한다.
③ 실험식량을 구한다.
④ 분자량이 주어진 경우 분자식을 구한다.

8 원소분석

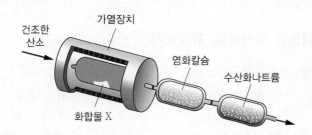

(1) 원소분석법

① C, H 또는 C, H, O로 이루어진 물질을 연소시킨다. 해당 물질은 완전 연소했다고 가정한다. 완전연소이므로 이산화탄소(CO_2)와 물(H_2O)만 생성된다.

② 염화칼슘($CaCl_2$) : 연소에서 나온 물(H_2O)을 흡수한다.

③ 수산화나트륨($NaOH$) : 연소에서 나온 이산화탄소(CO_2)를 흡수한다.

④ 수산화나트륨은 물과 이산화탄소를 모두 흡수 가능하므로 관의 위치를 바꾸어 실험을 수행할 수 없다.

(2) 원소분석으로 분자식 구하는 법

① 탄소의 질량 = 이산화탄소의 질량 × $\dfrac{12(\text{C의 원자량})}{44(CO_2\text{의 분자량})}$

② 수소의 질량 = 물의 질량 × $\dfrac{2(2 \times \text{H의 원자량})}{18(H_2O\text{의 분자량})}$

③ 산소의 질량 = 시료 전체의 질량 − (탄소의 질량 + 수소의 질량)

④ 실험식 구하기

$\dfrac{\text{C의 질량}}{12} : \dfrac{\text{H의 질량}}{1} : \dfrac{\text{O의 질량}}{16}$

⑤ 분자식 구하기(문제에서 조건을 줌)

실험식 × n

다음은 탄소(C)와 수소(H)만으로 구성된 화합물 X의 실험식을 구하는 과정이다. 이에 대한 설명으로 옳은 것은?(단, H, C, O의 원자량은 각각 1, 12, 16이다)

[실험 과정]

(가) 다음 그림과 같은 장치에 화합물 X 78mg을 넣고 산소를 충분히 공급하면서 가열하여 X를 완전 연소시킨다.

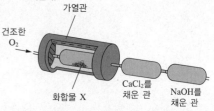

(나) 반응 후 염화칼슘($CaCl_2$)과 수산화나트륨($NaOH$)이 각각 들어 있는 관의 증가한 질량을 구한다.

[실험 결과]

구 분	$CaCl_2$를 채운 관	$NaOH$를 채운 관
증가한 질량(mg)	54	264

① 생성된 CO_2와 H_2O의 몰수비는 1 : 2이다.

② (가)에서 연소에 소모된 산소의 질량은 240mg이다.

③ $CaCl_2$를 채운 관과 $NaOH$를 채운 관의 위치를 맞바꿔도 실험결과는 동일하다.

④ X의 실험식은 CH_2이다.

해설

① 생성된 CO_2와 H_2O의 몰수 비는

$\dfrac{246\text{mg}}{44\text{g/mol}} : \dfrac{54\text{mg}}{18\text{g/mol}} = 2 : 1$이다.

③ $CaCl_2$와 $NaOH$의 순서를 바꾸면 $NaOH$가 이산화탄소와 물을 모두 흡수하므로 실험결과가 다르게 나온다.

④ C의 질량 : $264\text{mg} \times \dfrac{12}{44} = 72\text{mg}$

H의 질량 : $54\text{mg} \times \dfrac{2}{18} = 6\text{mg}$

실험식은 C : H = $\dfrac{72}{12} : \dfrac{6}{1} = 1 : 1$이므로 CH 이다.

답 ②

제3절 화학의 단위

1 세기성질과 크기성질, 유효숫자

(1) 세기성질 : 변화가 가능하고 계의 크기(물질의 양)에 무관한 물리적 성질이다.

　예 농도, 밀도, 녹는점, 끓는점, 전지전압, 반쪽 전지 환원 전위 등

(2) 크기성질 : 계의 크기에 비례하는 성질로 부분 계들의 성질의 합으로 나타낸다.

　예 질량, 부피, 열용량, 엔탈피 등

질량이 222.222g이고 부피가 20.0cm^{3}인 물질의 밀도를 올바른 유효숫자로 표시한 것은?

① 11.1111g/cm^3
② 11.111g/cm^3
③ 11.11g/cm^3
④ 11.1g/cm^3

해설

밀도 $= \dfrac{\text{질량}}{\text{부피}}$ 이므로 $\dfrac{222.222\text{g}}{20.0\text{cm}^3} = 11.1111\text{g/cm}^3$에서 곱셈의 유효숫자는 적은 것이 기준이므로 11.1g/cm^{3}이다.

답 ④

---

2 유효숫자

(1) 정의 : 측정이나 계산값에서 오차를 고려해도 신뢰할 수 있는 숫자

(2) 덧셈과 뺄셈 : 계산에 사용한 측정치 중에서 불확실한 숫자를 가장 왼쪽 소수점 자리에 가지고 있는 측정치를 사용한다.

　예 1.23×10^3g과 12.3g의 합을 계산하면 1,242.3g이 나오지만 첫 번째 질량에서 유효숫자가 십의 자리까지이므로 유효숫자를 고려한 값은 1.24×10^3g이다.

(3) 곱셈과 나눗셈 : 계산에 쓰인 측정치 중 유효숫자 개수가 가장 작은 수에 맞춘다.

　예 어떤 물체의 부피가 1.23cm^3, 질량이 1.23×10^3g일 때 밀도를 구하면 $\dfrac{\text{질량}}{\text{부피}}$

$= \dfrac{1.23 \times 10^3\text{g}}{1.23\text{cm}^3} = 1,000\text{g/cm}^3$이 나오지만 유효숫자는 3자리까지 타당성이 있으므로 1.00×10^3g/cm^{3}이 타당하다.

적중예상문제

제1절 물질의 분류

01 다음 중 원소인 것은?

① 포도당 ② 산 소
③ 물 ④ 염화나트륨

해석
산소(O_2)만 원소이고 나머지는 화합물이다.

02 다음 설명 중 옳은 것은?

① $NaCl$은 원소이다.
② 모든 화합물은 분자이다.
③ 소금물은 순물질이다.
④ 분자는 고유한 성질을 가진 입자이다.

해석
$NaCl$은 화합물이며 이온결합이므로 분자는 아니다. 소금은 혼합물이다.

03 질소 분자(N_2), 메테인(CH_4), 암석에 대한 설명으로 옳은 것을 다음에서 모두 고른 것은?

> ㉠ 질소기체는 원소이다.
> ㉡ 메테인은 순물질이다.
> ㉢ 암석은 불균일 혼합물이다.

① ㉠ ② ㉠, ㉡
③ ㉡, ㉢ ④ ㉠, ㉡, ㉢

해석
질소기체(N_2)는 원소이다.

04 다음 중 물리적 변화는?

① 물을 전기분해하였다.
② 드라이아이스가 승화하였다.
③ 메테인이 연소하였다.
④ 오존이 $CFCs$에 의해 분해되었다.

해석
물리적 변화는 상태변화이다.

05 다음 중 변화의 종류가 다른 것은?

① 전기분해 ② 연 소
③ 앙금생성반응 ④ 혼합물 분리

제2절 원소기호와 원자량, 원소분석

01 다음 중 분자량을 옳게 구한 것은?(단, $H=1$, $C=12$, $O=16$, $N=14$으로 가정한다)

① $H_2(1)$ ② $H_2O(16)$

③ $CO_2(44)$ ④ $NH_3(16)$

해설

분자량은 원자량의 합이다.
CO_2 = C원자 + (O원자 × 2)
  = 12 + (16 × 2) = 44

02 분자량이 92일 때 N 30%, O 70%인 화합물의 분자식은?

① NO   ② N_2O

③ N_2O_2 ④ N_2O_4

해설

$N : O = \dfrac{30}{14} : \dfrac{70}{16} \approx 1 : 2$ 이므로 실험식은 NO_2 이고 실험식량은 44 이므로 분자식은 N_2O_4 이다.

03 C와 H의 질량비가 12 : 1이고 분자량이 78인 물질의 분자식은?(단, 원자량 C=12, H=1이다)

① CH   ② CH_4

③ C_4H_{10} ④ C_6H_6

해설

$C : H = \dfrac{12}{12} : \dfrac{1}{1} = 1 : 1$ 실험식은 CH이며 실험식량은 13이므로 분자식은 C_6H_6 이다.

04 C, H, O로 이루어진 화합물 X에서 질량분석 결과 C의 질량 백분율은 40%, H의 질량백분율은 6.6%이다. 이 물질의 실험식은?(단, 원자량 $C=12$, $H=1$, $O=16$ 이다)

① CHO

② CH_2O

③ C_2H_4O

④ $C_6H_{12}O_6$

해설

$C : H : O = \dfrac{40}{12} : \dfrac{6.6}{1} : \dfrac{53.4}{16} = 1 : 2 : 1$

05 원소 분석 장치에 대한 설명으로 옳지 않은 것은?

① 염화칼슘관은 물을 흡수한다.
② 수산화나트륨관은 수산화칼륨관으로 교체할 수 있다.
③ 염화칼슘관과 수산화나트륨관은 순서를 바꿀 수 있다.
④ 불완전연소할 경우 C의 질량은 적게 측정된다.

해설

수산화나트륨은 물과 이산화탄소 모두 흡수하므로 순서를 바꾸면 실험에 오차가 생긴다.

1 ③ 2 ④ 3 ④ 4 ② 5 ③   정답

06 다음은 탄소와 수소만으로 이루어진 분자량이 44인 화합물 X의 실험식을 구하는 과정이다. 이에 대한 설명으로 옳은 것은?(단, 원자량 C = 12, H = 1, O = 16이다)

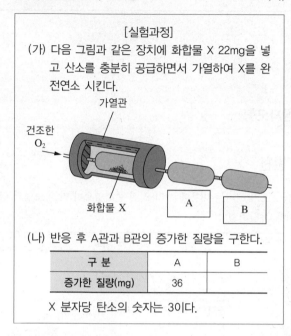

[실험과정]

(가) 다음 그림과 같은 장치에 화합물 X 22mg을 넣고 산소를 충분히 공급하면서 가열하여 X를 완전연소 시킨다.

(나) 반응 후 A관과 B관의 증가한 질량을 구한다.

구 분	A	B
증가한 질량(mg)	36	

X 분자당 탄소의 숫자는 3이다.

① 이 분자는 실험식과 분자식이 같다.
② A관은 이산화탄소를 흡수한다.
③ B관의 증가한 질량은 132mg이다.
④ 생성된 CO_2와 H_2O의 몰수는 1 : 1이다.

해설

C와 H로 이루어진 물질 중 분자량이 44인 것은 C_3H_8이므로 실험식과 분자식은 같으며 B관의 질량은 66mg 증가한다.

01 다음 중 물질의 양에 무관한 성질인 것은?

① 질 량   ② 비 열
③ 부 피   ④ 열용량

해설

세기성질인 것은 비열이다.

02 6.301g의 염화나트륨이 100.1g의 물에 용해되었을 때 용액의 무게는?

① 106g   ② 106.4g
③ 106.40g   ④ 106.401g

해설

덧셈에서 유효숫자는 측정치 중에서 불확실한 숫자를 가장 왼쪽 소수점 자리에 가지고 있는 측정치에 맞추어 반올림한다.

CHAPTER 02 원소의 주기성

수소 원자의 선스펙트럼을 설명할 수 있는 것만을 모두 고른 것은?

> ㄱ. 보어의 원자모형
> ㄴ. 러더퍼드의 원자모형
> ㄷ. 톰슨의 원자모형

① ㄱ
② ㄴ
③ ㄷ
④ ㄱ, ㄴ, ㄷ

해설
수소 원자의 선스펙트럼은 보어의 원자모형 이후에 나온 모형들만 설명이 가능하므로 ㄱ.만 가능하다.

답 ①

다음 그림은 원자모형의 변천 과정을 순서대로(A → B → C → D → E) 나타낸 것이다. 이에 대한 설명으로 옳지 않은 것은?

A   B   C   D   E

① A에서 B는 전자의 발견 때문이다.
② B에서 C는 원자핵의 발견 때문이다.
③ D 원자모형은 수소원자의 선스펙트럼을 잘 설명할 수 있다.
④ D에서 E는 양성자의 발견 때문이다.

해설
④ 불확정성의 원리 때문에 모형이 변경되었다.

답 ④

제1절 원자모형

1 원자모형의 변천

원자모형은 실험으로 밝혀지는 내용에 따라 점점 변하였으며 기존 모형의 단점을 보완하기 위해 등장하였다.

원자모형	모 양	주요 내용
돌 턴		원자는 더 이상 쪼개지지 않는다.
톰 슨		• 음극선실험(직진성, 입자성(질량), 전하) • 중요개념 : 전자 • (−)전하를 띤 전자들이 (+)전하를 띤 구형에 박혀 있는 모형이다.
러더퍼드		• α입자 산란실험 • 중요개념 : 원자핵 • 원자의 중심에 질량의 대부분을 차지하는 원자핵 주위를 전자가 도는 모형이다.
보 어		• 수소 선 스펙트럼 • 중요개념 : 전자껍질 • 전자가 원자핵 주위의 특정한 궤도(껍질) 위에만 있을 수 있고 껍질 이동 시에만 에너지가 변하는 모형이다.
현 대		• 다 전자 원자의 선 스펙트럼 • 중요개념 : 불확정성의 원리 • 전자의 위치를 정확하게 측정할 수 없으므로 전자의 위치를 확률로 나타내는 모형이다.

2 톰슨의 음극선실험

(1) 전자의 발견(톰슨, 1897년)

① 음극선 : 진공 유리관에 높은 전압을 걸어 주었을 때 (−)극에서 (+)극 쪽으로 빛을 내며 흐르는 선이다.

② 전자의 발견 : 음극선이 (−)전하를 띤 입자의 흐름이라는 것을 알아내고 음극선을 이루는 입자를 전자라고 하였다.

(2) 음극선의 성질

전기적 성질	음극선이 지나가는 길에 전기장을 걸어주면 음극선이 (+)극 쪽으로 휘어진다.	
직진성	진공관의 중간에 물체를 놓아두면 물체의 그림자가 생긴다.	
입자성	진공관의 중간에 바람개비를 놓아두면 바람개비가 회전한다.	

(3) 톰슨의 원자모형

① (+)전하를 띤 부드러운 공 모양의 물체에 (−)전하를 띤 전자가 박혀 있는 원자모형이다.

② 푸딩에 건포도가 박혀 있는 형태로 비유하여 푸딩모형(Plum Pudding Model)이라고 한다.

3 러더퍼드의 α입자 산란실험

(1) 원자핵의 발견(러더퍼드, 1911년)

① α입자 산란실험 : 러더퍼드는 얇은 금박에 α입자를 충돌시키는 실험을 하였다.

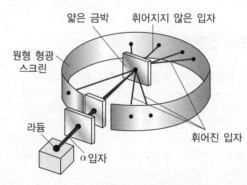

② α입자가 직진할 것으로 예상하였으나 소수의 α입자가 휘거나 반대로 튕겨나갔다. 이는 기존 톰슨모형으로 설명이 불가능하므로 러더퍼드는 원자핵이라는 크기가 작고 질량이 큰 새로운 개념을 제안하였다.

필 / 수 / 확 / 인 / 문 / 제

다음 표는 원자를 구성하는 입자의 발견과 관련된 실험 과정 및 결과이다. 다음 실험 결과로부터 제시된 원자모형은 무엇인가?

[과정 및 결과]
- 음극선의 진로에 장애물을 설치하면 그림자가 생긴다.
- 음극선의 진로에 바람개비를 설치하였더니 바람개비가 회전한다.
- 음극선의 진로에 수직 방향으로 전기장을 걸어주었더니 음극선이 (+)극으로 휘어졌다.

(가)　　(나)　　(다)　　(라)

① (가)　　　　② (나)
③ (다)　　　　④ (라)

해설
톰슨의 음극선 실험이다.

답 ①

(2) 러더퍼드의 원자모형

① 원자의 중심에 크기가 작고 질량이 큰 원자핵이 있고 전자가 주위에서 원 운동하는 형태이다.

② 원자의 안정성 및 선스펙트럼을 설명하지 못하는 한계가 있다. 추후 보어에 의해 새로운 모형이 등장하였다.

제2절 원자의 구조

1 원자의 구조

(1) **원자의 크기** : 원자의 지름은 10^{-10}m 정도이고, 원자핵의 지름은 10^{-15}m 정도이다.

(2) **원자의 구성 입자와 성질**

입 자		전하량(C)	상대적 전하량	질량(g)	상대적 질량
원자핵	양성자	$+1.602 \times 10^{-19}$	$+1$	1.673×10^{-24}	1
	중성자	0	0	1.675×10^{-24}	1
전 자		-1.602×10^{-19}	-1	9.11×10^{-28}	1/1,837

① 상대적 전하량과 질량만 알면 된다.

② 원자는 전기적으로 중성이다(양성자수 = 전자수).

③ 원자의 질량 ≒ 원자핵의 질량 = 질량수

2 원자번호와 질량수

(1) **원자번호** : 원자핵 속의 양성자수로 원소마다 다르다.

> 원자번호 = 양성자수 = 전자수(중성원자)

(2) **질량수** : 원자의 질량은 양성자수와 중성자수로 결정된다.

> 질량수 = 양성자수 + 중성자수

다음 표는 원소와 이온의 구성 입자 수를 나타낸 것이다. 이에 대한 설명으로 옳은 것은?(단, A~D는 임의의 원소 기호이다)

구 분	A	B	C	D
양성자 수	6	6	7	8
중성자 수	6	8	7	8
전자 수	6	6	7	6

① A와 D는 동위원소이다.

② B와 C는 질량수가 동일하다.

③ B의 원자번호는 8이다.

④ D는 음이온이다.

해설

A : $_{6}^{12}\text{C}$, B : $_{6}^{14}\text{C}$, C : $_{7}^{14}\text{N}$, D : $_{8}^{16}\text{O}^{2+}$이다.

답 ②

$_B^A X^C$	A : 질량수 = 양성자수 + 중성자수 B : 원자번호 = 양성자수 = 중성원자의 전자수 C : 전하 종류와 전하량(이온의 경우에만 표시)

예 $_6^{12}C$ → 질량수 : 12, 양성자수 : 6, 중성자수 : 6, 전자수 : 6

$_8^{16}O^{2-}$ → 질량수 : 16, 양성자수 : 8, 중성자수 : 8, 전자수 : 10

3 동위원소

(1) 정 의

① 원자번호는 같지만 질량수가 다른 입자이다.

② 양성자수는 같으나 중성자수가 달라 질량수가 다른 원소이다.

③ 화학적 성질은 같으나 물리적 성질은 다르다.

(2) 동위원소의 예

수소의 동위원소	$_1^1H$	$_1^2H$	$_1^3H$
양성자	1	1	1
중성자	0	1	2
전 자	1	1	1

(3) 평균원자량

$_{17}^{35}Cl$: $_{17}^{37}Cl$의 존재비율이 75%, 25%일 때 Cl의 평균원자량은

$35 \times \dfrac{75}{100} + 37 \times \dfrac{25}{100} = 35.5$이다.

제**3**절 **수소의 선 스펙트럼**

1 빛과 에너지, 파장 관계

$$E = h\nu = h\frac{c}{\lambda}$$

여기서, E : 에너지, ν : 진동수, λ : 파장, c : 빛의 속도(상수), h : 플랑크상수

① 상수를 제외하고 에너지, 파장, 진동수와의 관계를 이해한다.

② 에너지와 진동수는 비례, 에너지와 파장은 반비례한다.

양성자 개수가 8이고, 질량수가 17인 중성 원자에 대한 설명으로 옳은 것은?

① 중성자 개수는 8이다.

② 전자 개수는 9이다.

③ 주기율표 2주기의 원소이다.

④ 주기율표 8족의 원소이다.

해설

$_8^{17}O$ 이므로 중성자수는 9개, 전자의 수는 8개, 2주기 원소에 16 족 원소이다.

답 ③

그림은 A~C 원자의 중성자 수와 전자 수를 나타낸 것이다. 이에 대한 설명으로 옳은 것은?(단, A~C는 임의의 원소 기호이다)

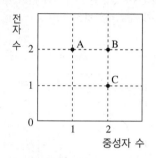

① A의 원자 번호는 3이다.

② B의 원소 기호는 He이다.

③ A와 B는 질량수가 같다.

④ B와 C는 동위원소이다.

해설

$A : _2^3He$, $B : _2^4He$, $C : _1^3H$

A의 원자번호는 2이며, A와 C의 질량수가 같고 A, B가 동위원 소 관계이다.

답 ②

교통 신호등의 녹색 불빛의 중심 파장은 522nm이다. 이 복사선의 진동수(Hz)는 얼마인가?(단, 빛의 속도는 3.00 $\times 10^8$m/s)

① 5.22×10^7Hz

② 5.22×10^9Hz

③ 5.75×10^{10}Hz

④ 5.75×10^{14}Hz

해설

$E = h\nu = \dfrac{hc}{\lambda}$ 이므로 $h\nu = \dfrac{h \times 3.00 \times 10^8 m/s}{522 \times 10^{-9}}$,

$\nu = 5.75 \times 10^{14}$Hz 이다.

답 ④

안심Touch

다음은 Bohr의 에너지준위에 따른 수소원자의 방출스펙트럼을 나타낸 것이다. 이에 대한 설명으로 옳은 것은?

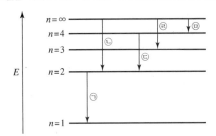

① 방출파장이 가장 짧은 것은 ⓒ이다.
② 가시광선을 방출하는 스펙트럼은 3개이다.
③ 적외선을 방출하는 스펙트럼은 2개이다.
④ 방출에너지가 가장 큰 것은 ⓒ이다.
⑤ 진동수가 가장 작은 것은 ㉠이다.

해설

주양자수에 따른 에너지 준위를 $E = -\dfrac{A}{n^2}$ 이라고 가정하면

구 분	㉠	㉡	㉢	㉣	㉤
전자전이	$2 \to 1$	$\infty \to 2$	$4 \to 2$	$\infty \to 3$	$\infty \to 4$
빛 영역	자외선	자외선	가시광선	적외선	적외선
방출하는 에너지	$\dfrac{3}{4}A$	$\dfrac{1}{4}A$	$\dfrac{3}{16}A$	$\dfrac{1}{9}A$	$\dfrac{1}{16}A$

①, ④ 방출파장이 가장 짧은 것은 에너지가 가장 큰 ㉠이다.
② 가시광선을 방출하는 것은 1개이다.
  ※ 저자의견 : 고교 과정에서 발머계열($n = 2$)로 도달하는 것은 전부 가시광선이라고 배우지만 7 이상에서 2로 도달하는 것은 자외선이다.
③ 적외선은 ㉣, ㉤ 2개이다.
⑤ 진동수는 에너지에 비례하므로 가장 작은 것은 ㉤이다.

답 ③

---

2 보어의 원자모형

(1) **등장 이유** : 러더퍼드의 모형은 연속스펙트럼만 설명 가능하므로 수소의 선 스펙트럼을 설명하기 위해 보어가 1913년 제안하였다.

(2) **기본 가정**

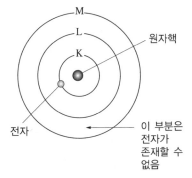

① 수소원자는 핵과 그 주위를 원운동하는 한 개의 전자로 이루어진다.
② 전자는 원자핵 주위의 특정한 에너지 준위를 가진 몇 개의 일정한 원형 궤도에서만 돌고 있다.
③ **전자껍질** : 전자가 돌고 있는 원형의 궤도로, 원자핵으로부터 가장 가까운 껍질부터 K, L, M, N의 기호를 사용하여 나타낸다.
④ **주양자수** : 원자핵에서부터 가까운 껍질을 K($n = 1$)껍질, L($n = 2$)껍질, M($n = 3$)껍질이라고 하며 여기서 n을 주양자수라고 한다.
⑤ 각 궤도의 에너지 준위는 다음과 같다.

$$E_n = -\frac{1,312\,\text{kJ/mol}}{n^2} = -\frac{A}{n^2}\,\text{kJ/mol}$$

※ 실제 계산에서는 1,312를 특정한 문자로 바꾸어 계산하는 경우가 많다.

⑥ 에너지 준위는 원자핵에서 가장 가까운 K전자껍질이 가장 낮고, 원자핵에서 멀어질수록 높아진다. 인접한 두 전자껍질 사이의 간격은 주양자수가 커질수록 좁아진다.
⑦ 일정한 궤도를 돌고 있는 전자는 에너지를 흡수하거나 방출하지 않는다.
⑧ 전자가 다른 전자껍질로 이동하면 두 전자껍질의 에너지 차이만큼 에너지를 방출하거나 흡수한다.

$$\Delta E = E_{\text{나중}(a)} - E_{\text{처음}(b)} = -\frac{A}{a^2} - \left(-\frac{A}{b^2}\right) = -A\left(\frac{1}{a^2} - \frac{1}{b^2}\right)$$

예 $n = 4$에서 $n = 2$인 껍질로 전자전이할 경우

$$\Delta E = E_2 - E_4 = -A\left(\frac{1}{2^2} - \frac{1}{4^2}\right) = -\frac{3}{16}A$$

에너지 차이를 구하는 방식은 구하는 방법에 따라 책자마다 부호가 반대일 수 있으며 위 식의 방식대로 구하면 방출에서 (−), 흡수에서 (+)부호가 나온다. 에너지는 크기로 비교하므로 부호의 의미를 알면 된다.

3 보어의 원자모형과 수소 선 스펙트럼

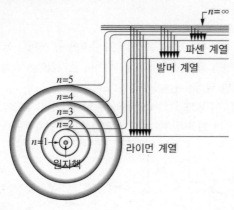

(1) 각 계열의 특징

스펙트럼 계열	스펙트럼 영역	전자 전이
라이먼	자외선	전자가 $n \geq 2$인 전자껍질에서 $n = 1$인 전자껍질(K)로 전이할 때
발머	• 가시광선 • 자외선($n \geq 7$인 경우)	전자가 $n \geq 3$인 전자껍질에서 $n = 2$인 전자껍질(L)로 전이할 때
파센	적외선	전자가 $n \geq 4$인 전자껍질에서 $n = 3$인 전자껍질(M)로 전이할 때

예 $n = 4 \rightarrow n = 1$로 전자전이 : 자외선 방출, 라이먼 계열, 방출 $E = \frac{15}{16} A \, \text{kJ/mol}$

$n = 3 \rightarrow n = 2$로 전자전이 : 가시광선 방출, 발머 계열, 방출 $E = \frac{5}{36} A \, \text{kJ/mol}$

$n = 1 \rightarrow n = 2$로 전자전이 : 자외선 흡수, 라이먼 계열, 흡수 $E = \frac{3}{4} A \, \text{kJ/mol}$

제4절 현대모형의 전자배치

1 현대 원자모형(전자구름모형)

(1) 오비탈

① 원자 내 전자는 일정한 궤도를 원운동 하는 것이 아니며 전자의 위치와 속도를 정확히 알 수 없다. 특정위치에서 전자가 발견될 확률만 알 수 있다.

② 오비탈(궤도함수) : 공간에서 전자가 존재하는 확률을 나타낸 함수로, 전자를 발견할 확률이 높은 공간의 모양이다.

③ 현대 원자모형은 원자핵이 가운데 있고 전자들의 확률적 분포만을 나타내는 형태이다.

다음 그림에서 a~d는 보어의 수소 원자모형에서 일어나는 몇 가지 전자 전이를 나타낸 것이다. 이에 대한 설명으로 옳은 것은?(단, 수소 원자의 주양자수(n)에 따른 에너지 준위(E_n)는 $-\dfrac{A}{n^2} \, \text{kJ/mol}$($A$는 상수)이다)

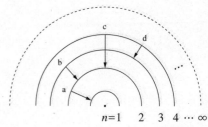

① a에서 방출하는 에너지는 c에서 방출하는 에너지의 3배이다.

② a~d 중 방출하는 빛의 파장은 d에서 가장 짧다.

③ 수소의 이온화 에너지는 $A \, \text{kJ/mol}$이다.

④ b에서 방출하는 빛은 자외선 영역에서 관찰된다.

해설

① a에서 방출하는 에너지는 c에서 방출하는 에너지의 4배이다.

② 파장과 에너지는 반비례이므로 a가 가장 짧다.

③ 1 → ∞ 일 때 이온화에너지이므로 $A \, \text{kJ/mol}$이다.

④ b에서 방출하는 빛은 가시광선 영역이다.

답 ③

그림은 수소 원자의 전자 전이를 나타낸 것이다. 전자 전이 a~e에 대한 설명으로 옳은 것을 [보기]에서 모두 고른 것은?(단, 수소 원자의 에너지 준위는 $E_n = -\dfrac{1,312}{n^2} \, \text{kJ/mol}$이다)

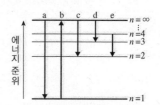

[보 기]
㉠ 파장이 가장 짧은 빛을 방출하는 것은 a이다.
㉡ d에 의해 방출되는 빛은 적외선 영역에 해당한다.
㉢ b에 해당하는 에너지는 수소 원자의 이온화 에너지와 같다.

① ㉠, ㉡   ② ㉠, ㉡, ㉢
③ ㉠, ㉢   ④ ㉡, ㉢

해설

㉠ 에너지가 클수록 파장이 짧으므로 a가 가장 짧은 빛을 방출한다.

답 ②

2 오비탈의 종류

(1) s 오비탈

① 모든 전자껍질마다 1개의 s 오비탈이 존재한다. 오비탈 모양이 구형이어서 전자가 발견될 확률은 방향(x, y, z축)에 관계없이 원자핵으로부터의 거리에 따라서만 달라진다(= 방향성이 없다).

② 바깥 껍질(n이 큰 껍질)의 s 오비탈일수록 크기가 커지며 에너지가 높아진다.

③ $2s$ 오비탈부터 확률이 0인 마디가 존재한다(주양자수 − 1).

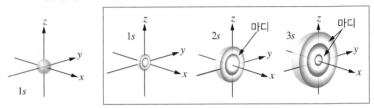

(2) p 오비탈

① $n = 1$ 껍질은 p 오비탈이 없고 $n = 2$ 껍질(L껍질)부터 존재한다.

② 3개의 p 오비탈(p_x, p_y, p_z)이 존재하며 3개의 p 오비탈은 똑같은 아령 모양이지만 방향이 다르다.

③ 방향성이 있다.

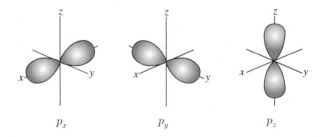

(3) d오비탈 및 f오비탈

① d오비탈은 $n=3$인 껍질부터 존재하며 5개씩 존재한다.

② f오비탈은 $n=4$인 껍질부터 존재하며 7개씩 존재한다.

(4) 오비탈의 표기법

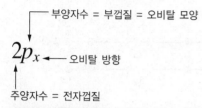

부양자수 = 부껍질 = 오비탈 모양

$2p_x$ ← 오비탈 방향

주양자수 = 전자껍질

전자껍질	K	L		M			N			
주양자수(n)	1	2		3			4			
오비탈의 종류	s	s	p	s	p	d	s	p	d	f
오비탈의 수(n^2)	1	1	3	1	3	5	1	3	5	7
	1	4		9			16			
최대허용전자수($2n^2$)	2	8		18			32			

(5) 양자수

① 주양자수(n) : 전자껍질을 나타내는 것이다.

　예 $n=1$(K껍질), $n=3$(M껍질)

② 각운동량 양자수(부양자수, 방위 양자수, l) : 각운동량을 나타내는 것으로 오비탈의 종류를 결정한다. 개수는 $l=n-1$이다.

　예 $l=0$(s오비탈), $l=1$(p오비탈), $l=2$(d오비탈), $l=3$(f오비탈), $l=4$ (g오비탈)

③ 자기 양자수(m_l) : 궤도의 배향을 나타내는 것이다. 오비탈의 축 방향이다. 개수는 $2l+1$이다.

　예 $l=0$, $m_l=0$만 가능, s오비탈은 1개

　　$l=1$, $m_l=-1$, 0, $+1$ 즉, p오비탈 각각의 축 방향이다.

④ 스핀 양자수(m_s) : 전자의 방향을 나타내는 것으로 $+\frac{1}{2}$, $-\frac{1}{2}$만 가능하다.

양자수 중의 하나로서 m_l로 표시되며 특정 궤도함수가 원자 내의 공간에서 다른 궤도 함수들에 대해 상대적으로 어떠한 배향을 갖는지 나타내는 양자수는?

① 주양자수

② 각 운동량 양자수

③ 자기양자수

④ 스핀양자수

해설

m_l은 자기양자수이다.

답 ③

다음 중 불가능한 양자수(n(주양자수), l(각운동량양자수), m_l(자기양자수), m_s(스핀양자수))의 조합은?

① $n=5$, $l=3$, $m_l=-1$, $m_s=-\frac{1}{2}$

② $n=3$, $l=1$, $m_l=-1$, $m_s=+\frac{1}{2}$

③ $n=2$, $l=0$, $m_l=0$, $m_s=+\frac{1}{2}$

④ $n=1$, $l=0$, $m_l=-1$, $m_s=-\frac{1}{2}$

⑤ $n=4$, $l=2$, $m_l=0$, $m_s=-\frac{1}{2}$

해설

각운동량양자수(l)가 0이면 자기양자수(m_l)는 0만 가능하다.

답 ④

필 / 수 / 확 / 인 / 문 / 제

다음 그림의 (가)와 (나)는 탄소 원자의 가능한 전자 배치를 나타낸 것이다. 이에 대한 설명으로 〈보기〉에서 옳은 것만을 모두 고른 것은?

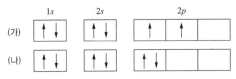

〈보 기〉
ㄱ. (가)에서 원자가 전자는 2개이다.
ㄴ. (가)의 전자 배치는 (나)의 전자 배치보다 안정하다.
ㄷ. (가)에서 전자가 들어있는 오비탈의 수는 4개이다.

① ㄱ
② ㄴ
③ ㄴ, ㄷ
④ ㄱ, ㄴ, ㄷ

해설
ㄱ. (가)의 원자가 전자는 4개이다.
ㄴ. (가)는 바닥상태이고 (나)는 들뜬상태이므로 (가)가 더 안정하다.
ㄷ. (가)에서 전자가 들어있는 오비탈은 $1s$, $2s$, $2p_x$, $2p_y$(단, 축은 임의로 정한 것임)로 총 4개이다.

답 ③

---

3 현대모형의 전자배치

(1) 쌓음원리

① 전자는 에너지가 가장 낮은 오비탈부터 차례대로 채워진다.

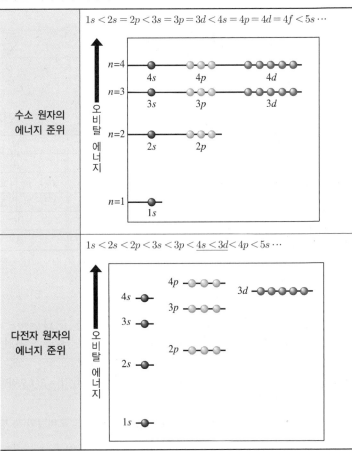

② 수소의 경우 주양자수만 같으면 에너지준위가 같으나 수소를 제외한 나머지 원자의 경우 같은 주양자수라도 오비탈의 종류에 따라 에너지 준위가 다르며 특히 $3d > 4s$처럼 에너지 준위의 역전도 발생한다.

(2) 훈트의 규칙 : 에너지 준위가 같은 여러 개의 오비탈에 전자가 채워질 때 쌍을 이루지 않은 홀 전자수가 많은 전자 배치가 더 안정하다.

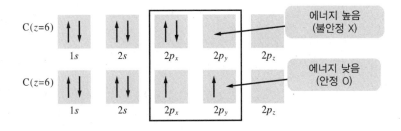

(3) 파울리의 배타원리

① 1개의 오비탈에는 전자가 최대 2개까지 들어갈 수 있다. 이때 한 오비탈에 들어가는 두 전자의 스핀 방향은 서로 반대이다.

② 원자 안의 전자는 두 전자가 같은 양자수를 가질 수 없다. 즉 4가지 양자수가 같은 전자는 존재할 수 없다.

예 ①을 다르게 표현하면 n, l, m_l이 같으므로 스핀양자수(m_s)는 다를 수밖에 없다.

(4) 바닥상태

① 바닥상태는 전자배치에서 에너지적으로 가장 안정한 상태이며 쌓음원리, 훈트의 규칙, 파울리의 배타원리를 다 지켰을 때 바닥상태이다.

② 한 가지라도 어겼을 경우 들뜬상태이다.

4 전자배치의 실제

(1) 20번까지의 전자배치

원소 기호	원자 번호	K ($n=1$)	L ($n=2$)		M ($n=3$)		N ($n=4$)	전자배치	원자가 전자수
		$1s$	$2s$	$2p$	$3s$	$3p$	$4s$		
H	1	↑						$1s^1$	1
He	2	↑↓						$1s^2$	0
Li	3	↑↓	↑					$1s^2 2s^1$	1
Be	4	↑↓	↑↓					$1s^2 2s^2$	2
B	5	↑↓	↑↓	↑				$1s^2 2s^2 2p^1$	3
C	6	↑↓	↑↓	↑ ↑				$1s^2 2s^2 2p^2$	4
N	7	↑↓	↑↓	↑ ↑ ↑				$1s^2 2s^2 2p^3$	5
O	8	↑↓	↑↓	↑↓ ↑ ↑				$1s^2 2s^2 2p^4$	6
F	9	↑↓	↑↓	↑↓ ↑↓ ↑				$1s^2 2s^2 2p^5$	7
Ne	10	↑↓	↑↓	↑↓ ↑↓ ↑↓				$1s^2 2s^2 2p^6$	0
Na	11	↑↓	↑↓	↑↓ ↑↓ ↑↓	↑			$1s^2 2s^2 2p^6 3s^1$	1
Mg	12	↑↓	↑↓	↑↓ ↑↓ ↑↓	↑↓			$1s^2 2s^2 2p^6 3s^2$	2
Al	13	↑↓	↑↓	↑↓ ↑↓ ↑↓	↑↓	↑		$1s^2 2s^2 2p^6 3s^2 3p^1$	3
Si	14	↑↓	↑↓	↑↓ ↑↓ ↑↓	↑↓	↑ ↑		$1s^2 2s^2 2p^6 3s^2 3p^2$	4
P	15	↑↓	↑↓	↑↓ ↑↓ ↑↓	↑↓	↑ ↑ ↑		$1s^2 2s^2 2p^6 3s^2 3p^3$	5
S	16	↑↓	↑↓	↑↓ ↑↓ ↑↓	↑↓	↑↓ ↑ ↑		$1s^2 2s^2 2p^6 3s^2 3p^4$	6
Cl	17	↑↓	↑↓	↑↓ ↑↓ ↑↓	↑↓	↑↓ ↑↓ ↑		$1s^2 2s^2 2p^6 3s^2 3p^5$	7
Ar	18	↑↓	↑↓	↑↓ ↑↓ ↑↓	↑↓	↑↓ ↑↓ ↑↓		$1s^2 2s^2 2p^6 3s^2 3p^6$	0
K	19	↑↓	↑↓	↑↓ ↑↓ ↑↓	↑↓	↑↓ ↑↓ ↑↓	↑	$[Ne]3s^2 3p^6 4s^1$	1
Ca	20	↑↓	↑↓	↑↓ ↑↓ ↑↓	↑↓	↑↓ ↑↓ ↑↓	↑↓	$[Ne]3s^2 3p^6 4s^2$	2

파울리(Pauli)의 배타원리에 대한 설명으로 옳은 것은?

① 한 원자 내에 4가지 양자수가 모두 동일한 전자는 존재하지 않는다.

② 한 원자 내의 모든 전자들은 동일한 각운동량양자수(l)를 가질 수 없다.

③ 한 개의 궤도함수에는 동일한 스핀의 전자가 최대 2개까지 채워질 수 있다.

④ 동일한 주양자수(n)를 갖는 전자들은 모두 다른 스핀양자수(m_s)를 가진다.

해설

① 파울리 배타원리의 정의이다.

② 주양자수(n)이 다르면 각운동량양자수(l)가 같을 수 있다.

③ 3가지 양자수가 같으므로 스핀 방향은 반대이어야 한다.

④ 각운동량양자수(l), 자기양자수(m_l)에 따라 같을 수도 있다.

답 ①

그림은 원자 번호가 12인 마그네슘 원자와 이온의 전자배치를 나타낸 것이다. 이에 대한 설명으로 옳은 것은?

	$1s$	$2s$	$2p$	$3s$	$3p$
(가)	↑↓	↑↓	↑↓ ↑↓ ↑↓		
(나)	↑↓	↑↓	↑↓ ↑↓ ↑↓	↑	
(다)	↑↓	↑↓	↑↓ ↑↓ ↑↓		↑
(라)	↑↓	↑↓	↑↓ ↑↓ ↑↓	↑↓	

① (다)는 (라)보다 안정한 상태이다.

② (나)의 반지름은 (가)의 반지름보다 작다.

③ (라)에서 (나)로 될 때 필요한 에너지는 (나)에서 (가)로 될 때 필요한 에너지보다 작다.

④ (라)에서 (다)로 될 때 에너지를 방출한다.

해설

(가) : Mg^{2+}

(나) : Mg^+

(다) : Mg 들뜬상태

(라) : Mg 원자

① (라)가 가장 안정한 상태이다.

② (나)가 (가)보다 껍질 수가 많으므로 반지름이 더 크다.

③ 오비탈 내부의 전자 간의 반발로 인해 (라)에서 (나)로 갈 때 에너지가 더 적게 필요하다.

④ 들뜬상태로 될 때 에너지를 흡수한다.

답 ③

Cr^{3+}의 바닥상태 전자 배치는?(단, Cr의 원자 번호는 24이다)

① $[Ar]4s^13d^2$

② $[Ar]4s^13d^5$

③ $[Ar]4s^23d^1$

④ $[Ar]3d^3$

해설

Cr의 전자배치는 $[Ar]4s^13d^5$이다. 전자가 쌓일 때와 달리 전자가 빠져 나갈 때는 가장 바깥인 $4s$ 오비탈부터 빠지므로 Cr^{3+}의 전자배치는 $[Ar]3d^3$이다.

답 ④

Fe^{2+}의 바닥상태 전자배치는?(단, Fe의 원자번호는 26이다)

① $[Ne]3s^23p^63d^64s^2$

② $[Ne]3s^23p^64s^23d^4$

③ $[Ne]3s^23p^63d^8$

④ $[Ne]3s^23p^63d^6$

해설

Fe의 전자배치는 $[Ne]3s^23p^64s^23d^6$으로 채울 때는 $4s$를 먼저 채우지만 빠질 때는 $4s$가 가장 바깥 껍질이므로 $4s$부터 빠진다.

답 ④

다음 그림은 각각 A^+와 B^{2-}의 전자 배치를 나타낸 것이다. 이에 대한 설명으로 옳은 것은?

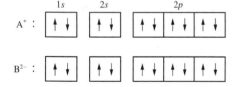

① A와 B는 같은 주기 원소이다.

② 이온화 에너지는 A가 B보다 크다.

③ A의 바닥상태 전자 배치는 $1s^22s^22p^6$이다.

④ B의 바닥상태 전자 배치에서 홀전자 수는 2개이다.

해설

A는 Na, B는 O이다.

① A는 3주기, B는 2주기 원소이다.

② 이온화 에너지는 B가 A보다 크다.

③ A의 바닥상태 전자 배치는 $1s^22s^22p^63s^1$이다.

답 ④

① 원자가 전자 : 화학결합에 직접 참여하는 전자이다.

② 최외각 전자 : 가장 바깥 껍질에 존재하는 전자이다.

원자가 전자와 최외각 전자는 1~17족까지는 동일하며 18족에서만 원자가 전자는 0, 최외각 전자는 8로 차이가 난다. 실제로 두 용어를 혼용해서 쓰는 경우도 많으나 정의가 완전히 다르다는 것은 알아둔다.

(2) 20번 이후의 전자배치

① 오비탈을 간단하게 표기하면 $1s^22s^22p^6 = [Ne]$, $1s^22s^22p^63s^23p^6 = [Ar]$으로 표기할 수 있다.

예 Cr는 24번이므로 $[Ar]4s^13d^5$, Mn은 25번이므로 $[Ar]4s^23d^5$으로 표기한다.

(3) 이온의 전자배치

① 옥텟규칙(Octet Rule) : 최외각 전자껍질에 전자를 8개씩 채우려는 규칙이다. 단, 첫 번째 껍질은 2개, 화학결합이나 이온은 옥텟규칙을 만족하려고 한다.

② 금속의 경우 가장 바깥 껍질에 있는 전자부터 빠지고 양이온이 된다.

$Li^+ : 1s^2$, $Na^+ : 1s^22s^22p^6$, $Mg^{2+} : 1s^22s^22p^6$

③ 비금속의 경우 최외각 껍질을 채우고 음이온이 된다.

$O^{2-} : 1s^22s^22p^6$, $F^- : 1s^22s^22p^6$

④ $3d$와 $4s$는 채울 때와 다르게 $4s$부터 전자가 빠진다.

Fe^{2+} : $[Ar]3d^6(○)$

$[Ar]4s^23d^4(×)$

제5절 주기율표

1 주기율표

(1) 주기율 : 원소들을 원자번호 순으로 배열할 때 일정한 간격을 두고 비슷한 성질을 갖는 원소가 주기적으로 나타나는 성질이다.

(2) 주기율표

① 족 : 주기율표 세로줄, 1~18족, 동족원소는 원자가 전자수가 같아 화학적 성질이 비슷하다.

② 주기 : 주기율표의 가로줄, 1~7주기, 전자껍질수가 같다.

2 대표적인 동족원소들

(1) 알칼리 금속

① 1족의 수소를 제외한 나머지 원소로 원자가 전자의 전자 배치 ns^1

② 물과 격렬하게 반응하여 수소 기체 발생, 물에 녹아 염기성을 띤다.

$$2M + 2H_2O \rightarrow 2MOH + H_2$$

③ +1가 양이온 형성(Li, Na, K)

(2) 할로젠 원소

① 17족, 원자가전자 7개, 반응성이 매우 큰 비금속이다.

② 알칼리 금속과 격렬하게 반응하여 이온 결정을 생성한다.

③ −1가 음이온(F, Cl, Br, I)

(3) 비활성 기체

① 18족 원소, 비금속이지만 ns^2np^6의 전자배치

② 반응성이 매우 작아 비금속성이 없다(He, Ne, Ar).

(4) 금속 산화물과 비금속 산화물

금속 산화물은 물에 녹아 염기성을, 비금속 산화물은 물에 녹아 산성을 나타낸다.

족\주기	1	2	13	14	15	16	17	18
1	H							He
2	Li	Be	B	C	N	O	F	Ne
3	Na	Mg	Al	Si	P	S	Cl	Ar

1A족 원소(Li, Na, K)의 성질에 대한 설명으로 옳은 것만을 모두 고른 것은?

> ㄱ. 원자번호가 커질수록 일차 이온화 에너지 값이 감소한다.
> ㄴ. 25℃에서 원자번호가 커질수록 밀도가 감소한다.
> ㄷ. Cl_2와 반응할 때 환원력은 K < Na < Li이다.
> ㄹ. 물과 반응할 때 환원력은 K < Li이다.

① ㄱ, ㄴ   ② ㄱ, ㄹ

③ ㄴ, ㄷ   ④ ㄷ, ㄹ

해설

ㄱ. 같은 족에서 원자번호가 커질수록 일차 이온화 에너지 값이 감소한다.

ㄴ. 원자번호가 커질수록 밀도는 대체로 증가한다.

ㄷ. 할로젠 원소와 반응할 때 환원력은 아래로 갈수록 증가하므로 K > Na > Li이다.

ㄹ. 수용액에서의 환원력은 수화에너지의 영향으로 Na < K < Li이다.

　※ 저자의견 : ㄹ은 고교에서 다루지 않는 과정으로 설명에 따라 순서 변경 가능

 ②

다음 화합물 중 물에 녹았을 때 산성 용액을 형성하는 것의 개수는?

> SO_2, NH_3, BaO, $Ba(OH)_2$

① 1   ② 2

③ 3   ④ 4

해설

금속의 산화물은 대체로 염기성을 가지므로 BaO, $Ba(OH)_2$는 염기성이다. NH_3의 경우 대표적인 염기성 물질이다.

답 ①

물과 반응하여 산성을 나타내는 물질은?

① Na_2O

② P_4O_{10}

③ Al_2O_3

④ MgO

해설

금속염은 물과 반응하여 염기성을 나타낸다.

답 ②

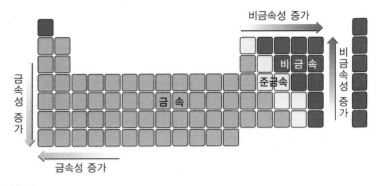

(5) 성 질

① 주기율표에서 왼쪽 아래로 갈수록 양이온이 잘되는 금속성이 커진다.
Li < Na < K 순으로 양이온이 쉽게 되는 경향이 있다.

② 주기율표에서 오른쪽 위로 갈수록 음이온이 잘되는 비금속성이 커진다.
I < Br < Cl < F 순으로 음이온이 잘된다.

3 (최외각 전자의)유효핵전하

(1) 정의 : 전자에 작용하는 실질적인 핵의 전하이다(전자가 실제로 느끼는 핵의 전하).
전자 사이의 반발력에 의해 실제 전자가 느끼는 핵전하량은 실제 원자핵의 핵전하
량보다 작게 느껴지게 된다.

(2) 유효핵전하 = 핵전하 − 가려막기 효과

(3) 가려막기 효과(가리움 효과)

① 전자들 사이 반발력 때문에 원자핵과 전자 사이의 실질적인 인력이 약해지는
현상이다.

② 안쪽의 전자들이 바깥쪽의 전자들에게 방해하는 것으로 설명할 수도 있으나
실제 전자의 위치는 확률적인 것이므로 바깥쪽의 전자도 영향을 줄 수 있다.

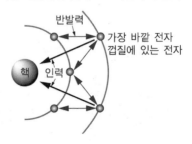

(4) 유효핵전하의 주기성

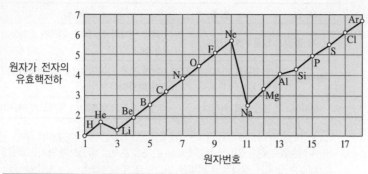

같은 족	원자번호가 증가할수록 전자수가 증가하여 가리움 효과도 증가하지만 양성 자수의 증가 효과가 더 크다.
같은 주기	원자번호가 증가할수록 양성자수가 증가하므로 유효핵전하는 증가한다.

4 원자반지름

(1) 정의 : 대표적으로 같은 종류의 원자가 결합하였을 때 원자핵 간 거리의 절반이다. 원자의 크기는 정확하게 측정할 수 없으므로 여러 가지 정의가 존재한다.

(2) 원자반지름의 주기성

① **같은 족** : 원자번호가 커질수록 전자껍질수가 많아지므로 원자반지름이 증가한다.

예 $Li < Na < K$

※ 유효핵전하는 아래로 갈수록 증가하지만 전자껍질에 의한 영향력이 더 크다.

② **같은 주기** : 원자번호가 커질수록 유효핵전하가 커지므로 반지름이 감소한다.

예 $Li > Be > B > C > N > O > F$

③ 18족은 측정방법이 달라 주기성에서 벗어나 잘 다루지 않는다.

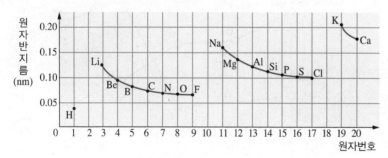

다음은 몇 가지 중성 원자들의 바닥상태 전자 배치를 나타낸 것이다. 이에 대한 설명으로 옳은 것은?(단, A~D는 임의의 원소 기호이다)

> A : $1s^2 2s^2 2p^3$
> B : $1s^2 2s^2 2p^4$
> C : $1s^2 2s^2 2p^6 3s^1$
> D : $1s^2 2s^2 2p^6 3s^2 3p^6 4s^1$

① 홀전자 수 : $B < C$

② 전자껍질 수 : $B > D$

③ 원자의 반지름 : $A > B$

④ 이온화 에너지 : $C < D$

해설

구 분	A	B	C	D
원 소	N	O	Na	K
홀전자 수	3	2	1	1
전자껍질 수	2	2	3	4
원자 반지름	D(K) > C(Na) > A(N) > B(O)			
이온화 에너지	A(N) > B(O) > C(Na) > D(K)			

 ③

필 / 수 / 확 / 인 / 문 / 제

표는 바닥상태인 2주기 원소 A, B, C, D의 홀전자 수와 이온화 에너지를 나타낸 것이다. 이에 대한 설명으로 옳은 것은?(단, A, B, C, D는 임의의 원소 기호이다)

구 분	A	B	C	D
홀전자 수(개)	1	2	2	3
제1이온화 에너지 (kJ/mol)	1,681	1,314	1,086	1,402

① 바닥 상태에서 전자가 들어 있는 오비탈 수는 B가 C보다 많다.
② 원자 반지름은 A가 D보다 크다.
③ 유효 핵전하는 D가 B보다 크다.
④ 원자가 전자 수는 C, B, D, A의 순서로 커진다.

해설

구 분				C	D	B	A	
원소 기호	Li	Be	B	C	N	O	F	Ne
홀전자 수	1	0	1	2	3	2	1	0
전자가 들어있는 오비탈 수	2	2	3	4	5	5	5	5

이온화 에너지의 경향성을 고려하면 위와 같이 구할 수 있다.
① 오비탈의 수는 B가 5개, C가 4개이다.
② 원자 반지름은 C > D > B > A 이다.
③ 유효 핵전하는 C < D < B < A 이다.
④ 원자가 전자 수는 C < D < B < A 이다.

답 ①

④ 원자반지름의 결정 요인

요 인	영 향	이 유
전자 껍질	많을수록 커진다.	핵과 원자가 전자와의 거리가 증가하기 때문이다.
핵 전하량	커질수록 반지름이 작아진다.	핵과 전자 사이의 정전기적 인력이 증가하기 때문이다.
전자수	많을수록 커진다.	전자 사이의 반발력이 증가하기 때문이다.

우선순위로 전자 껍질 - 핵전하량 - 전자수 순서로 확인하여 크기를 비교하면 대부분 맞지만 절대적인 법칙은 아니므로 주의한다.

(3) 이온반지름

구 분	금 속	비금속
반지름	양이온 반지름 < 원자 반지름	음이온 반지름 > 원자 반지름
이 유	전자를 잃어 껍질 수 감소	전자수의 증가로 전자 사이의 반발력이 증가
예	Na$^+$ 116 Na 154	Cl 99 Cl$^-$ 167

① 등전자 이온 : 전자수가 같은 이온으로 전자껍질수가 같으므로 핵 전하량만 영향을 준다. 이온반지름의 경향성과 원자반지름의 경향성을 보고 원자의 주기를 예측할 수 있다.

ㄱ 이온반지름 : $N^{3-} > O^{2-} > F^- > Na^+ > Mg^{2+} > Al^{3+}$
ㄴ 원자반지름 : $Na > Mg > Al > N > O > F$

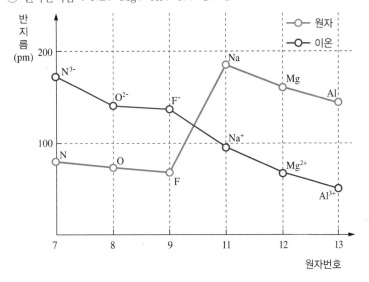

5 이온화 에너지

(1) 정의 : 기체 상태의 중성원자 1몰로부터 전자 1몰을 떼어내어 기체 상태의 양이온으로 만드는데 필요한 에너지(kJ/mol)

$$A(g) + E \rightarrow A^+(g) + e^-$$

① 이온화 에너지(I.E)가 크다. = 전자를 떼어내기 어렵다. = 양이온이 되기 어렵다.

② 이온화 에너지가 작다. = 전자를 떼어내기 쉽다. = 양이온이 되기 쉽다.

(2) 이온화 에너지에 영향을 주는 요인

① 전자배치의 안정도 : 18족의 경우 이온화 에너지가 매우 크다.

② 반지름이 작을수록 이온화 에너지가 크다. : 반지름이 작을수록 최외각 전자와 핵 사이의 거리가 가깝다.

③ 이온화 에너지의 주기성

구 분	같은 주기	같은 족
주기성	원자번호가 클수록 대체로 증가	아래로 내려갈수록 감소
이 유	유효 핵전하의 증가로 전자와 핵의 인력이 증가하므로	원자반지름 증가로 원자핵과 전자 사이의 인력이 감소

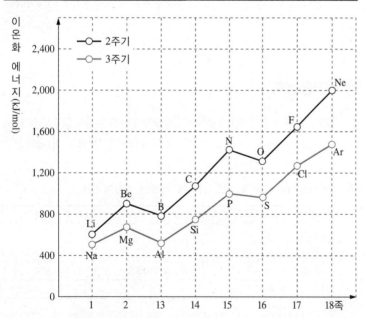

④ 이온화 에너지 경향에서 2~13족, 15~16족에서 예외가 발생하므로 경향성으로 원소의 종류를 찾을 때 주의한다.

다음 중 이온화 에너지가 가장 큰 원소는?

① 포타슘(K) 　　② 네온(Ne)
③ 실리콘(Si) 　　④ 세슘(Cs)

이온화 에너지는 주기율표에서 오른쪽 위로 갈수록 커지는 경향이 있으며 특히 18족의 이온화 에너지가 크다.

답 ②

N, O, F에 대하여 맞는 것을 모두 고른 것은?

㉠ 전기음성도 크기의 순서는 F > O > N 이다.
㉡ 원자 반지름의 순서는 F > O > N 이다.
㉢ 결합 길이의 순서는 $F_2 > O_2 > N_2$이다.

① ㉡ 　　　　② ㉠, ㉡
③ ㉠, ㉢ 　　　④ ㉡, ㉢
⑤ ㉠, ㉡, ㉢

㉠ F(4.0) > O(3.5) > N(3.0)
㉡ 원자반지름의 크기 N > O > F
㉢ 결합길이는 단일결합 > 이중결합 > 삼중결합 순이다.

답 ③

다음은 어떤 2주기 원소의 순차적인 이온화에너지들이다. 이 원소는 무엇인가?

- $IE_1 = 801\text{kJ/mol}$
- $IE_2 = 2,427\text{kJ/mol}$
- $IE_3 = 3,660\text{kJ/mol}$
- $IE_4 = 25,025\text{kJ/mol}$
- $IE_5 = 32,826\text{kJ/mol}$

① B
② C
③ N
④ O

해설

IE_3에서 IE_4로 넘어갈 때 이온화 에너지가 급격하게 증가하므로 13족 원소(붕소)이다.

답 ①

다음은 주기율표의 일부를 나타낸 것이다. 원소 A~D에 대한 설명으로 〈보기〉에서 옳은 것만을 모두 고른 것은? (단, A~D는 임의의 원소 기호이다)

주 기 \ 족	1	2	13	14	15	16	17	18
2	A							
3	B					C	D	

〈보 기〉
ㄱ. A를 물에 녹인 수용액의 pH는 7보다 크다.
ㄴ. 원자가 전자의 유효 핵전하는 B < C이다.
ㄷ. 전기음성도는 C > D이다.

① ㄱ
② ㄴ
③ ㄱ, ㄴ
④ ㄴ, ㄷ

해설

A : Li, B : Na, C : S, D : Cl
ㄱ. LiOH는 염기성이다.
ㄴ. 같은 주기에서 유효핵전하는 오른쪽으로 갈수록 크다.
ㄷ. 같은 주기에서 전기음성도는 오른쪽으로 갈수록 크다.

답 ③

원소들의 전기음성도 크기의 비교가 올바른 것은?

① C < H
② S < P
③ S < O
④ Cl < Br

해설

전기음성도는 같은 주기에서 오른쪽으로 갈수록 커지고 같은 족에서 아래로 갈수록 작아지는 경향이 있으므로 S < O 이다. 전기음성도의 대략적인 값들은 H(2.1), C(2.5), S(2.5), P(2.1), Cl(3.0), Br(2.8), O(3.5)이다.

답 ③

(3) 순차적 이온화 에너지

① 기체 상태의 중성원자에서 전자를 1개씩 떼어낼 때 단계마다 필요한 에너지

$$Mg + E_1 \rightarrow Mg^+ + e^- \qquad E_1 : 제1이온화 에너지$$
$$Mg^+ + E_2 \rightarrow Mg^{2+} + e^- \qquad E_2 : 제2이온화 에너지$$
$$Mg^{2+} + E_3 \rightarrow Mg^{3+} + e^- \qquad E_3 : 제3이온화 에너지$$

즉, (1)에서 언급한 이온화 에너지는 제1이온화 에너지(E_1)이다.

② 크기 : 순서가 진행될수록 이온화 에너지는 커진다($E_1 < E_2 < E_3$).

③ 순차적 이온화 에너지로 원자가 전자수(족)를 알 수 있다. 원자가 전자를 떼어내고 안쪽 껍질은 전자를 떼어낼 때 이온화 에너지가 급격하게 증가한다.

④ 특정 원소의 안정한 이온의 이온화 에너지를 물어볼 경우 순차적 이온화 에너지를 전부 더해야 한다.

원 자	순차적 에너지(kJ/mol)			
	E_1	E_2	E_3	E_4
Na	496	4,562	6,912	9,544
Mg	738	1,451	7,733	10,540
Al	578	1,817	2,745	11,518

㉠ Mg원자에서 Mg^{2+}로 되는데 필요한 에너지는 1,451kJ/mol이다. (×)

㉡ Mg원자에서 Mg^{2+}로 되는데 필요한 에너지는 738 + 1,451kJ/mol이다. (○)

6 전기음성도

(1) 정의 : 두 원자가 전자를 공유하여 결합을 형성한 분자에서 원자가 전자쌍을 끌어당기는 힘을 상대적 수치로 나타낸 것(F = 4.0을 기준으로 함)이다.

(2) 주기율표에서 오른쪽 위로 갈수록 커지는 경향이 있다.

구 분	1	2	13	14	15	16	17
1	H 2.1						
2	Li 1.0	Be 1.5	B 2.0	C 2.5	N 3.0	O 3.5	F 4.0
3	Na 0.9	Mg 1.2	Al 1.5	Si 1.8	P 2.1	S 2.5	Cl 3.0
4	K 0.8	Ca 1.0					

대략적인 값으로 반올림한 것이다.

적중예상문제

제1절 원자모형

01 원자모형을 제안된 시대 순서대로 옳게 배열한 것은?

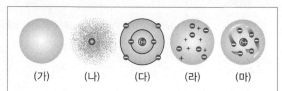

(가)　　(나)　　(다)　　(라)　　(마)

① (가) - (나) - (다) - (라) - (마)
② (가) - (다) - (나) - (라) - (마)
③ (가) - (라) - (마) - (다) - (나)
④ (가) - (다) - (마) - (라) - (나)

해설
(가) 돌턴, (나) 현대모형, (다) 보어, (라) 톰슨, (마) 러더퍼드

02 원자핵을 설명할 수 있는 것만을 모두 고른 것은?

> ㉠ 톰슨의 원자모형
> ㉡ 러더퍼드의 원자모형
> ㉢ 현대 원자모형

① ㉠
② ㉠, ㉡
③ ㉡, ㉢
④ ㉠, ㉡, ㉢

해설
톰슨의 원자모형은 원자핵의 발견 전이다.

03 원자모형에 대한 설명으로 옳은 것은?

① 톰슨은 α입자 산란실험으로 전자를 발견하였다.
② 러더퍼드의 모형에서 전자는 고정되어 있다.
③ 현대 원자모형은 수소 선 스펙트럼을 설명 할 수 있다.
④ 보어의 모형은 다전자 원자의 선 스펙트럼도 설명 가능하다.

해설
현대 원자모형으로 수소의 선 스펙트럼 설명이 가능하다.

제2절 원자의 구조

01 다음은 탄소원자를 표시한 것이다. 이에 대한 설명으로 옳지 않은 것은?

$$^{14}_{6}\text{C}$$

① 원자번호는 6이다.
② 양성자수는 6개이다.
③ 중성자수는 8개이다.
④ 전자수는 8개이다.

해설
중성원자이므로 전자수는 6개이다.

02 동위원소에 대한 설명으로 옳지 않은 것은?

① 원자번호는 같지만 질량수는 다른 원소이다.
② 화학적 성질은 같지만 물리적 성질이 다르다.
③ 양성자수가 같지만 중성자수가 다른 것이다.
④ 원소 1개당 2개의 동위원소만 존재한다.

해설

동위원소의 숫자는 원소마다 다르다.

03 양성자 개수가 1이고, 질량수가 3인 중성원자에 대한 설명으로 옳은 것은?

① 중성자의 개수는 2이다.
② 전자수는 2이다.
③ 이 원자는 금속이다.
④ 주기율표의 18족에 위치한다.

해설

삼중수소는 양성자 1개, 중성자 2개, 전자 1개이다.

04 다음 표는 원소와 이온의 구성 입자수를 나타낸 것이다.

구 분	A	B	C^+	D^{2-}
질량수	18	14	23	16
전자수	8	7	10	10

이에 대한 설명으로 옳은 것은?(단, A~D는 임의의 원소 기호이다)

① A의 중성자수는 8이다.
② B의 양성자수는 14이다.
③ 원자 D와 A는 동위원소이다.
④ C는 2주기 원소이다.

해설

A의 중성자수는 10개, B의 양성자수는 7개, C는 3주기 원소이다.

제**3**절 **수소의 선 스펙트럼**

01 어떤 물체의 광원을 적외선에서 자외선으로 바꾸었을 때 에너지, 파장, 진동수의 변화를 알맞게 짝지은 것은?

	에너지	파 장	진동수
①	증가한다.	짧아진다.	증가한다.
②	증가한다.	길어진다.	증가한다.
③	감소한다.	길어진다.	증가한다.
④	감소한다.	짧아진다.	감소한다.

해설

$E = h\nu = h\dfrac{c}{\lambda}$ 에 따라 에너지와 파장은 반비례, 진동수는 비례한다.

02 진동수가 $6 \times 10^{14}\,\mathrm{Hz}$ 인 빛의 파장은 얼마인가?(단, 빛의 속도는 $3.0 \times 10^8\,\mathrm{m/s}$)

① 500nm ② 520nm
③ 550nm ④ 600nm

해설

$$\text{파장} = \frac{\text{빛의 속도}}{\text{진동수}} = \frac{3.00 \times 10^8\,\mathrm{m/s}}{6 \times 10^{14}\,\mathrm{Hz}} = 500 \times 10^{-9}\,\mathrm{m}$$

03 보어모형에서 전자 전이 시 가장 큰 에너지가 방출되는 전이는?

① $2 \rightarrow 1$ ② $3 \rightarrow 2$
③ $1 \rightarrow 4$ ④ $3 \rightarrow 1$

해설

방출되는 에너지는

① $\dfrac{3}{4}A$

② $\dfrac{5}{36}A$

④ $\dfrac{8}{9}A$이며,

③ $\dfrac{15}{16}A$만큼 흡수한다.

2 ④ 3 ① 4 ③ / 1 ① 2 ① 3 ④ **정답**

04 그림은 수소 원자의 전자 전이를 나타낸 것이다. 전자 전이 a~e에 대한 설명으로 옳지 않은 것은?

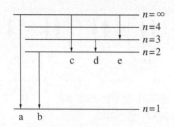

① a는 수소의 이온화에너지이다.
② a와 b는 자외선이 방출된다.
③ c와 d는 발머계열이다.
④ e는 적외선이 방출된다.

해설

a는 이온화에너지와 크기는 같으나 방출되는 빛이다.

해설

K껍질로 전이되는 것은 라이먼 계열이며, ⓑ는 ⓒ보다 에너지가 크며 ⓓ는 에너지를 흡수한다.

05 그림은 보어 모형에서 수소 원자의 에너지 준위와 전자이동을 나타낸 것이다. 수소 원자의 에너지 준위 $E_n = -\dfrac{k}{n^2}$ 이고 k는 상수이다.

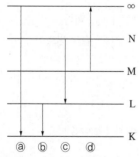

이에 대한 설명으로 옳은 것만을 모두 고른 것은?(단, 선의 간격은 실제와 다르게 나타내었다)

> ㉠ ⓐ, ⓑ는 라이먼 계열이다.
> ㉡ ⓑ는 ⓒ보다 에너지가 작다.
> ㉢ ⓓ는 에너지를 흡수한다.

① ㉠   ② ㉡
③ ㉠, ㉡   ④ ㉠, ㉢

06 그림은 수소 원자에서 L껍질로 전자가 전이할 때 방출되는 빛의 스펙트럼선을 나타낸 것이다.

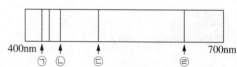

이에 대한 설명으로 옳은 것은?(단, 수소 원자의 에너지 준위 $E_n = -\dfrac{A}{n^2}$ 이고 A는 상수이다)

① ㉠에서 방출되는 에너지가 가장 작다.
② ㉡은 라이먼 계열의 빛이다.
③ ㉢은 M껍질에서 전이되는 것이다.
④ ㉣에서 방출되는 에너지는 $\dfrac{5}{36}A$이다.

해설

㉠ 7 → 2   ㉡ 5 → 2
㉢ 4 → 2   ㉣ 3 → 2

01 양자수 중의 하나로 오비탈의 종류를 결정하는 양자수는?

① 주양자수　　　　② 각운동량 양자수
③ 자기 양자수　　　④ 스핀 양자수

오비탈의 종류는 각운동량 양자수에 의해 결정된다.

[2~3] 표는 양자수의 조합을 나타낸 것이다.

구 분	주양자수	각운동량 양자수	자기 양자수	스핀 양자수
㉠	1	0	0	+1/2
㉡	1	0	0	−1/2
㉢	2	1	1	−1/2
㉣	3	3	−1	+1/2
㉤	1	0	0	+1/2

02 위의 표에서 불가능한 양자수의 조합은?

① ㉠　　　　② ㉡
③ ㉢　　　　④ ㉣

각운동량 양자수는 $n-1$이다.

03 ㉠, ㉤은 같은 원자에 전자배치가 불가능하다. 이와 가장 관련이 있는 내용은?

① 훈트의 규칙　　　② 쌓음 원리
③ 파울리의 배타원리　④ 아보가드로의 법칙

파울리의 배타원리는 두 전자가 같은 양자수를 가질 수 없다.

04 그림은 어떤 원자의 전자배치이다. 이에 대한 설명으로 옳은 것을 있는 대로 고른 것은?

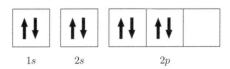

㉠ 원자가 전자는 6개이다.
㉡ 2주기 원소이다.
㉢ 바닥상태의 전자배치이다.

① ㉠　　　　② ㉡
③ ㉠, ㉡　　④ ㉠, ㉢

훈트의 규칙을 어겼으므로 들뜬상태의 전자배치이다.

05 다음은 A^+와 B^{2-}, C의 전자배치를 나타낸 것이다. 이에 대한 설명으로 옳지 않은 것은?

- A^+ : $1s^2 2s^2 2p^6$
- B^{2-} : $1s^2 2s^2 2p^6$
- C : $1s^2 2s^2 2p^5 3s^1$

① A는 3주기 원소이다.
② B, C는 같은 주기 원소이다.
③ C의 홀전자수는 2개이다.
④ C는 바닥상태의 전자배치이다.

C는 들뜬상태의 전자배치이다.

06 Fe^{3+}의 바닥상태 전자배치는?(단, Fe의 원자번호는 26이다)

① $[Ar]4s^1 3d^4$　　　② $[Ar]3d^6$
③ $[Ar]3d^5$　　　　④ $[Ar]4s^2 3d^3$

이온이 될 때 전자는 $4s$부터 빠진다.

07 Cu원자의 전자배치로 옳은 것은?(단, Cu의 원자번호는 29이다)

① $[Ar]4s^2 3d^9$
② $[Ar]4s^1 3d^{10}$
③ $[Ar]3d^8$
④ $[Ar]3d^{10}5s^1$

해설

Cr, Cu의 경우 훈트의 규칙에 따라 d오비탈을 먼저 채우게 된다.

제5절 주기율표

01 물과 반응하여 염기성을 나타내는 물질은?

① Na_2O
② SO_2
③ NO_2
④ CO_2

해설

금속염은 물에 녹아 염기성을 나타낸다.

02 그림은 어떤 원자의 전자배치를 나타낸 것이다. 이에 대한 설명으로 옳은 것은?

① (가)의 이온화 에너지가 가장 작다.
② (나)의 전기음성도가 가장 크다.
③ (다)에서 (라)로 될 때 에너지를 흡수한다.
④ 원자반지름은 (나)가 (가)보다 크다.

해설

(가) 네온, (나) 나트륨, (다) 마그네슘(들뜬상태), (라) 마그네슘(바닥상태)

03 그림은 주기율표의 일부를 나타낸 것이다(단, A~E는 임의의 원소기호이다).

족\주기	1	2	13	14	15	16	17	18
1	A							
2	B					C	D	
3	E							

위 주기율표에 대한 설명으로 옳은 것은?

① A는 금속이다.
② 전기음성도는 B < E이다.
③ 유효핵전하는 B > C > D 순으로 증가한다.
④ E의 원자반지름이 가장 크다.

해설

A는 비금속이며 유효핵전하는 같은 주기에서 오른쪽으로 갈수록 증가한다. 전기음성도는 같은 족에서 아래로 갈수록 감소하며, 원자반지름은 증가한다.

04 표는 원소 A, B의 원자반지름과 안정한 이온반지름을 나타낸 것이다.

원소	A	B
원자반지름(pm)	100	90
이온반지름(pm)	70	100

이에 대한 설명으로 옳은 것을 모두 고른 것은?

㉠ A는 양이온(금속)이다.
㉡ B는 유효핵전하가 커져 이온반지름이 커진다.
㉢ A의 반지름이 줄어드는 이유는 전자껍질수 차이이다.

① ㉠
② ㉡
③ ㉠, ㉢
④ ㉡, ㉢

해설

㉡ 전자수의 증가로 반발력이 증가하여 반지름이 커진다.

05 Li, Na, K에 대하여 옳은 것을 모두 고른 것은?

> ㉠ 전기음성도의 크기는 Li < Na < K 순서이다.
> ㉡ 원자반지름은 Li < Na < K 순으로 증가한다.
> ㉢ 유효핵전하는 Li < Na < K 순으로 증가한다.

① ㉠

② ㉡

③ ㉠, ㉡

④ ㉡, ㉢

해설

전기음성도는 같은 족에서 아래로 갈수록 감소하며, 유효핵전하는 아래로 갈수록 증가한다.

06 전기음성도에 대한 설명으로 옳은 것은?

① F의 전기음성도가 가장 크다.

② 전기음성도가 작을수록 전자를 잘 끌어당긴다.

③ N과 Cl은 무극성 공유결합을 한다.

④ S의 전기음성도는 Al보다 작다.

해설

N, Cl은 전기음성도가 3.0으로 표기되어 있지만 정확하게 같지는 않으므로 두 원소 간의 결합은 극성 공유결합이다.

07 다음은 어떤 3주기 원소의 순차적인 이온화 에너지들이다. 이 원소는 무엇인가?

> • $IE_1 = 738\,\text{kJ/mol}$
> • $IE_2 = 1,451\,\text{kJ/mol}$
> • $IE_3 = 7,733\,\text{kJ/mol}$
> • $IE_4 = 10,540\,\text{kJ/mol}$

① Na

② Mg

③ Al

④ Ca

해설

IE_2, IE_3으로 증가할 때 이온화 에너지가 급격히 증가하므로 원자가 전자는 2개이다.

CHAPTER 03 화학반응식

제1절 몰(mole)

1 몰

(1) 정 의

① 원자, 분자, 이온과 같이 작은 입자의 개수를 묶음으로 나타내는 단위를 말한다.

② 어떤 입자의 화학식 양(g) 속에 들어 있는 그 입자의 개수를 말한다.

(2) 1몰

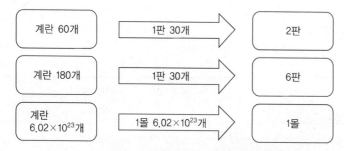

2 몰과 질량

(1) 1몰의 질량 : 물질 1몰의 질량이며 화학식량(원자량, 분자량)에 g을 붙인 값이다.

(2) 몰과 질량의 변환 : 물질의 질량이 주어진 경우 화학식량으로 나누면 몰수를 구할 수 있다. 몰수를 질량으로 바꾸는 경우 몰수에 화학식량을 곱하면 된다.

$$몰수 = \frac{질량}{화학식량}$$

$$질량 = 몰수 \times 화학식량$$

필 / 수 / 확 / 인 / 문 / 제

표는 0℃, 1기압에서 기체 (가)~(다)에 대한 자료를 나타낸 것이다. 이에 대한 설명으로 옳은 것은?(단, 0℃, 1기압에서 모든 기체 1mol의 부피는 22.4L이고, 아보가드로 수는 6.0×10^{23}이다)

기 체	분자량	질량(g)	부피(L)	분자 수(개)
(가)		1	5.6	
(나)	17	34		
(다)	64			3.0×10^{23}

① 기체의 밀도는 (가) < (나) < (다)이다.
② 기체 (나)의 부피는 기체 (다)의 부피의 2배이다.
③ (가)와 (다)의 분자 수의 합은 (나)의 분자 수보다 많다.
④ 분자 수는 (다) < (가) < (나)이다.

해설

기 체	분자량	질량(g)	부피(L)	분자 수(개)
(가)	4	1	5.6	1.5×10^{23}
(나)	17	34	44.8	1.2×10^{24}
(다)	64	32	11.2	3.0×10^{23}

① 기체의 밀도는 분자량에 비례한다.
② (나)는 (다)의 부피의 4배이다.
③ (가)와 (다)의 분자 수의 합은 (나)의 분자 수보다 적다.
④ 분자 수는 (가) < (다) < (나)이다.

답 ①

필 / 수 / 확 / 인 / 문 / 제

다음 중 개수가 가장 많은 것은?

① 순수한 다이아몬드 12g 중의 탄소 원자
② 산소 기체 32g 중의 산소 분자
③ 염화암모늄 1mol을 상온에서 물에 완전히 녹였을 때 생성되는 암모늄이온
④ 순수한 물 18g 안에 포함된 모든 원자

해설

① $\dfrac{12g}{\text{다이아몬드 } 1mol\text{의 질량}} = \dfrac{12g}{12g/mol} = 1mol$

② $\dfrac{\text{산소기체 } 32g}{\text{산소기체 분자량}} = \dfrac{32g}{32g/mol} = 1mol$

③ NH_4Cl 1mol이 물에 녹으면 NH_4^+, Cl^- 가 각 1mol씩 생성된다.

④ 물(H_2O) 18g은 1mol인데 원자의 몰수이므로 1mol × 3 = 3mol이다.

답 ④

다음 중 분자의 몰(mol)수가 가장 적은 것은?(단, N, O, F의 원자량은 각각 14, 16, 19이다)

① 14g의 N_2
② 23g의 NO_2
③ 54g의 OF_2
④ $2.0×10^{23}$개의 NO

해설

분자의 몰수는 $\dfrac{\text{질량}}{\text{분자량}} = \dfrac{\text{개수}}{\text{아보가드로수}}$ 이므로

① $\dfrac{14g}{28g/mol} = \dfrac{1}{2}mol$

② $\dfrac{23g}{46g/mol} = \dfrac{1}{2}mol$

③ $\dfrac{54g}{54g/mol} = 1mol$

④ $\dfrac{2.0×10^{23}}{6.02×10^{23}} ≈ \dfrac{1}{3}mol$

※ 저자의견 : 문제 조건에서 "아보가드로수는 $6.0×10^{23}$이다." 라는 조건을 주면 계산이 깔끔한 문제일 듯하다.

답 ④

입 자	화학식량	1몰의 질량	입 자	질 량	몰 수
C	12	12g	H_2	4g	2몰
O	16	16g	O_2	4g	1/8몰
CO_2	44	44g	CO_2	wg	$w/44$몰
포도당	180	180g	포도당	90g	1/2몰

3 몰과 기체의 부피

(1) **아보가드로 법칙** : 모든 기체는 같은 온도, 같은 압력에서 같은 부피에 같은 개수의 분자를 포함한다.

(2) 0℃, 1기압에서 모든 기체는 22.4L의 부피 속에 1몰의 분자수를 가진다.

= 0℃, 1기압에서 모든 기체 1몰의 부피는 22.4L이다.

※ 기체의 경우 무조건 온도와 압력 조건을 주어야한다.

4 몰의 계산

(1) 공 식

$$몰수 = \dfrac{\text{질량}}{\text{분자량 또는 원자량}} = \dfrac{\text{분자수}}{6.02×10^{23}\text{개}} = \dfrac{\text{기체의 부피}}{22.4L} \ (0℃, 1기압)$$

원자의 몰수

몰수 계산 문제에서 분자의 몰수인지, 원자의 몰수인지, 특정 원자의 몰수인지 물어보는 것을 구분하는 것이 중요하다.

예 포도당($C_6H_{12}O_6$) 90g의 몰수 : $\dfrac{90g}{180g/몰} = 0.5$ 몰

포도당 90g에 있는 C의 몰수 : 포도당 1분자당 C는 6개씩 있으므로 0.5 몰 × 6 = 3몰

포도당 90g에 있는 원자의 몰수 : 포도당 1분자당 원자는 24개이므로 0.5 몰 × 24 = 12몰

제2절 화학반응식

1 화학반응식

(1) 화학식과 기호를 사용하여 화학반응을 나타낸 식으로 화살표를 경계로 왼쪽에 반응물, 오른쪽에 생성물을 표기한다.

> **반응식 만들기**
> ① 반응물과 생성물을 화학식으로 나타낸다.
> ② 화살표를 기준으로 왼쪽에는 반응물, 오른쪽에는 생성물을 표기한다.
> ③ 양쪽의 원자의 종류와 수를 맞추어 준다.
> ④ 양쪽의 계수를 가장 간단한 정수로 맞추어 준다.
> ⑤ 물질의 상태를 표시한다(l : 액체, s : 고체, g : 기체, aq : 수용액).

(2) 물의 생성반응 반응식 만들기

① 반응물 : 수소기체(H_2), 산소기체(O_2), 생성물 : 물(H_2O)

② $H_2 + O_2 \rightarrow H_2O$

③ $2H_2 + O_2 \rightarrow 2H_2O$

 문제에서 가장 많이 물어보는 경우로 반응물, 생성물에서 1개씩 있는 간단한 원소부터 찾아서 맞춘다. 일반적으로 산소는 마지막에 찾는 것이 편한 경우가 많다.

④ $2H_2 + O_2 \rightarrow 2H_2O$ 만약 계수가 분수로 나올 경우 정수로 바꾸어 준다.

⑤ $2H_2(g) + O_2(g) \rightarrow 2H_2O(l)$

2 미정계수법 : 계수를 구하기 복잡한 화학식의 경우

구 분	방 법	에탄올의 연소 반응의 예
1단계	$A + B \rightarrow C + D$	$C_2H_6 + O_2 \rightarrow CO_2 + H_2O$
2단계	반응물과 생성물에 임의의 계수를 써 준다.	$aC_2H_6 + bO_2 \rightarrow xCO_2 + yH_2O$
3단계	각 원자수가 같아지도록 관계식을 세운다.	C원자 : $2a = x$ H원자 : $6a = 2y$ O원자 : $2b = 2x + y$ $a = 1$로 하면 $x = 2$, $y = 3$, $b = \dfrac{7}{2}$
4단계	가장 간단한 정수비를 만든다.	$2C_2H_6 + 7O_2 \rightarrow 4CO_2 + 6H_2O$
5단계	물질의 상태 표시	$2C_2H_6(g) + 7O_2(g) \rightarrow 4CO_2(g) + 6H_2O(l)$

$a\,C_4H_{10} + b\,O_2 \rightarrow c\,CO_2 + d\,H_2O$ 반응에 대한 균형반응식에서 계수 a~d의 값으로 옳게 짝지어진 것은?

	a	b	c	d
①	1	5	4	10
②	2	10	8	10
③	2	13	8	5
④	2	13	8	10

해설

$a = 1$로 가정하면 $c = 4$, $d = 5$이고 따라서 $b = \dfrac{13}{2}$이 나온다. 계수는 정수만 가능하므로 2를 곱해 주면 된다.

답 ④

화학반응식 (가)와 (나)에 대한 설명으로 옳은 것은?(단, *a*, *b*, *c*와 *x*, *y*, *z*는 각각 화학반응식의 계수이다)

> (가) $a\,C_8H_{18} + \dfrac{25}{2}O_2 \rightarrow b\,CO_2 + c\,H_2O$
> (나) $x\,C_6H_{12}O_6 + 6O_2 \rightarrow y\,CO_2 + z\,H_2O$

① a는 x보다 작다.
② $(b+c)$는 $(y+z)$보다 크다.
③ (나)에서 $C_6H_{12}O_6$는 환원된다.
④ (가)에서 C_8H_{18}는 불포화 탄화수소이다.

해설

(가) $C_8H_{18} + \dfrac{25}{2}O_2 \rightarrow 8CO_2 + 9H_2O$
(나) $C_6H_{12}O_6 + 6O_2 \rightarrow 6CO_2 + 6H_2O$
① a와 x는 1로 같다.
② $b + c = 17 > y + z = 12$
③ (나)에서 C의 산화수를 구하면 0에서 +4로 증가하므로 산화이다.
④ C_nH_{2n+2}이므로 포화 탄화수소이다.
※ 저자의견 : 화학반응식 계수는 정수로 나타내는 것이 규칙이다.

답 ②

다음은 우리 생활과 관련된 반응들을 화학반응식으로 나타낸 것이다. 이에 대한 설명으로 옳지 않은 것은?

> (가) $2NaN_3 \rightarrow 2Na + 3(\ ㉠\ )$
> (나) $N_2 + 3H_2 \rightarrow 2NH_3$
> (다) $CH_4 + 2O_2 \rightarrow (\ ㉡\ ) + 2H_2O$

① ㉠은 질소(N_2)이고 ㉡은 이산화탄소(CO_2)이다.
② (가)는 질화 나트륨(NaN_3)의 산화−환원반응이다.
③ (나)에서 반응 전후 분자의 총 몰수는 같다.
④ (다)는 메테인(CH_4)의 완전연소반응이다.

해설

(나)에서 계수비의 합은 4에서 2로 감소하므로 반응 전후 몰수는 감소한다.

답 ③

유기화학반응에 대한 설명으로 옳지 않은 것은?

① 축합반응은 작은 분자가 제거되어 두 분자가 연결되는 반응이다.

② 중합반응은 여러 개의 작은 분자들을 조합시켜 커다란 분자를 만드는 반응이다.

③ 첨가반응에서 탄소에 결합된 일부 원자나 원자단은 증가되고, 탄소 간 결합의 불포화 정도도 증가한다.

④ 치환반응에서 탄소에 결합된 일부 원자나 원자단은 바뀌고, 탄소 간 결합의 불포화 정도는 변하지 않는다.

해설
③ 첨가반응 시 다중 결합이 끊어지므로 탄소 간 결합의 불포화도 정도는 감소한다.

답 ③

90g의 글루코스($C_6H_{12}O_6$)와 과량의 산소(O_2)를 반응시켜 이산화탄소(CO_2)와 물(H_2O)이 생성되는 반응에 대한 설명으로 옳지 않은 것은?(단, H, C, O의 몰질량 (g/mol)은 각각 1, 12, 16이다)

$$C_6H_{12}O_6(s) + 6O_2(g) \rightarrow x\,CO_2(g) + y\,H_2O(l)$$

① x와 y에 해당하는 계수는 모두 6이다.

② 90g 글루코스가 완전히 반응하는 데 필요한 O_2의 질량은 96g이다.

③ 90g 글루코스가 완전히 반응해서 생성되는 CO_2의 질량은 88g이다.

④ 90g 글루코스가 완전히 반응해서 생성되는 H_2O의 질량은 54g이다.

해설
질량 보존의 법칙을 이용하면
$$C_6H_{12}O_6 + 6O_2 \rightarrow 6CO_2 + 6H_2O$$
    180g   6×32g   6×44g   6×18g
이므로 비율을 절반으로 줄이면
    90g   3×32g   3×44g   3×18g 이다.

답 ③

---

3 화학반응식의 종류

(1) 화합 : 여러 물질이 한 물질로 합쳐지는 반응이다(A + B → AB).

(2) 분해 : 한 물질이 여러 물질로 쪼개지는 반응이다(AB → A + B).

(3) 치환 : 한 분자의 특정 원소가 다른 분자로 이동하는 반응이다
(AB + C → A + BC).

(4) 복분해 : 여러 물질이 반응하여 새로운 여러 물질로 변하는 반응이다
(AB + CD → AC + BD).

제3절   양적관계

1 양적관계

(1) 화학반응식의 계수비의 관계를 이용하여 반응하고 남은 양을 알 수가 있다.

계수비 = 몰수비 = 분자수비 = 부피비(기체만) ≠ 질량비

만약 수소, 산소, 물이 4몰, 2몰, 4몰 있다고 가정할 경우

화학반응식	$2H_2(g)$ +	$O_2(g)$ →	$2H_2O(l)$
계수비	2	1	2
몰 수	4몰	2몰	4몰
몰수비	2	1	2
분자수	$4 \times N_A$	$2 \times N_A$	$4 \times N_A$
분자수비	2	1	2
부피(0℃, 1기압)	44.8L	22.4L	X(기체가 아니므로)
부피비	2	1	X
질 량	8g	64g	72g
질량비	1	8	9

2 질량보존의 법칙

(1) 화학반응에서 원자의 종류와 수는 변하지 않으므로 반응 전후 질량은 일정하다.

(2) 적 용

화학반응식	$2H_2(g)$ + $O_2(g)$ → $2H_2O(l)$
질 량	8g + 64g = 72g

수소기체 8g과 산소기체 64g이 반응하면 물 72g이 나온다.

3 한계반응물

화학반응에서 먼저 완전히 소비되는 반응물로 한계반응물로 인해 생성물의 양이 결정된다.

화학반응식	$2H_2(g)$ + $O_2(g)$ → $2H_2O(l)$
몰 수	4몰 1몰 0

이 경우에는 O_2가 부족하므로 O_2가 한계반응물이다.

4 화학반응식의 실전

(1) 문제의 접근법

① 기본적으로 몰과 질량, 부피간의 변환이 완벽하게 되어야 한다.
② 화학반응식을 잘 세운다(상태를 잘 확인한다).
③ 문제의 유형을 파악하고 몰인지 질량인지 접근법을 결정한다.
④ 계수비를 잘 파악한다.

> 계수비의 의미는 반응물과 생성물이 같이 존재하는 것이 아니라 반응할 때 계수비만큼 반응한다는 의미이다.

⑤ 질량비로 풀어야 하는 문제인 경우 질량비를 잘 표시한다.
⑥ 한계반응물을 잘 파악한다.

> 문제의 조건에서 질량만 주어지는 경우 질량보존의 법칙으로만 풀면 해결이 가능하다. 질량비는 계수비와 전혀 상관없으므로 잘 표시하여 풀이하도록 한다.

표는 중성 원자 A~D를 구성하는 입자 수를 나타낸 것이다. 이에 대한 설명으로 옳은 것은?(단, A~D는 임의의 원소 기호이다)

원 자	A	B	C	D
양성자 수	8	8	9	10
중성자 수	8	10	10	10

① B의 바닥상태 전자 배치는 $1s^2 2s^2 2p^6$이다.
② 원자 반지름은 A가 C보다 크다.
③ 이온화 에너지는 B가 D보다 크다.
④ A는 D와 결합하여 화합물 AD를 형성한다.

해설

A	B	C	D
$^{16}_{8}O$	$^{18}_{8}O$	$^{19}_{9}F$	$^{20}_{10}Ne$

① B의 바닥상태 전자 배치는 $1s^2 2s^2 2p^4$이다.
② 원자 반지름은 같은 주기에서 오른쪽으로 갈수록 작아진다.
③ 이온화 에너지는 18족에서 가장 크다.
④ Ne은 다른 원소와 결합하지 않는다.

답 ②

84.0g의 CO 기체와 10.0g의 H_2 기체를 반응시켜 액체 CH_3OH를 얻었다. 이에 대한 설명으로 옳지 않은 것은? (단, CO, H_2, CH_3OH의 분자량은 각각 28.0g, 2.0g, 32.0g이다)

① 한계반응물은 CO이다.
② CO와 H_2는 1 : 2의 몰비로 반응한다.
③ CH_3OH의 이론적 수득량은 80.0g이다.
④ 반응물 CO와 H_2의 몰수는 각각 3mol과 5mol이다.

해설
조건이 질량이므로 질량보존의 법칙으로 풀면

$$CO(g) + 2H_2(g) → CH_3OH(l)$$

반응 전	84.0g	10.0g	0g
반 응	−70.0g	−10.0g	+80.0g
	(계수와 분자량을 이용하여 질량비를 구한다)		
반응 후	14.0g	0g	80g

① 한계반응물은 수소기체이다.
② 계수비는 1 : 2이다.
③ 100% 수득량이라고 가정할 시 $CH_3OH(l)$ 생성량은 80g 이다.
④ CO의 몰수는 $\frac{84g}{28g/mol} = 3\,mol$, H_2의 몰수는 $\frac{10g}{2g/mol}$ $= 5\,mol$이다.

답 ①

수소 기체와 산소 기체는 다음과 같이 반응하여 물을 생성한다. 10g의 수소 기체가 산소와 완전히 반응하는데 필요한 산소의 양은 얼마인가?

$$2H_2(g) + O_2(g) \rightarrow 2H_2O(g)$$

① 10g
② 20g
③ 40g
④ 60g
⑤ 80g

 해설
질량비를 이용해서 구하면 $H_2 : O_2 : H_2O = 1 : 8 : 9$이므로 10g의 수소기체가 완전히 반응하는데 산소기체는 80g이 필요하다.

답 ⑤

수소와 산소만의 혼합 기체 11g이 들어 있는 밀폐된 용기에서 둘 중 하나의 기체가 전부 소모될 때까지 반응시켜, 물이 생성되고 기체 분자 1mol이 남았다. 이때 생성된 물의 질량(g)과 반응 후 남은 기체의 종류는?(단, 수소와 산소의 원자량은 각각 1, 16이다)

① $\frac{9}{2}$, 수소
② 9, 수소
③ 9, 산소
④ $\frac{9}{2}$, 산소

 해설
혼합기체 11g이 반응하여 물이 생성되고 기체 분자 1mol이 남았는데 만약 산소기체 1mol이 남았다면 산소기체의 질량만 32g이므로 불가능하다. 따라서 수소기체 1mol(2g)이 남아 있음을 알 수 있다. 주로 주어진 조건이 질량이므로 질량 보존의 법칙으로 구하면

$$2H_2(g) + O_2(g) \rightarrow 2H_2O(l)$$

반응 전	3g	8g	
반 응	-1g	-8g	+9g
반응 후	2g	0g	9g

답 ②

다음은 포도당($C_6H_{12}O_6$)과 산소(O_2)가 반응하여 이산화탄소(CO_2)와 물(H_2O)이 생성되는 화학반응식이다. 0℃, 1기압에서 이산화탄소 기체 22.4L를 얻기 위해 필요한 포도당의 질량(g)은?(단, C, H, O의 몰질량(g/mol)은 각각 12, 1, 16이다)

$$C_6H_{12}O_6(aq) + 6O_2(g) \rightarrow 6CO_2(g) + 6H_2O(l)$$

① 30
② 60
③ 90
④ 180

 해설
포도당과 이산화탄소의 계수비가 1 : 6이므로 이산화탄소 1mol을 얻으려면 포도당 1/6mol이 필요하므로 180g × 1/6 = 30g이다.

답 ①

(2) 화학반응식 풀이 실전 [다음의 풀이 법을 반복하여 익숙해지도록 한다]

① 화학식에 다음과 같이 표기한다(칸이 아니라 세 줄을 그어 구분만 가능하면 된다).

화학반응식	$2H_2(g)$ + $O_2(g)$ → $2H_2O(l)$
반응 전	
반 응	
반응 후	

② 문제에서 주어진 조건을 표시한다. 이 단계가 중요하며 질량비를 쓸지 계수비를 쓸지 결정한다.

㉠ 만약 조건이 수소 3몰, 산소 6몰이 있다고 주어진 경우 계수비를 이용하여 한계반응물을 찾고 계산한다.

화학반응식	$2H_2(g)$	+ $O_2(g)$	→ $2H_2O(l)$
반응 전	3몰	6몰	0몰
반 응	-3몰	-1.5몰	+3몰
	계수비는 이곳에서 사용하는 것이며 계수비 만큼 반응물은 감소, 생성물은 증가하는 것이다.		
반응 후	0몰 (한계반응물)	4.5몰	3몰

㉡ 만약 조건이 수소 8g, 산소 8g이 있다고 주어진 경우

화학반응식	$2H_2(g)$	+ $O_2(g)$	→ $2H_2O(l)$
반응 전	8g	+ 8g	= 0g
반 응	-1g	+ -8g	= +9g
반응 후	7g	+ 0g (한계반응물)	= 9g

질량보존의 법칙은 2가지 관점으로 볼 수 있다.
반응 중에 반응물과 생성물의 합이 일정한 것이며(1g + 8g = 9g),
반응 전과 후의 질량이 일정한 것도 성립한다(8g + 8g = 7g + 9g).
질량보존의 법칙만으로도 해결 가능한 문제들이 많으므로 기출문제와 예제를 통해 충분한 연습이 필요하다.

5 수득률

(1) 이론적 수득률 : 생성물이 100% 얻어지는 경우로 한계반응물로 인해 결정된 생성물의 양이다.

(2) 실제 수득률 : 실험으로 얻어진 값으로 실험 도중 손실이 일어나므로 실제 값보다 작다.

$$퍼센트\ 수득률(\%) = \frac{실제\ 생성물의\ 양}{이론적\ 생성물의\ 양} \times 100$$

다음 반응식에 따라 A 3mol과 B 2mol이 반응하여 C 4mol이 생성되었다면 이 반응의 퍼센트 수율(%)은?

$$2A + B \rightarrow 3C + D$$

① 67
② 75
③ 89
④ 100

해설

이론적 생성물의 몰수를 구하면 한계반응물은 A이므로

	2A	+	B	→	3C	+	D
반응 전	3mol		2mol		0mol		0mol
반 응	−3mol		−1.5mol		+4.5mol		1.5mol
반응 후	0mol		0.5mol		4.5mol		1.5mol

이다. C의 이론값은 4.5mol이므로 $\dfrac{4.0mol}{4.5mol} \times 100 \fallingdotseq 89\%$ 이다.

답 ③

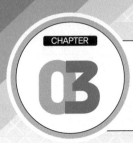

적중예상문제

제 1 절 **몰(mole)**

01 몰에 대한 설명으로 옳지 않은 것은?

① 25℃, 1기압에서 모든 기체 1몰의 부피는 22.4L이다.
② 1몰은 어떤 물질 6.02×10^{23} 개의 양이다.
③ 아보가드로 수가 작아지면 1몰의 질량은 작아진다.
④ 같은 온도와 압력에서 어떤 기체 1L에 들어있는 분자의 수는 같다.

해설

0℃, 1기압에서 모든 기체 1몰의 부피는 22.4L이다. 기체는 온도와 압력에 따라 크게 변한다.

02 다음 중 개수가 가장 많은 것은?(단, 원자량은 H = 1, O = 16이다)

① 수소기체 1g의 분자수
② 염화나트륨 1몰을 녹였을 때 이온의 수
③ 물 분자 18g에 들어있는 산소 원자수
④ 과산화수소(H_2O_2) 17g의 산소 원자수

해설

① 0.5몰
② 2몰
③ 1몰
④ 1몰

03 분자의 몰수가 가장 큰 것은?(단, 원자량은 H = 1, N = 14, O = 16이다)

① CO_2 22g
② CO 28g
③ 3.0×10^{23} 개의 메테인 분자
④ NO 45g

해설

① 0.5몰   ② 1몰
③ 0.5몰   ④ 1.5몰

04 같은 질량이 있을 때 다음 중 부피가 가장 큰 것은?

① $H_2(g)$
② $N_2(g)$
③ $H_2O(g)$
④ $CO_2(g)$

해설

일정한 질량일 때 분자량이 작을수록 몰수가 크므로 수소기체의 부피가 가장 크다.

42 제1편 | 핵심이론   1 ①   2 ②   3 ④   4 ①   **정답**

05 표는 0℃, 1기압에서의 자료를 나타낸 것이다. 이에 대한 설명으로 옳지 않은 것은?(단, 0℃, 1기압에서 모든 기체 1몰의 부피는 22.4L이고, 아보가드로수는 6.0×10^{23}이다)

기 체	분자량	질량(g)	부피(L)	분자 수(개)
A		8		3.0×10^{23}
B	17	(가)	22.4	
물	18	(나)		1.2×10^{24}

① 기체의 밀도는 A < B이다.
② 부피는 물이 가장 크다.
③ A의 분자량은 16이다.
④ (가) + (나)의 합은 53이다.

해설

물은 액체이므로 주어진 자료만으로는 부피를 구할 수 없다. (가)는 17, (나)는 36이다.

02 다음 식의 계수 $a \sim d$의 합은?

$$Fe_2O_3 + a\,CO \rightarrow 2\,Fe + b\,CO_2$$
$$c\,NaN_3 \rightarrow 2\,Na + d\,N_2$$

① 8 ② 9
③ 10 ④ 11

해설

$a=3$, $b=3$, $c=2$, $d=3$이므로 합은 11이다.

제2절 화학반응식

01 계수 $a \sim d$의 값으로 옳게 짝지어 진 것은?

$$a\,C_6H_6(g) + b\,O_2(g) \rightarrow c\,CO_2(g) + d\,H_2O(g)$$

	a	b	c	d
①	1	7	6	3
②	1	7	6	6
③	2	15	12	6
④	2	15	12	12

제3절 양적관계

01 0℃, 1기압에서 16g의 메테인(CH_4)과 충분한 양의 산소와 반응시켜 이산화탄소와 물이 생성되는 반응에 대한 설명으로 옳지 않은 것은?(단, 원자량은 $H = 1$, $C = 12$ $O = 16$이다)

$$CH_4(g) + 2O_2(g) \rightarrow x\,CO_2(g) + y\,H_2O(l)$$

① $x = 1$, $y = 2$이다.
② 16g의 메테인이 완전히 반응하는데 이산화탄소는 22.4L 생성된다.
③ 16g의 메테인이 완전히 반응하는데 물은 2몰 생성된다.
④ 16g의 메테인이 완전히 반응하는데 필요한 산소의 질량은 32g이다.

해설

필요한 산소의 질량은 64g이다.

02 수소기체와 산소기체는 반응하여 물을 생성한다. 수소기체가 16g이 완전히 반응할 때 생성되는 물의 양은?(단, 원자량은 $H = 1$, $O = 16$이다)

① 36g
② 72g
③ 144g
④ 180g

해설

질량보존의 법칙을 이용하면

반응식	$2H_2(g) + O_2(g) \rightarrow 2H_2O(l)$		
반응 전	16g	∞	0
반 응	− 16g	− 128g	144g
반응 후	0	∞	144g

03 프로페인(C_3H_8)은 다음과 같이 연소한다. 프로페인 22g 완전히 연소할 경우 생성물의 몰수는?(단, 원자량은 $H = 1$, $C = 12$, $O = 16$이다)

$$C_3H_8(g) + 5O_2(g) \rightarrow xCO_2(g) + yH_2O(g)$$

① 2몰
② 3몰
③ 3.5몰
④ 4몰

해설

반응식	$C_3H_8(g) + 5O_2(g) \rightarrow 3CO_2(g) + 4H_2O(g)$			
반응 전	0.5몰	∞	0	0
반 응	− 0.5몰	− 2.5몰	+ 1.5몰	+ 2몰
반응 후	0몰	∞	1.5몰	2몰

04 다음은 화학반응식이다. 이에 대한 설명으로 옳지 않은 것은?

(가) $CaCO_3(s) \rightarrow CaO(s) + x$
(나) $2NaHCO_3(s) \rightarrow Na_2CO_3(s) + H_2O(l) + y$

① x, y는 같은 물질이다.
② (가) 반응은 반응 후 부피가 증가한다.
③ (나) 반응에서 반응 후 물질의 총질량은 증가한다.
④ 두 반응 모두 반응 후 분자의 수는 증가한다.

해설

x, y는 모두 이산화탄소($CO_2(g)$)이며 (가)는 고체에서 기체가 생성되므로 부피는 증가한다.
질량보존의 법칙에 의해 물질의 총질량은 일정하며 (가), (나) 모두 이온결합이므로 분자가 없는 상태에서 분자가 생겨나므로 분자의 수는 증가한다.

05 구리 63.5g을 1,000℃ 이상에서 가열하여 적자색의 산화구리 71.5g이 생성되었다. 반응한 산소의 양과 산화구리의 화학식으로 옳은 것은?(단, Cu의 원자량은 63.5이다)

① 8g, CuO
② 8g, Cu_2O
③ 16g, CuO
④ 16g, Cu_2O

해설

구리가 완전히 반응하여 8g의 질량이 늘어났으므로 반응한 산소의 양은 8g이다. 구리 1몰과 산소기체 0.25몰이 반응한 것이므로 다음과 같은 식을 만들 수 있다.

반응식	$4Cu(s) + O_2(g) \rightarrow 2Cu_2O(s)$		
반응 전	63.5g	∞	0
반 응	− 63.5g	− 8g	+ 71.5g
반응 후	0	∞	71.5g

06 에테인(C_2H_6)이 15g이 완전히 연소 시 생성되는 이산화탄소의 부피는?(단, 0℃, 1기압이며, 원자량은 $H = 1$, $C = 12$, $O = 16$이다)

① 5.6L
② 11.2L
③ 22.4L
④ 33.6L

해설

에테인 15g은 0.5몰이므로 다음과 같은 식이 나오며 1몰의 부피는 22.4L이다.

반응식	$2C_2H_6(g) + 7O_2(g) \rightarrow 4CO_2(g) + 6H_2O(g)$			
반응 전	0.5몰	∞	0	0
반 응	− 0.5몰	− 1.75몰	+ 1몰	+ 1.5몰
반응 후	0몰	∞	1몰	1.5몰

[7~8] 다음은 황의 연소 반응이다. S의 원자량은 32, O의 원자량은 16이다.

$$S + O_2 \rightarrow SO_2$$

07 황과 산소를 각각 32g 투입하였을 경우 생성되는 SO_2의 몰수는?

① 1몰
② 2몰
③ 2.5몰
④ 3몰

해설

반응식	S	+	O_2	→	SO_2
반응 전	1몰		1몰		0
반 응	−1몰		−1몰		+1몰
반응 후	0		0		1몰

08 각각 $x\,g$ 투입 시 생성되는 SO_2의 질량은?

① $x\,g$
② $2x\,g$
③ $3x\,g$
④ 알 수 없다.

해설

질량보존의 법칙을 이용하면

반응식	S	+	O_2	→	SO_2
반응 전	$x\,g$		$x\,g$		0
반 응	$-x\,g$		$-x\,g$		$+2x\,g$
반응 후	0		0		$2x\,g$

09 질소와 수소만의 혼합 기체 19g이 들어 있는 밀폐된 용기에서 둘 중 하나의 기체가 전부 소모될 때까지 반응시켜, 암모니아가 생성되고 어떤 기체 분자 1몰이 남았다. 이때 생성된 암모니아의 질량(g)과 남은 기체의 종류는?(단, 원자량은 $H = 1$, $N = 14$이다)

① 17, 질소
② 17, 수소
③ 34, 질소
④ 34, 수소

해설

혼합기체 19g이 반응하여 암모니아가 생성되고 기체 분자 1몰이 남았는데 만약 질소기체 1몰이 남았다면 질소기체의 질량만 28g이므로 불가능하다. 따라서 수소기체 1몰(2g)이 남아있음을 알 수 있다. 주로 주어진 조건이 질량이므로 질량보존의 법칙으로 구하면

반응식	$N_2(g)$	$+ 3H_2(g)$	→	$2NH_3(g)$
반응 전	14g	5g		0
반 응	−14g	−3g		17g
반응 후	0	2g		17g

10 그림은 기체의 반응 전, 후 조건을 나타낸 것이다.

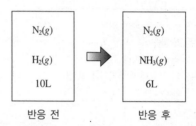

이 반응에서 반응 전에 있던 수소기체의 질량은?(단, 기체의 온도와 압력은 일정하며, 1몰의 부피는 24L이다. H, N의 원자량은 각각 1, 14이다)

① 0.5g
② 1g
③ 2g
④ 6g

해설

수소기체가 반응 후에 없으므로 한계반응물이다. 반응 후 4L의 부피가 줄어들었는데 반응 전, 후 계수가 2 감소하므로 질소 1L가 완전히 반응 시 전체부피가 2L가 줄어드는 것을 알 수 있다. 따라서 질소기체가 2L 반응하였음을 알 수 있다.

반응식	$N_2(g)$	$+ 3H_2(g)$	→	$2NH_3(g)$
반응 전	4L	6L		0
반 응	−2L	−6L		+4L
반응 후	2L	0		4L

반응한 수소기체는 6L인데 1몰의 부피가 24L이므로 0.25몰이다. 따라서 수소기체의 질량은 0.5g이다.

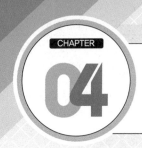
CHAPTER 04 화학결합

다음은 주기율표의 일부를 나타낸 것이다. 원소 A~F에 대한 설명으로 옳은 것은?(단, A~F는 임의의 원소 기호이다)

족 주기	1	2	13	14	15	16	17	18
1	A							
2	B			C		D		
3		E					F	

① A와 C의 화합물은 이온으로 되어 있다.
② B와 D의 화합물은 사염화탄소에 잘 녹는다.
③ C와 F의 화합물은 극성 분자이다.
④ D와 E의 화합물은 액체 상태에서 전기가 통한다.
⑤ E와 F의 화합물의 화학식은 EF이다.

해설

A : H, B : Li, C : C, D : O, E : Mg, F : Cl
① CH_4는 공유결합이다.
② Li_2O는 이온결합으로 무극성 용매(사염화탄소)에 잘 녹지 않는다.
③ CCl_4(사염화탄소)는 무극성 분자이다.
④ MgO는 이온결합으로 용융상태에서 전기가 통한다.
⑤ E와 F의 화합물의 화학식은 $MgCl_2$이다.

답 ④

---

1 이온결합

(1) 정의 : 양이온과 음이온 사이의 정전기적 인력에 의해 형성된 결합으로 주로 금속과 비금속간의 결합이다.

(2) 이온결합의 형성

① 전자를 잃고 양이온이 되기 쉬운 원자(금속)와 전자를 얻어 음이온이 되기 쉬운 원자(비금속)가 접근하면, 서로 전자를 주고받아 비활성 기체와 같은 전자배치 즉, 화학적으로 안정한 전자배치를 갖는 양이온과 음이온이 된다 (옥텟규칙을 만족).

② 두 이온은 서로 다른 전하를 띠므로 이들 이온 사이에서 정전기적 인력이 작용하여 결합이 형성되는데 이러한 결합을 이온결합이라고 하며, 이런 화합물을 이온결합 물질이라고 한다.

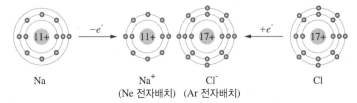

(3) 이온결합 물질의 화학식

① 이온결합에서 양이온의 전하와 음이온의 전하 총합이 0이 되어야 한다.
   (양이온의 전하 × 양이온수) + (음이온의 전하 × 음이온수) = 0

② 대표적인 이온들
   Li^+, Na^+, Mg^{2+}, Al^{3+}, F^-, Cl^-, 다원자 이온(OH^-, SO_4^{2-}, NO_3^-, CO_3^{2-}, CH_3COO^-, NH_4^+)

③ 이온결합식 표기법

$A^{a+} + B^{b-} \rightarrow A_b B_a$ 단, 1은 생략한다.

예 NaCl, Mg(OH)$_2$, AlCl$_3$, MgO, CaCO$_3$

(4) 이온결합 물질의 성질

① 전기전도성 : 고체 상태에는 전기가 통하지 않으나 액체, 수용액 상태에서는 전기가 통한다. 고체 상태에서는 이온이 이동할 수 없지만 액체나 수용액 상태에서는 이온이 이동하여 전기가 통하기 때문이다.

② 녹는점과 끓는점이 비교적 높다. 쿨롱의 힘이 클수록(이온의 전하량이 클수록, 이온간 거리가 가까울수록) 높다.

이온결합 물질	녹는점(℃)	이온결합 물질	녹는점(℃)
NaF	993	MgO	2,853
NaCl	801	CaO	2,614
NaBr	747	SrO	2,430
NaI	661	BaO	1,923

③ 물에 잘 녹는 것이 많다(예외 앙금 : AgCl, MgO 등은 잘 녹지 않는다).

④ 단단하지만 압력을 가하면 잘 부서진다.

2 공유결합

(1) 정의 : 원자들이 전자쌍을 공유하면서 형성되는 결합으로 비금속과 비금속의 결합이다.

(2) 과정 : 두 원소 모두 전자를 내놓기 어려운 비금속원소들 사이에는 전자를 주거나 얻어서 결합을 형성하지 못하고, 각각 전자를 내놓아 전자쌍을 만들어 이 전자쌍을 서로 공유하여 결합을 이루게 된다. 즉, 비금속원자들이 비활성기체와 같이 안정한 전자배치(옥텟규칙)를 이루기 위하여 부족한 전자를 서로 공유함으로써 이루어지는 결합을 공유결합이라고 한다.

(3) 공유결합 물질의 성질

① 전기전도성 : 대부분 전기가 통하지 않는다(예외 : 탄소의 동소체 일부).

② 녹는점과 끓는점이 비교적 낮다.

③ 극성분자는 물에 잘 녹고 무극성분자는 물에 잘 녹지 않는다.

다음은 화합물 AB의 전자 배치를 모형으로 나타낸 것이다. 이에 대한 설명으로 옳은 것은?(단, A, B는 각각 임의의 금속, 비금속 원소이다)

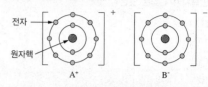

① 화합물 AB의 몰질량은 20g/mol이다.

② 원자 A의 원자가 전자는 1개이다.

③ B$_2$는 이중 결합을 갖는다.

④ 원자 반지름은 B가 A보다 더 크다.

해설

A는 Na$^+$, B는 F$^-$이다.

① 중성자 수를 알 수 없으므로 화합물의 몰질량은 알 수 없다.

② Na의 원자가 전자는 1개이다.

③ F$_2$는 단일 결합이다.

④ Na는 3주기, F는 2주기이므로 Na의 원자 반지름이 더 크다.

답 ②

다음 분자를 루이스 전자점식으로 그렸을 때, 옥텟 규칙을 만족시키지 않는 것은?

① H_2O
② NO_2
③ CH_4
④ HCl
⑤ NH_3

해설
② NO_2는 공명구조이다.

답 ②

(4) 공유결합의 표시

① 루이스 전자점식 : 원자들의 원자가 전자를 점으로 표시하여 나타내는 방법이다. 점 1개는 전자 1개를 의미한다.

족 주기	1	2	13	14	15	16	17
2	Li·	·Be·	·Ḃ·	·Ċ·	·N̈·	·Ö:	:F̈:
3	Na·	·Mg·	·Äl·	·S̈i·	·P̈·	·S̈:	·C̈l:

② 구조식 : 공유 전자쌍을 결합선(—)으로 나타낸 것으로 비공유 전자쌍은 생략 가능하다. 다만, 분자구조 파악을 위해 그리는 것을 추천한다.

루이스 전자점식	구조식
:Ö:H 　H	:Ö–H 　H

③ 공유 전자쌍(BP) : 결합에 참여한 두 원자가 서로 공유하는 전자쌍, 구조식에서 결합선으로 표시한다.

④ 비공유 전자쌍(LP) : 공유결합에 참여하지 않고 한 원자에만 속해있는 전자쌍이다.

루이스 전자점식 그리는 법
복잡한 구조식의 경우 전자점식을 그리는 법칙으로 계산하는 것이 확실하나 화학1 수준에서 다루는 것은 옥텟규칙을 전부 만족하는지 확인하면 된다. 대체로 나오는 분자들이 일정하므로 특정 분자들의 구조를 통해 연습하도록 하자.

(5) 단일결합과 다중결합

① 단일결합 : 두 원자 사이에 1개의 전자쌍을 공유한 결합이다.

② 이중결합 : 두 원자 사이에 2개의 전자쌍을 공유한 결합이다.
　예 O_2, C_2H_4, CO_2

③ 삼중결합 : 두 원자 사이에 3개의 전자쌍을 공유한 결합이다.
　예 N_2, C_2H_2

$$2H· + ·\ddot{O}: \longrightarrow H:\ddot{O}: \longrightarrow H-O \quad\quad 단일결합$$
$$\overset{|}{H} \quad\quad\quad \overset{|}{H}$$

$$:\ddot{O}· + ·\ddot{O}: \longrightarrow :\ddot{O}::\ddot{O}: \longrightarrow O=O \quad\quad 이중결합$$

$$·\ddot{N}· + ·\ddot{N}· \longrightarrow \ddot{N}⋮⋮\ddot{N} \longrightarrow N≡N \quad\quad 삼중결합$$

(6) 결합에너지

① 일반적으로 결합길이가 짧을수록 결합수가 많을수록 결합에너지가 커진다.

② 다중결합의 결합길이와 에너지

　㉠ 결합길이 : 단일결합 > 이중결합 > 삼중결합

　㉡ 결합에너지 : 단일결합 < 이중결합 < 삼중결합

3 금속결합

(1) 정의 : 금속의 양이온과 자유전자 사이의 정전기적 인력에 의한 결합이다.

(2) 특 징

① 전기전도성과 열전도성이 좋다.

② 고체, 액체 상태에서 전기전도성을 가진다.

③ 녹는점이 높다(상온에서 고체).

④ 연성(잘 늘어남)과 전성(잘 퍼짐)이 있다.

⑤ 광택을 가진다.

⑥ 결합력의 크기 : 금속의 원자반지름이 작을수록 커진다.

제2절 동소체

1 동소체

같은 종류의 원소로 되어있으나 원자 배열이 달라 물질적, 화학적 성질이 다른 원소를 말한다.

예 산소(O_2)와 오존(O_3), 황, 인 등

그림은 탄소(C)만으로 이루어진 3가지 물질 (가)~(다)의 구조를 모형으로 나타낸 것이다. (가)~(다)의 공통점으로 옳은 것은?

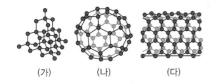

(가)   (나)   (다)

① 높은 전기 전도성이 있다.
② 탄소 원자들 사이의 결합은 공유결합이다.
③ 산소가 충분한 상태에서 연소시키면 물(H_2O)이 생성된다.
④ 1개의 탄소 원자는 다른 탄소 원자 3개와 결합하고 있다.

해설

구 분	(가) 다이아몬드	(나) 풀러렌	(다) 탄소나노튜브
전기전도성	없다.	있다.	있다.
1개의 탄소원자당 결합수	4	3	3
결합각	109.5°	108°, 120°	120°

전부 공유결합 물질이며 연소 시 전부 CO_2가 생성된다.

답 ②

2 탄소의 동소체

탄소원자는 원자가 전자가 4개로 다른 원자와 최대 4개 결합을 형성할 수 있어서 다양한 구조를 가질 수 있다.

구 분	다이아몬드	흑 연	풀러렌
구조모형			
구 조	그물구조	층상구조	축구공모양
탄소원자 1개당 공유결합한 탄소수	4	3	3
전기전도성	X	O	O(약함)
탄소원자들의 결합모양	정사면체	정육각형	정오각형, 정육각형
결합각	109.5°	120°	120°, 108°
분 자	X	X	O
1몰의 질량	12g	12g	720g
용 도	보석, 드릴	연필심, 탄소전극	초전도체, 축전지

구 분	탄소나노튜브	그래핀
구조모형		
구 조	원통형구조	단층구조
탄소원자 1개당 공유결합한 탄소수	3	3
전기전도성	O	O
탄소원자들의 결합모양	정육각형	평면구조
결합각	120°	120°
분 자	–	X
1몰의 질량	–	12g
용 도	반도체, 디스플레이	디스플레이 등

제3절 전자쌍 반발원리

1 전자쌍 반발원리(VSEPR ; Valence Shell Electron–Pair Repulsion)

(1) **정의** : 분자의 중심원자 주위에 있는 전자쌍들은 서로 같은 (−)전하를 띠기 때문에 전자쌍들 사이의 정전기적 반발력을 최소화하기 위하여 가능한 멀리 떨어지려고 한다.

(2) **반발력의 크기**

비공유 전자쌍 – 비공유 전자쌍 > 공유 전자쌍 – 비공유 전자쌍 > 공유 전자쌍 – 공유 전자쌍

(3) **결합각** : 중심원자의 핵과 이와 결합한 다른 두 원자의 핵을 연결한 선이 이루는 각도로 전자쌍 사이의 반발력이 클수록 결합각은 커진다.

(4) 다중결합을 가지는 경우에는 1개의 전자쌍으로 취급하여 다른 분자와 같은 방법으로 예측한다.

(5) **전자쌍의 수에 따른 분자모양**

전자쌍의 수	2	3	4
모양 그림			
결합각	180°	120°	109.5°
분자모양	직선형	평면삼각형	정사면체

다음은 NH_3에 대한 설명이다. 맞는 것을 모두 고른 것은?

> ㉠ 고립전자쌍을 가지고 있다.
> ㉡ ∠HNH 결합각은 109.5°이다.
> ㉢ 비극성 분자이다.

① ㉠ ② ㉡
③ ㉠, ㉡ ④ ㉡, ㉢
⑤ ㉠, ㉡, ㉢

해설

암모니아는 중심원자에 고립전자쌍(비공유 전자쌍)을 가지고 결합각은 107°이며 극성분자이다.

답 ①

원자가 껍질 전자쌍 반발(VSEPR)이론을 이용하여 다음 화합물의 결합각의 크기를 예측했을 때 바르게 나타낸 것은?

> CH_4 NH_3 H_2O CO_2 HCHO

① CH_4 > NH_3 > H_2O > CO_2 > HCHO
② HCHO > CO_2 > CH_4 > NH_3 > H_2O
③ CO_2 > HCHO > CH_4 > NH_3 > H_2O
④ CO_2 > CH_4 > NH_3 > H_2O > HCHO
⑤ HCHO > CO_2 > H_2O > NH_3 > CH_4

해설

구분	CH_4	NH_3	H_2O	CO_2	HCHO
결합각	109.5°	107°	104.5°	180°	약 120°

답 ③

다음 중 무극성 분자는?

① 암모니아　　　　② 이산화탄소
③ 염화수소　　　　④ 이산화황

해설
이산화탄소는 직선형에 대칭이므로 무극성 분자이다.

답 ②

그림 (가), (나)의 루이스 전자점 구조를 갖는 분자 XY_2, ZY_3에 대해 설명한 것으로 옳은 것은?(단, X, Y, Z는 임의의 2주기 원소이다)

　　　(가)　　　　　　　(나)

① (가)는 극성 공유결합을 갖는다.
② (나)의 분자 기하는 정사면체형이다.
③ (나)의 중심 원자는 옥텟 규칙을 만족한다.
④ 중심 원자의 결합각은 (가)가 (나)보다 크다.

해설
(가)는 OF_2, (나)는 BF_3이다.
① 다른 원소와 결합하므로 극성 공유결합이다.
② (나)의 구조는 평면 삼각형이다.
③ 중심 원자 B는 옥텟규칙을 만족하지 못한다.
④ (가)의 결합각은 약 104.5°, (나)의 결합각은 약 120°이다.

답 ①

삼플루오린화붕소(BF_3)와 암모니아(NH_3)에 대한 설명으로 옳은 것은?

① 두 분자 모두 평면형 구조이다.
② 두 분자 모두 중심 원자에 비공유 전자쌍이 없다.
③ 삼플루오린화붕소의 결합각은 암모니아의 결합각보다 작다.
④ 삼플루오린화붕소는 무극성 분자이고, 암모니아는 극성 분자이다.

해설
① NH_3는 입체구조이다.
② BF_3만 중심 원자에 비공유 전자쌍이 없다.
③ BF_3의 결합각은 120°, NH_3의 결합각은 107°이다.

답 ④

공유 전자쌍	비공유 전자쌍	구 조	결합각	예
2	0	직선형	180°	BeF_2, CO_2
3	0	평면삼각형	120°	BF_3
4	0	정사면체형	109.5°	CH_4
3	1	삼각뿔형	107°	NH_3
2	2	굽은형	104.5°	H_2O

2 분자의 구조

(1) 2주기 원소의 화합물 구조

구 분 ＼ 족	2	13	14
중심원소	Be	B	C
화합물 결합식	BeF_2	BF_3	CH_4
구조식	F－Be－F	$\ddot{F}$ ｜ $\ddot{F}$－B－$\ddot{F}$	H ｜ H－C－H ｜ H
공유 전자쌍수	2	3	4
비공유 전자쌍수	0	0	0
결합각	180°	120°	109.5°
모 양	직선형	평면삼각형	정사면체
평면 · 입체	평 면	평 면	입 체
극성 · 무극성	무극성	무극성	무극성
구 분 ＼ 족	15	16	17
중심원소	N	O	F
화합물 결합식	NH_3	H_2O	HF
구조식	H ｜ H－N－H	$\ddot{O}$ H∕　∖H	H－$\ddot{F}$：
공유 전자쌍수	3	2	1
비공유 전자쌍수	1	2	3
결합각	107°	104.5°	180°
모 양	삼각뿔형	굽은형	직선형
평면 · 입체	입 체	평 면	평 면
극성 · 무극성	극 성	극 성	극 성

• BeH_2, BH_3의 경우 실제로 단독으로 존재하기 어려워 플루오린(F)을 예로 들었으나 시험에 출제된 적이 있으므로 알아두기 바란다.

• H의 경우 모두 17족 원소로 바뀔 수 있으며 결합각은 다르지만 모양은 일정하다.

예 H_2O, OF_2 모두 굽은형이다.

(2) 공유결합의 종류

① 극성 공유결합 : 전기음성도가 다른 원소와 결합하여 부분전하가 생긴 상태이다.

② 무극성 공유결합 : 전기음성도가 같은 원소(같은 종류의 원소)끼리 결합하여 부분전하가 나타나지 않는 상태이다.

(3) 극성 : 극성 공유결합을 하며 분자의 구조가 대칭이 아니라 쌍극자모멘트가 0이 아닌 물질들이다.

예 HF, HCl, HBr, CO, NO, H_2O, NH_3 등

(4) 무극성 : 무극성 공유결합 혹은 극성 공유결합이 분자구조의 대칭에 의해 서로 상쇄되어 분자 전체의 쌍극자모멘트가 0인 물질이다.

예 H_2, O_2, N_2, Cl_2, CH_4, BF_3, CCl_4, C_2H_4 등

(5) 극성분자의 성질 : 극성분자는 대전체를 가져다 대면 끌려오며, 전기장 안에서 배열하면 규칙적인 구조로 배열이 되지만 무극성분자는 대전체나 전기장의 영향을 받지 않는다.

(6) 빈출 분자 구조

※ 9급 화학에서 나온 분자들로 9급 과학은 (1)의 내용으로만 기출이 되었다.

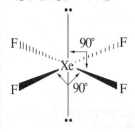

평면 삼각형   굽은형   직선형   평면

Xe는 8A족 기체 중 하나로서 매우 안정한 원소이다. 그런데 반응성이 아주 높은 플루오린과 반응하여 XeF_4라는 분자를 구성한다. 원자가 껍질 전자쌍 반발(VSEPR) 모형에 의하여 예측할 때, XeF_4의 분자 구조로 옳은 것은?

① 사각평면   ② 사각뿔
③ 정사면체   ④ 팔면체

해설

비공유 전자쌍은 보이지 않으므로 사각평면이다.

답 ①

다음 중 분자 구조가 나머지와 다른 것은?

① $BeCl_2$ ② CO_2
③ XeF_2 ④ SO_2

해설

①, ②는 중심원자 주위에 비공유 전자쌍이 없어 직선형이고, ③은 비공유 전자쌍이 있으나 직선형이다. ④는 중심원자 주위에 비공유 전자쌍이 있으므로 굽은형을 가지게 된다. 또 SO_2의 경우 3주기 원소이므로 확장된 옥텟 규칙이 성립한다.

답 ④

제4절 분자 구조 이론

1 원자가 결합 이론(VB ; Valence Bond 이론)

(1) 정의 : 서로 다른 원자가 전자껍질이 겹치면서 결합을 형성한다. 한 원자 내에서 서로 다른 에너지 준위를 가진 두 개 이상의 오비탈이 혼성화된 뒤 겹침을 통해 결합을 한다.

(2) 혼성화

① 시그마(σ) 결합 : 오비탈들이 원자핵을 중심으로 접근하여 겹침이 일어나 형성되는 결합이다.

② 파이(π) 결합 : 오비탈이 측면에서 접근하여 겹칩이 일어나는 것으로 p오비탈 상호 간에 전자를 공유하고 있는데 이 결합은 원자핵의 전하로부터 거리가 멀기 때문에 시그마 결합보다 결합력이 약하고, 에너지 준위가 높다.

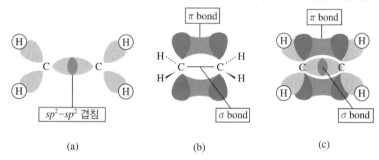

(a)   (b)   (c)

③ sp^3혼성오비탈 : 1개의 s오비탈과 3개의 p오비탈이 혼성화되어 4개의 새로운 오비탈을 형성하는 것이다.
예 CH_4, C_2H_6, CCl_4 등

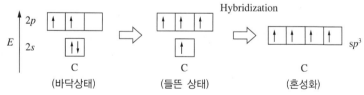

④ sp^2혼성오비탈 : 1개의 s오비탈과 2개의 p오비탈이 혼성화되어 3개의 새로운 오비탈을 형성하는 것이다. 남은 1개의 p오비탈은 파이결합 형성에 이용한다.
예 BF_3, C_2H_4 등

다음 화합물들에 포함된 탄소 원자가 만드는 혼성 오비탈을 순서대로 바르게 나열한 것은?

에틸렌, 메탄올, 아세틸렌, 이산화탄소

① sp, sp^3, sp^2, sp^2 ② sp^2, sp^3, sp, sp

③ sp^2, sp^3, sp, sp^2 ④ sp^2, sp^3, sp^2, sp

해설

혼성 구조를 생각할 때는 다중결합을 단일결합으로 생각하면 쉽다.

에틸렌(에텐)	메탄올
H, C=C, H (H\C=C/H)	H, H-C-O-H, H
C 주위에 결합이 3개이므로 sp^2 혼성	4개이므로 sp^3 혼성
아세틸렌	이산화탄소
H-C≡C-H	O=C=O
2개이므로 sp 혼성	2개이므로 sp 혼성

답 ②

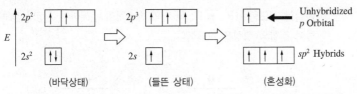

⑤ sp혼성오비탈 : 1개의 s오비탈과 1개의 p오비탈이 혼성화되어 2개의 새로운 오비탈을 형성하는 것이다. 남은 2개의 p오비탈은 2개의 파이결합 형성에 이용한다.

　예 BeF_2, C_2H_2, CO_2 등

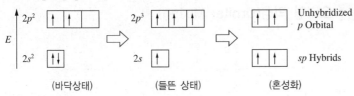

⑥ dsp^3혼성오비탈 : 1개의 s오비탈과 3개의 p오비탈, 1개의 d오비탈이 혼성화되어 5개의 새로운 오비탈을 형성하는 것이다. 3개의 수평방향과 2개의 축방향을 형성한다.

　예 PCl_5 등

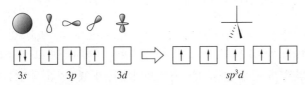

중심원자를 기준으로

결합수	혼성화	s오비탈 성질 백분율
단일결합 4개	sp^3	25%
이중결합 1개, 단일결합 2개	sp^2	33%
삼중결합 1개, 단일결합 1개	sp	50%

2 분자 궤도함수

(1) **정의** : 서로 다른 두 원자 간의 오비탈 겹침에 의해 결합이 이루어지며 이때 보강간섭 및 상쇄간섭에 의해 새로운 분자오비탈이 형성된다는 이론이다.

(2) 혼성이 일어나면 결합 궤도함수(σ, π) 및 반결합 궤도함수(σ^*, π^*)를 형성한다.
　① 결합 궤도함수(σ, π) : 인력이 우세하며 혼성화 전보다 에너지가 안정하여 결합의 형성에 기여한다.

---

sp^2 혼성화를 이루는 화합물만으로 짝지어진 것은?

① 에테인(C_2H_6), 사이클로헥세인(C_6H_{12})
② 이산화탄소(CO_2), 아세틸렌(C_2H_2)
③ 에틸렌(C_2H_4), 벤젠(C_6H_6)
④ 오염화인(PCl_5), 삼아이오딘화 이온(I_3^-)

해설
① sp^3
② sp
③ sp^2
④ sp^3d

답 ③

에틸렌은 CH_2＝CH_2의 구조를 갖는 석유화학 공업에서 아주 중요하게 사용되는 재료이다. 에틸렌 분자 내의 탄소는 어떤 혼성궤도함수를 형성하고 있는가?

① sp　　　　　　　② sp^2
③ sp^3　　　　　　④ dsp^3

해설
에틸렌은 다중결합을 하나라고 할 때 C 주위에 3개의 결합이 있으므로 sp^2혼성이다.

답 ②

중심원자의 혼성 궤도에서 s - 성질 백분율(Percent s-character)이 가장 큰 것은?

① BeF_2　　　　　　② BF_3
③ CH_4　　　　　　④ C_2H_6

해설
① sp혼성
② sp^2혼성
③ sp^3혼성
④ sp^3혼성

답 ①

결합차수를 근거로 하였을 경우 원자간 결합력이 가장 약한 화학종은?

① O_2^+ ② O_2
③ O_2^- ④ O_2^{2-}

해설

O_2^+, O_2^-, O_2^{2-}의 분자 궤도 함수

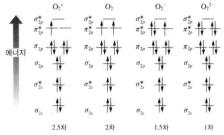

분자궤도 함수 이론에 따라

$$결합차수 = \frac{(결합전자의\ 총수 - 반결합\ 전자의\ 총수)}{2} 이므로$$

① $\frac{6-1}{2} = 2.5$ ② $\frac{6-2}{2} = 2.0$

③ $\frac{6-3}{2} = 1.5$ ④ $\frac{6-4}{2} = 1.0$

답 ④

② 반결합 궤도함수(σ^*, π^*) : 핵 간의 반발력이 우세하여 혼성화 전보다 불안하여 결합의 형성을 저해한다.

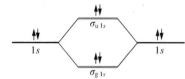

3 오비탈 믹싱(Orbital Mixing)

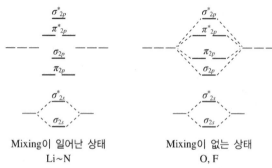

Mixing이 일어난 상태　　　　Mixing이 없는 상태
　　Li~N　　　　　　　　　　O, F

$2s$ 오비탈과 $2p$ 오비탈의 공간적인 위치가 비슷하여 생기는 현상으로 간섭에 의해 에너지 준위가 높은 오비탈은 에너지 준위가 더 높아지고 에너지 준위가 낮은 오비탈은 더 낮아진다. 이는 핵의 양성자 수가 많아지면 극복이 가능하여 Mixing이 발생하지 않는다.

■ 전자 배치의 예

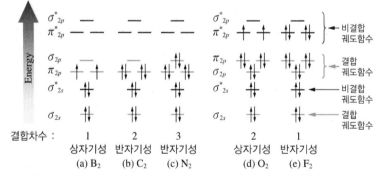

결합차수 : 　1　　　2　　　3　　　　2　　　1
　　　　　상자기성　반자기성　반자기성　상자기성　반자기성
　　　　　(a) B_2　(b) C_2　(c) N_2　(d) O_2　(e) F_2

붕소 · 탄소 · 질소와 산소 · 플루오린의 배치 구조가 다른 것은 Orbital Mixing 현상 때문이다.

• 상자기성(Paramagnetic) : 자기장에 끌려가는 성질을 말하며 홀전자가 있는 경우 나타난다.

• 반자기성(Diamagnetic) : 자기장에 잘 끌려가지 않는 성질이며 짝지어진 전자만 있을 경우이다.

4 결합차수

(1) 결합차수가 클수록 공유결합이 더 강하며 결합길이는 짧아진다.

$$결합차수 = \frac{결합오비탈의\ 전자수 - 반결합오비탈의\ 전자수}{2}$$

(2) 적용 : 위의 궤도배치를 토대로 계산하면 된다. 또 $2s$ 간의 겹침에서는 결합 궤도 2개, 반결합 궤도에 2개를 채워 상쇄되므로 결합차수는 p 오비탈끼리의 겹침만 계산하여도 된다.

N_2	O_2	F_2
결합차수 $= \dfrac{(6-0)}{2} = 3$	결합차수 $= \dfrac{(6-2)}{2} = 2$	결합차수 $= \dfrac{(6-4)}{2} = 1$

실제 공유결합의 세기와 일치함을 알 수 있다.

제5절 탄소화합물

1 탄소화합물

(1) 정의 : 탄소(C)를 기본으로 하여 수소(H), 산소(O), 질소(N) 등의 여러 종류의 원자가 결합한 화합물로 문제에서는 주로 C, H로 이루어진 화합물(탄화수소)을 다룬다.

(2) 다양성 : 탄소 원자 1개는 4개의 결합을 형성(원자가 전자 4)할 수 있으므로 다양한 결합구조를 가질 수가 있다.

다음 중 결합차수가 가장 낮은 것은?

① O_2 ② F_2

③ CN^- ④ NO^+

해설

① $O = O, \dfrac{6-2}{2} = 2$ ② $F - F, \dfrac{6-4}{2} = 1$

③ $C \equiv N^-, \dfrac{6-0}{2} = 3$ ④ $N \equiv O^+, \dfrac{6-0}{2} = 3$

답 ②

그림은 고리 모양 탄화수소 (가)~(다)의 구조식을 나타
낸 것이다. 이에 대한 설명으로 옳지 않은 것은?(단, a~
c는 탄소 원자 사이의 결합 길이이다)

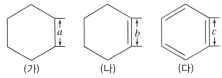

(가)   (나)   (다)

① 결합 길이는 $a>b=c$이다.
② (가)와 (나)는 입체 구조이다.
③ (나)와 (다)는 불포화 탄화수소이다.
④ (다)는 6개의 탄소 원자 간의 결합이 동등하다.

해 설
① 결합 길이는 $a>c>b$이다.

답 ①

유기 화합물인 펜테인(C_5H_{12})의 구조이성질체 개수는?

① 1   ② 2
③ 3   ④ 4

해 설
펜테인의 구조이성질체는 3개이다.

```
C-C-C-C-C      C-C-C-C        C-C-C
                 |             |
                 C             C
```

답 ③

---

2 탄화수소의 분류

(1) 사슬형과 고리형에 따른 분류 : 고리의 유, 무로 판단한다.

사슬 모양 탄화수소	고리 모양 탄화수소
탄소 원자들이 사슬 모양으로 결합	탄소 원자들이 고리 모양으로 결합
H-C=C-C-H 구조식 / H-C-C-C-H 구조식	(벤젠 고리, 사이클로헥세인 고리)

(2) 포화, 불포화에 따른 분류 : 다중 결합의 유, 무로 판단한다.

포화 탄화수소	불포화 탄화수소
단일 결합으로만 결합	2중이나 3중 결합을 포함
H-C-C-C-H 구조식, 고리 구조	C=C-C 구조식, 벤젠 고리

---

3 사슬형 탄화수소

(1) 알케인(Alkane)

① 탄소원자 사이에 단일 결합만으로 구성된 포화탄화수소이다. 결합각은 약
109.5°이고 입체구조이며 sp^3 혼성이다.

② 녹는점과 끓는점이 비교적 낮으며 탄소원자수가 많아질수록 녹는점, 끓는점
이 높아진다. 치환반응한다.

③ 일반식은 C_nH_{2n+2}이다.

예 CH_4(메테인), C_2H_6(에테인), C_3H_8(프로페인), C_4H_{10}(뷰테인),
C_5H_{12}(펜테인), C_6H_{14}(헥세인)

④ **구조이성질체** : 분자식은 같지만 구조식이 달라서 성질이 다른 화합물을 말
한다.

※ 구조이성질체는 직접 그려보아야 알 수 있으므로 연습이 필요하며 다음 그린
구조식은 편의상 수소를 생략하였다.

예		
뷰테인	C-C-C-C $\quad$ C-C-C $\qquad\quad\;$ $\mid$ $\qquad\quad\;$ C	
펜테인	$\qquad\qquad\qquad\qquad\quad$ C $\qquad\qquad\qquad\qquad\quad$ $\mid$ C-C-C-C-C $\quad$ C-C-C-C $\quad$ C-C-C $\qquad\qquad\;$ $\mid$ $\qquad\qquad$ $\mid$ $\qquad\qquad\;$ C $\qquad\qquad$ C	

(2) 알켄(Alkene)

① 2중 결합을 가지고 있는 사슬 모양의 불포화 탄화수소이며 sp^2 혼성이다.

② 결합각은 120°(단, 이중결합 주변만)이고, 다른 물질과 쉽게 반응한다(첨가 반응).

③ 일반식은 C_nH_{2n} 이다($n = 2$ 부터 가능).

ㅤ예 C_2H_4(에텐), C_3H_6(프로펜)

④ 에텐(C_2H_4) : 에틸렌이라고도 부른다. 결합각은 120°이고 평면구조이며 과일 숙성 호르몬이다.

$$\begin{matrix} H & & & H \\ & \searrow & & \nearrow \\ & C & = & C \\ & \nearrow & & \searrow \\ H & & & H \end{matrix} \rightarrow \text{약 } 120°$$

(3) 알카인(Alkyne)

① 3중 결합을 가지고 있는 사슬 모양의 불포화 탄화수소이며 sp 혼성이다.

② 결합각은 180°(단, 삼중결합 주변만)이며, 다른 물질과 쉽게 반응한다(첨가 반응).

③ 일반식은 C_nH_{2n-2} 이다($n = 2$ 부터 가능).

④ 에타인(C_2H_2) : 아세틸렌이라고도 하며, 결합각은 180°이고 평면구조이다.

$$H - \underset{\underbrace{\qquad}_{180°}}{C} \equiv C - H$$

알켄(Alkene)에 대한 다음 설명 중에서 올바른 것은?

① 삼중 결합을 적어도 한 개 이상 가지고 있으며 일반식은 C_nH_{2n-2} 이다.

② 상온에서 탄소-탄소 이중결합의 회전은 쉽게 일어난다.

③ 알켄 분자들은 서로 강한 수소결합을 한다.

④ 알켄은 불포화 탄화수소로 첨가 반응을 잘한다.

⑤ 알켄의 시스 이성질체는 두 개의 기가 서로 반대쪽에 있고, 트랜스는 두 개의 기가 서로 같은 쪽에 있다.

해설
① 알카인(Alkyne)에 대한 설명이다.
② 알케인(Alkane)에 대한 설명이다.
③ 탄화수소는 대표적인 무극성 분자로 분산력만 작용한다.
④ 알켄, 알카인은 첨가 반응을 잘한다.
⑤ 시스는 두 개의 기가 서로 같은 쪽에 있고 트랜스는 두 개의 기가 서로 반대쪽에 있다.

답 ④

그림은 네 가지 탄화수소를 주어진 기준에 따라 분류한 것이다. 이에 대한 설명으로 옳은 것은?

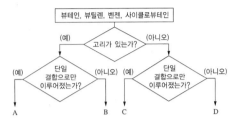

① A와 C는 분자식이 서로 같다.
② B 분자 내 모든 원자들은 같은 평면에 존재한다.
③ B 분자 내 탄소 원자들 사이의 결합각은 모두 180°이다.
④ C와 D를 완전 연소시켰을 때, 연소 생성물의 종류는 서로 다르다.

해설

구 분	A	B	C	D
탄화수소	사이클로뷰테인 (C_4H_8)	벤젠 (C_6H_{12})	뷰테인 (C_4H_{10})	뷰틸렌 (C_4H_8)
결합각	약 90°	120°	109.5°	120°
평면·입체	입체	평면	입체	입체

④ C, H로 이루어진 물질을 완전 연소시키면 이산화탄소 (CO_2)와 물(H_2O)만 생성된다.

답 ②

4 고리 모양 탄화수원

(1) 사이클로 알케인, 알켄

이 름	화학식	구조식		결합각
사이클로 프로페인	C_3H_6			약 60°
사이클로 뷰테인	C_4H_8			약 90°
사이클로 펜테인	C_5H_{10}			108°
사이클로 헥세인	C_6H_{12}	배형 (Boat Form)		109.5°
		의자형 (Chair Form)		109.5°
사이클로 헥센	C_6H_{10}			120°, 109.5°

① 사이클로 알케인의 일반식은 C_nH_{2n} ($n = 3$부터 가능)이며, 같은 숫자의 탄소를 가지는 알켄과 구조이성질체 관계이다.
② 사이클로 알케인, 알켄은 입체구조이며 사이클로 헥세인의 경우 2가지 구조가 존재하며 의자형이 안정하다.

(2) 벤 젠

① 독특한 냄새가 나는 방향족 탄화수소로 대표적인 발암물질이다.
② 탄소 원자 6개가 정육각형의 평면고리이며 결합각은 120°이다.
③ 공명구조로 결합길이 140pm으로 동일하다.

공명

5 탄소화합물의 예

(1) 석 유

[석유 분별증류 모식도]

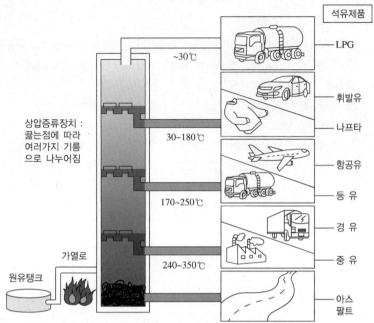

① 원유의 분별 증류 : 끓는점에 의해 물질을 분류한다.

　㉠ 탄소의 개수가 많을수록 끓는점이 높다.

　㉡ 분별 증류 순서 : 석유, 가스 – 휘발유 – 나프타 – 등유 – 경유 – 윤활유
　　 – 중유 – 아스팔트

(2) 대표적인 탄소화합물

구 분	메테인	프로페인	뷰테인
분자 구조	H | H – C – H | H	H H H | | | H – C – C – C – H | | | H H H	H H H H | | | | H – C – C – C – C – H | | | | H H H H
특 징	• 끓는점 : -162℃ • 천연가스(LNG, CNG)	• 끓는점 : -42℃ • LPG, 야외용 연료	• 끓는점 : -1℃ • 야외용 연료
구 분	에탄올	아세트산	폼알데하이드
분자 구조	H H | | H – C – C – O – H | | H H	H O | ⫽ H – C – C | \\ H O – H	O ⫽ H – C – H
특 징	• 상온에서 액체, 무색 • 물에 잘 녹는다. • 살균, 소독 작용	• 상온에서 액체, 무색 • 자극적인 냄새, 식초, 　빙초산	• 무색, 자극적인 냄새 • 물에 잘 녹는다. • 새집증후군

(3) 플라스틱

여러 가지 모양으로 변형이 가능하여 다양한 형태의 물체로 만들 수 있으며, 고분자 화합물이다.

(4) 탄화수소 vs 탄소화합물

탄화수소는 탄소(C)와 수소(H)만으로 이루어진 물질만을 말하며, 탄소화합물은 탄소(C)를 중심으로 다른 원소들이 결합한 화합물을 말한다. 탄소화합물은 탄화수소를 포함한다.

예 메테인은 탄화수소이다. (○)

메테인은 탄소화합물이다. (○)

아세트산은 탄화수소이다. (×)

아세트산은 탄소화합물이다. (○)

CHAPTER

04 적중예상문제

제1절 **화학결합의 종류**

01 다음 화합물 중 결합의 종류가 다른 것은?

① KCl
② NaCl
③ H_2O
④ CaO

물만 공유결합이고 나머지는 이온결합이다.

02 다음 중 녹는점이 가장 높은 이온결합 물질은?

① NaCl
② Na_2O
③ CaO
④ SrO

해설

전하량의 곱이 클수록, 거리가 짧을수록 결합력이 크고 녹는점이 높다.

03 다음 분자를 루이스 전자점식으로 그렸을 때, 옥텟규칙을 만족시키지 않는 것은?

① NF_3
② BF_3
③ CO_2
④ CCl_4

해설

BF_3는 옥텟규칙을 만족하지 못한다.

04 다음 분자를 루이스 전자점식으로 그렸을 때, 옥텟규칙을 만족시키지 않는 것은?

① CH_4
② OF_2
③ NF_3
④ NO

해설

:N̈::Ö 옥텟규칙을 만족하지 못한다.

05 2주기 원소 N, O, F에 대한 설명으로 옳은 것을 모두 고른 것은?

> ㉠ 원자반지름의 크기는 N > O > F 이다.
> ㉡ 분자의 결합 길이는 $N_2 > O_2 > F_2$ 이다.
> ㉢ 분자의 결합에너지는 $N_2 > O_2 > F_2$ 이다.

① ㉠
② ㉡
③ ㉠, ㉡
④ ㉠, ㉢

해설

분자의 결합 길이는 N_2 (삼중결합) < O_2 (이중결합) < F_2 (단일결합)이다.

06 표는 어떤 물질들의 전기전도성을 나타낸 것이다. C에 해당하는 물질로 가장 적절한 것은?

구 분	전기전도성	
	고 체	액 체
A	X	O
B	X	X
C	O	O

① Na
② NaCl
③ H_2O
④ CH_4

해설

A는 이온결합, B는 공유결합, C는 금속결합이다.

07 A^{2+}, B^{2-} 이온은 Ne의 전자 배치를 갖는다. 두 이온이 만나 형성하는 물질 A, B에 대한 설명으로 옳은 것을 모두 고른 것은?(단, A, B는 임의의 원소기호이다)

> ㉠ AB는 NaCl보다 녹는점이 높다.
> ㉡ B_2는 삼중결합을 한다.
> ㉢ AB는 용융상태에서 전기전도성이 있다.

① ㉠
② ㉡
③ ㉡, ㉢
④ ㉠, ㉢

해설

이온 결합력은 전하량의 곱이 클수록 크며, 산소기체는 2중 결합이다.

제**2**절 **동소체**

01 (가)~(다)는 탄소로만 이루어진 물질의 구조를 모형으로 나타낸 것이다. 이에 대한 설명으로 옳은 것만을 모두 고른 것은?

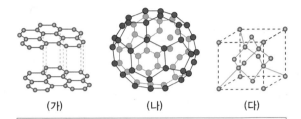

(가)   (나)   (다)

> ㉠ (가)는 흑연이다.
> ㉡ (나)는 분자이다.
> ㉢ (다)는 전기전도성을 가진다.

① ㉠
② ㉡
③ ㉠, ㉡
④ ㉠, ㉢

해설

(가) 흑연, (나) 풀러렌, (다) 다이아몬드이며 다이아몬드는 전기전도성이 없다.

02 탄소의 동소체에 대한 설명으로 옳지 않은 것은?

① 다이아몬드를 연소하면 이산화탄소가 나온다.
② 흑연은 층상구조이다.
③ 풀러렌의 결합각은 109.5°이다.
④ 그래핀과 흑연의 결합각은 같다.

해설

풀러렌의 결합각은 108°, 120°이다.

제**3**절 전자쌍 반발원리

01 다음 중 극성 분자인 것은?

① CH_4　　　　　　② CCl_4
③ CF_4　　　　　　④ $CHCl_3$

해설

$CHCl_3$는 비대칭이므로 극성이다.

02 비공유 전자쌍 수가 가장 많은 분자는?

① H_2O　　　　　　② NH_3
③ CF_4　　　　　　④ CO_2

해설

① H_2O : 2개　　　② NH_3 : 1개
③ CF_4 : 12개　　　④ CO_2 : 4개

03 결합각이 가장 큰 분자는?

① BeF_2　　　　　　② BF_3
③ CH_4　　　　　　④ NH_3

해설

① BeF_2 : 180°　　　② BF_3 : 120°
③ CH_4 : 109.5°　　　④ NH_3 : 107°

04 CH_4, NH_3, H_2O에 대한 설명으로 옳지 않은 것은?

① CH_4는 극성 공유결합을 가진다.
② 비공유 전자쌍수는 H_2O가 가장 많다.
③ 모두 극성 분자이다.
④ 결합각은 CH_4가 가장 크다.

해설

CH_4는 무극성 분자이다.

05 다음은 어떤 분자의 특성을 쓴 것이다. 이 특성을 모두 만족하는 분자는?

• 이 분자는 옥텟규칙을 만족하지 않는다.
• 이 분자는 평면구조이다.
• 이 분자는 비공유 전자쌍을 가진다.

① BH_3　　　　　　② BF_3
③ NH_3　　　　　　④ H_2O

해설

BH_3, BF_3는 평면구조이며 옥텟규칙을 만족하지 않는다. BH_3는 비공유 전자쌍을 가지지 않는다.

06 그림은 2주기 원소들의 수소 화합물을 나타낸 것이다. 이에 대한 설명으로 옳은 것만을 모두 고른 것은?

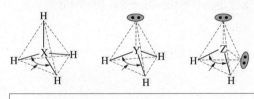

　㉠ X의 원자가 전자는 4개이다.
　㉡ Y화합물에서 결합각은 104.5°이다.
　㉢ Z화합물은 대칭이므로 무극성 물질이다.

① ㉠　　　　　　② ㉡
③ ㉠, ㉢　　　　　④ ㉡, ㉢

해설

X는 C, Y는 N, Z는 O이다.

07 그림은 2주기 원소 W~Z로 이루어진 분자 (가)~(다)의 구조식을 나타낸 것이다. (가)~(다)의 모든 원자는 홀전자가 2 이하이다. 이에 대한 설명으로 옳은 것만을 모두 고른 것은?(단, W~Z는 임의의 원소기호이다)

$$W = X = W \qquad \begin{matrix} Y \\ | \\ Y - Z - Y \end{matrix} \qquad \begin{matrix} W \\ \| \\ Y - X - Y \end{matrix}$$
$$\text{(가)} \qquad\qquad \text{(나)} \qquad\qquad \text{(다)}$$

ㄱ (가)는 비공유 전자쌍이 4개이다.
ㄴ (나)는 삼각뿔형이다.
ㄷ (다)의 결합각은 약 120°이다.

---

① ㄱ   ② ㄴ
③ ㄱ, ㄷ   ④ ㄴ, ㄷ

(가)는 CO_2, (나)는 BF_3, (다)는 COF_2이다. N은 홀전자가 3개이므로 불가능하다.

08 XeF_4 분자에서 Xe 원자 주위의 전자쌍수와 분자의 기하학적 구조는?

① 4, 사각평면   ② 4, 피라미드형
③ 6, 사각평면   ④ 6, 팔면체

XeF_4는 공유 전자쌍 4개, 비공유 전자쌍 2개이다.

09 다음 중 중심원자에 비공유 전자쌍이 있는 것은?

① BF_3
② XeF_2
③ CO_2
④ BeF_2

XeF_2는 중심원자 주위에 비공유 전자쌍 3개가 있다.

제4절 분자 구조 이론

01 에타인(C_2H_2) 분자 내의 탄소는 어떤 혼성궤도함수를 형성하고 있는가?

① sp ② sp^2
③ sp^3 ④ sp^3d

에타인은 삼중결합이다.

02 s성질 백분율이 가장 높은 것은?

① BF_3 ② CCl_4
③ CO_2 ④ SF_6

① sp^2
② sp^3
③ sp
④ sp^3d^2

03 다음 중 결합차수가 가장 높은 것은?

① N_2
② O_2^+
③ HF
④ NO

① 3
② 2.5
③ 1.0
④ 2.5

제5절 탄소화합물

01 유기화합물인 뷰테인(C_4H_{10})의 구조이성질체 개수는?

① 2   ② 3
③ 4   ④ 5

해설

뷰테인의 구조이성질체는 2개이다.

02 ∠CCC의 결합각이 가장 큰 것은?

① C_2H_6 ② C_2H_4
③ C_2H_2 ④ C_6H_6

해설

① C_2H_6 : 109.5°
② C_2H_4 : 120°
③ C_2H_2 : 180°
④ C_6H_6 : 120°

03 불포화 탄화수소를 모두 고른 것은?

> ㉠ C_2H_6 ㉡ C_2H_4
> ㉢ C_6H_6 ㉣ C_3H_6(사슬형)
> ㉤ C_3H_6(고리형)

① ㉠, ㉡
② ㉠, ㉡, ㉢
③ ㉡, ㉢, ㉣
④ ㉠, ㉡, ㉢, ㉣, ㉤

해설

C_3H_6 고리형은 포화 탄화수소이다.

04 사이클로 헥세인과 벤젠에 대한 설명으로 옳은 것은?

① 두 물질 모두 불포화 탄화수소이다.
② 벤젠의 탄소와 탄소의 결합길이는 다르다.
③ 사이클로 헥세인은 이성질체 구조를 가진다.
④ 두 물질 모두 분자를 구성하는 탄소는 동일 평면에 있다.

해설

사이클로 헥세인은 포화탄화수소이며 벤젠의 탄소–탄소 간 결합길이는 모두 동일하고 동일평면에 존재한다.

05 에테인, 에텐, 에타인에 대한 설명으로 옳지 않은 것은?

① C–C 결합길이 : 에테인 > 에텐 > 에타인
② 포화 탄화수소는 1개이다.
③ 모두 사슬형 탄화수소이다.
④ 분자 구조가 입체인 것은 2개이다.

해설

분자구조가 입체인 것은 에테인 뿐이다.

06 탄화수소 $CH_3CHCHCH_3$에 대한 설명으로 옳은 것만을 모두 고른 것은?

> ㉠ C–C 단일 결합은 2개이다.
> ㉡ C_4H_8과 구조이성질체 관계이다.
> ㉢ 모든 원자는 같은 평면에 존재한다.

① ㉠   ② ㉡
③ ㉢   ④ ㉠, ㉡

해설

분자구조는 입체이다.

07 다음 탄소화합물이 어디에 해당되는지 올바르게 짝지은 것은?

```
ㄱ   H  H  H          ㄴ  H – C ≡ C – H
     |  |  |
  H – C – C – C – H
     |  |  |
     H  H  H

ㄷ                    ㄹ   H        H
    (벤젠고리)              \       /
                           C = C
                          /       \
                        H          H
```

	㉠	㉡	㉢	㉣
①	알카인	알케인	알 켄	벤 젠
②	알케인	알카인	벤 젠	알 켄
③	알 켄	알카인	벤 젠	알케인
④	알케인	알 켄	벤 젠	알카인

알케인은 단일결합, 알켄은 이중결합, 알카인은 삼중결합이 있고 벤젠은 1.5중결합이다.

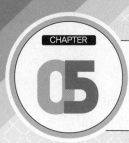

05 산과 염기

제1절 산과 염기

다음의 산과 염기는 아레니우스 정의에 따른 산과 염기이다.

1 산

(1) 산(Acid) : 수용액에서 수소 이온(H^+)을 내놓는 물질이다.

예 염산(HCl), 질산(HNO_3), 황산(H_2SO_4), 아세트산(CH_3COOH), 폼산($HCOOH$) 등

(2) 산의 공통적인 성질

① 신맛이 난다.

② 수용액에서 전류가 흐른다.

③ 금속과 반응하여 수소기체가 발생한다.

예 $Mg + 2HCl \rightarrow MgCl_2 + H_2$

④ 탄산칼슘($CaCO_3$)과 반응하여 이산화탄소 기체를 발생시킨다.

$CaCO_3(s) + 2HCl(aq) \rightarrow CaCl_2(aq) + CO_2(g) + H_2O(l)$

⑤ 지시약에 대한 색 변화가 동일하다.

리트머스지	붉은색
BTB(브로모티몰 블루)용액	노란색
PP(페놀프탈레인) 용액	무 색
MO(메틸오렌지) 용액	붉은색

산의 세기를 비교한 것으로 옳지 않은 것은?

① $HCl < HF$

② $HBrO_3 < HClO_3$

③ $H_2O < H_2S$

④ $HClO < HClO_2$

해설

이온이 단원자 이온일 경우 전기음성도로 비교가 가능하며, 다원자 이온의 경우 고려할 것이 여러 가지이다.

① HF는 F의 전기음성도가 강하여 분리가 어려우므로 HCl에 비하여 약산이다.

답 ①

2 염 기

(1) 염기(Base) : 수용액에서 수산화이온(OH^-)을 내놓는 물질이다.

　　예 수산화나트륨($NaOH$), 수산화칼륨(KOH), 수산화칼슘($Ca(OH)_2$) 등

(2) 염기의 공통적인 성질

① 쓴 맛이 난다.

② 수용액에서 전류가 흐른다.

③ 피부에 묻으면 미끈거린다.

④ 대부분의 금속과 반응하지 않는다.

⑤ 지시약에 대한 색 변화가 동일하다.

리트머스지	푸른색
BTB(브로모티몰 블루)용액	푸른색
PP(페놀프탈레인) 용액	붉은색
MO(메틸오렌지) 용액	노란색

3 지시약

(1) 지시약 : 화학반응에서 일정한 상태를 판별할 때 사용하며 대표적인 것이 산·염기 지시약이다. 가역반응을 이용하므로 색상의 변화가 있어도 다시 원래의 색으로 돌아오는 것이 가능하다.

　　예 $HIn + H_2O \rightleftarrows H_3O^+ + In^-$
　　　　　무색　　　　　　　색상

가역반응이므로 조건에 따라 우세한 쪽으로 색상이 나타나게 된다.

(2) 지시약의 이용

구 분	PP	MO	BTB
산 성	무 색	붉은색	노란색
중 성	무 색	노란색	초록색
염기성	붉은색	노란색	파란색

무지개 색상 순서라고 생각하고 암기하면 쉽다. BTB용액이 액성 구분이 쉬워 가장 많이 출제되므로 꼭 기억하자.

제2절 산과 염기의 정의

1 아레니우스 정의

(1) **산** : 수용액에서 수소이온(H^+)을 내놓는 물질이다.

　　예 HF, HBr, HNO_3, H_2SO_4, CH_3COOH 등

(2) **염기** : 수용액에서 수산화이온(OH^-)을 내놓는 물질이다.

　　예 NaOH, LiOH, KOH 등

(3) **한계** : 수용액이 아닌 경우에는 정의가 불가능하다. 또한 H^+, OH^-을 내놓지 않는 물질도 정의가 불가능하다.

2 브뢴스테드-로우리 정의

(1) **산** : 수소이온(H^+)을 내놓는 분자나 이온 → 양성자 주개

(2) **염기** : 수소이온(H^+)을 받는 분자나 이온 → 양성자 받개

(3) **짝산과 짝염기** : 수소이온의 이동에 의해 만들어진 한 쌍의 물질로 수소이온을 더 가진 것을 짝산, 덜 가진 것을 짝염기라고 한다.

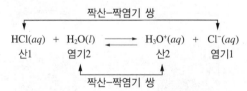

(4) **양쪽성 물질** : 반응에 따라 산·염기로 모두 작용할 수 있는 물질이다.

　　$HCl(g) + H_2O(l) \rightarrow H_3O^+(aq) + Cl^-(aq)$

　　물보다 강한 산과 반응 → 물은 염기

　　$NH_3(g) + H_2O(l) \rightarrow NH_4^+(aq) + OH^-(aq)$

　　물보다 강한 염기와 반응 → 물은 산

> 브뢴스테드-로우리 정의부터 산과 염기는 상대적 세기의 개념이므로 식을 보고 판단하여야 한다.

화학반응식 (가)~(다)에 대한 설명으로 〈보기〉에서 옳은 것만을 모두 고른 것은?

> (가) $HCl(aq) + NaOH(aq)$
> 　　$\rightarrow Na^+(aq) + Cl^-(aq) + H_2O(l)$
> (나) $NH_3(g) + H_2O(l)$
> 　　$\rightarrow NH_4^+(aq) + OH^-(aq)$
> (다) $H_2SO_4(aq) + H_2O(l)$
> 　　$\rightarrow HSO_4^-(aq) + H_3O^+(aq)$

〈보 기〉
ㄱ. (가)에서 HCl은 아레니우스 산이다.
ㄴ. (나)에서 NH_3는 브뢴스테드-로우리 염기이다.
ㄷ. (다)에서 H_2O는 루이스 산이다.

① ㄱ, ㄴ　　　　② ㄱ, ㄷ
③ ㄴ, ㄷ　　　　④ ㄱ, ㄴ, ㄷ

해설

구 분	산	염 기
아레니우스 이론	수용액에서 H^+를 내놓는	수용액에서 OH^-를 내놓는
브뢴스테드-로우리 이론	H^+를 내놓는	H^+를 받는
루이스 이론	전자쌍을 받는	전자쌍을 주는

(가) $HCl(aq)$가 H^+를 내놓았으므로(OH^-와 중화반응하여 물 생성) 아레니우스 산이다.
(나) NH_3가 H^+이온을 받았으므로 브뢴스테드-로우리 염기이다.
(다)

비공유전자쌍 제공

$H_2SO_4 + :\overset{}{\underset{H}{O}}-H \longrightarrow HSO_4^- + :\overset{H}{\underset{H}{O^+}}-H$

답 ①

다음은 암모니아(NH_3)와 물(H_2O)의 화학반응식이다. 이에 대한 설명으로 옳은 것은?

> $NH_3(g) + H_2O(l) \rightarrow NH_4^+(aq) + OH^-(aq)$

① NH_3는 아레니우스 염기이다.
② NH_4^+의 N은 옥텟 규칙을 만족한다.
③ 결합각($\angle HNH$)은 NH_3가 NH_4^+보다 크다.
④ N의 산화수는 NH_3가 NH_4^+보다 크다.

해설
① NH_3는 브뢴스테드-로우리 염기이다.
③ NH_3 : 107°, NH_4^+ : 109.5°
④ N의 산화수는 NH_3, NH_4^+ 모두 -3이다.

답 ②

다음 두 반응에 대한 설명으로 〈보기〉에서 옳은 것만을 모두 고른 것은?

> • $HCN(aq) + H_2O(l) \rightarrow H_3O^+(aq) + CN^-(aq)$
> • $NH_3(aq) + H_2O(l) \rightarrow NH_4^+(aq) + OH^-(aq)$

〈보 기〉
ㄱ. HCN은 브뢴스테드–로우리의 산이다.
ㄴ. NH_3는 루이스의 염기이다.
ㄷ. H_2O는 양쪽성 물질이다.

① ㄱ, ㄴ　　　　　② ㄱ, ㄷ
③ ㄴ, ㄷ　　　　　④ ㄱ, ㄴ, ㄷ

해설
ㄱ. HCN은 수소이온을 방출하므로 브뢴스테드–로우리 산이다.
ㄴ. NH_3는 비공유 전자쌍을 제공하므로 루이스 염기이다.
ㄷ. H_2O는 HCN과의 반응에서 염기로, NH_3와의 반응에서 산으로 작용한다.

답 ④

다음 그림은 산 **HA**와 **HB**를 각각 25℃의 물 1L에 녹였을 때, 수용액에 존재하는 몰수를 나타낸 것이다. 이에 대한 설명으로 옳은 것은?(단, A, B는 임의의 원소이다)

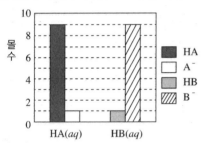

① HA가 HB보다 더 강한 산이다.
② HA가 HB보다 이온화가 잘된다.
③ HA 수용액은 HB 수용액보다 pH가 크다.
④ HA 수용액의 전류의 세기가 HB 수용액보다 강하다.

해설
HA는 분자 상태가 더 많으므로 이온화도가 작은 약산이다. HB는 이온화도가 크고 강산이다.

답 ③

(5) **한계** : 수소이온이 없는 산·염기 정의는 불가능하다.

3 루이스 정의

(1) **산** : 비공유 전자쌍을 받는 물질 → 전자쌍 받개

(2) **염기** : 비공유 전자쌍을 주는 물질 → 전자쌍 주개

예
$$H-\underset{|}{\overset{|}{N}}:\ +\ F-\underset{|}{\overset{|}{B}}-F\ \longrightarrow\ H-\underset{|}{\overset{|}{N}}-\underset{|}{\overset{|}{B}}-F$$

루이스 염기　　루이스 산

제**3**절　**산과 염기의 세기**

1 이온화도

(1) **정의** : 이온화도$(\alpha) = \dfrac{\text{이온화된 전해질 몰수}}{\text{용해된 전해질 몰수}}\ (0 \le \alpha \le 1)$

(2) 산과 염기의 세기는 분자의 이온화도와 관련이 있다. 이온화도가 크면 산과 염기의 세기가 강하다. 또, 이온의 수가 많으므로 전류의 세기가 강하다.

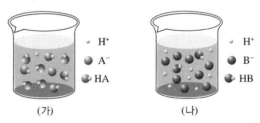

(가)　　　　　　　　(나)

(나)가 이온 상태로 있는 것이 많으므로 이온화도가 크므로 HA보다 HB가 강산이다.

2 산·염기의 평형

(1) 이온화 상수

※ 이온화 상수에서 용매인 물은 생략한다.

① 산의 이온화 상수(K_a) : 산의 수용액에서 평형상태에 있을 때의 평형상수이다.

$$HA(aq) + H_2O(l) \rightleftharpoons H_3O^+(aq) + A^-(aq)$$

$$\frac{[H_3O^+][A^-]}{[HA]} = K_a$$

② 염기의 이온화 상수(K_b) : 염기의 수용액에서 평형상태에 있을 때의 평형상수이다.

$$B(aq) + H_2O(l) \rightleftharpoons BH^+(aq) + OH^-(aq)$$

$$\frac{[BH^+][OH^-]}{[B]} = K_b$$

③ 이온화 상수는 온도가 일정할 때 농도에 관계없이 항상 일정하다.

④ 짝산과 짝염기의 관계

$$K_a \times K_b = K_w$$

이온화 상수가 클수록 강한 산(강한 염기)이며 짝염기(짝산)의 세기는 반대이다.

예 $HA + H_2O \rightleftharpoons A^- + H_3O^+$

산의 세기가 $HA > H_2O$일 경우 염기의 세기는 $A^- < H_3O^+$이다.

3 산·염기의 세기

(1) 산·염기의 절대적인 세기

① 강산 : 거의 100% 이온화된다.
② 약산 : 부분적으로 이온화되는 산이다.

(2) 산·염기의 상대적인 세기 : 식을 보고 판단할 수 있다(②-④-예 참고).

25℃에서 1.0M의 수용액을 만들었을 때 pH가 가장 낮은 것은?(단, 25℃에서 산해리상수(K_a)는 다음과 같다)

- $C_6H_5OH : 1.3 \times 10^{-10}$
- $HCN : 4.9 \times 10^{-10}$
- $C_9H_8O_4 : 3.0 \times 10^{-4}$
- $HF : 6.8 \times 10^{-4}$

① C_6H_5OH
② HCN
③ $C_9H_8O_4$
④ HF

해설
산해리상수(K_a)가 클수록 강한 산이고, 산성도가 클수록 pH는 낮으므로 해리상수가 가장 큰 HF의 pH가 가장 낮다.

답 ④

다음의 3가지 화학종이 섞여 있을 때, 염기의 세기 순서대로 바르게 나열한 것은?

$$H_2O(l), F^-(aq), Cl^-(aq)$$

① $Cl^-(aq) < H_2O(l) < F^-(aq)$
② $F^-(aq) < H_2O(l) < Cl^-(aq)$
③ $H_2O(l) < Cl^-(aq) < F^-(aq)$
④ $H_2O(l) < F^-(aq) < Cl^-(aq)$

해설
염기들의 산의 세기를 비교해보면 $HCl > H_3O^+ > HF$이다. 짝염기의 세기는 산의 세기에 반비례하므로 염기의 세기는 $Cl^- < H_2O < F^-$이다.

답 ①

25℃에서 $[OH^-] = 2.0 \times 10^{-5}M$일 때, 이 용액의 pH 값은?(단, log2 = 0.30)

① 1.80 　　　　② 4.70
③ 9.30 　　　　④ 11.20

해 설
pOH를 구하면
$pOH = -\log(2.0 \times 10^{-5}) = 5 - \log 2.0 = 4.7$이다.
$pH + pOH = 14$이므로 pH는 9.300이다.

답 ③

그림은 수산화나트륨 수용액 (가)에 동일한 양의 염산을 계속해서 넣을 때, 얻어지는 혼합 용액 (나)~(라) 속 이온의 변화를 모형으로 나타낸 것이다. 이에 대한 설명으로 옳지 않은 것은?(단, 각 이온의 개수는 각 이온의 상대적인 양을 나타낸다)

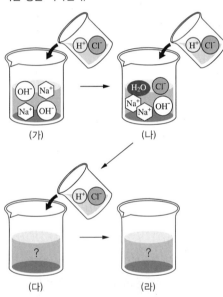

① (가)와 (다)의 불꽃 반응색은 같다.
② (나)는 염기성 용액이다.
③ (다)에 들어 있는 구경꾼 이온의 종류는 2가지이다.
④ (라)의 pH는 7보나 크다.

해 설
① 불꽃반응은 금속 원소에 따라 나타나므로 Na^+에 의해 나타나는 색은 같다.
③ (다)에서 구경꾼 이온은 Na^+, Cl^-이다.
④ pH는 7보다 작다.

답 ④

4 물의 이온곱 상수와 pH

(1) 물의 이온곱 상수

① 물의 자동 이온화 : 극히 일부의 물 분자들이 서로 수소이온을 주고받아 H_3O^+와 OH^-로 이온화된다.

$$H_2O(aq) + H_2O(aq) \rightleftarrows H_3O^+(aq) + OH^-(aq)$$

② 물의 이온곱 상수(K_w) : $K_w = [H_3O^+][OH^-]$
　　25℃에서 물의 이온곱 상수는 1.0×10^{-14}이다.

(2) pH(수소이온농도지수)

① 정의 : 수용액 속의 수소이온농도를 표현하기 쉽게 정수로 나타낸 것이다. $pH = -\log[H^+]$이며, pH가 작을수록 수소이온농도가 높으므로 강산이다.

② pOH : $pOH = -\log[OH^-]$로 나타내며, 물속의 수산화이온 농도를 나타낸 것이다.

③ pH와 pOH : 25℃에서 물의 이온곱 상수는 1.0×10^{-14}이다. 이것은 다시 이야기하면 $pH + pOH = 14$라는 것을 알 수 있다. 따라서 pH와 pOH가 같은 농도인 pH가 7일 때 중성이다.

25℃일 때	pH	pOH
산 성	7<	>7
중 성	7	7
염기성	>7	7<

주어진 자료에 따라 pOH를 구하고 14에서 차를 구하면 pH를 간단하게 구할 수 있다.

제4절 중화반응

1 중화반응

(1) 정의 : 산과 염기가 만나 물과 염을 생성하는 반응이다(좁은 의미).

예 $HCl(aq) + NaOH(aq) \rightarrow NaCl(aq) + H_2O(l)$

(2) 알짜이온 반응식

① 중화반응에서 수소이온과 수산화이온은 반응하여 물이 되므로 모든 중화반응은 공통적으로 다음과 같은 반응을 가진다(단, 앙금이 생성되는 경우는 예외).

$$H^+ + OH^- \rightarrow H_2O$$

② 반응 전과 후의 상태가 그대로 이온인 경우를 구경꾼 이온이라고 한다.

(3) 중화점

① 산과 염기의 중화반응이 완결되는 지점이다.

② 중화점의 확인

㉠ 중화 반응은 발열반응이므로 중화점에서 온도가 가장 높다.

㉡ 중화점에서 전기전도도가 가장 낮다.

㉢ 지시약의 색 변화를 통해 알 수 있다.

(4) 중화반응의 접근법

① 1mol 10mL $HCl(aq)$에 1mol NaOH을 넣어주는 경우, 이러한 자료를 얻을 수 있다.

구 분	(가) NaOH 0mL	(나) NaOH 10mL	(다) NaOH 20mL
H^+	0.01mol	0	0
Cl^-	0.01mol	0.01mol	0.01mol
Na^+	0	0.01mol	0.02mol
OH^-	0	0	0.01mol
생성된 물의 양	0	0.01mol	0.01mol

㉠ 넣어주는 용액이 아닌 기존에 있던 용액의 구경꾼 이온 수는 변하지 않는다.

㉡ 중화점에서는 구경꾼 이온만 존재한다.

㉢ 전하량의 총합은 항상 0이다.

㉣ 중화점 이전까지 총 이온의 수는 일정하다(= 이온의 수가 일정한 지점까지가 중화점이다).

그래프는 묽은 염산(HCl)에 수산화나트륨(NaOH) 수용액을 가할 때, 수산화나트륨(NaOH) 수용액의 부피에 따른 혼합용액의 전류의 세기를 나타낸 것이다. 점 A, B, C에 해당하는 혼합 용액에 대한 설명으로 옳은 것은?(단, 묽은 염산과 수산화나트륨 수용액의 온도는 같다)

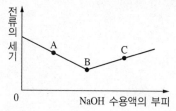

① A의 pH가 가장 작다.

② B의 액성은 염기성이다.

③ B의 온도가 가장 낮다.

④ C에서 가장 많은 이온은 Cl^-이다.

⑤ C에 철 조각을 넣으면 수소 기체가 발생한다.

해설

①, ② A : 산성, B : 중성, C : 염기성이므로 A의 pH가 가장 작다.

③ 중화점에서 온도는 가장 높다.

④ C에서 가장 많은 이온은 Na^+이온이다.

⑤ C는 염기성이므로 금속과 반응하지 않는다.

답 ①

그림은 염산(HCl)에 수산화나트륨(NaOH) 수용액을 넣은 혼합용액의 모형을 나타낸 것이다. 그림의 비커에 수산화나트륨(NaOH) 수용액을 더 넣은 혼합 용액에 대한 설명으로 옳은 것은?

① pH값이 커진다.

② 온도가 올라간다.

③ H^+와 OH^-의 몰수가 모두 증가한다.

④ 브로모티몰블루(BTB) 용액을 넣으면 노란색을 띤다.

해설

문제에서 주어진 그림은 중화점 상태이다.

① NaOH를 더 넣으면 pH는 증가한다.

② 중화반응은 일어나지 않고 용액의 양이 증가하므로 온도는 내려간다.

③ OH^-의 몰수만 증가한다.

④ BTB는 염기성에서 파란색이다.

답 ①

② 1M HCl 10mL에 1M Ca(OH)$_2$을 넣어주는 경우, 이러한 자료를 얻을 수 있다.

구 분	(가) Ca(OH)$_2$ 0mL	(나) Ca(OH)$_2$ 5mL	(다) Ca(OH)$_2$ 10mL
H$^+$	0.01mol	0	0
Cl$^-$	0.01mol	0.01mol	0.01mol
Ca^{2+}	0	0.005mol	0.01mol
OH$^-$	0	0	0.01mol
생성된 물의 양	0	0.01mol	0.01mol

㉠ 넣어주는 용액이 아닌 기존에 있던 용액의 구경꾼 이온 수는 변하지 않는다.

㉡ 중화점에서는 구경꾼 이온만 존재한다.

㉢ 전하량의 총합은 항상 0이다.

㉣ 중화점은 2가 물질에서 수소(수산화)이온 수가 2개씩 나오므로 1가 : 2가 = 2 : 1이다.

㉤ 1가 산(염기)에 2가 염기(산)을 넣는 경우 중화점까지 이온 수가 감소하다 중화점 이후 증가한다.

③ 1M Ca(OH)$_2$ 10mL에 1M HCl을 넣어주는 경우, 이러한 자료를 얻을 수 있다.

구 분	(가) HCl 0mL	(나) HCl 10mL	(다) HCl 20mL
H$^+$	0	0	0
Cl$^-$	0	0.01mol	0.02mol
Ca^{2+}	0.01mol	0.01mol	0.01mol
OH$^-$	0.02mol	0.01mol	0
생성된 물의 양	0	0.005mol	0.01mol

㉠ 넣어주는 용액이 아닌 기존에 있던 용액의 구경꾼 이온 수는 변하지 않는다.

㉡ 중화점에서는 구경꾼 이온만 존재한다.

㉢ 전하량의 총합은 항상 0이다.

㉣ 중화점은 2가 물질에서 수소(수산화)이온 수가 2개씩 나오므로 1가 : 2가 = 2 : 1이다.

㉤ 2가 산(염기)에 1가 염기(산)을 넣는 경우 중화점까지 이온 수는 변화 없다.

2 중화적정

(1) **정의** : 중화반응의 양적관계를 이용하여 농도를 알고 있는 표준용액을 통하여 미지의 용액의 농도를 알 수 있는 방법이다.

(2) **중화적정곡선**

① 산과 염기의 세기에 따라 중화적정곡선이 다르다. 이로 인해 중화점의 범위나 사용하는 지시약의 종류가 달라진다.

② 총 8가지 경우가 가능하며 염기에 산을 넣는 경우 다음과 그래프 형태가 반대이다.

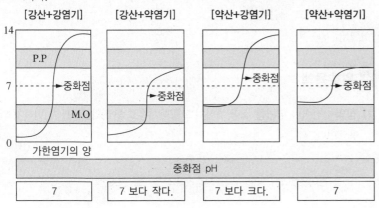

| 7 | 7 보다 작다. | 7 보다 크다. | 7 |

3 염

(1) 정의 : 산과 염기의 중화반응에 의해 생기는 것으로 산의 음이온과 염기의 양이온이 만나서 이루어진다.

(2) 염의 종류

종 류	정 의	예
정염(중성염)	H^+, OH^- 포함하지 않는 염	$NaCl$ 등
산성염	H^+를 포함하는 염	$NaHCO_3$, $NaHSO_4$ 등
염기성염	OH^-를 포함하는 염	$Ca(OH)Cl$, $Mg(OH)Cl$ 등

※ 주의 : 염의 종류와 액성과는 직접적인 관련이 없다.

(3) 염의 가수분해

① 염이 수용액에서 이온화할 때 일부가 물과 반응하여 H^+ 또는 OH^-를 만드는 반응이다.

② 약산(약염기)의 짝이온이 포함되어 있는 경우 분자상태로 있으려는 경향이 크기 때문에 물과 만나 분자상태가 되려고 한다.

　예 CH_3COONa의 경우 $CH_3COO^-Na^+$의 형태이다. 나트륨이온의 경우 강염기인 $NaOH$에서 나온 것이므로 이온상태를 유지하려고 하지만 아세트산이온의 경우 아세트산이 약산이므로 $CH_3COO^- + H_2O \rightarrow CH_3COOH + OH^-$를 형성하여 수용액의 액성은 염기성을 나타낸다.

약염기를 강산으로 적정하는 곡선으로 옳은 것은?

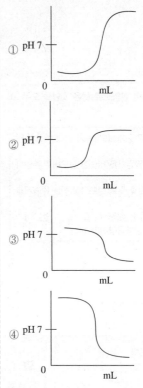

해 설
① 강산에 강염기를 적정한 것이다.
② 강산에 약염기를 적정한 것이다.
③ 약염기에 강산을 적정한 것이다.
④ 강염기에 강산을 적정한 것이다.

답 ③

여러가지 염이 물에 용해될 때 일어나는 용액의 pH 변화에 대한 설명 중 옳은 것은?

① $NaCl$을 물에 녹이면 용액의 pH는 7보다 높아진다.
② NH_4Cl을 물에 녹이면 용액의 pH는 7보다 낮아진다.
③ CH_3COONa를 물에 녹이면 용액의 pH는 7보다 낮아진다.
④ $NaNO_3$를 물에 녹이면 용액의 pH는 7보다 높아진다.
⑤ KI를 물에 녹이면 용액의 pH는 7보다 높아진다.

해 설
① 가수분해가 없으므로 중성이다.
② NH_4^+의 가수분해가 일어나 pH는 7보다 낮아진다.
③ CH_3COO^-이온의 가수분해로 pH는 7보다 높아진다.
④ 가수분해가 없으므로 중성이다.
⑤ 가수분해가 없으므로 중성이다.

답 ②

③ 대체로 산성염의 가수분해로 염기성 용액, 염기성 염의 가수분해로 산성 용액이 만들어지지만 염의 종류에 따라 다른 경우도 있으므로 위의 예시 내용을 이해하고 접근한다.

다음 중 완충용액에 대한 설명으로 옳은 것만을 모두 고른 것은?

> ㄱ. 산이나 염기를 소량 첨가해도 pH가 거의 변하지 않는다.
> ㄴ. 약한 산과 그것의 짝염기를 비슷한 농도비로 혼합하여 만들 수 있다.
> ㄷ. 사람의 혈액은 탄산을 주요 성분으로 하는 완충계를 가진다.
> ㄹ. pH의 큰 변화 없이 완충용액이 흡수할 수 있는 H^+ 나 OH^- 의 양을 완충용량이라 한다.

① ㄱ
② ㄱ, ㄴ
③ ㄱ, ㄴ, ㄷ
④ ㄱ, ㄴ, ㄷ, ㄹ

해설
완충용액은 pH의 큰 변화가 없는 용액으로 약한 산(염기)의 짝염기(산)를 혼합하여 만든다.

답 ④

4 완충용액

(1) 정의 : 산이나 염기를 소량 가하여도 공통이온효과에 의해 pH 가 변하지 않는 용액이다.

> 공통이온효과는 평형에서 르샤틀리에의 원리를 참조한다.

(2) 제조방법

약산(약염기)에 그 짝염기(짝산)를 넣는다. 또는 중화반응에서 중화점의 절반정도까지 반응을 시킨다(약산 또는 약염기 포함).

(3) 혈액에서는 탄산이온(HCO_3^-)의 완충작용에 의해 혈액 속의 pH를 유지한다.

적중예상문제

제1편 핵심이론

CHAPTER 05

제 1 절 산과 염기

01 다음 중 산의 공통적인 성질이 아닌 것은?

① 신 맛이 난다.
② 단백질을 녹인다.
③ 수용액에서 전류가 흐른다.
④ 금속과 반응하여 수소기체가 발생한다.

해설

단백질을 녹이는 것은 염기의 성질이다.

02 다음 중 지시약의 색상변화가 잘못 연결된 것은?

① $HCl(aq)$ – 페놀프탈레인 : 무색
② $CH_3COOH(aq)$ – 메틸오렌지 : 붉은색
③ $NaOH(aq)$ – BTB : 녹색
④ 증류수 – 페놀프탈레인 : 무색

해설

BTB는 염기성 용액에서 파란색이다.

제 2 절 산과 염기의 정의

01 다음 반응에 대한 설명으로 옳은 것은?

$$HNO_3(aq) + H_2O(l) \rightarrow H_3O^+(aq) + NO_3^-(aq)$$

㉠ HNO_3는 아레니우스 산이다.
㉡ HNO_3는 브뢴스테드–로우리 염기이다.
㉢ H_2O는 루이스 염기이다.

① ㉠　　　　　　　　② ㉡
③ ㉠, ㉢　　　　　　④ ㉡, ㉢

해설

이 반응에서 HNO_3는 브뢴스테드–로우리 산이다.

02 화학반응식 (가)와 (나)에 대한 설명으로 옳은 것은?

(가) $HCl(g) + H_2O(l) \rightarrow H_3O^+(aq) + Cl^-(aq)$
(나) $NH_3(g) + H_2O(l) \rightarrow NH_4^+(aq) + OH^-(aq)$

㉠ (가)에서 HCl은 아레니우스 산이다.
㉡ (나)에서 H_2O는 루이스 산이다.
㉢ H_2O는 양쪽성 물질이다.

① ㉠　　　　　　　　② ㉠, ㉡
③ ㉡, ㉢　　　　　　④ ㉠, ㉡, ㉢

해설

H_2O는 (가)에서 염기, (나)에서 산으로 양쪽성 물질이다.

정답 1 ② 2 ③ / 1 ③ 2 ④

03 다음은 물속에서 일어나는 여러 반응을 나타낸 것이다. 이에 대한 설명으로 옳은 것을 고르면?

> (가) $HCl + H_2O \rightarrow Cl^- + H_3O^+$
>
> (나) $NH_3 + H_2O \rightarrow NH_4^+ + OH^-$
>
> (다) $NH_3 + H_3O^+ \rightleftharpoons NH_4^+ + H_2O$

① (가)의 H_2O는 아레니우스 염기이다.

② (나)의 NH_3는 루이스 염기이다.

③ (다)의 NH_3는 브뢴스테드-로우리 산이다.

④ (나)와 (다)의 H_2O는 모두 브뢴스테드-로우리 염기이다.

해설

(다)에서 NH_3는 브뢴스테드-로우리 염기이며 (나)와 (다)에서 H_2O는 브뢴스테드-로우리 산이다.

04 화학반응식 (가)와 (나)에 대한 설명으로 옳은 것은?

> (가) $HSO_4^-(aq) + H_2O(l) \rightarrow SO_4^{2-}(aq) + H_3O^+(aq)$
>
> (나) $HSO_4^-(aq) + H_2O(l) \rightarrow H_2SO_4(aq) + OH^-(aq)$

> ㉠ (가)에서 HSO_4^-은 브뢴스테드-로우리 산이다.
>
> ㉡ (나)에서 H_2O는 루이스 염기이다.
>
> ㉢ HSO_4^-는 양쪽성 물질이다.

① ㉠   ② ㉠, ㉡

③ ㉠, ㉢   ④ ㉡, ㉢

해설

다양성자산이온은 양쪽성 물질이며 HSO_4^-는 (가)에서는 브뢴스테드-로우리 산, (나)에서는 브뢴스테드-로우리 염기이다.

05 다음 반응에 대한 설명으로 옳은 것은?

> $NH_3 + BF_3 \rightarrow NH_3BF_3$

① NH_3는 루이스 산이다.

② BF_3는 브뢴스테드-로우리 산이다.

③ NH_3BF_3에서 B는 옥텟규칙을 만족한다.

④ NH_3, NH_3BF_3의 $\angle HNH$의 결합각은 같다.

해설

$\angle HNH$의 결합각은 NH_3 107°, NH_3BF_3 109.5°이다.

제3절 산과 염기의 세기

01 산의 세기를 비교한 것으로 옳지 않은 것은?

① $HCl < HBr$

② $HF < HI$

③ $HClO_3 < HClO_4$

④ $CH_3COOH > H_2SO_4$

해설

CH_3COOH은 약산, H_2SO_4은 강산이다.

02 다음 표는 산 HA와 HB를 각각 25℃의 물에 넣었을 때의 자료이다. 이에 대한 설명으로 옳지 않은 것은?

HA	HB	
10	10	넣은 분자의 몰수
2	16	이온의 몰수

① pH는 HA가 더 작다.

② 전기전도도는 HA가 더 작다.

③ 이온화도는 HB가 더 크다.

④ HB가 HA보다 강산이다.

해설

HB의 이온화도가 더 크므로 pH는 HB가 더 작다.

03 25℃에서 1.0M의 수용액을 만들었을 때 pH가 가장 높은 것은?(단, 25℃에서 산 해리상수(K_a)는 다음과 같다)

> • HCOOH : 1.77×10^{-4}
> • HNO$_2$: 4.6×10^{-4}
> • CH$_3$COOH : 1.76×10^{-5}
> • HClO$_2$: 1.1×10^{-2}

① HNO$_2$ ② HClO$_2$
③ HCOOH   ④ CH$_3$COOH

K_a가 작을수록 pH가 높다.

04 25℃에서 pH가 8.0인 NaOH 수용액을 1,000배 묽힌 용액의 pH에 가장 가까운 값은?

① 5.0   ② 6.0
③ 7.0   ④ 8.0

염기성 용액을 아무리 희석해도 산성이 되지 않으므로 7.0에 가까운 값을 가진다.

05 25℃에서 [H$^+$] = 3.0×10^{-5}M일 때, 이 용액의 pH 값은?(단, log3 = 0.47이다)

① 3.53   ② 4.53
③ 5.47   ④ 9.47

pH = $-\log(3 \times 10^{-5}) = 5 - 0.47 = 4.53$

06 25℃에서 [OH$^-$] = 3.0×10^{-5}M일 때, 이 용액의 pH 값은?(단, log3 = 0.47이다)

① 3.53   ② 4.53
③ 9.47   ④ 10.47

pOH = $-\log(3 \times 10^{-5}) = 5 - 0.47 = 4.53$
pH = $14 - 4.53 = 9.47$

제4절 중화반응

01 다음 반응은 어떤 반응의 알짜이온반응식인가?

> $H^+ + OH^- \rightarrow H_2O$

① 중화반응   ② 앙금생성반응
③ 산화–환원반응   ④ 복분해반응

중화반응의 알짜이온반응식이다.

02 NaOH 수용액 10mL에 같은 농도의 HCl 수용액을 넣는 경우 온도의 변화로 가장 적절한 그래프는?

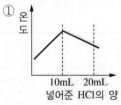 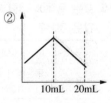
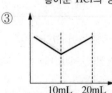 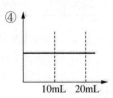

① 중화점에서 온도가 가장 높으며 중화점 이후 용액의 양이 늘어나므로 온도가 조금 하락한다.

03 그림은 염산(HCl)에 수산화나트륨($NaOH$) 수용액을 각각 30mL씩 넣은 혼합 용액의 모형을 나타낸 것이다. 이에 대한 설명으로 옳은 것은?

① 용액의 pH는 7보다 크다.
② 염산과 수산화나트륨의 농도는 같다.
③ 전기전도도가 가장 높은 지점이다.
④ 수산화나트륨을 더 넣을 경우 물이 더 생성된다.

해설

용액의 pH는 7이며, 중화점이므로 전기전도도가 가장 낮은 지점이다. 수소이온이 없으므로 수산화나트륨이 더 들어가도 물은 생성되지 않는다.

04 표는 용액에 대한 자료이다. 이에 대한 설명으로 옳지 않은 것은?

구 분	(가)	(나)	(다)
용 액	묽은염산 수용액 10mL	수산화나트륨 수용액 10mL	(가) + (나) 용액 20mL
이온수	$6N$	$4N$	$6N$

① (가) 용액에는 H^+가 $3N$개 들어 있다.
② (나) 용액은 OH^-가 $4N$개 들어 있다.
③ (나), (다)의 불꽃반응색은 같다.
④ (다) 용액에는 H^+이온을 가지고 있다.

해설

OH^-는 $2N$개 들어 있다.

05 표는 수산화나트륨($NaOH$) 수용액에 염산(HCl) 수용액을 10mL씩 추가로 넣었을 때 반응 자료의 일부이다. 이에 대한 설명으로 옳지 않은 것은?

구 분	(가)	(나)	(다)	(라)
Na^+	$2N$	$2N$		
H^+	0	0	N	$2N$

① (가)에는 음이온이 $2N$개 들어 있다.
② (나)는 BTB 지시약을 넣었을 때 초록색이다.
③ (다)에는 OH^-가 들어 있다.
④ (라)에 구경꾼 이온은 2가지이다.

해설

(다)에는 Na^+, H^+, Cl^-가 들어 있다.

06 그림은 묽은 염산(HCl) 수용액 20mL에 수산화나트륨($NaOH$) 수용액을 가할 때 혼합 용액 내의 총이온 수 변화를 나타낸 것이다. 이에 대한 설명으로 옳지 않은 것은?

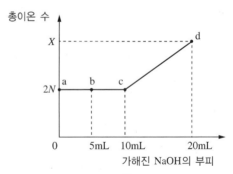

① a에서 H^+의 수는 $\dfrac{N}{2}$이다.
② pH는 b가 c보다 작다.
③ Cl^-의 수는 b, c, d가 같다.
④ d에서 총이온 수는 $4N$이다.

해설

구 분	a	b	c	d
H^+	N	$0.5N$	0	0
Cl^-	N	N	N	N
Na^+	0	$0.5N$	N	$2N$
OH^-	0	0	0	N

07 강염기를 약산으로 적정하는 곡선으로 옳은 것은?

①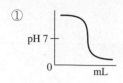

②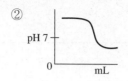

③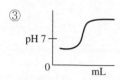

④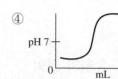

해설

② 중화점의 pH는 7보다 크다.

08 여러 가지 염이 물에 용해될 때 일어나는 용액의 pH 변화에 대한 설명 중 옳은 것은?

① $NaCl$을 물에 녹이면 용액의 pH는 7이다.

② $NaHSO_4$를 물에 녹이면 용액의 pH는 7보다 높아진다.

③ NH_4Cl을 물에 녹이면 용액의 pH는 7보다 높아진다.

④ K_2SO_4를 물에 녹이면 용액의 pH는 7보다 높아진다.

해설

NaCl은 강산과 강염기의 염이므로 가수분해 하지 않는다.

09 다음 중 산성염인 것은?

① Na_2CO_3　　　② $BaSO_4$

③ $NaHCO_3$　　　④ $Ca(OH)Cl$

해설

산성염은 수소이온이 들어 있는 염이다.

10 다음 중 완충용액의 제조 방법이 아닌 것은?

① 같은 농도의 $CH_3COOH + CH_3COONa$ 혼합 용액

② CH_3COOH + 중화점 절반의 $NaOH$ 수용액 혼합 용액

③ HCl 수용액 + 중화점 절반의 $NaOH$ 수용액 혼합 용액

④ 같은 농도의 $H_2CO_3 + HCO_3^-$ 혼합 용액

해설

③ 강산 강염기의 반응이므로 완충용액이 아니다.

※ 완충용액은 약산(염기)에 그 짝염기(짝산)를 넣은 용액을 말한다.

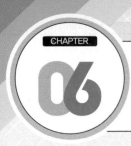

산화-환원

CHAPTER 06

필 / 수 / 확 / 인 / 문 / 제

제1절 산화-환원의 정의

산화-환원은 무조건 동시에 일어나며 주고받은 물질의 개수는 같다.

1 산소에 의한 산화-환원

(1) **산화** : 물질이 산소를 얻는 반응이다.

    예 메테인의 연소 : $CH_4(g) + 2O_2(g) \rightarrow CO_2(g) + 2H_2O(g)$

(2) **환원** : 물질이 산소를 잃는 반응이다.

    예 철의 제련 $2Fe_2O_3(s) + 3C(s) \rightarrow 4Fe(l) + 3CO_2(g)$

2 전자의 이동에 의한 산화-환원

(1) **산화** : 물질이 전자를 잃는 반응이다.

(2) **환원** : 물질이 전자를 얻는 반응이다.

$$\text{산화(전자 잃음)}$$
$$Zn(s) + Cu^{2+}(aq) \longrightarrow Zn^{2+}(aq) + Cu(s)$$
$$\text{환원(전자 얻음)}$$

3 전기음성도를 이용한 산화–환원

(1) 산화 : 전기음성도가 작은 원자가 전기음성도가 큰 원자와 결합하여 전자를 주는 반응이다.

(2) 환원 : 전기음성도가 큰 원자가 전기음성도가 작은 원자와 결합하여 전자를 얻는 반응이다.

　예 전기음성도(O : 3.5, H : 2.1, N : 3.0)

　　O가 H보다 전기음성도가 크므로 공유 전자쌍이 O쪽으로 치우친다. → O는 환원되어 부분적인 (–) 전하를 띠고 H는 산화되어 부분적인 (+) 전하를 띤다.

4 산화수와 산화–환원

(1) 산화수 : 공유 전자쌍이 그것을 더 세게 끌어당기는 원자에 속해있다고 가정할 때, 그 원자가 가지는 전하로 어떤 물질의 성분 원소가 그 물질 속에서 어느 정도로 산화(환원)되었는지를 나타내는 수치이다. 전자를 잃은 상태를 (+), 전자를 얻은 상태를 (–)로 나타낸다.

(2) 산화 : 전기음성도가 작은 원자가 전기음성도가 큰 원자와 결합하여 전자를 주는 반응이며 산화수가 증가한다.

(3) 환원 : 전기음성도가 큰 원자가 전기음성도가 작은 원자와 결합하여 전자를 얻는 반응이며 산화수가 감소한다.

(4) 산화수 구하는 법

전제 조건	• 원소(홑원소물질)의 산화수는 0이다. • 화합물을 이루고 있는 각 원자들의 산화수 총합은 0이다. • 일원자이온의 산화수는 자신의 전하량과 같다. 　예 $Na^+ = +1$, $Cu^{2+} = +2$ 등 • 다원자 이온을 구성하는 원자들의 산화수 총합은 그 이온의 전하와 같다.
규칙 (우선 순위 순서)	① 1족(H 제외)은 +1, 2족은 +2, 13족은 +3, F는 –1이다. ② H는 +1(예외 : 금속이랑 만나면 –1)이다. ③ O는 –2(예외 : OF_2, H_2O_2)이다. ④ 17족은 –1이다.

밑줄 친 원자(C, Cr, N, S)의 산화수가 옳지 않은 것은?

① $H\underline{C}O_3^-$, +4

② $\underline{Cr}_2O_7^{2-}$, +6

③ $\underline{N}H_4^+$, +5

④ $\underline{S}O_4^{2-}$, +6

해설

① H : +1, C : +4, O : –2

② Cr : +6, O : –2

③ N : –3, H : +1

④ S : +6, O : –2

답 ③

다음 반응에서 산화되는 원소는?

$$14HNO_3 + 3Cu_2O \rightarrow 6Cu(NO_3)_2 + 2NO + 7H_2O$$

① H　　　　　　　　② N

③ O　　　　　　　　④ Cu

해설

반응식에서 산화수를 구해보면 Cu : +1에서 Cu : +2 로 변한다.

답 ④

산화수에 대한 설명으로 옳은 것만을 모두 고른 것은?

ㄱ. 화학반응에서 산화수가 감소하는 물질은 환원제 이다.
ㄴ. 화합물에서 수소의 산화수는 항상 +10이다.
ㄷ. 홑원소 물질을 구성하는 원자의 산화수는 0이다.
ㄹ. 단원자 이온의 산화수는 그 이온의 전하수와 같다.

① ㄱ, ㄴ　　　　　　② ㄱ, ㄷ

③ ㄴ, ㄹ　　　　　　④ ㄷ, ㄹ

해설

ㄱ. 산화수가 감소하면 환원이므로 산화제이다.
ㄴ. 수소의 산화수는 +1, 0, –1 모두 가능하다.
ㄷ. 홑원소 물질의 산화수는 무조건 0이다.
ㄹ. 단원자 이온의 산화수는 그 이온의 전하수이다.

답 ④

다음은 인류 문명의 발달과 관련된 화학반응식이다. 이에 대한 설명으로 옳은 것은?

> (가) 암모니아 합성 : $N_2 + 3H_2 \rightarrow 2NH_3$
> (나) 철의 제련 : $Fe_2O_3 + 3CO \rightarrow 2Fe + 3CO_2$

① NH_3는 무극성 분자이다.
② (가)는 중화 반응이다.
③ (나)에서 C의 산화수는 증가한다.
④ CO_2에는 비공유 전자쌍이 6개이다.

[해][설]
① NH_3는 극성 분자이다.
② (가)는 산화–환원반응이다.
③ (나)에서 C의 산화수는 +2에서 +4로 증가한다.
④ CO_2에는 비공유 전자쌍이 4개이다.

[답] ③

화학반응식 (가)~(다)에 대한 설명으로 옳지 않은 것은?

> (가) $HNO_3 + NaOH \rightarrow H_2O + NaNO_3$
> (나) $N_2 + 3H_2 \rightarrow 2NH_3$
> (다) $Cu + 4HNO_3 \rightarrow Cu(NO_3)_2 + 2NO_2 + 2H_2O$

① (가)~(다) 중 산화–환원 반응이 아닌 것은 (가)이다.
② (나)에서 N의 산화수는 감소한다.
③ (다)에서 Cu는 환원제이다.
④ (가)~(다) 중 N의 산화수가 가장 작은 것은 N_2이다.

[해][설]
④ N의 산화수는 (가) : +5, (나) : 0, -3, (다) : +5, +5, +4이므로 NH_3의 N의 산화수가 가장 작다.

[답] ④

다음은 3가지 화학반응식을 나타낸 것이다. ㉠~㉢에 대한 설명으로 옳지 않은 것은?

> ㉠ $H_2 + Cl_2 \rightarrow 2HCl$
> ㉡ $2CO + O_2 \rightarrow 2CO_2$
> ㉢ $2AgNO_3 + Cu \rightarrow 2Ag + Cu(NO_3)_2$

① ㉠에서 Cl은 산화된다.
② ㉡에서 CO는 환원제이다.
③ ㉡에서 C의 산화수는 +2에서 +4로 증가한다.
④ ㉢에서 전체 이온 수는 반응 전이 반응 후보다 많다.
⑤ ㉢에서 Ag 1mol이 생성될 때, 이동한 전자의 몰수는 1mol이다.

[해][설]
① Cl의 산화수는 0에서 -1로 변하므로 환원된다.

[답] ①

현상을 보고 정한 규칙이며 실제 산화–환원은 전기음성도의 크기로 판단하는 것이 가장 정확하다.

[예]
$$\underset{0}{H_2} \quad \underset{0}{O_2} \quad \underset{0}{N_2} \quad \underset{+1\ -2}{H_2O} \quad \underset{+4\ -2}{CO_2} \quad \underset{-3\ +1}{NH_3}$$

$$\underset{+1\ -1}{LiH} \quad \underset{+2\ -1}{OF_2} \quad \underset{+1\ -1}{H_2O_2} \quad \underset{+6\ -2}{SO_4^{2-}} \quad \underset{+1\ -1}{LiF} \quad \underset{-4\ +1}{CH_4}$$

간단 정리

산화수	물질 중의 원자가 어느 정도로 산화–환원 되었는지를 나타내는 수이다.
이온결합물	• 금속은 산화, 비금속은 환원한다. • 각 이온의 전하가 산화수이다.
공유결합물	전기음성도가 큰 원자가 환원한다.
원소(홑원소 물질)	산화수는 항상 0이다.

① 산화수는 원소가 여러 개 있더라도 1개에 해당하는 숫자를 적어준다.
　[예] H_2O에서 H의 산화수는 전체의 합인 +2가 아니라 수소 각각의 산화수인 +1이다.
② 산화–환원 반응식을 찾는 문제의 경우 반응식의 물질 중 산화수가 1개라도 변하였으면 산화–환원은 무조건 동시에 일어나므로 그 반응은 산화–환원 반응이다 (= 원소가 화합물로 변하였으면 산화수가 0에서 변하므로 산화–환원 반응이다).

① 산화수는 원소가 여러 개 있더라도 1개에 해당하는 숫자를 적어준다.
　[예] H_2O에서 H의 산화수는 전체의 합인 +2가 아니라 수소 각각의 산화수인 +1이다.
② 산화–환원 반응식을 찾는 문제의 경우 : 반응식의 물질 중 산화수가 1개라도 변하였으면 산화–환원은 무조건 동시에 일어나므로 그 반응은 산화–환원 반응이다. = 원소가 화합물로 변하였으면 산화수가 0에서 변하므로 산화–환원 반응이다.

(5) 산화–환원의 예

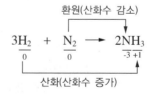

5 산화제와 환원제

(1) **산화제** : 자신은 환원되면서 다른 물질을 산화시키는 물질이다.

(2) **환원제** : 자신은 산화되면서 다른 물질을 환원시키는 물질이다.

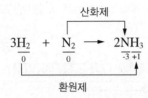

6 형식전하

(1) **정의** : 원자의 전자수로부터 루이스 구조식에서 할당된 전자수를 뺀 값이다. 형식
전하가 0에 가까울수록 그 결합은 안정하며 루이스 구조식을 예측할 때 사용한다.

$$\text{형식전하} = \text{자유원자 상태의 원자가 전자} - \left(\text{비공유 전자수} + \frac{\text{공유 전자수}}{2}\right)$$

(2) **산화수와 형식전하 비교**

산화수	형식전하
$\overset{\cdot\cdot}{\underset{-2}{O}}$ $\underset{+1}{H}$ H	$6-\left(4+\frac{4}{2}\right)=0$ $\overset{\cdot\cdot}{O}$ H H $1-\left(0+\frac{2}{2}\right)=0$

다음 N_2O의 루이스 구조 중 형식전하를 고려할 때 가장
안정한 구조는?

① $:N \equiv N - \overset{\cdot\cdot}{\underset{\cdot\cdot}{O}}:$

② $\overset{\cdot\cdot}{N} = N = \overset{\cdot\cdot}{\underset{\cdot\cdot}{O}}$

③ $:\overset{\cdot\cdot}{N} - N \equiv O:$

④ $\overset{\cdot\cdot}{N} = O = \overset{\cdot\cdot}{N}$

해설

각 형식전하를 구하면

① $:N \equiv N - \overset{\cdot\cdot}{\underset{\cdot\cdot}{O}}:$
     0   +1   −1

② $\overset{\cdot\cdot}{N} = N = \overset{\cdot\cdot}{\underset{\cdot\cdot}{O}}$
    −1   +1   0

③ $:\overset{\cdot\cdot}{N} - N \equiv O:$
    −2   +1   +1

④ $\overset{\cdot\cdot}{N} = O = \overset{\cdot\cdot}{N}$
    −1   +2   −1

답 ①

철(Fe)로 된 수도관의 부식을 방지하기 위하여 마그네슘(Mg)을 수도관에 부착하였다. 산화되기 쉬운 정도만을 고려할 때, 마그네슘 대신에 사용할 수 없는 금속은?

① 아연(Zn) ② 니켈(Ni)
③ 칼슘(Ca) ④ 알루미늄(Al)

해설

금속의 반응성을 비교하면 K > Ca > Na > Mg > Al > Zn > Fe > Ni … 순서이므로 철보다 반응성이 작은 니켈은 불가능하다.

답 ②

(가)와 (나)는 금속 이온과 금속 간의 산화-환원 반응 실험이다. 이에 대한 설명으로 옳지 않은 것은?(단, A, B, C는 임의의 원소 기호이다)

> (가) 금속 이온 B^{2+}가 들어 있는 수용액에 금속 A 막대를 넣었더니, 금속 막대의 질량이 감소하였고 수용액 내 금속 이온의 총 수는 변화가 없었다.
> (나) 금속 이온 C^{2+}가 들어 있는 수용액에 금속 A 막대를 넣었더니, 금속 막대의 질량이 증가하였고 수용액 내 금속 이온의 총 수는 변화가 없었다.

① 금속 A 이온의 산화수는 +2이다.
② 금속 A는 금속 B보다 쉽게 산화된다.
③ 금속 A의 이온은 금속 C의 이온보다 쉽게 환원된다.
④ 금속 B의 원자량은 금속 C의 원자량보다 작다.

해설

(가) 금속 막대의 질량이 감소하였으므로 반응성은 A > B이며, 금속 이온 수는 변화가 없으므로 이온의 전하량은 같고, 원자량은 A > B이다.
(나) 금속 막대의 질량이 증가하였으므로 반응성은 A > C이며, 금속 이온 수는 변화가 없으므로 이온의 전하량은 같고, 원자량은 C > A이다.
③ (금속의)반응성이 A > C이므로 C가 A 보다 환원이 잘 된다.
④ 원자량은 C > A > B이다.

답 ③

제2절 금속의 반응성

1 금속의 반응성

금속이 양이온이 되려는 경향으로 이온화 경향이 클수록 전자를 잃고 산화되기 쉽다.

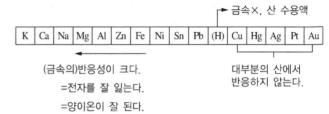

금속X, 산 수용액

| K | Ca | Na | Mg | Al | Zn | Fe | Ni | Sn | Pb | (H) | Cu | Hg | Ag | Pt | Au |

(금속의)반응성이 크다.
=전자를 잘 잃는다.
=양이온이 잘 된다.

대부분의 산에서 반응하지 않는다.

2 금속의 반응성 비교

(1) 금속의 반응성과 이온수

구 분	A	B	C
A^{2+}	–	O	O
B^{2+}	X	–	O
C^+	X	X	–

① 반응성 : C > B > A
② 반응식
   ㉠ $A^{2+} + B \rightarrow A + B^{2+}$: 전체 이온수의 변화 없다.
   ㉡ $A^{2+} + C \rightarrow A + 2C^+$: 반응이 일어날 때 이온수가 증가한다.

(2) 금속의 반응성과 원자량

① A이온이 들어있는 수용액에 B금속판을 넣었을 때 다음처럼 B가 녹고 A가 석출되는 반응이 일어났다고 가정하였다.

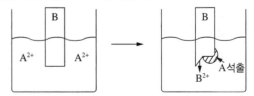

② 이온수 변화 : 두 금속의 이온의 산화수는 같으므로 변화 없다.

③ 질량 변화
    ㉠ 만약 금속판의 질량이 감소(수용액의 밀도가 증가)하면
      원자량 : A < B
    ㉡ 만약 금속판의 질량이 증가(수용액의 밀도가 감소)하면
      원자량 : A > B

   수용액의 부피는 큰 변화가 없으므로 주로 밀도로 많이 물어본다.

제3절 철의 제련

1 철의 제련

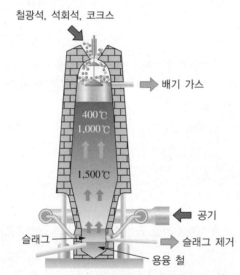

철광석, 석회석, 코크스

배기 가스

400℃
1,000℃

1,500℃

공기

슬래그

슬래그 제거

용융 철

(1)	$2C+O_2 \rightarrow 2CO$	코크스(C)를 불완전 연소시켜 일산화탄소(CO)를 만드는 과정이다.
(2)	$Fe_2O_3+3CO \rightarrow 2Fe+3CO_2$	산화철(Fe_2O_3)을 일산화탄소를 이용해 철(Fe)로 환원시키는 과정으로 일산화탄소는 환원제로 이용된다.
(3)	$CaCO_3 \rightarrow CaO+CO_2$	탄산칼슘($CaCO_3$)을 열분해하는 과정이다.
(4)	$CaO+SiO_2 \rightarrow CaSiO_3$	산화칼슘이 불순물(SiO_2)과 반응하여 슬래그($CaSiO_3$)를 형성한다.

① 표의 (1), (2)는 산화–환원 반응이며 (3), (4)는 산화–환원반응이 아니다.
② 탄산칼슘의 역할은 불순물 제거이다.
③ 용융철과 슬래그 중 밀도가 더 큰 것은 아래쪽에 있는 용융철이다.

그림은 철의 제련 과정을 나타낸 것이다. 이에 대한 설명으로 옳은 것을 [보기]에서 모두 고르면?

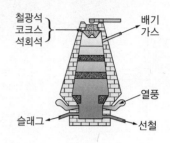

철광석
코크스
석회석

배기
가스

열풍

슬래그

선철

$2C(코크스)+O_2 \rightarrow 2CO$
$Fe_2O_3+3CO \rightarrow 2Fe+3CO_2$
$CaCO_3 \rightarrow CaO+CO_2$
$CaO+SiO_2 \rightarrow CaSiO_3$

[보 기]
㉠ C(코크스)는 산화제 역할을 한다.
㉡ CO 는 C(코크스)의 불완전 연소에 의해 생성된다.
㉢ $CaCO_3$은 철광석의 불순물을 제거하기 위해서 넣는다.

① ㉠, ㉡　　　　② ㉠, ㉡, ㉢
③ ㉠, ㉢　　　　④ ㉡, ㉢

해설
㉠ C(코크스)는 환원제 역할이다.

답 ④

다음은 철의 제련 과정 일부를 화학반응식으로 나타낸 것이다. 이에 대한 설명으로 옳은 것은?

(가) $2C+O_2 \rightarrow 2CO$
(나) $Fe_2O_3+3CO \rightarrow 2Fe+3(㉠)$
(다) $CaCO_3 \rightarrow CaO+(㉡)$

① (가)에서 C는 환원된다.
② (나)에서 Fe의 산화수는 3만큼 증가한다.
③ (다)는 산화–환원 반응이다.
④ ㉠과 ㉡은 같은 물질이다.

해설
① (가)에서 C 의 산화수는 0에서 +2로 증가하므로 산화된다.
② (나)에서 Fe 의 산화수는 +3에서 0으로 감소한다.
③ (다)는 산화–환원 반응이 아니다.
④ ㉠, ㉡은 모두 CO_2이다.

답 ④

제4절 화학전지

1 화학전지의 원리

(1) 반응성이 다른 두 금속을 전해질에 담그고 두 금속을 도선으로 연결하면 전류가 흐른다. 이는 반응성이 큰 금속이 이온화되어 용액에 녹고 이때 발생하는 전자가 이동하여 전류가 형성되기 때문이다.

(2) 핵심내용
  ① 금속의 반응성에서 이온화 경향이 작은 금속은 (+)극, 이온화 경향이 큰 금속은 (−)극이 된다.
  ② (+)극에서는 환원반응이 일어나며 (−)극에서는 산화반응이 일어난다.
  ③ 전자는 (−)극에서 (+)극 쪽으로 이동한다.
  ④ 전지를 구성하는 두 금속 간의 이온화 경향의 차가 클수록 전류의 세기는 커진다.

(3) 표기법 : 화학전지를 표기할 때는 왼쪽에 (−)극을 쓰고 오른쪽에 (+)극을 쓰며 중간에는 전해질 용액을 표시한다. 용액의 접촉면은 |로 표시하며 용액이 떨어져 있는 경우 ‖로 표시한다.
  예 $(-)\mathrm{Cd}|\mathrm{KOH}|\mathrm{NiO_2},\ \mathrm{C}(+)$

2 볼타전지

(1) 아연판(Zn)과 구리판(Cu)을 묽은 황산에 담그고 도선으로 연결한 것이다.

(2) 반응성이 더 큰 아연판이 (−)극, 구리판이 (+)극이 된다.

(3) 각 전극에서의 반응
  ① (−)극 : $\mathrm{Zn}(s) \rightarrow \mathrm{Zn^{2+}}(aq) + 2\mathrm{e^-}$ (산화반응)
  ② (+)극 : $2\mathrm{H^+}(aq) + 2\mathrm{e^-} \rightarrow \mathrm{H_2}(g)$ (환원반응)
  ③ 전체반응 : $\mathrm{Zn}(s) + 2\mathrm{H^+}(aq) \rightarrow \mathrm{Zn^{2+}}(aq) + \mathrm{H_2}(g)$
  ④ 표기법 : $(-)\mathrm{Zn}|\mathrm{H_2SO_4}|\mathrm{Cu}(+)$

볼타(Volta)전지에 대한 설명으로 옳지 않은 것은?

① 자발적 산화−환원 반응에 의해 화학 에너지를 전기 에너지로 변환시킨다.
② 전기도금을 할 때 볼타전지가 이용된다.
③ 다니엘(Daniell) 전지는 볼타전지의 한 예이다.
④ $\mathrm{Zn}(s)|\mathrm{Zn^{2+}}(aq)\ \|\ \mathrm{Cu^{2+}}(aq)|\mathrm{Cu}(s)$로 표기되는 전지가 작동할 때 산화전극의 질량이 감소한다.

해설
② 기본적인 볼타전지에서 아연판은 녹고 구리판에는 수소기체가 나오므로 전기 도금에 부적합하다.
※ 저자의견 : 가장 정답에서 벗어나는 것이긴 하지만 전지를 다니엘전지로 사용가능하기 때문에 관점에 따라 다를 수 있다.

답 ②

(4) (−)극은 아연판이 녹아 질량이 감소하고 (+)극은 수소기체만 발생하므로 질량이
변하지 않는다.

(5) 분극현상 : 구리판에서 발생하는 수소기체가 전자의 이동을 방해하여 전압이
떨어지는 현상으로 이를 방지하기 위해 이산화망가니즈(MnO_2), 과산화수소수
(H_2O_2)같은 물질들을 넣어준다.

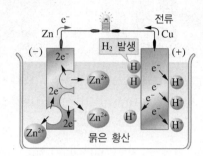

3 다니엘전지

(1) 두 개의 반쪽전지로 이루어져 있으며 아연판을 황산아연($ZnSO_4$) 수용액에 구리판
을 황산구리($CuSO_4$) 수용액에 넣은 것이다.

(2) 반응성이 더 큰 아연판이 (−)극, 구리판이 (+)극이 된다.

(3) 각 전극에서의 반응

① (−)극 : $Zn(s) \rightarrow Zn^{2+}(aq) + 2e^-$ (산화반응)
② (+)극 : $Cu^{2+}(aq) + 2e^- \rightarrow Cu(s)$ (환원반응)
③ 전체반응 : $Zn(s) + Cu^{2+}(aq) \rightarrow Zn^{2+}(aq) + Cu(s)$
④ 표기법 : $(-)Zn \,|\, ZnSO_4(aq) \,\|\, CuSO_4(aq) \,|\, Cu(+)$

(4) (−)극은 아연판이 녹아 질량이 감소하고 (+)극은 구리 금속이 발생하므로 질량이
증가한다. 또 푸른색을 띠는 구리이온(Cu^{2+})이 줄어들어 수용액의 푸른색이 점점
옅어진다.

(5) 염다리 : 이온을 이동시켜 양쪽 반쪽전지의 전하가 균형을 이루도록 해 준다. 반쪽전지의 전극 반응에 영향을 주지 않는 것들을 이용한다.

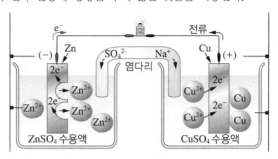

납축전지는 $Pb(s)$ 전극과 $PbO_2(s)$ 전극으로 구성되어 있으며 전해질은 H_2SO_4 수용액이다. 납축전지의 방전과 정에서 일어나는 반응은 다음과 같다. 이에 관한 다음 서술 중 옳은 것을 모두 고르시오.

$$Pb(s) + PbO_2(s) + 2H_2SO_4(aq)$$
$$\rightarrow 2PbSO_4(s) + 2H_2O(l)$$

ㄱ 자동차의 배터리에 이용된다.
ㄴ 1차 전지에 속하며 충전할 수 없다.
ㄷ 방전될수록 두 전극의 질량은 증가한다.
ㄹ 방전될수록 전해질의 황산 농도가 증가한다.

① ㄱ, ㄷ   ② ㄴ, ㄹ
③ ㄱ, ㄴ   ④ ㄱ, ㄹ
⑤ ㄴ, ㄷ

해설
ㄴ 납축전지는 재충전이 가능한 2차 전지이다.
ㄹ 방전되면 전해질의 황산 농도가 감소한다.

답 ①

4 납축전지

(1) 방전만 되고 충전이 불가능한 전지를 1차전지라고 하며, 충전도 가능한 것을 2차전지라고 한다.

(2) 납과 황산을 이용한 2차전지로 주로 자동차 배터리에 사용된다.

$$Pb(s) + PbO_2(s) + 2H_2SO_4(aq) \underset{\text{충전}}{\overset{\text{방전}}{\rightleftarrows}} 2PbSO_4(s) + 2H_2O(l)$$

방전할 때 (+), (−)극의 질량이 모두 증가한다.

5 전극전위

(1) 전지전위 : 화학전지에서 두 전극 사이의 전자의 이동으로 일어나는 전위차를 말한다.

(2) 표준수소전극

① 반쪽전지만으로는 전위를 측정할 수 없으므로 백금전극을 사용하여 기준을 정하고 비교한다.

② 1M의 H^+ 용액과 접촉하고 있는 1기압의 H_2 기체로 이루어진 반쪽전지가 나타내는 전위를 0.00V로 하며 이를 표준수소전극이라고 한다.

$$2H^+(aq, 1M) + 2e^- \rightarrow H_2(g, 1기압), \quad E° = 0.00V$$

(3) 표준환원전위

① 반쪽 반응이 환원 반응일 때 표준전극의 전위를 나타내며 $E°$ 으로 나타낸다.

② 환원전위가 (+)이면 수소보다 환원되기 쉬우며 (−)이면 수소보다 환원되기 어렵다.

③ 환원전극값이 클수록 환원이 잘된다는 의미이다.

④ 화학전지에서 환원전극이 작은 것이 (−)극이고 큰 것이 (+)극이 된다.

⑤ 표준산화전위는 표준환원전위와 부호만 반대이고 크기는 같으나 혼란을 방지하기 위해 표준환원전위만 사용한다.

　ⓐ $Cu^{2+}(aq) + 2e^- \rightarrow Cu(s)$ 　$E° = +0.34V$ 　(표준환원전위)

　ⓑ $Cu(s) \rightarrow Cu^{2+}(aq) + 2e^-$ 　$E° = -0.34V$ 　(표준산화전위)

(4) 표준전지전위

① 화학전지의 전위는 두 반쪽 전극의 전위차에 해당하므로 표준환원전위를 이용하여 구할 수 있다.

$$E° = E°_{환원\ 전극} - E°_{산화\ 전극} = E°_{(+)극} - E°_{(-)극}$$

　환원전극이 큰 것에서 작은 것을 빼면 쉽게 구할 수 있다.

② 표준전지전위가 (+)값이 나와야 화학전지가 자발적으로 작동하는 것이다.

③ 표준환원전위는 세기 성질이므로 전자의 숫자, 식의 계수에 상관이 없다.

6 자유에너지와 화학전지

$$\Delta G = -nFE°$$

여기서, n : 전자의 몰수, F : 패러데이상수(96,500C/mol), $E°$: 기전력

전자의 몰수와 패러데이상수는 무조건 양수이므로 조건은 기전력뿐이며, $E° > 0$일 때 $\Delta G < 0$이므로 자발적이다.

표준상태에 있는 다음 두 반쪽 반응을 기본으로 하는 볼타전지를 만들었다. 이에 대한 설명으로 옳지 않은 것은?

$$Zn^{2+} + 2e^- \rightarrow Zn \qquad E° = -0.76V$$
$$Cu^{2+} + 2e^- \rightarrow Cu \qquad E° = +0.34V$$

① Zn은 환원제로 작용했다.

② 전지의 $E°_{cell}$는 1.10V이다.

③ Zn은 환원전극이고 Cu는 산화전극이다.

④ 두 금속에서 일어나는 산화−환원은 자발적이다.

해설

※ 저자의견 : 이 문제는 다소 논란의 소지가 있다. 따라서 해설에서는 문제의 의도와 저자의 관점을 동시에 설명한다.

볼타전지의 식을 완성하면 아연이 산화되고 구리에서 수소기체가 발생하므로 $Zn + 2H^+ \rightarrow Zn^{2+} + H_2$이다.

① Zn은 산화되므로 환원제이다.

② 논란의 여지가 있는 문제로 위 식으로 계산하였을 경우

$E°_{cell} = 0.00 - (-0.76) = 0.76V$,

$Zn + Cu^{2+} \rightarrow Zn^{2+} + Cu$ 식으로 계산하였을 경우 $E°_{cell} = 0.34 - (-0.76) = 1.10V$ 가 나온다. 정확히는 다니엘전지의 기전력이지만 볼타전지 안에 다니엘전지도 포함되므로 맞다고 볼 수도 있지만 교육과정에서는 볼타전지와 다니엘전지를 구분하여 배우므로 다소 논란의 소지가 있는 문항이다.

③ Zn은 산화전극이고 Cu는 환원전극이다.

④ 기전력이 +이므로 자발적인 반응이다.

답 ③

다음 갈바니 전지 반응에 대한 표준자유에너지변화($\Delta G°$)는 얼마인가?(단, $E°(Zn^{2+}) = -0.76V$, $E°(Cu^{2+}) = 0.34V$이고, $F = 96,500 C/mol\ e^-$, V=J/C)

$$Zn(s) + Cu^{2+}(aq) \rightarrow Cu(s) + Zn^{2+}(aq)$$

① −212.3kJ 　　　② −106.2kJ

③ −81.1kJ 　　　④ −40.5kJ

해설

기전력을 구하면

$E° = E_+ - E_- = 0.34 - (-0.76) = 1.10V$

$\Delta G = -nFE° = -2 \times 96,500 \times 1.10$

　　 $= -212,300 J = -212.3kJ$

답 ①

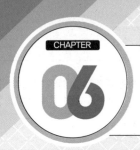
적중예상문제

01 다음 중 산화-환원반응이 아닌 것은?

① $2H_2 + O_2 \rightarrow 2H_2O$

② $HCl + NaOH \rightarrow NaCl + H_2O$

③ $Mg + 2HCl \rightarrow MgCl_2 + H_2$

④ $6CO_2 + 6H_2O \rightarrow C_6H_{12}O_6 + 6O_2$

해설

중화반응은 산화-환원반응이 아니다.

02 질소(N)의 산화수가 가장 큰 것은?

① NH_3 ② NO_2

③ HNO_3 ④ N_2

해설

① -3 ② $+4$

③ $+5$ ④ 0

03 밑줄 친 원자의 산화수가 옳지 않은 것은?

① $\underline{H}_2O$: $+1$ ② $C\underline{O}_2$: $+4$

③ $O\underline{F}_2$: -2 ④ $C\underline{O}$: -2

해설

③ OF_2에서 O의 산화수는 $+2$이다.

04 다음 반응에서 원자의 산화수에 해당하지 않는 것은?

$$6CO_2 + 6H_2O \rightarrow C_6H_{12}O_6 + 6O_2$$

① 0 ② -2

③ $+1$ ④ -4

해설

$6\ \underline{C}\ \underline{O}_2 + 6\underline{H}_2\ \underline{O} \rightarrow \underline{C}_6\ \underline{H}_{12}\ \underline{O}_6 + 6\underline{O}_2$
$\ \ +4 -2 \quad +1 -2 \quad\ 0\ +1\ -2 \quad\ 0$

05 산화수에 대한 설명으로 옳지 않은 것은?

① 원소의 산화수는 0이다.

② F의 산화수는 무조건 -1이다.

③ 산화되는 물질은 환원제이다.

④ 화합물의 산화수 총합은 0이다.

해설

F_2의 경우 산화수는 0이다.

06 산소원자의 산화수가 다른 것은?

① CO_2

② H_2O_2

③ $HClO$

④ SO_4^{2-}

해설

나머지는 전부 산화수가 -2이며 H_2O_2만 -1이다.

07 염소원자의 산화수가 가장 큰 것과 가장 작은 것의 차이는?

- Cl_2
- $HClO$
- $HClO_2$
- ClF

① 3 ② 5
③ 6 ④ 8

해설

- Cl_2 : 0
- $HClO$: +1
- $HClO_2$: +3
- ClF : +1

08 다음은 암모니아(NH_3)와 염화수소(HCl)의 반응을 나타낸 것이다. 이에 대한 설명으로 옳은 것만을 모두 고른 것은?

$$NH_3(g) + HCl(g) \rightarrow NH_4Cl(s)$$

㉠ $NH_3(g)$는 아레니우스 염기로 작용한다.
㉡ $NH_4Cl(s)$에서 질소의 산화수는 −4이다.
㉢ $NH_4Cl(s)$은 이온결합 물질이다.

① ㉠ ② ㉡
③ ㉢ ④ ㉡, ㉢

해설

$NH_3(g)$는 브뢴스테드−로우리 염기로 작용하며, $NH_4Cl(s)$에서 N의 산화수는 −3이다.

09 밑줄 친 원자의 산화수가 옳은 것은?

① $\underline{H}_2$: +1 ② $\underline{Cu}O_2$: +1
③ $\underline{Cu}O$: +1 ④ $Li\underline{H}$: −1

해설

LiH에서 Li이 +1, H는 −1이다.

10 다음 반응 중 중화반응만으로 짝지어진 것은?

(가) $HCl(aq) + NH_4OH(aq) \rightarrow H_2O(l) + NH_4Cl(aq)$
(나) $N_2(g) + H_2(g) \rightarrow NH_3(g)$
(다) $CH_4(g) + 2O_2(aq) \rightarrow CO_2(g) + 2H_2O(l)$
(라) $H_2CO_3(aq) + Ca(OH)_2(aq) \rightarrow 2H_2O(l) + CaCO_3(aq)$

① (가), (나) ② (가), (라)
③ (나), (다) ④ (나), (라)

해설

(가), (라)는 중화반응이다.

11 다음 반응에 대한 설명으로 옳지 않은 것은?

㉠ $N_2 + 3H_2 \rightarrow 2NH_3$
㉡ $2H_2O \rightarrow 2H_2 + O_2$
㉢ $CuSO_4 + Zn \rightarrow ZnSO_4 + Cu$

① ㉠에서 N은 산화된다.
② ㉡에서 H_2O는 산화제이다.
③ ㉡에서 H_2O는 환원제이다.
④ ㉢에서 Cu 1몰 생성 시 전자는 2몰 이동한다.

해설

N의 산화수 0에서 −3으로 감소하므로 환원된다.

12 다음 식은 여러 가지 산화−환원 반응을 나타낸 것이다. ㉠, ㉡에서 산화제를 골라 올바르게 짝지은 것은?

㉠ $2C + O_2 \rightarrow 2CO$
㉡ $2CuO + C \rightarrow 2Cu + CO_2$

① C, CuO ② C, C
③ O_2, CuO ④ O_2, C

해설

산화제는 환원되는 물질이다.

13 산화–환원반응에 대한 설명으로 옳은 것만을 [보기]에서 모두 고른 것은?

```
                    [보 기]
㉠ 산화는 산소를 얻는 반응이다.
㉡ 환원은 전자를 잃는 반응이다.
㉢ 산화되는 물질과 환원되는 물질이 주고받는 전자
   의 수는 같다.
```

① ㉠   ② ㉡
③ ㉢   ④ ㉠, ㉢

환원은 전자를 얻는 반응이다.

14 다음 중 산화–환원반응이 아닌 것은?

① $2HgO \rightarrow 2Hg + O_2$

② $4Fe + 3O_2 \rightarrow 2Fe_2O_3$

③ $HCl + KOH \rightarrow KCl + H_2O$

④ $2Na + 2H_2O \rightarrow 2NaOH + H_2$

중화반응은 산화–환원반응이 아니다.

15 하이드로늄이온(H_3O^+)의 산화수와 형식전하를 올바르게 구한 것은?

	산화수	형식전하
①	H : +1, O : −2	H : +1, O : −2
②	H : 0, O : 0	H : +1, O : −2
③	H : +1, O : −2	H : 0, O : +1
④	H : −1, O : +2	H : 0, O : −2

형식전하

$H : 1 - \dfrac{2}{2} = 0, \ O : 6 - \dfrac{6}{2} - 2 = +1$

제2절 금속의 반응성

01 다음 금속 중 염산(HCl) 수용액에 넣었을 때 반응하지 않는 금속은?

① Mg   ② Zn
③ K   ④ Pt

백금은 수소보다 반응성이 작다.

02 금속의 반응성을 올바르게 비교한 것은?

① $K > Na > Ca > Mg$

② $K > Ca > Fe > Au$

③ $Cu > Fe > Hg > Pt$

④ $Na > Ca > Al > Fe$

$K > Ca > Na > Mg > Al > Zn > Fe > Ni > Sn > Pb > (H)$
$> Cu > Hg > Ag > Pt > Au$

03 다음 표는 금속의 반응성을 확인하기 위한 실험이다. 금속의 반응성을 옳게 비교한 것은?(단, A, B, C는 임의의 원소기호이다)

구 분	A금속	B금속
A이온 수용액	X	변화 없음
B이온 수용액		X
C이온 수용액	C석출	C석출

① A > B > C

② A > C > B

③ B > A > C

④ B > C > A

실험의 결과를 해석하면 A > C, A > B, B > C이므로 A > B > C이다.

04 다음은 산화–환원반응과 관련된 실험이다. 이에 대한 설명으로 옳지 않은 것은?(단, A, B, C는 임의의 원소기호이며, 이온 A와 이온 B의 산화수는 같다)

(가) 실험	(나) 실험
• 과정 : 묽은 염산(HCl) 수용액이 든 비커에 금속 A를 담갔다. • 결과 : 기체가 발생하였다.	• 과정 : ASO_4 수용액에 든 비커에 금속 B를 담갔다. • 결과 : 금속 A가 석출되었으며 수용액의 밀도가 감소하였다.

① (가)에서 발생한 기체는 수소이다.
② (가)에서 A는 환원제이다.
③ (가)실험결과 수용액의 pH는 증가한다.
④ 원자량은 A < B이다.

해설

수용액의 밀도가 감소하였으므로 석출된 A의 원자량이 B의 원자량보다 크다.

05 (가)와 (나)는 금속 이온과 금속 간의 산화–환원 반응 실험이다. 이에 대한 설명으로 가장 옳지 않은 것은?(단, A, B, C는 임의의 원소기호이다)

> (가) 금속 이온 B^{2+}가 들어 있는 수용액에 금속 A 막대를 넣었더니, 금속 막대의 질량이 증가하였고 수용액 내 금속 이온의 총수는 감소하였다.
> (나) 금속 이온 C^{3+}가 들어 있는 수용액에 금속 A 막대를 넣었더니, 금속 막대의 질량이 감소하였고 수용액 내 금속 이온의 총수는 변화가 없었다.

① 금속 A이온의 산화수는 +3이다.
② B이온은 A이온보다 환원이 잘된다.
③ 원자량은 B가 A보다 크다.
④ 금속 C 1몰 석출 시 전자는 3몰 이동한다.

해설

$3B^{2+} + 2A \rightarrow 3B + 2A^{3+}$이고 막대의 질량이 증가하였으므로 $3B > 2A$다. 그런데 $A > B$, $B < A$ 모두 가능하므로 A와 B의 원자량은 정확하게 비교할 수 없다.

제3절 **철의 제련**

[1~3] 그림은 용광로에서 철광석으로부터 철을 얻는 과정을 나타낸 것이다.

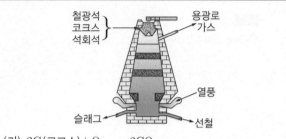

(가) $2C(코크스) + O_2 \rightarrow 2CO$
(나) $Fe_2O_3 + aCO \rightarrow bFe + cCO_2$
(다) $CaCO_3 \rightarrow CaO + CO_2$
(라) $CaO + SiO_2 \rightarrow CaSiO_3$

01 위 반응 중 산화–환원반응인 것으로만 짝지은 것은?

① (가), (나) 　　② (가), (다)
③ (가), (라) 　　④ (다), (라)

해설

(다), (라)는 산화수 변화가 없다.

02 위 반응에 대한 설명으로 옳은 것만을 모두 고른 것은?

> ㉠ 코크스(C)는 환원제이다.
> ㉡ CO는 산화제이다.
> ㉢ Fe의 산화수는 3만큼 감소한다.

① ㉠ 　　② ㉡
③ ㉢ 　　④ ㉠, ㉢

해설

CO는 환원제이다.

03 위 반응에 대한 설명으로 옳지 않은 것은?

① $a+b+c$는 8이다.
② $CaCO_3$는 불순물 제거를 위하여 넣는다.
③ 선철의 밀도는 슬래그보다 크다.
④ O의 산화수는 전부 -2이다.

해석

O_2에서 산화수는 0이다.

제4절 화학전지

01 화학전지에 대한 설명으로 옳은 것은?

① 이온화 경향성이 큰 금속이 (+)극이다.
② 전자는 (−)극에서 (+)극으로 이동한다.
③ (+)극에서 산화반응이 일어난다.
④ 두 금속 간의 이온화 경향 차이가 클수록 전류의 세기는 감소한다.

해석

이온화 경향이 큰 금속이 (−)극이며 (−)극에서 산화 반응이 일어난다.

02 볼타전지에 대한 설명으로 옳은 것을 있는 대로 고른 것은?

> ㉠ (−) $Zn|H_2SO_4|Cu$ (+)로 표기한다.
> ㉡ 분극현상이 발생한다.
> ㉢ 반응 시 (+)극의 질량은 증가한다.

① ㉡   ② ㉢
③ ㉠, ㉡   ④ ㉠, ㉢

해석

(+)극에서는 수소기체만 발생하므로 질량변화는 없다.

[3~4] 다음은 다니엘전지에 쓰이는 금속의 표준환원전위를 나타낸 것이다.

> $Zn^{2+}(aq) + 2e^- \rightarrow Zn(s)$ $E° = -0.76V$
> $Cu^{2+}(aq) + 2e^- \rightarrow Cu(s)$ $E° = 0.34$

03 다니엘전지에 대한 설명으로 옳은 것은?

① 2차전지이다.
② (−)극은 아연전극이다.
③ (+)극의 금속판은 질량이 감소한다.
④ 염다리를 통하여 전자들이 이동한다.

해석

1차전지이며, (+)극의 질량은 증가한다. 염다리는 전하의 균형을 맞추어 주는 역할이다.

04 다니엘전지의 기전력은?

① 0.34V   ② 0.76V
③ 1.10V   ④ 2.20V

해석

$E = E°_{(+)극} - E°_{(-)극} = 0.34 - (-0.76) = 1.10V$

05 다니엘전지 반응에 대한 표준자유에너지변화($\Delta G°$)는 얼마인가?(단, $F = 96,500C/mole$, $V = J/C$)

① $-424.5kJ$ ② $-212.3kJ$
③ $-106.2kJ$ ④ $-81.1kJ$

해석

$\Delta G = -nFE°$
$= -2 \times 96,500 \times 1.10$
$= -212,300J$
$= -212.3kJ$

CHAPTER 07 물질변화와 에너지

제1절 반응열

1 엔탈피

(1) **엔탈피(H)** : 어떤 물질이 가지고 있는 고유한 총에너지의 함량을 말한다.

(2) **반응엔탈피(ΔH)** : 화학반응이 일어날 때 엔탈피의 변화량이다.

ΔH=생성물엔탈피의 합 - 반응물엔탈피의 합

(3) **반응열(Q)** : 반응엔탈피와 크기는 같고 부호만 반대이다.

2 발열반응과 흡열반응

발열반응	흡열반응
$\Delta H < 0$, $Q > 0$	$\Delta H > 0$, $Q < 0$
생성물이 반응물보다 안정하다.	반응물이 생성물보다 안정하다.
주위 온도가 올라간다.	주위 온도가 내려간다.

(1) **발열반응** : 반응이 일어날 때 에너지를 방출하는 반응이며 온도가 증가한다.
$\Delta H < 0$, $Q > 0$이다.

예 연소반응, 중화반응 등

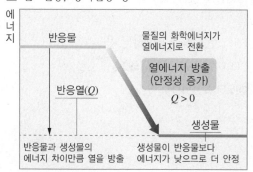

에너지

반응물

물질의 화학에너지가
열에너지로 전환

열에너지 방출
(안정성 증가)

$Q > 0$

반응열(Q)

생성물

반응물과 생성물의
에너지 차이만큼 열을 방출

생성물이 반응물보다
에너지가 낮으므로 더 안정

반응 경로

필 / 수 / 확 / 인 / 문 / 제

다이아몬드와 흑연을 연소시키는 반응과 그 반응 엔탈피는 각각 다음과 같다. 흑연으로부터 다이아몬드를 얻는 반응에 대해 올바르게 설명한 것은?

> ㉠ C(다이아몬드)+$O_2(g)$ → $CO_2(g)$
> $\Delta H^{\circ}_{반응}$ = − 94.50kcal
> ㉡ C(흑연)+$O_2(g)$ → $CO_2(g)$
> $\Delta H^{\circ}_{반응}$ = − 94.05kcal

① 흡열반응, $\Delta H^{\circ}_{반응} = 188.55$kcal
② 발열반응, $\Delta H^{\circ}_{반응} = -0.45$kcal
③ 흡열반응, $\Delta H^{\circ}_{반응} = 0.45$kcal
④ 발열반응, $\Delta H^{\circ}_{반응} = 0.45$kcal
⑤ 흡열반응, $\Delta H^{\circ}_{반응} = -188.55$kcal

해설

흑연이 다이아몬드보다 안정하므로 ㉡−㉠하면 반응엔탈피는 $\Delta H = 0.45$kcal로 0보다 크므로 흡열반응이다.

답 ③

(2) 흡열반응 : 반응이 일어날 때 에너지를 흡수하는 반응이며 온도가 감소한다.

$\Delta H > 0$, $Q < 0$이다.

예 질산암모늄의 용해, 열분해 등

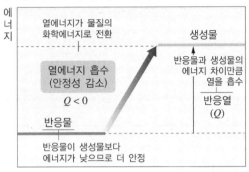

반응 경로

3 반응열의 종류

(1) 생성열

① 물질 1몰이 그 성분 원소의 가장 안정한 홑원소 물질로부터 생성될 때의 반응열이다.

  ㉠ $2H_2(g) + O_2(g) \rightarrow 2H_2O(l)$, $\Delta H = -571.6\,kJ$

  ㉡ $H_2O(l)$의 표준생성 엔탈피($\Delta H_f°$)는 $-285.8\,kJ/몰$이다.

② 가장 안정한 홑원소 물질의 표준생성열은 0이다.

  예 $O_2(g), H_2(g)$

(2) 분해열

① 물질 1몰이 그 성분의 가장 안정한 홑원소 물질로 분해될 때의 반응열을 말한다.

② 생성열과 크기는 같으며 부호만 반대이다.

  ㉠ $2H_2O(l) \rightarrow 2H_2(g) + O_2(g)$, $\Delta H = 571.6\,kJ$

  ㉡ $H_2O(l)$의 분해열(ΔH)는 $285.8\,kJ/몰$이다.

(3) 연소열 : 물질 1몰이 완전히 연소할 때 발생하는 열량을 말한다.

① $C(s) + O_2(g) \rightarrow CO_2(g)$, $\Delta H = -393.5\,kJ$

② $C(s)$의 연소열은 $-393.5\,kJ/몰$이다.

(4) 중화열

① H^+, OH^-이 각각 1몰씩 반응하여 1몰의 H_2O가 생성될 때 발생하는 열량을 말한다.

② 산과 염기의 종류에 관계없이 −57.7kJ/몰로 일정하다.

$$H^+(aq) + OH^-(aq) \rightarrow H_2O(l), \ \Delta H = -57.7kJ$$

(5) 용해열 : 물질 1몰을 다량의 용매에 넣어 용해시킬 때의 반응열이다.

4 반응열의 측정

(1) 화학반응에서 방출하거나 흡수하는 열량은 열량계를 이용하여 측정한다.

(2) 간이 열량계

① 연료가 연소할 때 방출하는 열량 = 물이 얻은 열량

② 물이 얻은 열량

$$Q = c \times m \times \Delta t$$

여기서, c : 물의 비열, m : 물의 질량, Δt : 물의 온도변화

※ 비열 : 어떤 물질 1g의 온도를 1℃ 올리는 데 필요한 열량(kJ/g · ℃)

(3) 봄 열량계

① 연료가 연소할 때 방출하는 열량 = 물이 얻은 열량 + 열량계가 얻은 열량

② $Q = (c_물 \times m_물 \times \Delta t) + (c_{열량계} \times m_{열량계} \times \Delta t)$

5 열화학반응식

(1) 화학반응식에서 흡수하거나 방출하는 에너지를 포함시켜 나타낸 반응식이다. 엔탈피를 쓰는 경우 ","로, 반응열을 쓰는 경우 부호로 나타낸다(특히 부호에 유의한다).

① $2H_2(g) + O_2(g) \rightarrow 2H_2O(l), \ \Delta H = -571.6kJ$

② $2H_2(g) + O_2(g) \rightarrow 2H_2O(l) + 571.6kJ$

(2) 엔탈피는 온도와 압력에 따라 변하므로 온도와 압력을 표시해주며 생략할 경우 25℃, 1기압이다.

온도가 400K이고 질량이 6.00kg인 기름을 담은 단열 용기에 온도가 300K이고 질량이 1.00kg인 금속공을 넣은 후 열평형에 도달했을 때, 금속공의 최종 온도(K)는?(단, 용기나 주위로 열 손실은 없으며, 금속공과 기름의 비열 (J/(kg · K))은 각각 1.00과 0.50으로 가정한다)

① 350

② 375

③ 400

④ 450

해설

열평형에서 주고받은 열량은 같으므로 $Q = cm\Delta t$ 공식에서 평형온도를 x 라고 가정하면 기름의 비열 × 기름의 질량 × 최종온도 = 금속공의 비열 × 금속공의 질량 × 최종온도이다.

0.50J/(kg · K) $\times 6.00$kg $\times (400-x) = 1.00$J/(kg · K) $\times 1.00$kg $\times (x-300)$에서 $x = 375$이다.

답 ②

(3) 물질의 상태에 따라 엔탈피가 다르므로 반드시 표시해 준다.

① $2H_2(g) + O_2(g) \rightarrow 2H_2O(l) + 571.6kJ$

② $2H_2(g) + O_2(g) \rightarrow 2H_2O(g) + 483.6kJ$

(4) 크기 성질이므로 계수가 변할 경우 엔탈피(반응열)도 변한다.

$$H_2(g) + \frac{1}{2}O_2(g) \rightarrow H_2O(l) + 285.8kJ$$

(5) 역반응의 경우 엔탈피(반응열)의 크기는 같고 부호는 반대이다.

$$H_2O(l) \rightarrow H_2(g) + \frac{1}{2}O_2(g) - 285.8kJ$$

(6) 열화학반응식에서는 분수를 허용한다.

제2절 헤스의 법칙(총열량 불변의 법칙)

1 헤스의 법칙

(1) 화학반응 전후의 물질의 종류와 상태가 같으면 반응경로에 관계없이 출입하는 열량의 총합은 같다.

(2) 실험적으로 구하기 어려운 반응식의 반응열도 다른 반응을 이용해 구할 수 있다.

(3) 헤스법칙의 이용

① 헤스법칙의 예

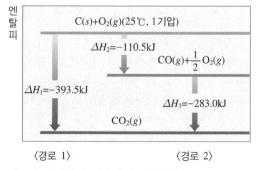

경로에 상관없이 엔탈피는 동일하다.

※ 다음 열화학반응식을 이용하여 메테인의 생성열($C(s) + 2H_2(g) \rightarrow CH_4(g)$)을 구하라.

$$C(s) + O_2(g) \rightarrow CO_2(g), \quad \Delta H_1 = -393kJ$$

$$H_2O(l) \rightarrow H_2(g) + \frac{1}{2}O_2(g), \quad \Delta H_2 = 286kJ$$

$$CH_4(g) + 2O_2(g) \rightarrow CO_2(g) + 2H_2O(l), \quad \Delta H_3 = -890kJ$$

반응식을 보고 반응물과 생성물을 기준으로 하여 식을 변형하고 계수를 맞춘다. $H_2(g)$는 반응물이므로 2번째 식을 뒤집어야 하고 계수가 2이므로 $-(\Delta H_2) \times 2$를 하고 $CH_4(g)$는 생성물이므로 3번째 식을 뒤집는다.

$$C(s) + O_2(g) \rightarrow CO_2(g)$$
$$2H_2(g) + O_2(g) \rightarrow 2H_2O(l)$$
$$CO_2(g) + 2H_2O(l) \rightarrow CH_4(g) + 2O_2(g)$$

메테인의 생성열은 $\Delta H = \Delta H_1 - 2\Delta H_2 - \Delta H_3$이다.

제3절 열역학

1 열역학 제0법칙

물체 A와 B가 열평형 상태에 있고 B와 C가 열평형 상태에 있으면 A와 C도 열평형 상태에 있다.

2 열역학 제1법칙(에너지 보존 법칙)

(1) 에너지는 생성되거나 소멸되지 않고 계에서 주위로, 주위에서 계로 전달되는 것이다 (= 에너지의 총합은 일정하다).

(2) 계와 주위

① 계(System) : 우리가 관심을 갖는 대상으로 화학반응이 일어나는 곳이다.
② 주위(Surroundings) : 계를 제외한 나머지로 주변 공기와 공간을 말한다.
③ 우주 : 계와 주위를 합친 것이다.

다음 2개의 반응식을 이용해 최종 반응식의 반응 엔탈피(ΔH_3)를 구하면?

• 반응식 1 : $A + B_2 \rightarrow AB_2$
  $\Delta H_1 = -152kJ$
• 반응식 2 : $2AB_3 \rightarrow 2AB_2 + B_2$
  $\Delta H_2 = 102kJ$
• 최종 반응식 : $A + \frac{3}{2}B_2 \rightarrow AB_3$
  $\Delta H_3 = ?$

① $-254kJ$　　　　② $-203kJ$
③ $-178kJ$　　　　④ $-50kJ$

해설

헤스의 법칙으로 구하며 엔탈피는 크기 성질이므로

반응식 1 : $A + B_2 \rightarrow AB_2$　$\Delta H_1 = -152kJ$

$-\dfrac{반응식\ 2}{2}$: $AB_2 + \dfrac{1}{2}B_2 \rightarrow AB_3$　$\Delta H = -51kJ$

합을 하면 최종 반응식이 나오므로 반응엔탈피 $\Delta H_3 = -203kJ$이다.

답 ②

다음 중 Hess의 법칙을 이용하지 않으면 반응엔탈피를 구하기 어려운 반응을 모두 고른 것은?

ㄱ. $CO_2(s) \rightarrow CO_2(g)$
ㄴ. $C(흑연) \rightarrow C(다이아몬드)$
ㄷ. $C(흑연) + \dfrac{1}{2}O_2(g) \rightarrow CO(g)$
ㄹ. $CO(g) + \dfrac{1}{2}O_2(g) \rightarrow CO_2(g)$

① ㄱ, ㄴ, ㄷ　　　② ㄱ, ㄹ
③ ㄴ, ㄷ　　　　　④ ㄴ, ㄹ

해설
ㄴ. 흑연을 다이아몬드로 만들 때 고온, 고압이 필요하므로 만들기 어렵다.
ㄷ. 흑연의 연소 시 연소가 잘 되지 않으므로 불완전 연소의 가능성이 높다.

답 ③

화학반응에 대한 설명으로 옳은 것을 모두 고른 것은?

> ㄱ. 자발반응에서 Gibbs 에너지는 감소한다.
> ㄴ. 발열반응은 화학반응 시 열을 주위에 방출한다.
> ㄷ. 에너지는 한 형태에서 다른 형태로 변환되지만 창조
>   되거나 소멸되지 않는다.

① ㄱ   ② ㄱ, ㄴ

③ ㄴ, ㄷ   ④ ㄱ, ㄴ, ㄷ

해설

ㄱ. 깁스에너지는 감소하는 방향으로 반응이 일어난다.
ㄴ. 발열 반응 시 주위로 열을 방출한다.
ㄷ. 열역학 제1법칙(에너지 보존 법칙)이다.

답 ④

다음 각 반응 중 계의 예상되는 엔트로피 변화가 $\Delta S° > 0$ 인 것은?

① $2H_2(g) + O_2(g) \rightarrow 2H_2O(l)$

② $H_2O(g) \rightarrow H_2O(l)$

③ $N_2(g) + 3H_2(g) \rightarrow 2NH_3(g)$

④ $I_2(s) \rightarrow 2I(g)$

⑤ $U(g) + 3F_2(g) \rightarrow UF_6(s)$

해설

엔트로피는 고체가 액체, 기체 혹은 액체가 기체가 되는 경우에 증가하며, 기체간의 반응에서는 생성물의 계수가 더 클 때 증가한다.

답 ④

다음 중 엔트로피가 증가하는 과정만을 모두 고른 것은?

> ㄱ. 소금이 물에 용해된다.
> ㄴ. 공기로부터 질소(N_2)가 분리된다.
> ㄷ. 기체의 온도가 낮아져 부피가 감소한다.
> ㄹ. 상온에서 얼음이 녹아 물이 된다.

① ㄱ, ㄴ   ② ㄱ, ㄹ

③ ㄴ, ㄷ   ④ ㄷ, ㄹ

해설

ㄱ. 소금의 용해는 용질이 용매에 퍼지는 것이므로 엔트로피는 증가한다.
ㄴ. 공기에 퍼져 있는 것을 모으는 것이므로 엔트로피는 감소한다.
ㄷ. 기체의 온도가 낮아지면 분자들의 운동 속도가 느려지므로 엔트로피는 감소한다.
ㄹ. 고체에서 액체로 변하므로 엔트로피는 증가한다.

답 ②

(3) 계의 종류

구 분	물질 출입	에너지 출입
열린계	O	O
닫힌계	X	O
고립계	X	X

3 열역학 제2법칙

(1) 엔트로피(무질서도) : 무질서도를 나타내는 척도이며, 무질서한 상태로 갈수록 엔트로피는 증가한다.

(2) 자연에 있는 모든 현상은 엔트로피가 증가하는(무질서한 상태) 방향으로 변하려고 한다. 즉, 엔트로피가 낮은 상태에서 높은 상태로 변화한다.

4 엔트로피가 증가하는 경우

(1) 고체 < 액체 < 기체로 갈수록 엔트로피가 증가한다.

얼음   물   수증기

(2) 기체의 분자수가 증가하는 반응에서 엔트로피가 증가한다.

> 예 $I_2(s) \rightarrow 2I(g)$ 반응이 일어나면 기체분자가 0개에서 2개로 증가한다.

(3) 고체의 용해과정

(4) 온도가 증가하는 경우

(5) 서로 다른 기체가 섞이는 경우

(6) 기체 생성 반응

5 우주의 엔트로피

(1) 자발적인 반응에서 우주의 엔트로피는 항상 증가한다.

(2) $\Delta S_{우주} = \Delta S_{계} + \Delta S_{주위} > 0$

(3) $\Delta S_{주위}$는 측정이 어려우므로 열 이동의 방향으로 판단한다.

① 발열반응 시($\Delta H < 0$) 주위의 온도는 올라가므로 주위의 엔트로피는 증가 ($\Delta S_{주위} > 0$)한다.

② 흡열반응 시($\Delta H > 0$) 주위의 온도는 내려가므로 주위의 엔트로피는 감소 ($\Delta S_{주위} < 0$)한다.

③ 주위의 온도가 낮으면 열이 가해졌을 때 주위의 무질서도 변화가 크다.

④ 주위의 온도가 높으면 열이 가해졌을 때 주위의 무질서도 변화가 작다.

①, ②에 따르면 엔트로피와 엔탈피는 부호가 반대이며 ③, ④에 따르면 엔탈피와 온도는 반비례 관계이므로 아래와 같은 관계가 성립한다.

$$\Delta S_{주위} = -\frac{\Delta H}{T}$$

6 자유에너지

(1) 화학반응의 자발성 여부를 계의 상태함수만으로 예측하기 위해 도입한 것이다.

(2) 유 도

$\Delta S_{우주} = \Delta S_{계} + \Delta S_{주위} = \Delta S_{계} - \dfrac{\Delta H}{T}$

양변에 T 를 곱하면

$T\Delta S_{우주} = T\Delta S_{계} - \Delta H$

$-T\Delta S_{우주} = \Delta G$라고 하면

$\Delta G = \Delta H - T\Delta S$

계의 엔트로피가 감소하는 반응을 모두 고른 것은?

ㄱ. $H_2O(l) \rightarrow H_2O(g)$
ㄴ. $2SO_2(g) + O_2(g) \rightarrow 2SO_3(g)$
ㄷ. $4Fe(s) + 3O_2(g) \rightarrow 2Fe_2O_3(s)$

① ㄱ
② ㄴ
③ ㄴ, ㄷ
④ ㄱ, ㄴ, ㄷ

해 설

ㄱ. 액체에서 기체로 상태가 변하였으므로 엔트로피는 증가한다.
ㄴ. 모두 기체이므로 계수의 합은 3에서 2로 감소하므로 엔트로피는 감소한다.
ㄷ. 기체의 계수만 보면 3에서 0으로 감소하므로 엔트로피는 감소한다.

답 ③

어떤 온도에서 다음 발열반응의 평형상수 $K_c = 9.6$일 때 옳은 것은?

$N_2(g) + 3H_2(g) \rightarrow 2NH_3(g)$

① $\Delta G > 0$, $\Delta H > 0$, $\Delta S > 0$
② $\Delta G > 0$, $\Delta H > 0$, $\Delta S < 0$
③ $\Delta G < 0$, $\Delta H < 0$, $\Delta S > 0$
④ $\Delta G < 0$, $\Delta H < 0$, $\Delta S < 0$

해 설

평형상수가 1보다 크므로 $\Delta G < 0$이며, 발열반응이므로 $\Delta H < 0$, 기체 계수는 4에서 2로 감소하므로 $\Delta S < 0$이다.

답 ④

A에서 B로 변하는 어떠한 과정이 모든 온도에서 비자발적 과정이기 위하여 다음 중 옳은 조건은?(단, ΔH는 엔탈피 변화, ΔS는 엔트로피 변화)

① $\Delta H>0$, $\Delta S<0$

② $\Delta H>0$, $\Delta S>0$

③ $\Delta H<0$, $\Delta S<0$

④ $\Delta H<0$, $\Delta S>0$

[해설]

$\Delta G = \Delta H - T\Delta S < 0$일 때 자발적이므로 $\Delta H>0$, $\Delta S<0$ 일 때 항상 비자발적이다.

[답] ①

다음 그림은 어떤 반응의 자유에너지 변화(ΔG)를 온도(T)에 따라 나타낸 것이다. 이에 대한 설명으로 옳은 것만을 모두 고른 것은?(단, ΔH는 일정하다)

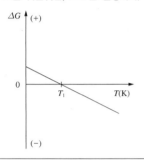

ㄱ. 이 반응은 흡열반응이다.

ㄴ. T_1보다 낮은 온도에서 반응은 비자발적이다.

ㄷ. T_1보다 높은 온도에서 반응의 엔트로피 변화(ΔS)는 0보다 크다.

① ㄱ, ㄴ   ② ㄱ, ㄷ

③ ㄴ, ㄷ   ④ ㄱ, ㄴ, ㄷ

[해설]

$\Delta G = \Delta H - T\Delta S$에서 $T=0$일 때 $\Delta H>0$이고 그래프의 기울기가 음수이므로 $-\Delta S<0$이므로 $\Delta S>0$이다. 그러므로 반응은 흡열반응이고 T_1보다 높은 온도에서 자발적이다.

[답] ④

모든 온도에서 자발적 과정이기 위한 조건은?

① $\Delta H>0$, $\Delta S>0$

② $\Delta H=0$, $\Delta S<0$

③ $\Delta H>0$, $\Delta S=0$

④ $\Delta H<0$, $\Delta S>0$

[해설]

$\Delta G = \Delta H - T\Delta S$에서 $\Delta G<0$일 때 자발적이므로 $\Delta H<0$, $\Delta S>0$ 일 때 온도에 관계없이 자발적이다.

[답] ④

(3) 판 단

$\Delta G>0$	$\Delta G=0$	$\Delta G<0$
비자발적 반응	평형상태	자발적 반응

(4) 자유에너지의 온도 의존성

$\Delta H<0$	$\Delta S>0$	$\Delta G<0$	온도와 관계없이 항상 자발적
$\Delta H>0$	$\Delta S<0$	$\Delta G>0$	온도와 관계없이 항상 비자발적
$\Delta H<0$	$\Delta S<0$	$\lvert\Delta H\rvert>\lvert T\Delta S\rvert$일 때 $\Delta G<0$ $\lvert\Delta H\rvert<\lvert T\Delta S\rvert$일 때 $\Delta G>0$	낮은 온도에서 자발적
$\Delta H>0$	$\Delta S>0$	$\lvert\Delta H\rvert<\lvert T\Delta S\rvert$일 때 $\Delta G<0$ $\lvert\Delta H\rvert>\lvert T\Delta S\rvert$일 때 $\Delta G>0$	높은 온도에서 자발적

엔탈피와 엔트로피의 부호가 (+), (+)이면 높은 온도, (−), (−)이면 낮은 온도에서 자발적이다.

(5) 자유에너지 그래프의 해석

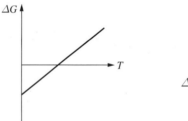

$$\Delta G = \Delta H - T\Delta S$$
$$y \quad y절편 \quad x$$

① 그래프에서 y축 절편은 T가 0일 때 이므로 ΔH이다.

② $-\Delta S$가 기울기이다.

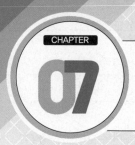

CHAPTER

07 적중예상문제

제 1 절 **반응열**

01 다음 중 발열반응의 특징으로 옳은 것을 있는 대로 고른 것은?

> ㉠ $\Delta H < 0$이다.
> ㉡ 반응물이 생성물보다 안정하다.
> ㉢ 반응열은 < 0이다.

① ㉠ 　　　　　② ㉡
③ ㉢ 　　　　　④ ㉠, ㉢

생성물이 반응물보다 안정하여 반응열은 0보다 크다.

02 화학반응의 반응열을 표시할 때, 표준상태의 온도와 압력은?

① 0℃, 1기압
② 25℃, 1기압
③ 0K, 1기압
④ 273K, 1기압

해설

기체의 표준상태 온도와 압력은 25℃, 1기압이다.

03 $2H_2(g) + O_2(g) \rightarrow 2H_2O(l)$, $\Delta H = -571.6kJ$일 때, $H_2(g) + \dfrac{1}{2}O_2(g) \rightarrow H_2O(l)$의 반응열은?

① $-285.8kJ$
② $-571.6kJ$
③ $285.8kJ$
④ $571.6kJ$

해설

반응열과 엔탈피의 부호는 반대이며, 크기 성질이므로 계수의 영향을 받는다.

04 다음 중 $NH_3(g)$의 생성열에 해당하는 것은?

① $N(g) + 3H(g) \rightarrow NH_3(g)$, ΔH_1
② $2N(g) + 6H(g) \rightarrow 2NH_3(g)$, ΔH_2
③ $\dfrac{1}{2}N_2(g) + \dfrac{3}{2}H_2(g) \rightarrow NH_3(g)$, ΔH_3
④ $N_2(g) + 3H_2(g) \rightarrow 2NH_3(g)$, ΔH_4

해설

생성열은 가장 안정한 홑원소 물질로부터 1몰이 생성될 때의 양이다.

헤스의 법칙(총열량 불변의 법칙)

열역학

01 다음 식을 이용하여 수산화나트륨($NaOH$) 고체와 묽은 염산(HCl) 수용액이 반응할 때 반응열을 구하시오.

$$NaOH(s) \rightarrow NaOH(aq), \Delta H_1 = -44.5 kJ$$
$$NaOH(aq) + HCl(aq) \rightarrow NaCl(aq) + H_2O(l),$$
$$\Delta H_2 = -57.5 kJ$$

① 44kJ
② 51kJ
③ 102kJ
④ 204kJ

해설

$$NaOH(s) + HCl(aq) \rightarrow NaCl(aq) + H_2O(l)$$
$$\Delta H = \Delta H_1 + \Delta H_2 = -102 kJ$$
반응열 $= -(\Delta H) = 102 kJ$

01 다음 중 엔트로피가 증가하는 과정만을 모두 고른 것은?

> ㉠ 물이 수증기가 되었다.
> ㉡ 수산화나트륨 고체가 수용액이 되었다.
> ㉢ $-196℃$로 온도를 낮추어 액체질소를 만들었다.
> ㉣ 드라이아이스가 승화하였다.

① ㉠, ㉡
② ㉡, ㉣
③ ㉠, ㉡, ㉢
④ ㉠, ㉡, ㉣

해설

무질서한 상태로 갈수록 엔트로피는 증가한다.

02 다음 중 계의 엔트로피 변화가 $\Delta S > 0$인 것은?

① $H_2O(l) \rightarrow H_2O(s)$
② $N_2O_4(g) \rightarrow 2NO_2(g)$
③ $2H_2(g) + O_2(g) \rightarrow 2H_2O(g)$
④ $CH_4(g) + 2O_2(g) \rightarrow CO_2(g) + 2H_2O(g)$

해설

생성물의 기체 계수의 합이 클수록 엔트로피가 증가한다.

02 다음 반응에서 반응엔탈피(ΔH_3)의 값은?

$$C(s) + O_2(g) \rightarrow CO_2, \Delta H_1 = -393.5 kJ$$
$$C(s) + O_2(g) \rightarrow CO(g) + \frac{1}{2}O_2(g),$$
$$\Delta H_2 = -110.5 kJ$$
$$CO(g) + \frac{1}{2}O_2(g) \rightarrow CO_2(g), \Delta H_3$$

① $-161.5kJ$
② $-283.0kJ$
③ $-504.0kJ$
④ $283.0kJ$

해설

$$\Delta H_3 = \Delta H_1 - \Delta H_2$$

03 다음 중 계의 엔트로피가 감소하는 것은?

① $2Mg(s) + O_2(g) \rightarrow 2MgO(s)$
② $H_2O(s) \rightarrow H_2O(g)$
③ $CaCO_3(s) \rightarrow CaO(s) + CO_2(g)$
④ $C_2H_4(g) + 3O_2(g) \rightarrow 2CO_2(g) + 2H_2O(g)$

해설

① 생성물에는 기체가 없으므로 반응 후 엔트로피는 감소한다.

04 모든 온도에서 자발적 과정이기 위한 조건은?

① $\Delta H > 0,\ \Delta S > 0$

② $\Delta H > 0,\ \Delta S < 0$

③ $\Delta H < 0,\ \Delta S > 0$

④ $\Delta H < 0,\ \Delta S < 0$

해설

$\Delta G = \Delta H - T\Delta S < 0$일 때 자발적이다.

06 다음 그림은 어떤 반응의 자유에너지 변화(ΔG)를 온도(T)에 따라 나타낸 것이다. 이에 대한 설명으로 옳은 것만을 모두 고른 것은?(단, ΔH는 일정하다)

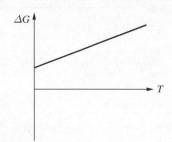

| ㉠ 이 반응은 흡열반응이다. |
| ㉡ 이 반응은 항상 비자발적이다. |
| ㉢ $\Delta S < 0$이다. |

① ㉠ ② ㉠, ㉡

③ ㉡, ㉢ ④ ㉠, ㉡, ㉢

해설

$\Delta H > 0$이며 온도에 상관없이 $\Delta G > 0$이므로 항상 비자발적이다.

05 그림은 25℃에서 어떤 반응의 $\Delta H,\ T\Delta S$를 나타낸 것이다. 이 반응 중 자발적으로 일어나는 반응을 모두 고른 것은?

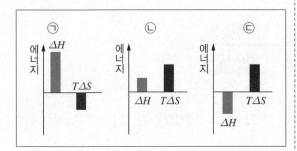

① ㉠ ② ㉠, ㉡

③ ㉡, ㉢ ④ ㉠, ㉡, ㉢

해설

$\Delta G = \Delta H - T\Delta S < 0$일 때 자발적이다.

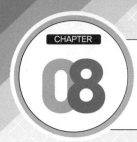

CHAPTER 08 화학평형

필 / 수 / 확 / 인 / 문 / 제

제1절 화학평형

1 가역반응과 비가역반응

(1) 가역반응 : 정반응과 역반응이 모두 일어날 수 있는 반응으로 화학식에서 ⇌ 으로 표시한다.

(2) 비가역반응 : 정반응은 일어나지만 역반응이 일어나기 어려운 반응으로 화학식에서 → 으로 표시한다.

(3) 화학평형은 가역반응에서 고려하는 것이다.

2 화학평형

(1) 정반응과 역반응의 속도가 같아 눈으로 보기에는 반응이 정지된 것처럼 반응물질과 생성물질의 농도가 일정하게 유지되는 상태(동적평형)이다.

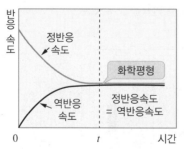

(2) 양적관계와 달리 가역반응이므로 평형상태에서는 반응물과 생성물이 함께 존재한다.

(3) $aA + bB \; \underset{v_2}{\overset{v_1}{\rightleftharpoons}} \; cC + dD$, 평형상태 : 정반응속도($v_1$) = 역반응속도($v_2$)

제2절 평형상수

1 평형상수

(1) 일정한 온도에서 가역반응이 평형 상태에 있을 때, 반응물의 농도곱과 생성물의 농도곱의 비는 항상 일정하다.

(2) 평형상수

$$aA + bB \rightleftarrows cC + dD, \quad K = \frac{[C]^c[D]^d}{[A]^a[B]^b}$$

① 평형상수식에 대입하는 농도는 평형농도이다.
② 고체, 액체, 용매는 농도가 거의 일정하므로 평형상수식에 포함하지 않는다.

2 평형상수의 성질

(1) K값은 농도, 압력에 관계없이 온도에 의해서만 변한다.

(2) 역반응의 평형상수(K')는 정반응의 평형상수(K)와 역수관계이다.

$$cC + dD \rightleftarrows aA + bB, \quad K' = \frac{[A]^a[B]^b}{[C]^c[D]^d} = \frac{1}{K}$$

(3) K값의 반응

① K값이 큰 반응 → 평형상태에서 생성물이 많다.
② K값이 작은 반응 → 평형상태에서 반응물이 많다(생성물의 양이 적다).

(4) 같은 화학반응이라도 계수가 변하면 평형상수값이 변한다.

① $aA + bB \rightleftarrows cC + dD, \quad K_1 = \dfrac{[C]^c[D]^d}{[A]^a[B]^b}$

② $2aA + 2bB \rightleftarrows 2cC + 2dD, \quad K_2 = \dfrac{[C]^{2c}[D]^{2d}}{[A]^{2a}[B]^{2b}} = K_1^2$

(5) 평형상수에서의 농도는 L당 농도이므로 대입할 때 조건(1L)을 확인한다.

다음에 나타낸 평형 반응에 대한 평형상수는?

$$CaCl_2(s) + 2H_2O(g) \rightleftarrows CaCl_2 \cdot 2H_2O(s)$$

① $\dfrac{[CaCl_2 \cdot 2H_2O]}{[CaCl_2][H_2O]^2}$

② $\dfrac{1}{[H_2O]^2}$

③ $\dfrac{1}{2[H_2O]}$

④ $\dfrac{[CaCl_2 \cdot 2H_2O]}{[H_2O]^2}$

해설
평형상수에서 고체, 액체는 크게 변화가 없으므로 기체만 표시한다.

답 ②

다음 반응에 대한 평형상수는?

$$2CO(g) \rightleftarrows CO_2(g) + C(s)$$

① $K = [CO_2]/[CO]^2$
② $K = [CO]^2/[CO_2]$
③ $K = [CO_2][C]/[CO]^2$
④ $K = [CO]^2/[CO_2][C]$

해설
$K = \dfrac{[생성물]^{계수}}{[반응물]^{계수}}$이고 기체만 변화가 커서 식에 포함되므로 ①이다.

답 ①

평형상수(K)에 대한 설명으로 옳지 않은 것은?

① K값이 클수록 평형에 도달하는 시간이 짧아진다.
② K값이 클수록 평형위치는 생성물 방향으로 이동한다.
③ 발열반응에서 평형상태에 열을 가해 주면 K값이 감소한다.
④ K값의 크기는 생성물과 반응물 사이의 에너지 차이에 의해서 결정된다.

해설
① 평형상수와 평형 도달 시간은 직접적 관련이 없다. 평형 도달 시간은 반응속도에 의해 결정된다.

답 ①

3 반응의 진행방향

(1) 반응지수(Q) : 현재의 농도를 평형상수식에 대입하여 구한 값이다.

(2) 예 측

$Q < K$	반응물이 더 많은 상태이므로 정반응 쪽으로 반응이 진행된다.
$Q = K$	평형에 이른 상태이다.
$Q > K$	생성물이 더 많은 상태이므로 역반응 쪽으로 반응이 진행된다.

4 평형과 자유에너지

그래프에서 접선의 기울기로 반응의 자발성을 판단할 수 있다.

$\Delta G < 0$	$\Delta G = 0$	$\Delta G > 0$
정반응 쪽으로 자발적 반응이 일어난다.	평형상태	역반응 쪽으로 자발적 반응이 일어난다.

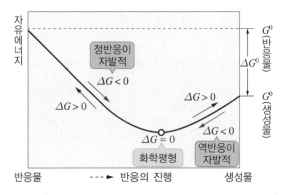

제3절 화학평형의 이동

1 평형 이동의 법칙(르샤틀리에의 원리)

(1) 어떤 화학반응이 평형상태에 있을 때 농도, 온도, 압력 등의 조건이 변하면 그 변화를 감소시키려는 방향으로 평형 이동이 일어나 새로운 평형에 도달한다.

(2) 농도의 영향

반응물 첨가 또는 생성물 제거	정반응 쪽으로 평형이동
반응물 제거 또는 생성물 첨가	역반응 쪽으로 평형이동

[예] $N_2(g) + 3H_2(g) \rightarrow 2NH_3(g)$

- N_2나 H_2 첨가(반응물 첨가) : 정반응 쪽으로 평형이동
- NH_3 첨가(생성물 첨가) : 역반응 쪽으로 평형이동

(3) 압력의 영향

부분 압력 증가	기체의 몰수가 감소하는 쪽으로 평형이동(계수의 합이 작은 쪽으로 이동)
부분 압력 감소	기체의 몰수가 증가하는 쪽으로 평형이동(계수의 합이 큰 쪽으로 이동)

[예] $aA + bB \rightleftharpoons cC + dD$

$a+b > c+d$ 압력을 높이면 정반응 쪽으로 평형이동

$a+b = c+d$ 압력에 의해 평형이동 없음

$a+b < c+d$ 압력을 높이면 역반응 쪽으로 평형이동

(4) 온도의 영향

반응계의 온도를 높이면	흡열반응 쪽으로 평형이동
반응계의 온도를 낮추면	발열반응 쪽으로 평형이동

(5) 촉매의 영향

① 정촉매의 경우 활성화에너지를 낮추어 정반응과 역반응속도에 모두 영향을 주어 평형에 도달하는 시간은 빨라지지만 평형이동에는 영향을 주지 않는다.

② 부촉매의 경우 활성화에너지를 높여 정반응과 역반응 모두 느리게 하여 평형에 도달하는 시간은 느려진다.

다음 반응은 300K의 밀폐된 용기에서 평형상태를 이루고 있다. 이에 대한 설명으로 옳은 것만을 모두 고른 것은?(단, 모든 기체는 이상기체이다)

$$A_2(g) + B_2(g) \rightleftharpoons 2AB(g)$$
$$\Delta H = 150 \, kJ/mol$$

ㄱ. 온도가 낮아지면, 평형의 위치는 역반응 방향으로 이동한다.
ㄴ. 용기에 B_2기체를 넣으면, 평형의 위치는 정반응 방향으로 이동한다.
ㄷ. 용기의 부피를 줄이면, 평형의 위치는 역반응 방향으로 이동한다.
ㄹ. 정반응을 촉진시키는 촉매를 용기 안에 넣으면, 평형의 위치는 정반응 방향으로 이동한다.

① ㄱ, ㄴ   ② ㄱ, ㄷ
③ ㄴ, ㄹ   ④ ㄷ, ㄹ

해설
ㄱ. $\Delta H > 0$이므로 흡열반응이라 온도가 낮아지면 역반응 쪽으로 평형이 이동한다.
ㄴ. 반응물이 들어가므로 정반응 쪽으로 평형이 이동한다.
ㄷ. 계수의 합이 같으므로 평형이동이 없다.
ㄹ. 촉매는 반응시간만 변화시킬 뿐 평형의 위치에는 영향을 주지 않는다.

답 ①

어떤 반응기에서 다음 반응이 평형을 이루고 있다. 여기서 $\Delta H^{\circ}_{반응}$ 는 반응엔탈피를 의미한다. 다음 조작 중 역반응 쪽으로 평형의 이동이 예상되는 경우는?

$$2NOBr(g) \rightleftharpoons 2NO(g) + Br_2(g)$$
$$\Delta H^{\circ}_{반응} = 30 \, kJ/mol$$

① Br_2 기체의 제거
② 온도의 증가
③ NOBr 기체의 첨가
④ NO 기체의 제거
⑤ 반응기 부피를 감소

해설
르샤틀리에의 원리에 따라 생성물의 추가 혹은 반응물을 제거하거나 전체 부피를 감소시키면 역반응이 일어난다. 흡열 반응이므로 온도를 낮추어도 역반응이 우세하다.

답 ⑤

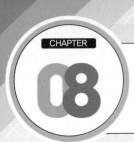

적중예상문제

01 다음 반응의 평형상수식은?

$$N_2(g) + 3H_2(g) \rightleftharpoons 2NH_3(g)$$

① $K = \dfrac{[NH_3]}{[N_2][H_2]}$

② $K = \dfrac{[NH_3]^2}{[N_2][H_2]^3}$

③ $K = \dfrac{[NH_3]^2}{[N_2][H_2]^{\frac{3}{2}}}$

④ $K = [N_2][H_2]^3$

해설
평형상수식은 기체만 표시한다.

02 다음 반응의 평형상수식은?

$$\frac{1}{2}N_2(g) + \frac{3}{2}H_2(g) \rightleftharpoons NH_3(g)$$

① $K = \dfrac{[NH_3]}{[N_2][H_2]}$

② $K = \dfrac{[NH_3]}{[N_2][H_2]^3}$

③ $K = \dfrac{[NH_3]^2}{[N_2]^{\frac{1}{2}}[H_2]^{\frac{3}{2}}}$

④ $K = \dfrac{[NH_3]}{[N_2]^{\frac{1}{2}}[H_2]^{\frac{3}{2}}}$

해설
평형상수는 계수에 따라 변한다.

03 다음 반응의 평형상수 식은?

$$HCl(aq) + H_2O(l) \rightleftharpoons H_3O^+(aq) + Cl^-(aq)$$

① $K = [H_3O^+][Cl^-]$

② $K = \dfrac{1}{[HCl]}$

③ $K = \dfrac{[H_3O^+][Cl^-]}{[HCl]}$

④ $K = \dfrac{[H_3O^+][Cl^-]}{[HCl][H_2O]}$

해설
평형상수에서 용매는 표시하지 않는다.

[4~5] 어떤 온도에서 $H_2(g) + I_2(g) \rightleftharpoons 2HI(g)$ 반응에서 평형을 이루었다.

04 $H_2(g)$ 1몰, $I_2(g)$ 1몰, $HI(g)$가 2몰 있을 때 평형상수는?

① 1　　　　　　　　② 2

③ 3　　　　　　　　④ 4

해설
$K = \dfrac{[HI]^2}{[H_2][I_2]} = \dfrac{2^2}{1 \times 1} = 4$

1 ②　2 ④　3 ③　4 ④　 정답

05 위 반응에서 각 물질을 각각 1몰씩 추가로 넣었을 때 반응지수(Q)와 진행방향은?

① $Q=2$, 정반응

② $Q=\dfrac{9}{4}$, 정반응

③ $Q=3$, 역반응

④ $Q=4$, 평형이동 없다.

해설

$Q=\dfrac{[\text{HI}]^2}{[\text{H}_2][\text{I}_2]}=\dfrac{3^2}{2\times 2}=\dfrac{9}{4}$ 이므로 $Q<K$이다. 즉, 정반응 쪽으로 반응이 진행된다.

06 다음 중 평형상수가 변하는 경우는?

① 생성물을 첨가하였다.
② 반응물을 제거하였다.
③ 반응용기의 온도를 높였다.
④ 촉매를 사용하였다.

해설

반응속도는 온도에 의해서만 변화한다.

07 다음 반응에서 정반응 쪽으로 평형의 이동이 예상되는 경우는?

$$N_2(g)+3H_2(g) \rightleftarrows 2NH_3(g),\ \Delta H<0$$

① 암모니아 기체를 더 넣는다.
② 용기의 부피를 크게 한다.
③ 반응의 온도를 높인다.
④ 질소 기체를 더 넣어준다.

해설

반응물이 더 들어가면 정반응으로 평형이 이동한다.

08 다음 중 압력의 변화에 의해 평형이 이동하지 않는 반응은?

① $2O_3(g) \rightleftarrows 3O_2(g)$

② $N_2(g)+3H_2(g) \rightleftarrows 2NH_3(g)$

③ $2H_2(g)+O_2(g) \rightleftarrows 2H_2O(g)$

④ $C_2H_4(g)+3O_2(g) \rightleftarrows 2CO_2(g)+2H_2O(g)$

해설

기체상수의 합이 같으면 평형이 이동하지 않는다.

09 다음은 물의 자동이온화 반응이다. 물의 온도가 내려갈 때 일어나는 현상을 바르게 설명한 것은?

$$2H_2O(l) \rightleftarrows H_3O^+(aq)+OH^-(aq),\ \Delta H>0$$

① pH는 변하지 않는다.
② pH는 증가하고 중성이다.
③ pH는 감소하고 더 산성이 된다.
④ pH는 감소하고 중성이다.

해설

흡열반응이므로 온도가 낮아지면 역반응 쪽으로 평형이 일어나므로 pH는 증가한다.

10 다음 반응은 300K의 밀폐된 용기에서 평형상태를 이루고 있다. 이에 대한 설명으로 옳은 것만을 모두 고른 것은?(단, 모든 기체는 이상기체이다)

$$A(g) + 3B(g) \rightleftharpoons C(g) + D(g), \ \Delta H < 0$$

> ㉠ 온도를 낮추면 평형의 위치는 정반응 쪽으로 이동한다.
> ㉡ 용기의 부피를 줄이면 평형의 위치는 정반응 쪽으로 이동한다.
> ㉢ 기체 B를 제거하면 평형의 위치는 역반응 쪽으로 이동한다.

① ㉠
② ㉠, ㉡
③ ㉡, ㉢
④ ㉠, ㉡, ㉢

발열반응이므로 온도를 낮추면 정반응이 잘 일어나며, 반응물 제거 시 역반응 쪽으로 평형이 이동한다. 압력을 높이면 계수가 작은 쪽으로 이동한다.

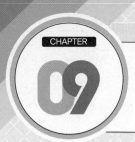

CHAPTER

09 화학반응속도

제1절 반응속도

1 반응속도

(1) 단위시간동안 증가한 생성물의 농도 혹은 감소한 반응물의 농도로 나타낸다.

$$반응속도(v) = \frac{감소한\ 반응물의\ 양}{반응시간} = \frac{증가한\ 생성물의\ 양}{반응시간}$$

(2) 반응속도의 표현

① $aA \rightarrow bB + cC$

② $v = -\dfrac{1}{a}\dfrac{\Delta[A]}{\Delta t} = \dfrac{1}{b}\dfrac{\Delta[B]}{\Delta t} = \dfrac{1}{c}\dfrac{\Delta[C]}{\Delta t}$

(3) 평균반응속도 : 반응물이나 생성물의 농도변화를 반응시간으로 나타낸 반응속도
이다.

(4) 순간반응속도 : 반응이 일어나는 시간간격을 거의 0에 가깝게 하였을 때 반응속도
이며 접선의 기울기와 같다.

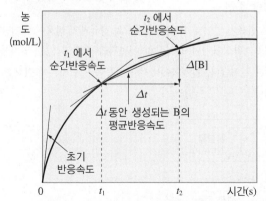

다음의 실험값으로부터 다음 반응의 속도식을 결정할 수 있다. 이에 대한 설명으로 옳지 않은 것은?

$2A + B + C \rightarrow D + E$ 반응속도 $= k[A]^x[B]^y[C]^z$				

실 험	초기[A]	초기[B]	초기[C]	E의 초기생성 속도
1	0.20M	0.20M	0.20M	2.4×10^{-6}M min^{-1}
2	0.40M	0.30M	0.20M	9.6×10^{-6}M min^{-1}
3	0.20M	0.30M	0.20M	2.4×10^{-6}M min^{-1}
4	0.20M	0.40M	0.60M	7.2×10^{-6}M min^{-1}

① $x = 2$이고 반응은 [A]에 대해 2차이다.
② 반응속도는 [B]에 무관하므로 $y = 0$이다.
③ $z = 3$이고 반응은 [C]에 대해 3차이다.
④ 속도상수 k는 3.0×10^{-4}M^{-2}min^{-1}이다.

해설
농도에 따른 생성속도 변화를 통해 차수를 구하면
① $x = 2$
② $y = 0$
③ $z = 1$이다.
④ 반응속도를 실험 1로 구하면 반응속도 $= k[0.2]^2 \times [0.2] = 2.4 \times 10^{-6}$Mmin^{-1}이므로 속도상수 k는 3.0×10^{-4}M^{-2}min^{-1}이다.

답 ③

2 반응속도식

(1) 반응속도는 반응물질의 농도에 의해 달라지며 실험에 의해 결정된다(단일 단계 반응 외에 계수량 관련 없음).

(2) $aA + bB \underset{v_2}{\overset{v_1}{\rightleftharpoons}} cC + dD$

반응속도 $v = k[A]^m[B]^n$

여기서, k : 반응속도상수, m, n : 반응차수

(3) **반응차수 결정** : 온도가 일정할 때 $2A(g) + B(g) \rightarrow 2C(g)$의 반응에 대해 A와 B의 농도를 바꾸어 가며 반응속도를 측정한 결과가 다음과 같다.

실 험	처음농도(mol/L)		반응속도(mol/L·s)
	A	B	
1	0.01	0.01	0.03
2	0.02	0.01	0.06
3	0.01	0.04	0.03

반응속도식을 우선 세우면 $v = k[A]^m[B]^n$에서 실험1과 2를 비교하면 A의 농도만 2배 했을 때 반응속도가 2배 빨라졌으므로 $m = 1$임을 알 수 있다. 1과 3을 비교하면 B의 농도가 4배 증가하였을 때 반응속도 변화가 없으므로 B의 농도와 관련이 없음을 알 수 있고 즉 $n = 0$임을 알 수 있다.
즉, 이 반응은 전체적으로 1차 반응임을 알 수 있다.

3 반응속도의 영향 요인

(1) **반응이 일어나기 위한 조건**

① **충돌방향** : 실제로 반응이 일어날 수 있는 방향으로 충돌해야 반응이 일어난다.

② **활성화에너지**(E_a) : 활성화에너지 이상의 에너지를 가지고 있는 입자들이 충돌하여야 반응이 일어난다. 활성화에너지란 반응을 일으키는데 필요한 최소한의 에너지이다.

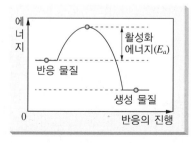

③ 유효충돌 : 활성화에너지 이상의 에너지를 가지고 있는 입자들이 반응이 일어날 수 있는 충돌을 하여야 반응이 일어난다.

(2) 농도와 반응속도

① 반응물질의 농도가 증가하면 반응물질 간의 충돌수가 증가하여 반응속도가 빨라진다.

② 기체의 경우 압력이 증가하면 부피가 감소하여 농도가 증가한 것과 같은 효과가 있다.

③ 고체의 경우 입자의 크기가 작을수록 표면적이 증가하여 반응속도가 빨라진다.

(3) 온도와 반응속도

온도가 올라가면 전체 분자들의 에너지가 증가하여 평균 운동에너지가 증가하고 반응할 수 있는 입자수가 증가하여 반응속도는 빨라진다.

(4) 촉 매

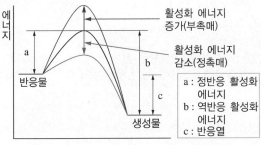

a : 정반응 활성화 에너지
b : 역반응 활성화 에너지
c : 반응열

① 화학반응에 참여하여 반응속도를 변화시키지만 자체는 아무런 변화를 일으키지 않는 물질이다.

② 정촉매 : 활성화에너지를 감소시켜 반응속도를 빠르게 한다.

③ 부촉매 : 활성화에너지를 증가시켜 반응속도를 느리게 한다.

④ 촉매 사용 시 반응물과 생성물의 양, 반응열 등은 변하지 않는다.

정촉매의 역할에 대한 설명으로 옳지 않은 것은?

① 반응에 관여하는 분자들의 충돌 횟수를 증가시켜 반응속도를 증가시킨다.
② 정반응속도와 역반응속도를 모두 증가시킨다.
③ 반응 활성화에너지를 감소시킨다.
④ 반응이 진행되어도 촉매의 양은 줄지 않는다.

해설
① 온도를 높였을 때 분자의 운동이 빨라지며 가능한 상태이다.
답 ①

성층권에서 $CFCl_3$와 같은 클로로플루오로탄소는 다음의 반응들에 의해 오존을 파괴한다. 여기에서 Cl과 ClO의 역할을 올바르게 짝지은 것은?

$$CFCl_3 \rightarrow CFCl_2 + Cl$$
$$Cl + O_3 \rightarrow ClO + O_2$$
$$ClO + O \rightarrow Cl + O_2$$

① (Cl, ClO) = (촉매, 촉매)
② (Cl, ClO) = (촉매, 반응 중간체)
③ (Cl, ClO) = (반응 중간체, 촉매)
④ (Cl, ClO) = (반응 중간체, 반응 중간체)

해설
• 촉매 : 반응속도를 변화시키며 넣은 반응물과 생성물에 관여하지 않는다(그대로 나온다).
• 반응 중간체 : 다단계 반응에서 반응 중간에 생성되었다가 사라지는 물질이다.
답 ②

다음 표는 반응 $2A_3(g) \rightarrow 3A_2(g)$의 메커니즘과 각 단계의 활성화 에너지를 나타낸 것이다. 이에 대한 설명으로 옳은 것만을 모두 고른 것은?

반응 메커니즘	활성화 에너지 (kJ/mol)
단계 (1) $A_3 \rightarrow A + A_2$	20
단계 (1)의 역과정 $A + A_2 \rightarrow A_3$	10
단계 (2) $A + A_3 \rightarrow 2A_2$	50

ㄱ. A는 반응 중간체이다.
ㄴ. 반응속도 결정단계는 단계 (2)이다.
ㄷ. 전체 반응의 활성화 에너지는 50kJ/mol이다.

① ㄱ ② ㄷ
③ ㄱ, ㄴ ④ ㄴ, ㄷ

해설

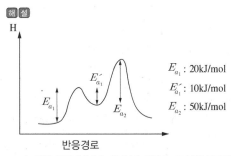

E_{a_1} : 20kJ/mol
E_{a_1}' : 10kJ/mol
E_{a_2} : 50kJ/mol

ㄱ. A는 반응 중간단계에서 나타났다 사라지므로 반응 중간체이다.
ㄴ. 반응속도 결정단계는 가장 느린 단계(활성화 에너지가 가장 큰 단계)이므로 (2)이다.
ㄷ. 전체 반응의 활성화 에너지는 60kJ/mol이다.

답 ③

제2절

제2절 반응메커니즘

1 단일단계 반응

(1) 반응물이 직접 생성물이 되는 반응이다.

(2) 반응차수는 반응식의 계수와 같다.

2 다단계 반응

(1) 반응물이 여러 단계의 단일단계 반응을 거쳐 생성물이 되는 반응이다.

(2) 속도 결정 단계 : 메커니즘을 구성하는 단일단계 반응 중 가장 느린 단계의 단일단계 반응이다. 전체 반응의 속도를 결정한다.

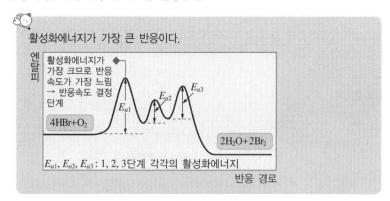

활성화에너지가 가장 큰 반응이다.

(3) 반응 중간체(중간 생성물) : 반응 중간에 생성되었다 사라지는 것으로 전체 반응식에는 나타나지 않는다.

예 • 1단계 : $O_3(g) \underset{k_{-1}}{\overset{k_1}{\rightleftharpoons}} O_2(g) + O(g)$ (빠름)

• 2단계 : $O(g) + O_3(g) \xrightarrow{k_2} 2O_2(g)$ (느림)

• 전체반응 : $2O_3(g) \rightarrow 3O_2(g)$

속도 결정 단계는 느린 것이므로 2단계이고 반응 중간체는 $O(g)$이다.

제3절 반응속도론과 화학평형

1 미세평형의 원리

(1) 평형상태에서 각 단계의 정반응속도는 역반응속도와 같다. 이를 이용하여 속도상수로 평형상수를 구할 수 있다.

(2) 예를 들어 단일단계 반응 $A(g) \underset{k_{-1}}{\overset{k_1}{\rightleftharpoons}} 2B(g)$ 에서 미세평형의 원리에 의하여 정반응과 역반응의 속도는 같으므로 $K = \dfrac{[B]^2}{[A]} = \dfrac{k_1}{k_{-1}}$ 이다.

제4절 반감기

반감기는 어떤 물질의 양(농도)이 초기의 절반으로 줄어들 때까지 걸리는 시간이다.

1 0차 반응

(1) 0차 반응식 : $v = k[A]^0$

(2) 0차 반응의 반감기 : $t_{1/2} = \dfrac{[A]_0}{2k}$

2 1차 반응

(1) 1차 반응식 : $v = k[A]$

(2) 1차 반응의 반감기 : $t_{1/2} = \dfrac{\ln 2}{k}$, 초기 농도와 관련이 없다.

3 2차 반응

(1) 2차 반응식 : $v = k[A]^2$

(2) 2차 반응의 반감기 : $t_{1/2} = \dfrac{1}{k[A]_0}$

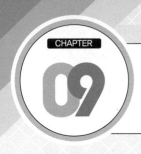

적중예상문제

01 반응속도에 영향을 미치는 요인에 대한 설명으로 옳지 않은 것은?

① 활성화에너지가 클수록 반응속도가 느리다.
② 정촉매를 넣어 주면 반응속도가 느려진다.
③ 농도가 높을수록 반응속도가 빠르다.
④ 유효충돌이 많을수록 반응속도가 빠르다.

정촉매를 넣어 주면 반응속도가 빨라진다.

02 반응속도에 대한 설명으로 가장 옳지 않은 것은?

① 반응차수는 계수와 관련이 있다.
② 반응차수는 실험적으로 결정한다.
③ 반응속도는 일반적으로 시간에 따라 변한다.
④ 반응속도는 반응물의 농도감소량을 반응시간으로 나눈 것이다.

단일단계반응을 제외하고 반응차수는 계수와 무관하다.

03 반응속도식이 $v = k[A]^2[B]$인 반응이 있다. 같은 조건에서 A와 B의 농도를 각각 2배로 하면 반응속도는 처음의 몇 배가 되는가?

① 변화 없다.　　　　　② 2배
③ 4배　　　　　　　　④ 8배

$v = k[A]^2[B] = k(2)^2(2) = 8k$

04 다음 표는 $2A + B \rightarrow 2C$ 반응에서 물질의 농도를 바꾸어 가면서 반응속도를 측정한 결과를 나타낸 것이다. 이에 대한 설명으로 옳은 것을 모두 고른 것은?(단, 온도는 일정하며, 반응속도상수는 k라고 한다)

실 험	처음농도(mol/L)		반응속도 (mol/L · s)
	A	B	
1	0.01	0.01	0.03
2	0.02	0.01	0.12
3	0.01	0.04	0.12

㉠ A에 대하여 2차반응이다.
㉡ 실험 1과 3을 비교하면 B에 대한 반응차수를 알 수 있다.
㉢ 전체 반응차수는 3차반응이다.

① ㉠
② ㉡
③ ㉠, ㉡
④ ㉠, ㉡, ㉢

실험 1과 2를 비교하면 A에 대한 차수를 알 수 있으므로 $v = k[A]^2[B]$이다.

[5~7] 다음은 반응의 메커니즘이다.

$$2NO(g) \rightleftarrows N_2O_2(g) \text{(빠름)}$$
$$N_2O_2(g) + O_2(g) \rightarrow 2NO_2(g) \text{(느림)}$$

05 이 반응의 전체 반응식은?

① $2NO(g) \rightleftarrows N_2O_2(g)$

② $2NO(g) \rightarrow N_2O_2(g) + O_2(g)$

③ $2NO(g) + O_2(g) \rightarrow 2NO_2(g)$

④ $2NO(g) + 2O(g) \rightarrow 2NO_2(g)$

해설

두 반응식을 합치면 전체 반응식이 나온다.

06 위 반응의 속도법칙으로 옳은 것은?

① $v = k[NO]$

② $v = k[NO]^2$

③ $v = k[N_2O_2][O_2]$

④ $v = k[NO_2]^2$

해설

가장 느린 단계가 반응속도 결정단계이다.

07 위 반응에서 반응 중간체인 것은?

① NO

② N_2O_2

③ O_2

④ NO_2

08 다음은 브로민화수소(HBr)와 산소(O_2)가 반응할 때, 반응 경로에 따른 에너지 변화와 반응 메커니즘을 나타낸 것이다. 이 반응에 대한 설명으로 옳은 것을 모두 고른 것은?

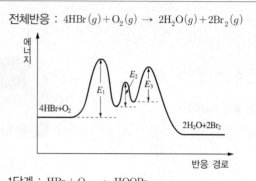

전체반응 : $4HBr(g) + O_2(g) \rightarrow 2H_2O(g) + 2Br_2(g)$

1단계 : $HBr + O_2 \rightarrow HOOBr$
2단계 : $HOOBr + HBr \rightarrow 2HOBr$
3단계 : $2HOBr + 2HBr \rightarrow 2H_2O + 2Br_2$

㉠ 속도 결정단계는 1단계이다.
㉡ 전체 반응은 발열반응이다.
㉢ 전체 반응식에 나타나지 않는 반응 중간체가 존재한다.

① ㉠   ② ㉡

③ ㉠, ㉡   ④ ㉠, ㉡, ㉢

09 촉매에 대한 설명으로 옳은 것은?

① 촉매는 반응열을 변화시킨다.

② 촉매는 충돌횟수를 증가시키는 역할을 한다.

③ 촉매는 반응 후 질량이 증가한다.

④ 촉매와 반응의 평형은 무관하다.

해설

촉매는 활성화에너지를 낮추는 것이며 반응속도만 변화시킬 수 있다.

CHAPTER

10 물질의 다양성

끓는점이 가장 높은 화합물은?

① 아세톤
② 물
③ 벤젠
④ 에탄올

[해설]
분자 간의 인력은 극성·무극성, 분자량, 수소결합 등에 의해 결정되므로 극성이 크고 수소결합의 개수가 많은 물의 분자 간 인력이 가장 크다.
[답] ②

다음 중 끓는점의 비교가 옳은 것만을 모두 고른 것은?

ㄱ. $HBr < HI$
ㄴ. $O_2 < NO$
ㄷ. $HCOOH < CH_3CHO$

① ㄱ   ② ㄷ
③ ㄱ, ㄴ   ④ ㄴ, ㄷ

[해설]
ㄱ. HI 의 분자량이 더 크므로 끓는점이 더 높다.
ㄴ. NO 의 극성이 더 크므로 끓는점이 더 높다.
ㄷ. HCOOH 의 경우 수소결합이 가능하므로 끓는점이 더 높다.
[답] ③

다음 화합물 중 끓는점이 가장 높은 것은?

① HI   ② HBr
③ HCl   ④ HF

[해설]
HF 는 수소결합이 존재하여 분자량이 작아도 예외적으로 분자 간 인력이 크다.
[답] ④

제1절 분자 사이의 힘

1 분자 사이의 힘과 물질의 상태

(1) 기체 : 분자들이 무질서한 방향으로 불규칙적이고 빠르게 열운동하므로 입자와 입자 사이의 거리가 멀어 분자 사이의 상호작용이 거의 없다. 부피나 모양이 쉽게 변한다.

(2) 액체 : 기체보다 분자들의 열운동이 약해서 분자간의 거리가 가까워져 인력이 작용한 상태이며 유동성이 있다. 모양은 쉽게 변하지만 부피는 쉽게 변하지 않는다.

(3) 고체 : 분자들이 매우 규칙적으로 배열되어 있으며, 분자들의 거리가 가까워 분자 사이의 상호작용도 강하다. 부피나 모양이 쉽게 변하지 않는다.

2 분자 사이의 힘과 끓는점

(1) 끓는점 : 온도가 높아지면 액체의 분자 사이의 거리가 멀어지며 증기압력이 점점 커지다 표면을 누르고 있는 외부의 압력과 같아지면 액체 내부에서도 기화되어 기포가 만들어지는데 이러한 현상을 끓음이라고 하며, 이때의 온도를 끓는점(Boiling Point)이라고 한다.

(2) 분자 사이의 상호작용이 강할수록 분자끼리 떨어지기 어려우므로 끓는점이 높아진다. 대표적으로 물은 수소결합의 영향으로 인해 끓는점이 높은 편이다.

3 쌍극자 모멘트

(1) 쌍극자 모멘트 : 결합의 극성이나 이온성을 나타내는 척도로 쌍극자 모멘트 값이 클수록 결합의 이온성이 커진다.

(2)

$$\mu = q \times r$$

여기서, q : 부분전하의 크기, r : 두 원자 사이의 거리, μ : 쌍극자 모멘트

① 쌍극자 모멘트는 (+)전하에서 (−)전하로 향하는 방향을 가지는 벡터량이며 전하량과 거리에 비례한다. 쌍극자 모멘트가 클수록 극성이 크다.

② $\mu = 0$은 무극성 분자이며, $\mu \neq 0$은 극성 분자이다.

4 극성과 무극성

(1) 공유결합의 종류

① **극성 공유결합** : 전기음성도가 다른 원소와 결합하여 부분전하가 생긴 상태이다.

② **무극성 공유결합** : 전기음성도가 같은 원소(같은 종류의 원소)끼리 결합하여 부분전하가 나타나지 않는 상태이다.

(2) 극성 : 극성 공유결합을 하며 분자의 구조가 대칭이 아니라 쌍극자 모멘트가 0이 아닌 물질들이다.

예 HF, HCl, HBr, CO, NO, H_2O, NH_3 등

(3) 무극성 : 무극성 공유결합 혹은 극성 공유결합이 분자구조의 대칭에 의해 서로 상쇄되어 분자 전체의 쌍극자 모멘트가 0인 물질이다.

예 H_2, O_2, N_2, Cl_2, CH_4, BF_3, CCl_4, C_2H_4 등

(4) 극성 분자의 성질 : 극성 분자는 대전체를 가져다 대면 끌려오며, 전기장 안에서 배열하면 규칙적인 구조로 배열이 되지만 무극성 분자는 대전체나 전기장의 영향을 받지 않는다.

다음 중 결합의 극성이 가장 작은 것은?

① HF에서 F−H
② H_2O에서 O−H
③ NH_3에서 N−H
④ SiH_4에서 Si−H

해설

쌍극자 모멘트는 거리와 전하량에 비례하나 조건이 주어지지 않으면 일반적으로 전기음성도 차에 비례한다.

① F(4.0), H(2.1)
② O(3.5), H(2.1)
③ N(3.0), H(2.1)
④ Si(1.8), H(2.1)

답 ④

5 분자 간 인력

(1) 쌍극자–쌍극자 힘(극성 분자 간의 힘) : 극성 분자 사이에 작용하는 힘으로 쌍극자 모멘트가 클수록 작용하는 힘이 커지며 쌍극자–쌍극자 힘이 클수록 분자 간 인력이 크므로 끓는점이 높다.

(2) 쌍극자–유발 쌍극자 힘(극성 분자–무극성 분자 간의 힘) : 무극성 분자도 극성 분자의 접근에 따라 부분적으로 전하의 쏠림이 생기는데 이를 편극이라고 한다. 편극현상에 의해 생기는 것을 유발 쌍극자라고 하며 극성 분자와 무극성 분자가 만났을 때 나타나는 힘이다.

(3) 분산력(무극성 분자–무극성 분자 간의 힘)

① 무극성 분자도 전자들의 끊임없는 운동으로 순간적으로 치우침이 발생하여 유발쌍극자가 생성되며 두 분자간의 인력이 작용한다.

무극성 분자의 접근   유발 이중 극자 형성

② 분산력은 표면적이 커질수록 증가하므로 일반적으로 분자량이 커지면 증가한다.

③ 분자량이 같은 이성질체의 경우 직선형에 가까운 것들이 표면적이 넓으므로 분산력이 크다.

(4) 수소 결합

① 전기음성도가 매우 큰 N, O, F에 수소원자가 직접 결합되어 있을 때, 근처에 있는 다른 N, O, F 원자에 있는 비공유 전자쌍에 강한 정전기 인력이 작용하는 것이다.

② 수소결합은 분자 간의 힘 중 강한 힘이므로 수소결합을 가진 물질은 분자량이 비슷한 다른 물질에 비해 끓는점이 높다.

예 물은 분자량이 비슷한 다른 물질들이 기체인 것에 비해 분자간의 힘이 크므로 액체이다.

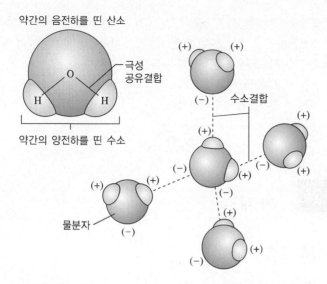

약간의 음전하를 띤 산소

극성
공유결합

약간의 양전하를 띤 수소

수소결합

물분자

(5) 분자 간의 힘

① 분자 사이에 작용하는 인력

분자의 종류	분산력	쌍극자–쌍극자 힘	수소결합력
무극성–무극성	O	X	X
무극성–극성	O	O	X
수소결합–수소결합	O	O	O

② 분자 사이의 힘의 크기는 일반적으로 수소결합 > 쌍극자–쌍극자 힘 > 쌍극자–유발쌍극자 > 분산력의 순서를 가진다.

③ 그러나 분자량이 커지면 분산력의 크기가 커지므로 분자간의 힘을 비교할 때는 분자량이 비슷한 것들과 주로 비교한다.

(6) 적 용

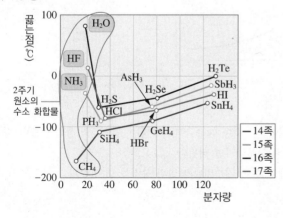

끓는점(°C)

2주기
원소의
수소 화합물

H_2O

HF

NH_3

AsH_3

H_2Se

H_2Te

SbH_3

H_2S

HI

HCl

SnH_4

PH_3

GeH_4

SiH_4

HBr

CH_4

— 14족
— 15족
— 16족
— 17족

분자량

① 분자량이 비슷한 H_2O, HF, NH_3, CH_4에서 CH_4만 끓는점이 낮은 것은 수소결합을 하지 않아 분자 간 인력이 작기 때문이며 물이 유난히 높은 것은 분자의 구조로 수소결합의 개수가 많기 때문이다.

② 같은 족의 화합물끼리 비교했을 때 대체로 끓는점이 올라가는 것은 분자량이 커져 분산력이 커지기 때문이다.

제2절 기 체

1 보일의 법칙

(1) 기체의 압력 : 단위 면적당 가해진 힘의 크기이며 기체의 압력은 기체 분자들이 용기의 벽면을 충돌하는 힘이다.

(2) 일정한 온도에서 일정량의 기체의 부피는 압력에 반비례한다.

(3)

$$V \propto \frac{1}{P}, \quad PV = k \quad P_1V_1 = P_2V_2$$

여기서, P : 압력, V : 부피, k : 상수

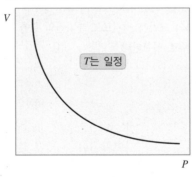

T는 일정

(4) 보일의 법칙 예

① 자동차의 타이어는 압력에 따라 부피가 변하며 탑승자의 충격을 줄여 준다.

② 풍선이 하늘 위로 올라가면 터진다.

③ 농구화 아래에 있는 공기주머니가 발의 충격을 줄여 준다.

일정 온도에서 2기압의 산소기체가 들어 있는 부피 2L 용기와 4기압의 질소기체가 들어 있는 부피 4L 용기를 연결하였다. 용기 연결 후 전체 압력은 얼마인가?

① 2.4기압

② 2.7기압

③ 3.0기압

④ 3.3기압

⑤ 3.7기압

해설

기체 반응에서 온도가 일정하므로 보일의 법칙을 사용하면
$P_1V_1 + P_2V_2 = PV$이므로

$2\text{atm} \times 2\text{L} + 4\text{atm} \times 4\text{L} = P \times 6\text{L}$, $P = 3.3\text{atm}$ 이다.

답 ④

2 샤를의 법칙

(1) 일정한 압력에서 일정량의 기체의 부피는 절대온도에 비례한다.

(2)

$$V = kT, \quad \frac{V_1}{T_1} = \frac{V_2}{T_2}$$

여기서, V : 부피, T : 절대온도, k : 상수

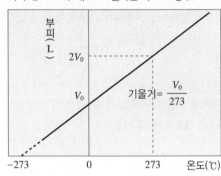

(3) 샤를의 법칙 예

① 더운 여름에 과자 봉지가 부풀어 오른다.
② 여름철에는 타이어에 겨울철보다 공기를 적게 넣는다.
③ 풍선을 액체 질소에 넣으면 풍선의 부피가 작아진다.

3 아보가드로 법칙

(1) 온도와 압력이 같을 때, 기체의 종류에 관계없이 같은 부피의 기체는 같은 수의 입자를 가진다.

(2) $V \propto n$ (T, P가 일정할 때)

4 이상기체 상태방정식

(1) 보일의 법칙, 샤를의 법칙, 아보가드로의 법칙을 다음과 같이 하나로 나타낼 수 있다.

$$PV = nRT \text{ 또는 } V = \frac{nRT}{P}$$

여기서, P : 압력, V : 부피, n : 몰수, R : 기체상수, T : 절대온도

기체의 온도(T), 몰수(n), 압력(P), 부피(V) 간의 관계에 대한 설명 중 옳은 것만을 모두 고른 것은?

> ㄱ. T와 n이 일정할 때, P와 V의 곱이 일정한 기체를 이상기체라고 한다.
> ㄴ. P와 n이 일정할 때, V와 T는 반비례한다.
> ㄷ. T와 P가 일정할 때, V는 n에 비례한다.
> ㄹ. 실제 기체의 거동은 T가 낮을수록, P가 높을수록 이상기체의 거동에 가까워진다.

① ㄱ, ㄴ, ㄷ
② ㄴ, ㄹ
③ ㄱ, ㄷ, ㄹ
④ ㄱ, ㄷ

해 설
ㄴ. P, n이 일정할 때 V와 T는 비례한다.
ㄹ. 실제 기체의 거동은 T가 높을수록, P가 낮을수록 이상기체의 거동에 가까워진다.
※ 이상기체 방정식을 생각하고 각 조건을 지우며 이해하면 쉽다.

답 ④

안심Touch

Van der Waals 상태방정식 $P = \dfrac{nRT}{V-nb} - \dfrac{an^2}{V^2}$ 에 대한 설명으로 옳은 것만을 모두 고른 것은?(단, P, V, n, R, T는 각각 압력, 부피, 몰수, 기체상수, 온도이다)

> ㄱ. a는 분자 간 인력의 크기를 나타낸다.
> ㄴ. b는 분자 간 반발력의 크기를 나타낸다.
> ㄷ. a는 $H_2O(g)$가 $H_2S(g)$보다 크다.
> ㄹ. b는 $Cl_2(g)$가 $H_2(g)$보다 크다.

① ㄱ, ㄷ   ② ㄴ, ㄹ
③ ㄱ, ㄷ, ㄹ   ④ ㄱ, ㄴ, ㄷ, ㄹ

해설

Van der Waals식에서 a는 인력 보정 상수이고 b는 부피 보정 상수로 기체 자체 분자의 크기를 나타내며 반발력과 관련이 있다. 보통 분자량이 클수록 a, b 모두 증가하는 편이지만 물의 경우 수소결합으로 인해 예외적으로 a가 크게 증가한다.

답 ④

이상기체로 거동하는 1몰(mol)의 헬륨(He)이 다음 (가) ~(다) 상태로 존재할 때, 옳게 설명한 것만을 〈보기〉에서 모두 고른 것은?

구 분	(가)	(나)	(다)
압력(기압)	1	2	2
온도(K)	100	200	400

> 〈보 기〉
> ㄱ. 부피는 (가)와 (나)가 서로 같다.
> ㄴ. 단위 부피당 입자 개수는 (가)와 (다)가 서로 같다.
> ㄷ. 원자의 평균 운동 속력은 (다)가 (나)의 2배이다.

① ㄱ   ② ㄴ
③ ㄱ, ㄷ   ④ ㄴ, ㄷ

해설

이상기체 방정식 $PV = nRT$ 에서 $n = 1\,mol$과 R은 상수이므로 $PV \propto T$ 이다.

ㄱ. $V \propto \dfrac{T}{P}$ 이므로 (가)와 (나)의 부피는 $V \propto \dfrac{100}{1} = \dfrac{200}{2}$ 로 같다.

ㄴ. (가)는 (다)의 2배이다.

ㄷ. (다)의 평균속력은 (나)의 $\sqrt{2}$ 배이다.

답 ①

(2) 기체상수(R)

모든 기체는 0℃, 1기압에서 1몰의 부피가 22.4L이므로

$$R = \frac{PV}{nT} = \frac{1atm \times 22.4L}{1mol \times 273K} = 0.082atm \cdot L/mol \cdot K$$

5 이상기체와 실제기체

(1) 이상기체 : 이상기체 상태방정식에 정확하게 적용되는 기체로 분자 간 인력이나 반발력 및 기체 분자의 부피가 없는 것으로 실제로는 존재하지 않는 가상적인 기체이다.

(2) 실제기체 : 분자의 부피가 존재하고 분자 사이에 인력이나 반발력이 작용하므로 이상기체 상태방정식에 정확하게 적용되지 않는다.

(3) 실제기체가 이상기체에 가까워지는 경우 : 온도가 높을수록, 압력이 낮을수록 분자 간의 영향력이 작용할 가능성이 적어 이상기체 상태방정식에 잘 맞는다.

(4) 반데르발스식

$$\left(P + a\frac{n^2}{V^2}\right)(V - nb) = nRT \quad \text{또는} \quad P = \frac{nRT}{V-nb} - \frac{an^2}{V^2}$$

여기서, a : 압력보정상수, b : 부피보정상수

① $\dfrac{an^2}{V^2}$ 는 압력보정항으로 실제기체는 이상기체와 달리 분자 간의 인력이 있으므로 예상보다 작게 측정되어 보정해주는 것이다.

② nb는 부피보정항으로 실제기체는 이상기체와 달리 분자의 부피를 가지고 있으므로 예상보다 크게 측정되어 보정해주는 것이다.

6 기체의 확산

(1) 확산 : 물질을 이루는 분자들이 끊임없이 빠른 속도로 분자운동을 하여 다른 기체나 액체 속으로 퍼져나가는 현상이다.

(2) 영향을 주는 요인

① 온도 : 온도가 높을수록 확산속도가 빠르다.

② 질량 : 질량이 작을수록 확산속도가 빠르다.

(3) 그레이엄의 확산 법칙

$$\frac{v_B}{v_A} = \sqrt{\frac{M_A}{M_B}} = \sqrt{\frac{d_A}{d_B}}$$

여기서, v_A, v_B : 기체 A, B의 확산속도 M_A, M_B : 기체 A, B의 분자량

d_A, d_B : 기체 A, B의 밀도

7 기체분자 운동론

(1) 기체의 여러 가지 성질을 기체분자의 자유로운 열운동을 토대로 하여 설명하는 것이다.

(2) 가 정

① 기체분자는 무질서한 방향으로 끊임없이 운동한다.

② 기체분자들 사이에는 인력이나 반발력이 작용하지 않는다.

③ 기체분자는 완전 탄성체이므로 충돌 전후의 에너지 변화는 없다.

④ 기체분자 자체의 부피는 전체 부피에 비하여 무시할 수 있을 정도로 작다.

⑤ 기체분자의 평균 운동에너지는 절대온도에 따라 결정되며 분자의 크기, 모양, 종류에는 무관하다.

(3) 기체의 평균 운동에너지

$$E_k = \frac{3}{2}kT = \frac{1}{2}mv^2$$

이 식에 의해 평균 운동속도를 유도하면

$$V = \sqrt{\frac{3kT}{m}} = \sqrt{\frac{3RT}{M}}$$

여기서, k : 볼츠만상수, m : 평균분자량, R : 기체상수, M : 분자량

진한 암모니아수를 묻힌 솜과 진한 염산을 묻힌 솜을 유리관의 양쪽 끝에 넣고 고무마개로 막았더니 잠시 후 진한 염산을 묻힌 솜 가까운 쪽에 흰 연기가 생겼다. 옳은 설명을 모두 고른 것은?

가. 흰 연기의 화학식은 NH_4Cl이다.
나. NH_3의 확산 속도가 HCl보다 빠르다.
다. NH_3 분자가 HCl 분자보다 무겁다.

① 가   ② 나
③ 가, 나   ④ 다

해설
$NH_3(g) + HCl(g) \rightarrow NH_4Cl(s)$

기체의 확산속도는 분자량에 반비례하며, 염화암모늄($NH_4Cl(s)$)앙금 생성이 진한 염산($HCl(g)$) 쪽이므로 암모니아($NH_3(g)$)의 확산속도가 더 빠르다. 따라서 분자량은 암모니아가 더 작다.

답 ③

8 돌턴의 부분압력 법칙

(1) 서로 반응하지 않는 기체가 섞여 있는 혼합 기체가 나타내는 압력은 각 성분기체가 나타나는 부분압력의 합과 같다.

(2)

$$P = P_A + P_B + P_C + \cdots\cdots$$

여기서, P : 전체압력, P_A, P_B, P_C : 각 성분 기체의 부분압력

(3) 부분압력과 몰분율

$$P_A = P \times \frac{\text{기체 A의 몰수}}{\text{혼합기체의 총 몰수}} = P \times X_A$$

9 Henry의 법칙

(1)

$$P_B = x_B K_B$$

여기서, x_B : 용질의 몰분율, K_B : 비례상수

(2) 동일한 온도에서 같은 양의 액체에 용해 될 수 있는 기체의 양은 기체의 부분압에 정비례한다.

(3) 이 공식은 물에 잘 녹지 않는 무극성 기체에만 적용 가능하다.

제3절 액체와 고체

1 물

(1) 물 분자의 구조 : 결합각이 $104.5°$이며 굽은형 구조로 극성 분자이다.

(2) 물 분자와 수소결합 : 수소결합으로 인해 분자 간의 인력이 강하다.

① 녹는점, 끓는점이 높다.
② 기화열, 융해열이 크다.
③ 비열이 높다.
④ 표면장력이 크다.
⑤ 물이 얼음이 될 때 부피가 늘어난다.
⑥ 모세관 현상이 나타난다.

2 고 체

(1) 특 징

① 구성 입자간의 인력이 커서 유동성이 없으며 일정한 모양과 부피를 가진다.
② 온도와 압력에 따른 부피의 변화가 매우 작다.

(2) 결정성 고체와 비결정성 고체

① 결정성 고체 : 구성 입자들이 규칙적으로 배열되어 있는 형태로 녹는점이
일정하다.
㉠ 다이아몬드, 염화나트륨, 드라이아이스 등
② 비결정성 고체 : 구성 입자들이 불규칙적으로 배열되어 있고, 녹는점이 일정
하지 않다.

(3) 결정의 종류

구 분	분자 결정	원자 결정	이온 결정	금속 결정
성분원소	비금속+비금속	비금속+비금속	금속+비금속	금 속
구성입자	분 자	분 자	양이온, 음이온	양이온, 자유전자
화학결합	공유결합	공유결합	이온결합	금속결합
녹는점, 끓는점	매우 낮음	매우 높음	높 음	높 음
전기 전도성	없 음	없 음	고체 : 없음 액체 : 있음	있 음
예	드라이아이스, 얼음	다이아몬드, 석영	NaCl, MgO	Au, Cu 등

※ 전체적인 경향성으로 일부 예외들은 존재한다.

**물이 수소결합을 가지기 때문에 나타나는 현상으로 옳지
않은 것은?**

① 얼음은 물 위에 뜬다.
② 순수한 물은 전기를 통하지 않는다.
③ 물은 3.98℃에서 최대 밀도를 가진다.
④ 유사한 분자량을 가진 다른 화합물에 비해 끓는점이
높다.

해설
② 공유결합에 의한 현상이다.

답 ②

(4) 결정의 구조

① 단순입방구조 : 단위 격자 속의 입자 수 $= \dfrac{1}{8} \times 8 = 1$개

예 Po

$\dfrac{1}{8}$ 입자

② 체심입방구조 : 단위 격자 속의 입자 수 $= \dfrac{1}{8} \times 8 + 1 = 2$개

예 Li, Na, K

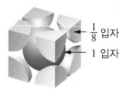

$\dfrac{1}{8}$ 입자

1 입자

③ 면심입방구조 : 단위 격자 속의 입자 수 $= \left(\dfrac{1}{8} \times 8 \right) + \left(\dfrac{1}{2} \times 6 \right) = 4$개

예 Cu, Ag, Au

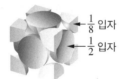

$\dfrac{1}{8}$ 입자

$\dfrac{1}{2}$ 입자

④ 육방밀집구조 : 단위 격자 속의 입자 수
$= \left(\dfrac{1}{6} \times 12 \right) + \left(\dfrac{1}{2} \times 2 \right) + (1 \times 3) = 6$개

예 Mg, Zn, Cd

(5) 이온결정의 단위 세포

① (4)에서 언급한 구조는 1종류의 원소끼리만 따지는 것이며 NaCl의 경우 면심 입방구조가 2개 겹쳐 있는 형태이다.

② 단위 격자 속의 입자수

$$Na^+ : \left(\frac{1}{4} \times 12\right) + 1 = 4개, \quad Cl^- : \left(\frac{1}{8} \times 8\right) + \left(\frac{1}{2} \times 6\right) = 4개$$

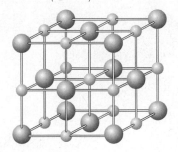

제4절 용 액

1 용 액

(1) 용해 : 두 종류 이상의 물질이 균일하게 섞이는 현상이다.

(2) 용액 : 용해 결과 생성된 균일 혼합물(용매+용질)이다.

(3) 용매 : 녹이는 물질로 용매가 물인 경우는 수용액이라고 한다.

(4) 용질 : 녹아 들어가는 물질이다. 용매와 용질은 물질의 양에 따라 바뀔 수 있으며 많은 것을 용매라고 한다. 단, 물은 무조건 용매이다.

(5) 용해의 원리

① 용질과 용매의 인력 ≥ 용질과 용질, 용매와 용매의 인력 : 용해가 잘 일어난다.

② 용질과 용매의 인력 ≤ 용질과 용질, 용매와 용매의 인력 : 용해가 잘 일어나지 않는다.

③ 극성 물질은 극성 용매에, 무극성 물질은 무극성 용매에 잘 녹는다.

2 용액의 농도

(1) 퍼센트 농도

① 용액 100g 속에 녹아 있는 용질의 질량을 나타낸 척도이다.

② $\%농도 = \dfrac{용질의\ 질량(g)}{용액의\ 질량(g)} \times 100$

$\qquad = \dfrac{용질의\ 질량(g)}{(용질+용매)의\ 질량(g)} \times 100$

③ ppm농도 : 용액 10^6g 중에 녹아 있는 용질의 질량이다.

$\quad ppm\ 농도 = \dfrac{용질의\ 질량(g)}{용액의\ 질량(g)} \times 10^6$

(2) 몰농도(M)

① 용액 1L 중에 녹아 있는 용질의 몰수이다.

② $몰농도(M) = \dfrac{용질의\ 몰수(mol)}{용액의\ 부피(L)}$

③ 단위 : M 또는 mol/L

(3) 몰랄농도(m)

① 용매 1kg 중에 녹아 있는 용질의 몰수이다.

② $몰랄농도(m) = \dfrac{용질의\ 몰수(mol)}{용매의\ 질량(kg)}$

③ 단위 : m 또는 mol/kg

(4) 농도의 환산

① %농도를 몰농도로 바꾸는 경우

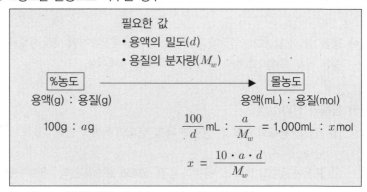

여기서, a : 용질의 질량, d : 밀도, M_w : 용질의 분자량

② 몰농도를 몰랄농도로 바꾸는 경우

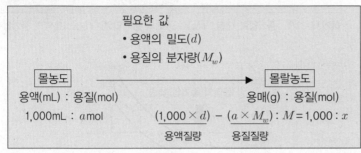

여기서, d : 용액의 밀도, M_w : 용질의 분자량, a : 용질의 몰수, M : 용액의 몰농도

③ %농도를 몰랄농도로 바꾸는 경우

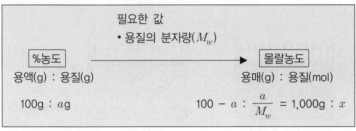

여기서, a : 용질의 질량, M_w : 용질의 분자량

제5절 묽은 용액의 성질

1 용액의 총괄성

비휘발성 용질을 녹인 묽은 용액에 대하여 특정한 용질의 성질과 관련 없이 용질의 농도에만 영향을 받는 것을 의미한다. 증기압력 내림, 끓는점 오름, 어는점 내림, 삼투압 등이 있다.

2 증기압력 내림

(1) 증기압력 : 일정 온도에서 밀폐된 용기에 들어 있는 액체와 증기가 동적 평형상태에 있을 때 증기가 나타나는 압력으로 온도에만 영향을 받는다.

(2) 증기압력 내림 : 순수한 용매에 비휘발성 용질을 넣으면 용질 입자가 용매의 증발을 방해하기 때문에 용액의 증기압력이 순수한 용매보다 낮아지는 현상이다.

다음 중 총괄성과 관련이 없는 현상은?

① 증류수 속의 적혈구 팽창
② 진한 소금물에서 오이 피클의 쭈그러듦
③ 온도가 올라감에 따른 설탕의 용해도 증가
④ 에틸렌글리콜 용액을 자동차 부동액으로 사용

해설
용액의 총괄성은 증기압력 내림, 끓는점 오름, 어는점 내림, 삼투압과 관련 있는 것으로 용해도와는 관련이 없다.

답 ③

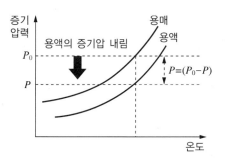

묽은 설탕 수용액에 설탕을 더 녹일 때 일어나는 변화를 설명한 것으로 옳은 것은?

① 용액의 증기압이 높아진다.
② 용액의 끓는점이 낮아진다.
③ 용액의 어는점이 높아진다.
④ 용액의 삼투압이 높아진다.

해설
설탕을 더 녹이면 몰랄농도는 올라가므로 증기압은 낮아지고, 끓는점은 높아진다. 어는점은 낮아지고 삼투압은 증가한다.

답 ④

$$\Delta P = P_{용매} - P_{용액}$$

여기서, ΔP : 증기압력 내림, $P_{용매}$: 용매의 증기압력, $P_{용액}$: 용액의 증기압력

(가) 순수한 용매
(증발하기 쉽다)

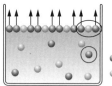
(나) 용액
(증발하기 어렵다)

● 용매 분자
● 비휘발성 용질 분자

어떤 용액이 라울(Raoult)의 법칙으로부터 음의 편차를 보일 때, 이 용액에 대한 설명으로 옳은 것만을 모두 고른 것은?

ㄱ. 용액의 증기압이 라울의 법칙에서 예측한 값보다 작다.
ㄴ. 용액의 증기압은 용액 내의 용질 입자 개수와 무관하다.
ㄷ. 용질-용매 분자 간 인력이 용매-용매 분자 간 인력보다 강하다.

① ㄱ
② ㄴ
③ ㄱ, ㄷ
④ ㄴ, ㄷ

해설
ㄱ, ㄷ. 라울의 법칙에서 음의 변차는 용질과 용매 간의 인력이 강한 것을 의미하므로 증기압은 예상보다 작다.
ㄴ. 증기압은 용질의 몰 분율과 관련이 있으므로 용질 입자 개수와 관련이 있다.

답 ③

3 라울의 법칙

(1) 비전해질이고 비휘발성인 용질이 녹아 있는 묽은 용액의 증기압력은 순수한 용매의 증기압력에 용매의 몰분율을 곱한 값과 같다.

(2) 증기압력 내림은 용질의 몰분율에 비례한다.

$$\Delta P = P_{용매} \cdot X_{용질} = P_{용매} \cdot \frac{용질의\ 몰수}{용매의\ 몰수 + 용질의\ 몰수}$$

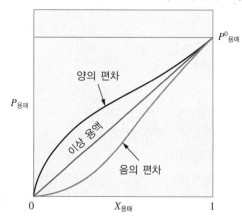

① 이상용액 : 라울의 법칙이 그대로 적용된다.

② 비이상용액

   ㉠ 증기압력이 낮아지는 경우(음의 편차) : 용질이 용매를 강하게 끌어당길 때이다.

   ㉡ 증기압력이 높아지는 경우(양의 편차) : 용매와 용질 분자 사이의 인력이 작은 경우이다.

4 끓는점 오름과 어는점 내림

(1) 끓는점 오름(ΔT_b)

① 용액의 끓는점은 용질의 영향으로 용매보다 온도가 높아지게 된다. 끓는점 오름은 용액의 끓는점(T_b')과 용매의 끓는점(T_b)의 차이를 의미한다. 증기압력 내림과 같이 용질의 입자수에 의존한다. 즉, 비휘발성, 비전해질 용질이 녹아있는 용액의 끓는점 오름은 몰랄농도에 비례한다.

②

$$\Delta T_b = K_b \times m$$

여기서, K_b : 몰랄오름상수

몰랄오름상수는 용질의 종류와 관계없이 용매의 종류에 따라 결정된다.

③ 이온화가 되는 용질의 경우 이온화되는 효과까지 고려한다.

   예 용질이 NaCl일 경우 100% 이온화라고 가정할 때 입자 1개당 Na^+와 Cl^- 이온이 생성되므로 $\Delta T_b = K_b \times m$ 식에 2를 곱해 주어야 한다.

(2) 어는점 내림(ΔT_f)

① 용액의 어는점은 용질의 영향으로 용매보다 온도가 낮아지게 된다. 어는점 내림은 용액의 어는점(T_f')과 용매의 어는점(T_f)의 차이를 의미한다. 증기압력 내림과 같이 용질의 입자수에 의존한다. 즉, 비휘발성, 비전해질 용질이 녹아있는 용액의 어는점 내림은 몰랄농도에 비례한다.

②

$$\Delta T_f = K_f \times m$$

여기서, K_f : 몰랄내림상수

몰랄 내림 상수는 용질의 종류와 관계없이 용매의 종류에 따라 결정된다.

③ 이온화가 되는 용질의 경우 이온화 되는 효과까지 고려한다.

   예 용질이 $MgCl_2$일 경우 100% 이온화라고 가정할 때 입자 1개당 1개의 Mg^{2+}와 2개의 Cl^-이온이 생성되므로 $\Delta T_f = K_f \times m$ 식에 입자 1개당 3개의 이온이 나오므로 3을 곱해 주어야 한다.

다음 4가지 종류의 수용액을 제조하여 어는점을 측정하였다. 이때 어는점 내림이 가장 큰 순서대로 바르게 표시한 것은?(단, 염은 완전히 해리되었다)

  ㉠ 0.1m NaCl 수용액
  ㉡ 18g $C_6H_{12}O_6$을 물 1,000g에 용해한 수용액
     (단, $C_6H_{12}O_6$의 분자량 180)
  ㉢ 0.15m K_2SO_4 수용액
  ㉣ 6.5g $CaCl_2$를 물 500g에 용해한 수용액
     (단, $CaCl_2$의 분자량 130)

① ㉡ > ㉢ > ㉠ > ㉣
② ㉡ > ㉣ > ㉢ > ㉠
③ ㉢ > ㉣ > ㉠ > ㉡
④ ㉣ > ㉢ > ㉡ > ㉠
⑤ ㉣ > ㉠ > ㉢ > ㉡

해설

어는점 내림은 몰랄농도에 비례하므로 각각 몰랄농도를 구하면

㉠ Na^+, Cl^-로 이온화되므로 0.1m × 2 = 0.2m

㉡ $\dfrac{18g / 180(g/mol)}{1kg} = 0.1m$

㉢ $2K^+$, SO_4^{2-} 생성되므로 0.15m × 3 = 0.45m

㉣ Ca^{2+}, $2Cl^-$ 생성되므로 $\dfrac{6.5g/130(g/mol)}{0.5kg} = 0.1m$

   0.1m × 3 = 0.3m

답 ③

다음 각 화합물의 1M 수용액에서 이온 입자 수가 가장 많은 것은?

① NaCl
② KNO₃
③ NH₄NO₃
④ CaCl₂

해설

만약 1L의 수용액이라고 가정하면

① Na^+, Cl^-이므로 2mol
② K^+, NO_3^-이므로 2mol
③ NH_4^+, NO_3^-이므로 2mol
④ Ca^{2+}, $2Cl^-$이므로 3mol이다.

답 ④

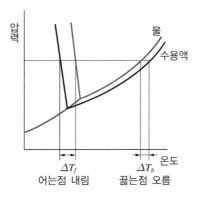

5 삼투압

(1) 반투막 : 물과 같이 작은 용매 분자는 자유로이 통과시키지만 설탕과 같이 큰 용질 분자는 통과시키지 못 하는 막이다.

(2) 삼투 현상 : 반투막을 사이에 두고 묽은 용액의 용매 분자가 반투막을 통해 진한 용액 쪽으로 이동하는 현상이다.

(3) 삼투압 : 삼투현상을 막기 위해 용액에 가해주는 압력이다.

(4) 반트 호프의 법칙

$$\pi = CRT$$

여기서, π : 삼투압, C : 몰농도, R : 기체상수, T : 절대온도
삼투압은 용액의 몰농도와 절대온도에 비례한다.

적중예상문제

01 끓는점이 가장 높은 화합물은?

① 벤 젠   ② 산 소
③ 이산화탄소   ④ 물

물은 수소결합이며 극성분자이다.

02 끓는점이 가장 높은 화합물은?

① NH_3 ② PH_3
③ AsH_3 ④ CH_4

NH_3는 수소결합 때문에 끓는점이 높다.

[3~4] 다음은 탄화수소 물질들이다.

• CH_4	• C_4H_{10}
• C_6H_6	• C_8H_{18}

03 끓는점이 가장 높은 화합물은?

① CH_4 ② C_4H_{10}
③ C_6H_6 ④ C_8H_{18}

C_8H_{18}의 분자량이 가장 크므로 끓는점이 가장 높다.

04 위 물질의 끓는점이 가장 높은 이유와 가장 관련이 있는 힘은?

① 분산력
② 쌍극자–쌍극자 인력
③ 쌍극자–유발쌍극자 인력
④ 수소결합

탄화수소는 무극성 물질이므로 분산력만 작용한다.

05 이상기체에서 "일정량의 기체는 일정한 온도에서 부피가 압력에 반비례한다."와 관련 있는 법칙은?

① 보일의 법칙   ② 샤를의 법칙
③ 아보가드로 법칙   ④ 그레이엄의 법칙

06 다음 중 샤를의 법칙의 예로 짝지은 것은?

> ㉠ 풍선이 하늘 위로 올라가 터졌다.
> ㉡ 더운 여름에 과자 봉지가 부풀어 오른다.
> ㉢ 찌그러진 탁구공을 따뜻한 물에서 복구시켰다.
> ㉣ 고산 지대에 가면 귀가 멍멍해진다.

① ㉠, ㉡   ② ㉠, ㉢
③ ㉡, ㉢   ④ ㉡, ㉣

샤를의 법칙 : 일정한 압력에서 일정량의 기체가 절대온도에 비례한다.

07 27℃, 1기압에서 부피가 10L인 이상기체가 있다. 이 기체의 부피를 20L로 만들려면 온도를 몇 ℃로 만들어 주어야 하는가?

① 0℃　　　　　　　② 54℃

③ 163℃　　　　　　④ 327℃

해설

$V \propto T$이며 온도는 절대온도이므로 27℃(300K)이므로 600K (327℃)이다.

08 이상기체 1몰이 다음 (가)~(다) 상태로 존재할 때, 옳게 설명한 것만을 모두 고른 것은?

구 분	(가)	(나)	(다)
부피(L)	5	1	5
온도(℃)	27	27	327

> ㉠ 압력은 (가)가 (다)의 2배이다.
> ㉡ 단위 부피당 입자개수는 (다)가 가장 많다.
> ㉢ 분자의 평균 운동속력은 (다)가 (가)의 $\sqrt{2}$ 배이다.

① ㉠　　　　　　　　② ㉡

③ ㉢　　　　　　　　④ ㉠, ㉢

해설

온도를 절대온도로 바꿔 대입하면 (가) $\dfrac{P \times 5}{300}$, (나) $\dfrac{P \times 1}{300}$, (다) $\dfrac{P \times 5}{600}$ 이다. 따라서 P는 (가) : (나) : (다) = 1 : 5 : 2이다.
단위부피당 입자의 개수는 압력에 비례하므로 (나)가 가장 많으며 평균 운동 속력은 $V = \sqrt{\dfrac{3RT}{M}}$ 에 따라 온도가 2배 증가하였으므로 $\sqrt{2}$ 배 증가한다.

09 다음 중 가장 이상기체의 움직임에 가까운 조건은?

① 0℃, 1기압의 헬륨기체
② 0℃, 100기압의 헬륨기체
③ 100℃, 1기압의 헬륨기체
④ 100℃, 100기압의 헬륨기체

해설

온도가 높을수록, 압력이 낮을수록 이상기체 상태방정식에 잘 맞는다.

10 기체 A가 기체 B보다 분자량이 클 때, 같은 온도에서 분자들의 평균 운동속도와 평균 운동에너지를 바르게 예상한 것은?

	평균 운동속도	평균 운동에너지
①	A > B	A > B
②	A < B	A < B
③	A < B	A = B
④	A = B	A = B

해설

평균 운동속도는 분자량이 작을수록 크며 평균 운동에너지는 온도가 같으면 같다.

11 분자량이 4인 기체 X가 풍선에서 모두 빠져나가는데 10초가 걸렸다. 기체 Y가 같은 크기의 풍선에서 모두 빠져나가는데 20초가 걸렸다면 Y의 분자량은?

① 2　　　　　　　　② 4

③ 8　　　　　　　　④ 16

해설

Y의 속도가 X보다 2배 느리므로 $\dfrac{v_Y}{v_X} = \sqrt{\dfrac{M_X}{M_Y}} = \sqrt{\dfrac{4}{M_Y}} = \dfrac{1}{2}$ 이므로 Y의 분자량은 16이다.

12 기체의 분자 운동론에 대한 내용 중 옳지 않은 것은?

① 기체분자는 무질서한 방향으로 끊임없이 운동한다.
② 기체분자들 사이에는 인력이나 반발력이 작용하지 않는다.
③ 기체분자는 충돌 후 에너지가 감소한다.
④ 기체분자 자체의 부피는 전체 부피에 비하여 무시할 수 있을 정도로 작다.

해설

기체는 완전탄성충돌한다고 가정한다.

13 헨리의 법칙이 적용 불가능한 기체는?

① 수소 기체
② 메테인 기체
③ 산소 기체
④ 암모니아 기체

물에 잘 녹는 극성을 띠는 기체는 헨리의 법칙이 적용 불가능하다.

14 그림은 나트륨 금속의 결정 구조를 나타낸 것이다. 단위 세포에 포함된 입자수는?

① 1개
② 2개
③ 4개
④ 6개

체심입방구조이며 $\frac{1}{8} \times 8 + 1 = 2$개다.

15 그림은 염화세슘($CsCl$)의 이온 결정 단위 격자를 나타낸 것이다. 이에 대한 설명으로 옳은 것만을 모두 고른 것은?

CsCl

> ㉠ Cs^+와 Cl^-는 1 : 1의 개수비로 결합하고 있다.
> ㉡ 체심입방구조이다.
> ㉢ 단위격자 안에 존재하는 입자수는 2개이다.

① ㉠
② ㉡
③ ㉢
④ ㉠, ㉢

체심입방구조는 단일 물질일 경우에 해당한다.

16 1M의 수산화나트륨 용액을 1L를 만드는 데 필요한 질량은?(단, $NaOH$의 화학식량은 40이다)

① 20g
② 30g
③ 40g
④ 60g

몰농도(M) $= \dfrac{용질의\ 몰수}{용액의\ 부피} = \dfrac{1mol}{1L} = 1M$이며, $NaOH$ 1mol은 40g이다.

17 0.1M 황산(H_2SO_4) 용액 1.5L를 만드는 데 필요한 1.0M 황산의 부피는?

① 100mL
② 150mL
③ 300mL
④ 500mL

$0.1\,mol/L \times 1.5L = 1.0\,mol/L \times x$
$x = 0.15L = 150mL$

18 1M $NaCl$ 500mL 용액과 1M의 $AlCl_3$ 500mL을 혼합하였다. 이 용액속의 Cl^-의 농도는?

① 1M
② 1.5M
③ 2M
④ 2.5M

$\dfrac{0.5\,mol + 1.5\,mol}{1L} = 2M$

19 다음 각 화합물의 1M 수용액에서 이온 입자수가 가장 많은 것은?

① $NaNO_3$
② HCl
③ KCl
④ H_2SO_4

H_2SO_4의 1분자당 이온수는 3개이다.

20 묽은 설탕 수용액에서 용매를 더 넣을 때 일어나는 변화를 설명한 것으로 옳지 않은 것은?

① 용액의 증기압이 낮아진다.
② 용액의 끓는점이 낮아진다.
③ 용액의 어는점이 높아진다.
④ 용액의 삼투압이 낮아진다.

해설

용액이 묽어지므로 몰랄농도가 낮아진다.

21 용액의 총괄성에 대한 설명으로 옳지 않은 것은?

① 몰랄오름상수는 용질의 종류에 따라 결정된다.
② 몰랄농도는 온도의 영향을 받지 않는다.
③ 몰랄농도가 높을수록 어는점 내림이 크다.
④ 삼투압은 온도에 비례한다.

해설

몰랄오름상수는 용매의 종류에 따라 결정된다.

22 다음 중 라울의 법칙에 대한 내용으로 옳은 것은?

> ⊙ 비전해질이고 비휘발성 용질에 적용 가능하다.
> ⓒ 이상용액에서만 그대로 적용 가능하다.
> ⓒ 용매와 용질 분자 사이의 인력이 작은 경우 예상보다 증기압력이 낮아진다.

① ⊙   ② ⓒ
③ ⊙, ⓒ   ④ ⊙, ⓒ

해설

용매와 용질 분자 사이의 인력이 작은 경우 증기압력이 높아진다.

23 다음 4가지 종류의 수용액을 제조하여 끓는점을 측정하였다. 이때 끓는점 오름이 가장 큰 순서대로 표시한 것은?

> ⊙ 0.1m $MgCl_2$ 수용액
> ⓒ 물 500g에 설탕 34.2g을 녹인 수용액(단, 설탕의 분자량 342)
> ⓒ 물 100g에 포도당 1.8을 녹인 수용액(단, 포도당의 분자량 180)

① ⊙ > ⓒ > ⓒ   ② ⊙ > ⓒ > ⓒ
③ ⓒ > ⓒ > ⊙   ④ ⓒ > ⊙ > ⓒ

해설

⊙ 0.3m
ⓒ 0.2m
ⓒ 0.1m

24 삼투압의 예로 적절하지 않은 것은?

① 바닷물의 담수화
② 나무뿌리의 물 흡수
③ 적혈구의 용혈 현상
④ 부동액을 넣어 동파를 방지한다.

해설

부동액은 어는점 내림의 예이다.

CHAPTER 11 생명과 화학

제1절 DNA

1 아미노산

(1) 아미노산

① 단백질의 기본단위이다.

② 아미노산이 가지는 곁사슬(–R)에 따라 아미노산의 종류가 달라지며 총 20종이 있다.

$$H_2N-\underset{\underset{H}{|}}{\overset{\overset{R}{|}}{C}}-COOH$$

(2) 아미노산의 성질 : 액성에 따라 3가지 형태로 존재한다.

$$H_3N^+-\underset{\underset{R}{|}}{\overset{\overset{H}{|}}{C}}-COOH \quad \xleftarrow{+H^+} \quad H_3N^+-\underset{\underset{R}{|}}{\overset{\overset{H}{|}}{C}}-COO^- \quad \xrightarrow{+OH^-} \quad H_2N-\underset{\underset{R}{|}}{\overset{\overset{H}{|}}{C}}-COO^-$$

산성 용액   중성 용액   염기성 용액

2 핵 산

(1) DNA(디옥시리보핵산), RNA(리보핵산)으로 되어 있다.

(2) 뉴클레오타이드

① 핵산을 이루는 기본 단위로 인산, 당, 염기로 구성되어 있다. 인산–당이 골격을 이루며 염기가 안쪽에 들어있으며 염기의 상보적 결합에 의해 DNA는 이중 나선 구조를 가지게 된다.

필 / 수 / 확 / 인 / 문 / 제

아미노산인 글라이신(NH_2-CH_2-COOH)은 pH가 1.5인 수용액에서 어떤 형태로 녹아 있겠는가?

① NH_2-CH_2-COOH

② $NH_2-CH_2-COO^-$

③ $^+NH_3-CH_2-COO^-$

④ $^+NH_3-CH_2-COOH$

해설

pH 1.5는 산성 용액이므로 아미노기에 수소 이온이 결합한다.

답 ④

아미노산의 일반식은 그림과 같다. 이에 대한 설명으로 옳지 않은 것은?

$$H_2N-\underset{\underset{R}{|}}{\overset{\overset{H}{|}}{C}}-COOH$$

① H와 R로 써진 부분이 결합하여 다양한 단백질이 만들어진다.

② R로 표시된 부분에 따라 아미노산의 종류가 달라진다.

③ 아미노산은 수소 이온과 수산화 이온에 모두 반응할 수 있다.

④ 아미노산은 물과 친한 작용기가 있어 물에 잘 녹는다.

⑤ 아미노산은 중심 탄소에서 사면체 구조를 이룬다.

해설

① 단백질은 아미노기(NH_3)와 카복시기($COOH$)가 축합중합 반응하여 이루어진다.

답 ①

그림 (가)는 글라이신, (나)는 아데닌, (다)는 인산의 구조식을 나타낸 것이다. 이에 대한 설명으로 옳은 것은?

$$H_2N-\underset{\underset{H}{|}}{\overset{\overset{H}{|}}{C}}-\overset{\overset{O}{\|}}{C}-OH$$

(가)　　(나)　　(다)

① (가)는 중성 수용액에서 이온 상태가 아니다.
② (나)는 루이스 염기로 작용할 수 있다.
③ (다)에서 중심원자 인(P)은 옥텟 규칙을 만족한다.
④ (가), (나), (다)는 뉴클레오타이드를 구성하는 3가지 요소이다.

해설

(가) : 아미노산, (나) : 염기, (다) : 인산
① (가)는 중성 수용액에서 이온 상태로 된다.

$$H_3N^+-\underset{\underset{H}{|}}{\overset{\overset{H}{|}}{C}}-\overset{\overset{O}{\|}}{C}-O^-$$

② 아미노기가 루이스 염기로 작용한다.
③ 인(P)은 확장된 옥텟 규칙에 적용된다.
④ 뉴클레오타이드는 인산, 당, 염기이다. (가)는 구성요소가 아니다.

답 ②

② 당 : 5탄당(탄소가 5개), 인산-당 골격을 형성한다.

③ 인 산

　　㉠ 확장된 옥텟규칙, 3개의 수소이온을 내놓을 수 있다.

　　㉡ 인산의 구조

$$H-\overset{\overset{:\overset{..}{O}:}{|}}{\underset{\underset{H}{|}}{\overset{..}{O}-\overset{\overset{O}{\|}}{P}-\overset{..}{O}}}-H$$

　　• 중심원자인 P은 확장된 옥텟규칙의 적용을 받는다.
　　• 2개의 -OH는 당-인산의 뼈대를 형성한다.
　　• 나머지 -OH는 이온화하여 H를 내놓고 (-)전하를 띤다.

> **확장된 옥텟규칙** : 3주기 이상의 원소에서 중심 원자가 비어 있는 d오비탈을 이용하여 가장 바깥 껍질에 8개가 넘는 전자를 가질 수 있는 것이다.

(3) 염 기

　　① DNA를 이루는 염기들은 수소결합을 하며 상보적 결합을 한다.
　　② 상보적 결합 : 아데닌(A)은 티민(T)과, 구아닌(G)은 사이토신(C)과만 결합 가능하다.

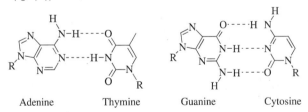

Adenine　　　Thymine　　　Guanine　　　Cytosine

제2절 환경과 화학

1 산성비

(1) **산성비** : pH 5.6 미만의 비를 의미한다. pH 7이 중성이나 대기 중의 이산화탄소로 인해 자연적으로 6.5~5.6 정도의 약산성을 띠고 있다.

(2) **산성비의 원인** : 대기 중에서 발생한 황산화물(SO_2)과 질소산화물(NO_X)이 대기 중에서 수증기와 만나 황산이나 질산으로 변화하여 빗물의 산성도를 높인다.

$$SO_2 \rightarrow SO_4^{2-} \cdot H_2SO_4$$
$$NO_X \rightarrow NO_3^- \cdot HNO_3$$

(3) **산성비로 인한 피해** : 산성에 약한 물고기 및 토양의 산성화로 인해 식물이 피해를 입는다.

(4) **산성비 대책**
   ① 자동차 배기구에 촉매변환기 설치
   ② 탈황장치 의무화
   ③ 토양 중화작용

2 오존층

(1) **오존층** : 오존(O_3)이 지구 상공 25km 높이에서 뭉쳐 오존층을 형성한 것으로 태양의 자외선을 흡수하여 지표면의 생명체를 보호하는 역할을 한다.

(2) **오존층 파괴**

$$CFCl_3 \xrightarrow{\text{자외선 흡수}} CFCl_2 + Cl$$

$$Cl + O_3 \rightarrow ClO + O_2 (\text{오존층 파괴})$$

$$ClO + O \rightarrow Cl + O_2$$

프레온 가스(CFCs)는 대기 중에서 안정하여 성층권까지 올라가 자외선에 의해 분해되어 오존층을 파괴하며 Cl 1개당 약 10만개의 오존을 파괴하는 것으로 알려져 있다. 또 반응 후 그대로 나오는 촉매이므로 지속적으로 파괴하여 오존홀이 발생하기도 하였다.

다음 중 산성비의 피해를 가장 많이 입을 수 있는 건축재료는?

① 대리석　　　　② 화강암
③ 유 리　　　　④ 모 래

해설
산성비는 대리석($CaCO_3$)과 중화 반응하여 이산화탄소 기체를 발생한다.

답 ①

성층권에서 $CFCl_3$와 같은 클로로플루오로탄소는 다음의 반응들에 의해 오존을 파괴한다. 여기에서 Cl과 ClO의 역할을 올바르게 짝지은 것은?

$$CFCl_3 \rightarrow CFCl_2 + Cl$$
$$Cl + O_3 \rightarrow ClO + O_2$$
$$ClO + O \rightarrow Cl + O_2$$

① (Cl, ClO) = (촉매, 촉매)
② (Cl, ClO) = (촉매, 반응 중간체)
③ (Cl, ClO) = (반응 중간체, 촉매)
④ (Cl, ClO) = (반응 중간체, 반응 중간체)

해설
• 촉매 : 반응속도를 변화시키며 넣은 반응물과 생성물에 관여하지 않는다(그대로 나온다).
• 반응 중간체 : 다단계 반응에서 반응 중간에 생성되었다가 사라지는 물질이다.

답 ②

오존층 파괴와 관련된 설명으로 옳지 않은 것은?

① 오존층 파괴는 CFC 내에 존재하는 Cl에 의해 진행된다.
② 냉매와 공업용매로 많이 사용되는 CFC는 공기와 화학적인 반응성이 크다.
③ 오존층 파괴의 주된 화학물질로 알려진 CFC는 클로로플루오로카본의 약자이다.
④ 오존층에 존재하는 오존은 자외선으로부터 지구의 생명체를 보호하는 역할을 한다.

해설
CFC의 반응성은 작아 안정적이라 다른 물질과 반응하지 않아 개발 초기에 안전한 물질로 오해 받았다.

답 ②

대기오염물질인 기체 A, B, C가 〈보기 1〉과 같을 때 〈보기 2〉의 설명 중 옳은 것만을 모두 고른 것은?

〈보기 1〉
A : 연료가 불완전 연소할 때 생성되며, 무색이고 냄새가 없는 기체이다.
B : 무색의 강한 자극성 기체로, 화석 연료에 포함된 황 성분이 연소 과정에서 산소와 결합하여 생성된다.
C : 자극성 냄새를 가진 기체로 물의 살균 처리에도 사용된다.

〈보기 2〉
ㄱ. A는 헤모글로빈과 결합하면 쉽게 해리되지 않는다.
ㄴ. B의 수용액은 산성을 띤다.
ㄷ. C의 성분 원소는 세 가지이다.

① ㄱ, ㄴ   ② ㄱ, ㄷ
③ ㄴ, ㄷ   ④ ㄱ, ㄴ, ㄷ

해설
A는 일산화탄소(CO), B는 황화합물(SO_x), C는 염소기체(Cl_2)이므로 ㄷ에서 C의 성분원소는 1가지이다.

답 ①

광화학 스모그를 일으키는 주된 물질은?

① 이산화탄소
② 이산화황
③ 질소 산화물
④ 프레온 가스

해설
① 지구온난화와 관련이 있다.
② 황화스모그와 관련이 있다.
④ 오존층파괴와 관련이 있다.

답 ③

(3) **오존층 보호** : 프레온 가스 등의 사용을 중단하였다.

3 스모그

(1) **스모그** : 대기오염의 하나로 스모크(Smoke)와 포그(Fog)가 결합된 말이다.

(2) **런던형 스모그**

   ① 황화 스모그로 화석 연료를 태워 생긴 이산화황(SO_2), 일산화탄소(CO) 때문에 발생한다.
   ② 온도가 낮고 습한 밤이나 새벽 또는 역전층에서 발생한다.

(3) **LA형 스모그**

   ① 광화학 스모그라고 불리며 자동차 배기가스에 있는 질소 산화물로 인해 생긴다.
   ② 기온이 높고 바람이 적은 맑은 날 발생, 주로 대도시에서 발생한다.

적중예상문제

01 그림은 알라신의 구조식이다. 이에 대한 설명으로 옳지 않은 것은?

$$H_2N - \underset{\underset{H}{|}}{\overset{\overset{CH_3}{|}}{C}} - COOH$$

① 아미노산이다.
② DNA의 구성요소이다.
③ N의 산화수는 -2이다.
④ 물에 녹아 브뢴스테드-로우리 염기로 작용할 수 있다.

아미노산은 DNA의 구성요소가 아니다.

02 아미노산인 알라신($HOOCCH(NH_2)CH_3$)이 pH가 7.0인 수용액에서 어떤 형태로 녹아있는가?

① $$H - \underset{\underset{H}{|}}{\overset{\overset{H}{|}}{N}} - \underset{\underset{CH_3}{|}}{\overset{\overset{H}{|}}{C}} - \overset{\overset{O}{||}}{C} - OH$$

② $$H - \underset{\underset{H}{|}}{\overset{\overset{H}{|}}{N^+}} - \underset{\underset{CH_3}{|}}{\overset{\overset{H}{|}}{C}} - \overset{\overset{O}{||}}{C} - OH$$

③ $$H - \underset{\underset{H}{|}}{\overset{\overset{H}{|}}{N^+}} - \underset{\underset{CH_3}{|}}{\overset{\overset{H}{|}}{C}} - \overset{\overset{O}{||}}{C} - O^-$$

④ $$H - \underset{\underset{H}{|}}{\overset{\overset{H}{|}}{N}} - \underset{\underset{CH_3}{|}}{\overset{\overset{H}{|}}{C}} - \overset{\overset{O}{||}}{C} - O^-$$

③ 중성용액에서는 아미노기와 카르복실기가 모두 이온화되어 있다.

03 아미노산인 알라신($HOOCCH(NH_2)CH_3$)이 pH가 8.0인 수용액에서 어떤 형태로 녹아 있는가?

① $$H - \underset{\underset{H}{|}}{\overset{\overset{H}{|}}{N}} - \underset{\underset{CH_3}{|}}{\overset{\overset{H}{|}}{C}} - \overset{\overset{O}{||}}{C} - OH$$

② $$H - \underset{\underset{H}{|}}{\overset{\overset{H}{|}}{N^+}} - \underset{\underset{CH_3}{|}}{\overset{\overset{H}{|}}{C}} - \overset{\overset{O}{||}}{C} - OH$$

③ $$H - \underset{\underset{H}{|}}{\overset{\overset{H}{|}}{N^+}} - \underset{\underset{CH_3}{|}}{\overset{\overset{H}{|}}{C}} - \overset{\overset{O}{||}}{C} - O^-$$

④ $$H - \underset{\underset{H}{|}}{\overset{\overset{H}{|}}{N}} - \underset{\underset{CH_3}{|}}{\overset{\overset{H}{|}}{C}} - \overset{\overset{O}{||}}{C} - O^-$$

염기성 용액에서는 카르복실기가 이온화되어 있다.

04 생명체를 이루는 구성요소에 대한 설명으로 옳지 않은 것은?

① 염기는 상보적 결합을 한다.
② 인산과 당은 공유결합 한다.
③ 염기와 당은 수소결합을 한다.
④ 디옥시리보스는 DNA의 구성요소이다.

염기와 당은 공유결합을 한다.

[5~6] 그림은 DNA를 이루는 구성요소들이다.

$$HO-\overset{\overset{\displaystyle O}{\|}}{\underset{\underset{\displaystyle OH}{|}}{P}}-OH$$

(가)   (나)   (다)

05 이에 대한 설명으로 옳지 않은 것은?

① (가)에는 확장된 옥텟규칙을 만족하는 원자가 있다.
② (나)는 아데닌과 수소결합을 한다.
③ (다)는 DNA의 골격을 형성한다.
④ (가)의 3개의 −OH는 모두 (다)와 결합한다.

해설

(가) 인산, (나) 염기(티민), (다) 디옥시리보스, 인산의 −OH기 중 2개는 당과 결합하여 골격을 이루고 1개는 −전하를 띠고 이중나선구조에서 반발한다.

06 이에 대한 설명으로 옳은 것은?

㉠ (가)는 아레니우스 산으로 작용가능하다.
㉡ (나)는 염기이다.
㉢ (다)에는 비공유 전자쌍은 8개이다.

① ㉠   ② ㉢
③ ㉠, ㉡   ④ ㉠, ㉡, ㉢

해설

(가) 인산, (나) 염기(티민), (다) 디옥시리보스이며 디옥시리보스에서 산소 주위에 비공유전자쌍이 2개씩 존재한다.

07 런던형 스모그를 일으키는 주된 물질은?

① 이산화탄소   ② 질소 산화물
③ 이산화황   ④ 오 존

해설

황화스모그라고도 불리며 이산화황이 주원인이다.

08 다음 중 산성비로 인한 피해가 아닌 것은?

① 잎의 엽록체 파괴
② 철제 구조물 부식
③ 대리석 조각상 훼손
④ 오존층의 파괴

해설

오존층 파괴는 프레온 가스에 의한 것이다.

09 다음 반응은 환경오염과 관련된 반응이다. 이에 대한 설명으로 옳은 것만을 고른 것은?

$$CFCl_3 \;\rightarrow\; CFCl_2 + Cl$$
$$Cl + (a) \;\rightarrow\; ClO + O_2$$
$$ClO + O \;\rightarrow\; Cl + O_2$$

㉠ (a)는 오존이다.
㉡ 염소(Cl)는 촉매로 사용된다.
㉢ $CFCl_3$는 CF_2Cl_2로 대체 가능하다.

① ㉠
② ㉢
③ ㉠, ㉡
④ ㉠, ㉡, ㉢

해설

오존층의 분해 반응으로 염소는 촉매로 사용된다.

제 2 편

9급 국가직 · 지방직 · 고졸채용을 위한 합격 완벽 대비서

기출문제

기술직

TECH BIBLE

화학

9급 국가직 · 지방직 · 고졸채용을 위한 합격 완벽 대비서

2009년 기출문제

CHAPTER 01

2009 지방직 9급

01 산성물질 HX와 HY를 같은 농도로 물에 녹여 다음과 같은 두 가지 용액을 얻었다. 다음 설명 중 옳은 것은?

H⁺ X⁻ H⁺ X⁻ H⁺ X⁻ H⁺ X⁻ X⁻ H⁺ H⁺ X⁻ X⁻ H⁺ H⁺ H⁺ X⁻	H⁺ HY Y⁻ H⁺ Y⁻ H⁺ Y⁻ Y⁻ HY H⁺ Y⁻ HY H⁺ H⁺ HY Y⁻

① HX가 HY보다 센 산이며 HX가 HY보다 강전해질이다.
② HY가 HX보다 센 산이며 HX가 HY보다 강전해질이다.
③ HX가 HY보다 센 산이며 HY가 HX보다 강전해질이다.
④ HY가 HX보다 센 산이며 HY가 HX보다 강전해질이다.

해설

HX가 HY에 비해 이온화도가 높으므로(잘 분리되므로) 강산이고 강전해질이다.

02 자발적으로 물이 수증기로 기화하는 과정의 ΔH, ΔS, ΔG 부호를 순서대로 바르게 나열한 것은?

① +, +, +
② +, +, −
③ +, −, −
④ −, −, −

해설

$H_2O(l) \rightarrow H_2O(g)$
자발적이므로 $\Delta G < 0$이다. 또 이 반응은 흡열 반응이므로 $\Delta H > 0$이고, 액체에서 기체로 변하므로 $\Delta S > 0$이다.

03 다음 분자들 중 극성결합을 가지면서 쌍극자 모멘트를 갖지 않는 것은?

① H_2

② CCl_4

③ HCl

④ CO

해설

① 무극성 공유결합이므로 무극성 분자이다.
② 극성 공유결합이며 무극성 분자이다.
③ 극성 공유결합이며 극성분자이다.
④ 극성 공유결합이며 극성분자이다.

04 다음은 어떤 2주기 원소의 순차적인 이온화 에너지들이다. 이 원소는 무엇인가?

- $IE_1 = 801kJ/mol$
- $IE_2 = 2,427kJ/mol$
- $IE_3 = 3,660kJ/mol$
- $IE_4 = 25,025kJ/mol$
- $IE_5 = 32,826kJ/mol$

① B

② C

③ N

④ O

해설

IE_3에서 IE_4로 넘어갈 때 이온화 에너지가 급격하게 증가하므로 13족 원소(붕소)이다.

05 칼슘 40g을 공기 중에서 연소시켜 백색의 산화칼슘이 56g 생성되었다. 반응한 산소의 양과 산화칼슘의 화학식으로 옳은 것은?(단, Ca 원자량은 40g이다)

① 8g, CaO_2

② 16g, CaO_2

③ 16g, Ca_2O

④ 16g, CaO

해설

질량 보존의 법칙으로 구하면

	2Ca	+ O_2	→ 2CaO
반응 전	40g	∞	0g
반 응	(−40g)	(−16g)	(+56g) 질량 보존의 법칙으로 구할 수 있다.
반응 후	0g		56g

06 다음 화합물 중 그 결합형태가 다른 화합물은?

① CaF_2

② NaCl

③ ZnS

④ HCl

①, ②, ③은 금속과 비금속의 결합이므로 이온결합이다. ④는 공유결합이다.

07 아미노산인 글리신($NH_2 - CH_2 - COOH$)은 pH가 1.5인 수용액에서 어떤 형태로 녹아 있겠는가?

① $NH_2 - CH_2 - COOH$

② $NH_2 - CH_2 - COO^-$

③ $^+NH_3 - CH_2 - COO^-$

④ $^+NH_3 - CH_2 - COOH$

pH 1.5는 산성 용액이므로 아미노기에 수소 이온이 결합한다.

08 다음 반응 중 산화–환원 반응이 아닌 것을 모두 고른 것은?

> ㄱ. 프로판의 연소
> ㄴ. 착화합물의 형성
> ㄷ. 물의 전기분해
> ㄹ. 건전지에서 일어나는 반응
> ㅁ. 산성비에 의한 대리석상의 손상

① ㄱ, ㄴ, ㄹ

② ㄱ, ㄷ, ㅁ

③ ㄴ, ㅁ

④ ㄷ, ㄹ

ㄱ. 연소반응이므로 산화–환원 반응이다.

ㄴ. 착화합물 형성 시 산화수는 변화가 없다.

ㄷ. 전기분해 시 원소가 생성되므로 산화–환원이다.

ㄹ. 건전지는 산화–환원의 원리를 이용한 것이다.

ㅁ. 중화반응은 산화–환원이 아니다.

09 성층권에 도달하여 오존층을 파괴하는 물질을 모두 고른 것은?

> ㄱ. CF_2Cl_2
> ㄴ. $CFCl_3$
> ㄷ. CF_3CHCl_2
> ㄹ. CF_3CF_2H

① ㄱ
② ㄱ, ㄴ
③ ㄱ, ㄴ, ㄷ
④ ㄱ, ㄴ, ㄷ, ㄹ

해설

오존층 파괴 물질로는 사염화탄소(CCl_4), 프레온가스($CFCs$, $CFCl_3$, CF_2Cl_2 등), 할론가스 등이 있다.

10 모든 원자들이 같은 평면상에 있는 분자를 모두 고른 것은?

> ㄱ. 에테인
> ㄴ. 에틸렌
> ㄷ. 아세틸렌
> ㄹ. 사이클로헥세인
> ㅁ. 벤 젠

① ㄱ, ㄴ
② ㄱ, ㄹ
③ ㄴ, ㄷ, ㅁ
④ ㄷ, ㄹ, ㅁ

해설

구 분	에테인	에틸렌(에텐)	아세틸렌	사이클로헥세인	벤 젠
분자구조					
결합각	109.5°	120°	180°	109.5°	120°
평면·입체	입 체	평 면	평 면	입 체	평 면

11 전해질의 세기가 약해지는 순서로 올바르게 나열한 것은?

$$NaCl,\ NH_3,\ H_2O,\ CH_3CH_2OH$$

① $NaCl > NH_3 > H_2O > CH_3CH_2OH$
② $NaCl > NH_3 > CH_3CH_2OH > H_2O$
③ $NaCl > H_2O > NH_3 > CH_3CH_2OH$
④ $CH_3CH_2OH > NaCl > H_2O > NH_3$

해설

이온화가 잘되는 순서이며 $NaCl$은 이온화가 잘되므로 전해질의 세기가 가장 세고, NH_3의 경우 물에 녹아 NH_4^+와 OH^-로 되며 약염기이다. H_2O의 경우 소량의 자동이온화로 H^+와 OH^-의 이온화가 일어나며 CH_3CH_2OH의 경우 공유결합성이 강하여 H_2O보다 이온화가 어렵다.

12 다음 중 총괄성과 관련이 없는 현상은?

① 증류수 속의 적혈구 팽창
② 진한 소금물에서 오이 피클의 쭈그러듦
③ 온도가 올라감에 따른 설탕의 용해도 증가
④ 에틸렌글리콜 용액을 자동차 부동액으로 사용

해설

용액의 총괄성은 증기압력 내림, 끓는점 오름, 어는점 내림, 삼투압과 관련 있는 것으로 용해도와는 관련이 없다.

13 다음 산-염기 이론 중 가장 넓은 적용 범위를 갖는 것은?

① Lewis 이론
② Brønsted 이론
③ Arrhenius 이론
④ Brønsted-Lowry 이론

해설

Lewis 이론의 적용범위가 가장 넓다.
산과 염기의 정의

구 분	산	염 기
Arrhenius 이론	수용액에서 H^+를 내놓는	수용액에서 OH^-를 내놓는
Brønsted-Lowry 이론	H^+를 내놓는	H^+를 받는
Lewis 이론	전자쌍을 받는	전자쌍을 주는

14 다음 중 이온화 에너지가 가장 큰 원소는?

① 포타슘(K) ② 네온(Ne)
③ 실리콘(Si) ④ 세슘(Cs)

해석

이온화 에너지는 주기율표에서 오른쪽 위로 갈수록 커지는 경향이 있으며 특히 18족의 이온화 에너지가 크다.

15 살충제인 DDT의 합성은 다음과 같다. 클로로벤젠의 mol질량은 113g/mol, 클로랄의 mol질량은 147g/mol, DDT의 mol질량은 354g/mol이다. 한 실험실에서 226g의 클로로벤젠과 157g의 클로랄을 반응시켜 DDT를 합성하였다. 이 경우 옳지 않은 것은?

$$2C_6H_5Cl + C_2HOCl_3 \rightarrow C_{14}H_9Cl_5 + H_2O$$

클로로벤젠   클로랄   DDT

① 이 반응의 한계시약은 클로로벤젠이다.
② 반응이 완전히 진행될 경우, 클로랄 10g이 남는다.
③ 수득률이 100%일 경우 2mol의 DDT가 얻어진다.
④ DDT의 실제 수득량이 177g일 경우 수득률은 50%이다.

해석

질량보존의 법칙을 이용한다.
질량비를 구하면 113×2 : 147 : 354 : 18 이므로

	$2C_6H_5Cl$	+	C_2HOCl_3	→	$C_{14}H_9Cl_5$	+	H_2O
반응 전	226g		157g		0g		0g
반 응	−226g		−147g		+354g		+18g
반응 후	0g		10g		354g		18g

한계반응물은 클로로벤젠이며, 클로랄이 10g이 남는다. 수득률이 100%일 경우 1mol의 DDT가 얻어진다.

16 다음 중 Hess의 법칙을 이용하지 않으면 반응엔탈피를 구하기 어려운 반응을 모두 고른 것은?

ㄱ. $CO_2(s) \rightarrow CO_2(g)$ ㄴ. C(흑연) $\rightarrow$ C(다이아몬드)

ㄷ. C(흑연)$+\dfrac{1}{2}O_2(g) \rightarrow CO(g)$ ㄹ. $CO(g)+\dfrac{1}{2}O_2(g) \rightarrow CO_2(g)$

① ㄱ, ㄴ, ㄷ ② ㄱ, ㄹ
③ ㄴ, ㄷ ④ ㄴ, ㄹ

해석

ㄴ. 흑연을 다이아몬드로 만들 때 고온, 고압이 필요하여 만들기가 어렵다.
ㄷ. 흑연의 연소 시 연소가 잘 되지 않으므로 불완전 연소의 가능성이 높다.

17 다음과 같은 물의 자동이온화는 흡열과정이다. 물의 온도가 오를 때 일어나는 현상을 바르게 설명한 것은?

$$2H_2O(l) \rightleftharpoons H_3O^+(aq) + OH^-(aq)$$

① pH는 변하지 않고 중성이다.
② pH는 증가하고 중성이다.
③ pH는 감소하고 더 산성이 된다.
④ pH는 감소하고 중성이다.

해설

흡열반응에서 온도가 오르면 물의 이온화 상수가 커지므로 pH+pOH 합은 14보다 작아지게 된다. 같은 비율로 변하므로 pH와 pOH는 감소하지만 액성은 그대로 중성이다. 예를 들면 pH+pOH=13으로 변하게 되었을 때 pH와 pOH는 모두 6.5로 감소하며 이때는 6.5가 중성의 기준이 되는 것이다.

18 다음 물질의 성질 중 세기 성질을 모두 고른 것은?

ㄱ. 질 량
ㄴ. 밀 도
ㄷ. 농 도
ㄹ. 부 피
ㅁ. 온 도

① ㄱ, ㄴ, ㄷ
② ㄱ, ㄷ, ㄹ
③ ㄴ, ㄹ, ㅁ
④ ㄴ, ㄷ, ㅁ

해설

ㄱ, ㄹ은 계의 크기에 비례하여 변하므로 크기 성질이다.

19 XeF₂ 분자에서 Xe 원자 주위의 전자쌍 수와 분자의 기하학적 구조는?

① 4, 굽은 형
② 4, 피라미드형
③ 5, 선형
④ 6, 선형

해설

비공유 전자쌍 3개, 공유 전자쌍 2개	비공유는 보이지 않으므로 직선형이다.

20 다음의 실험값으로부터 다음 반응의 속도식을 결정할 수 있다. 이에 대한 설명으로 옳지 않은 것은?

$$2A + B + C \rightarrow D + E$$
$$반응속도 = k[A]^x[B]^y[C]^z$$

실 험	초기[A]	초기[B]	초기[C]	E의 초기생성속도
1	0.20M	0.20M	0.20M	2.4×10^{-6}Mmin^{-1}
2	0.40M	0.30M	0.20M	9.6×10^{-6}Mmin^{-1}
3	0.20M	0.30M	0.20M	2.4×10^{-6}Mmin^{-1}
4	0.20M	0.40M	0.60M	7.2×10^{-6}Mmin^{-1}

① $x = 2$이고 반응은 [A]에 대해 2차이다.

② 반응속도는 [B]에 무관하므로 $y = 0$이다.

③ $z = 3$이고 반응은 [C]에 대해 3차이다.

④ 속도상수 k는 $3.0 \times 10^{-4}M^{-2}min^{-1}$이다.

해설

농도에 따른 생성속도 변화를 통해 차수를 구하면

① $x = 2$

② $y = 0$

③ $z = 1$이다.

④ 반응속도를 실험 1로 구하면 반응속도 $= k[0.2]^2 \times [0.2] = 2.4 \times 10^{-6}$Mmin^{-1}이므로 속도상수 k는 $3.0 \times 10^{-4}M^{-2}min^{-1}$이다.

20 ③ 정답

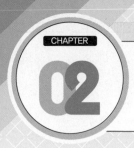

CHAPTER 02

2010년 기출문제

2010 지방직 9급

01 물과 반응하여 산성을 나타내는 물질은?

① Na_2O

② P_4O_{10}

③ Al_2O_3

④ MgO

해설

금속염은 물과 반응하여 염기성을 나타낸다.

02 다음 중 화학적 변화만을 모두 고른 것은?

> ㄱ. 얼음을 고온에서 녹인다.
> ㄴ. 나무를 불에 태운다.
> ㄷ. 음식물이 소화기관에서 분해된다.
> ㄹ. 바닷물을 증발시켜 소금을 얻는다.
> ㅁ. 물에 전류를 흘려 수소와 산소를 발생시킨다.
> ㅂ. 고무줄을 잡아당기면 늘어난다.

① ㄱ, ㄴ, ㅂ

② ㄴ, ㄷ, ㄹ

③ ㄴ, ㄷ, ㅁ

④ ㄹ, ㅁ, ㅂ

해설

ㄱ. 상태 변화이므로 물리적 변화이다.

ㄹ. 혼합물을 분리한 것이므로 물리적 변화이다.

ㅂ. 입자의 배치만 변한 것이므로 물리적 변화이다.

정답 1 ② 2 ③

03 산의 세기를 비교한 것으로 옳지 않은 것은?

① $HCl < HF$

② $HBrO_3 < HClO_3$

③ $H_2O < H_2S$

④ $HClO < HClO_2$

이온이 단원자 이온일 경우 전기음성도로 비교가 가능하며, 다원자 이온의 경우 고려할 것이 여러 가지이다.
① HF는 F의 전기음성도가 강하여 분리가 어려우므로 HCl에 비하여 약산이다.

04 어떤 화합물에 질량 기준으로 원소 A가 25%, 원소 B가 75% 포함되어 있다. 원소 B의 원자량이 원소 A의 원자량의 2배라면 이 화합물의 실험식은?

① A_3B_2

② A_2B_3

③ A_2B

④ AB_2

B 원자량이 A 원자량의 2배이므로 A의 원자량을 a라고 가정하면 $\frac{25}{a} : \frac{75}{2a} = 2 : 3$이므로 실험식은 A_2B_3이다.

05 기체의 온도(T), 몰수(n), 압력(P), 부피(V) 간의 관계에 대한 설명 중 옳은 것만을 모두 고른 것은?

ㄱ. T와 n이 일정할 때, P와 V의 곱이 일정한 기체를 이상기체라고 한다.
ㄴ. P와 n이 일정할 때, V와 T는 반비례한다.
ㄷ. T와 P가 일정할 때, V는 n에 비례한다.
ㄹ. 실제 기체의 거동은 T가 낮을수록, P가 높을수록 이상기체의 거동에 가까워진다.

① ㄱ, ㄴ, ㄷ

② ㄴ, ㄹ

③ ㄱ, ㄷ, ㄹ

④ ㄱ, ㄷ

ㄴ. P, n이 일정할 때 V와 T는 비례한다.
ㄹ. 실제 기체의 거동은 T가 높을수록, P가 낮을수록 이상기체의 거동에 가까워진다.
※ 이상기체 방정식을 생각하고 각 조건을 지우며 이해하면 쉽다.

06 다음 N_2O의 루이스 구조 중 형식전하를 고려할 때 가장 안정한 구조는?

① $:N \equiv N - \ddot{O}:$

② $\ddot{N} = N = \ddot{O}$

③ $:\ddot{N} - N \equiv O:$

④ $\ddot{N} = O = \ddot{N}$

각 형식전하를 구하면

① $:N \equiv N - \ddot{O}:$
　　 0 　+1 　−1

② $\ddot{N} = N = \ddot{O}$
　 −1 　+1 　0

③ $:\ddot{N} - N \equiv O:$
　 −2 　+1 　+1

④ $\ddot{N} = O = \ddot{N}$
　 −1 　+2 　−1

07 다음 중 개수가 가장 많은 것은?

① 물 1mol 내의 산소 원자 수
② 이산화탄소 1mol 내의 탄소 원자 수와 산소 원자 수의 합
③ 6.02×10^{23}개의 야구공
④ 암모늄 양이온 1mol 내의 수소 원자 수

① 1mol
② $1 \times 3 = 3mol$
③ 1mol
④ NH_4^+이므로 $1 \times 4 = 4mol$

08 sp^2 혼성화를 이루는 화합물만으로 짝지어진 것은?

① 에테인(C_2H_6), 사이클로헥세인(C_6H_{12})
② 이산화탄소(CO_2), 아세틸렌(C_2H_2)
③ 에틸렌(C_2H_4), 벤젠(C_6H_6)
④ 오염화인(PCl_5), 삼아이오딘화 이온(I_3^-)

① sp^3　　② sp
③ sp^2　　④ sp^3d

09 비극성 분자는?

① CH_3Br
② CO_2
③ H_2O
④ NH_3

분자구조가 완전히 대칭이어야 한다.

10 Fe^{2+}의 바닥상태 전자배치는?(단, Fe의 원자번호는 26이다)

① $[Ne]3s^2 3p^6 3d^6 4s^2$
② $[Ne]3s^2 3p^6 4s^2 3d^4$
③ $[Ne]3s^2 3p^6 3d^8$
④ $[Ne]3s^2 3p^6 3d^6$

Fe의 전자배치는 $[Ne]\,3s^2 3p^6 4s^2 3d^6$으로 채울 때는 $4s$를 먼저 채우지만 빠질 때는 $4s$가 가장 바깥 껍질이므로 $4s$부터 빠진다.

11 다음 중 산성비의 피해를 가장 많이 입을 수 있는 건축재료는?

① 대리석
② 화강암
③ 유 리
④ 모 래

산성비는 대리석($CaCO_3$)과 중화 반응하여 이산화탄소 기체를 발생한다.

12 폴리에틸렌(Polyethylene)을 제조할 때 사용되는 가장 보편적인 단위체는?

① $CH_2=CH(C_6H_5)$
② $CH_2=CHCl$
③ $CH_2=CH_2$
④ $CH_2=CH(CN)$

폴리(Poly)는 단위체가 여러 개 이어진 것을 의미하므로 에틸렌(CH_2CH_2)이 여러 개 이어진 것이다.

13 어떤 온도에서 다음 발열반응의 평형상수 $K_c = 9.6$일 때 옳은 것은?

$$N_2(g) + 3H_2(g) \rightarrow 2NH_3(g)$$

① $\Delta G > 0$, $\Delta H > 0$, $\Delta S > 0$

② $\Delta G > 0$, $\Delta H > 0$, $\Delta S < 0$

③ $\Delta G < 0$, $\Delta H < 0$, $\Delta S > 0$

④ $\Delta G < 0$, $\Delta H < 0$, $\Delta S < 0$

해설

평형상수가 1보다 크므로 $\Delta G < 0$이며, 발열반응이므로 $\Delta H < 0$, 기체 계수는 4에서 2로 감소하므로 $\Delta S < 0$이다.

14 25℃에서 pH가 5.0인 HCl 수용액을 1,000배 묽힌 용액의 pH에 가장 가까운 값은?(단, log2 = 0.30이다)

① 6.0

② 7.0

③ 7.5

④ 8.0

해설

산성 용액을 아무리 묽혀도 염기성이 될 수 없으므로 pH 7보다 커질 수는 없다.

15 다음 중 완충용액에 대한 설명으로 옳은 것만을 모두 고른 것은?

ㄱ. 산이나 염기를 소량 첨가해도 pH가 거의 변하지 않는다.
ㄴ. 약한 산과 그것의 짝염기를 비슷한 농도비로 혼합하여 만들 수 있다.
ㄷ. 사람의 혈액은 탄산을 주요 성분으로 하는 완충계를 가진다.
ㄹ. pH의 큰 변화 없이 완충용액이 흡수할 수 있는 H^+나 OH^-의 양을 완충용량이라 한다.

① ㄱ

② ㄱ, ㄴ

③ ㄱ, ㄴ, ㄷ

④ ㄱ, ㄴ, ㄷ, ㄹ

해설

완충용액은 pH의 큰 변화가 없는 용액으로 약한 산(염기)의 짝염기(산)를 혼합하여 만든다.

16 이산화질소(적갈색)로부터 사산화이질소(무색)가 생성되는 다음 반응계에 대한 설명으로 옳지 않은 것은?

$$2NO_2(g) \rightleftharpoons N_2O_4(g) \ \Delta H = -54.8\,kJ$$

① 정반응은 발열반응이다.

② 온도를 높이면 평형상수가 커진다.

③ 반응용기의 부피를 감소시키면 혼합물이 무색에 가까워진다.

④ 온도를 낮추면 혼합물이 무색에 가까워진다.

해설

① 엔탈피가 0보다 작으므로 발열반응이다.

② 발열반응이므로 온도를 높이면 평형상수는 작아진다.

③ 계수가 2에서 1로 감소하므로 부피 감소 시 정반응이 일어나므로 무색에 가까워진다.

④ 온도를 낮추면 정반응이 일어나므로 무색에 가까워진다.

17 정촉매의 역할에 대한 설명으로 옳지 않은 것은?

① 반응에 관여하는 분자들의 충돌 횟수를 증가시켜 반응속도를 증가시킨다.

② 정반응속도와 역반응속도를 모두 증가시킨다.

③ 반응 활성화에너지를 감소시킨다.

④ 반응이 진행되어도 촉매의 양은 줄지 않는다.

해설

① 온도를 높였을 때 분자의 운동이 빨라지며 가능한 상태이다.

18 산성비의 형성과 관계없는 반응은?

① $CO + H_2O \rightarrow HCO_2H$

② $2NO_2 + H_2O \rightarrow HNO_2 + HNO_3$

③ $SO_3 + H_2O \rightarrow H_2SO_4$

④ $2SO_2 + O_2 \rightarrow 2SO_3$

19 다음 반응식에 따라 A 3mol과 B 2mol이 반응하여 C 4mol이 생성되었다면 이 반응의 퍼센트 수율(%)은?

$$2A + B \rightarrow 3C + D$$

① 67

② 75

③ 89

④ 100

해설

이론적 생성물의 몰수를 구하면 한계반응물은 A이므로

	2A	+	B	→	3C	+	D
반응 전	3mol		2mol		0mol		0mol
반 응	−3mol		−1.5mol		+4.5mol		1.5mol
반응 후	0mol		0.5mol		4.5mol		1.5mol

이다. C의 이론값은 4.5mol이므로 $\dfrac{4.0\text{mol}}{4.5\text{mol}} \times 100 \fallingdotseq 89\%$이다.

20 혼합물로부터 순물질을 분리해내는 방법은?

① 질량 분광

② 적외선 분광

③ 크로마토그래피

④ X-선 회절

해설

분광 및 회절법은 물질의 확인 용도이다.

2011년 기출문제

지방직 9급

01 물질이 변화하는 형태는 물리적 변화와 화학적 변화로 구분될 수 있다. 다음 중 화학적 변화로 옳지 않은 것은?

① 공기 중의 수증기가 새벽에 이슬로 응결되는 것
② 과산화수소가 머리카락을 탈색시키는 것
③ 공기 중에 노출된 철판이 녹스는 것
④ 베이킹소다와 식초를 섞을 때 거품이 생기는 것

해석
①은 상태변화이므로 물리적 변화이다.

02 파울리(Pauli)의 배타원리에 대한 설명으로 옳은 것은?

① 한 원자 내에 4가지 양자수가 모두 동일한 전자는 존재하지 않는다.
② 한 원자 내의 모든 전자들은 동일한 각운동량양자수(l)를 가질 수 없다.
③ 한 개의 궤도함수에는 동일한 스핀의 전자가 최대 2개까지 채워질 수 있다.
④ 동일한 주양자수(n)를 갖는 전자들은 모두 다른 스핀양자수(m_s)를 가진다.

해석
① 파울리 배타원리의 정의이다.
② 주양자수(n)가 다르면 각운동량양자수(l)가 같을 수 있다.
③ 3가지 양자수가 같으므로 스핀 방향은 반대이어야 한다.
④ 각운동량양자수(l), 자기양자수(m_l)에 따라 같을 수도 있다.

03 H₂O의 결합구조에서 O─H의 결합각이 104.5°인 이유를 설명하는데 적합한 이론은?

① 쌍극자모멘트 이론
② 분자궤도함수 이론
③ 혼성궤도함수 이론
④ 원자가껍질전자쌍반발 이론

해설

결합각은 원자가껍질전자쌍반발 이론(VSEPR 이론)을 기반으로 하여 계산 또는 예측한다.

04 유기화학반응에 대한 설명으로 옳지 않은 것은?

① 축합반응은 작은 분자가 제거되어 두 분자가 연결되는 반응이다.
② 중합반응은 여러 개의 작은 분자들을 조합시켜 커다란 분자를 만드는 반응이다.
③ 첨가반응에서 탄소에 결합된 일부 원자나 원자단은 증가되고, 탄소 간 결합의 불포화 정도도 증가한다.
④ 치환반응에서 탄소에 결합된 일부 원자나 원자단은 바뀌고, 탄소 간 결합의 불포화 정도는 변하지 않는다.

해설

③ 첨가반응 시 다중 결합이 끊어지므로 탄소 간 결합의 불포화도 정도는 감소한다.

05 오존층 파괴와 관련된 설명으로 옳지 않은 것은?

① 오존층 파괴는 CFC 내에 존재하는 Cl에 의해 진행된다.
② 냉매와 공업용매로 많이 사용되는 CFC는 공기와 화학적인 반응성이 크다.
③ 오존층 파괴의 주된 화학물질로 알려진 CFC는 클로로플루오로카본의 약자이다.
④ 오존층에 존재하는 오존은 자외선으로부터 지구의 생명체를 보호하는 역할을 한다.

해설

CFC의 반응성은 작아 안정적이라 다른 물질과 반응하지 않아 개발 초기에 안전한 물질로 오해 받았다.

06 평형상수(K)에 대한 설명으로 옳지 않은 것은?

① K 값이 클수록 평형에 도달하는 시간이 짧아진다.
② K 값이 클수록 평형위치는 생성물 방향으로 이동한다.
③ 발열반응에서 평형상태에 열을 가해 주면 K 값이 감소한다.
④ K 값의 크기는 생성물과 반응물 사이의 에너지 차이에 의해서 결정된다.

해설

① 평형상수와 평형 도달 시간은 직접적 관련이 없다. 평형 도달 시간은 반응속도에 의해 결정된다.

정답 3 ④ 4 ③ 5 ② 6 ①

07 다음 화합물들에 포함된 탄소 원자가 만드는 혼성 오비탈을 순서대로 바르게 나열한 것은?

> 에틸렌, 메탄올, 아세틸렌, 이산화탄소

① sp, sp^3, sp^2, sp^2

② sp^2, sp^3, sp, sp

③ sp^2, sp^3, sp, sp^2

④ sp^2, sp^3, sp^2, sp

해설

혼성 구조를 생각할 때는 다중결합을 단일결합으로 생각하면 쉽다.

에틸렌(에텐)	메탄올	아세틸렌	이산화탄소
H₂C=CH₂ 구조	H-C-O-H (H 위아래)	H-C≡C-H	O=C=O
C 주위에 결합이 3개이므로 sp^2 혼성	4개이므로 sp^3 혼성	2개이므로 sp 혼성	2개이므로 sp 혼성

08 다음 반응도표에 대한 설명으로 옳지 않은 것은?

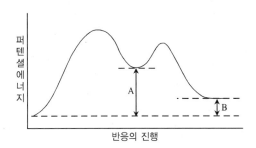

반응의 진행

① 2단계 반응이다.

② 전체 반응은 B만큼 흡열한다.

③ 전체 반응속도는 A에 의존한다.

④ 전체 화학 방정식에 나타나지 않는 중간체가 형성된다.

해설

③ 전체 반응속도는 첫 단계의 활성화 에너지에 의존한다.

09 84.0g의 CO기체와 10.0g의 H_2기체를 반응시켜 액체 CH_3OH를 얻었다. 이에 대한 설명으로 옳지 않은 것은?(단, CO, H_2, CH_3OH의 분자량은 각각 28.0g, 2.0g, 32.0g이다)

① 한계반응물은 CO이다.

② CO와 H_2는 1 : 2의 몰비로 반응한다.

③ CH_3OH의 이론적 수득량은 80.0g이다.

④ 반응물 CO와 H_2의 몰수는 각각 3mol과 5mol이다.

해설

조건이 질량이므로 질량보존의 법칙으로 풀면

$$CO(g) + 2H_2(g) \rightarrow CH_3OH(l)$$

반응 전	84.0g	10.0g	0g
반 응	−70.0g	−10.0g	+80.0g (계수와 분자량을 이용하여 질량비를 구한다)
반응 후	14.0g	0g	80g

① 한계반응물은 수소기체이다.

② 계수비는 1 : 2이다.

③ 100% 수득량이라고 가정할 시 $CH_3OH(l)$ 생성량은 80g이다.

④ CO의 몰수는 $\dfrac{84g}{28g/mol} = 3mol$, H_2의 몰수는 $\dfrac{10g}{2g/mol} = 5mol$이다.

10 표준상태에 있는 다음 두 반쪽 반응을 기본으로 하는 볼타전지를 만들었다. 이에 대한 설명으로 옳지 않은 것은?

$Zn^{2+} + 2e^- \rightarrow Zn$	$E° = -0.76V$
$Cu^{2+} + 2e^- \rightarrow Cu$	$E° = +0.34V$

① Zn은 환원제로 작용했다.

② 전지의 $E°_{cell}$는 1.10V이다.

③ Zn은 환원전극이고 Cu는 산화전극이다.

④ 두 금속에서 일어나는 산화−환원은 자발적이다.

해설

※ 저자의견 : 이 문제는 다소 논란의 소지가 있다. 따라서 해설에서는 문제의 의도와 저자의 관점을 동시에 설명한다.

볼타전지의 식을 완성하면 아연이 산화되고 구리에서 수소기체가 발생하므로 $Zn + 2H^+ \rightarrow Zn^{2+} + H_2$이다.

① Zn은 산화되므로 환원제이다.

② 논란의 여지가 있는 문제로 위 식으로 계산하였을 경우 $E°_{cell} = 0.00 - (-0.76) = 0.76V$, $Zn + Cu^{2+} \rightarrow Zn^{2+} + Cu$ 식으로 계산하였을 경우 $E°_{cell} = 0.34 - (-0.76) = 1.10V$가 나온다. 정확히는 다니엘전지의 기전력이지만 볼타전지 안에 다니엘전지도 포함되므로 맞다고 볼 수도 있지만 교육과정에서는 볼타전지와 다니엘전지를 구분하여 배우므로 다소 논란의 소지가 있는 문항이다.

③ Zn은 산화전극이고 Cu는 환원전극이다.

④ 기전력이 +이므로 자발적인 반응이다.

11 몰(mol)에 대한 설명으로 옳지 않은 것은?

① 몰질량은 1mol의 질량이다.

② 1mol은 어떤 물질(원자, 분자, 전자 등) 6.02×10^{23}개의 양이다.

③ 몰수는 용액 1L에 용해된 용질의 양을 아보가드로 수로 나타낸 값이다.

④ 0℃, 1기압에서 기체 1mol의 부피는 기체의 종류에 관계없이 22.4L이다.

해설

③ 용액 1L에 용해되는 용질의 양은 물질마다 다르다.

12 소금물의 총괄성에 대한 설명으로 옳은 것을 모두 고른 것은?

> ㄱ. 소금물의 끓는점은 순수한 물의 끓는점보다 높다.
> ㄴ. 소금물의 어는점은 순수한 물의 어는점보다 낮다.
> ㄷ. 삼투현상에서 물은 항상 소금의 농도가 진한 쪽으로 이동한다.

① ㄱ, ㄴ
② ㄱ, ㄷ
③ ㄴ, ㄷ
④ ㄱ, ㄴ, ㄷ

해설

순수한 물에 비해 용질이 들어가면 끓는점 오름, 어는점 내림이 발생하며, 삼투압은 농도가 낮은 곳에서 높은 곳으로 용매가 이동하여 농도를 맞추는 현상이다.

13 계의 엔트로피가 감소하는 반응을 모두 고른 것은?

> ㄱ. $H_2O(l) \rightarrow H_2O(g)$
> ㄴ. $2SO_2(g) + O_2(g) \rightarrow 2SO_3(g)$
> ㄷ. $4Fe(s) + 3O_2(g) \rightarrow 2Fe_2O_3(s)$

① ㄱ
② ㄴ
③ ㄴ, ㄷ
④ ㄱ, ㄴ, ㄷ

해설

ㄱ. 액체에서 기체로 상태가 변하였으므로 엔트로피는 증가한다.

ㄴ. 모두 기체이므로 계수의 합은 3에서 2로 감소하므로 엔트로피는 감소한다.

ㄷ. 기체의 계수만 보면 3에서 0으로 감소하므로 엔트로피는 감소한다.

14 화학반응에 대한 설명으로 옳은 것을 모두 고른 것은?

> ㄱ. 자발반응에서 Gibbs 에너지는 감소한다.
> ㄴ. 발열반응은 화학반응 시 열을 주위에 방출한다.
> ㄷ. 에너지는 한 형태에서 다른 형태로 변환되지만 창조되거나 소멸되지 않는다.

① ㄱ
② ㄱ, ㄴ
③ ㄴ, ㄷ
④ ㄱ, ㄴ, ㄷ

해설
ㄱ. 깁스에너지는 감소하는 방향으로 반응이 일어난다.
ㄴ. 발열 반응 시 주위로 열을 방출한다.
ㄷ. 열역학 제1법칙(에너지 보존 법칙)이다.

15 산성비에 대한 설명으로 옳지 않은 것은?

① 산성비는 대리석을 부식시킨다.
② 산성비로 인한 호수의 산성화를 막기 위하여 염화칼슘을 사용한다.
③ 질소산화물은 산성비의 원인 물질 중 하나이다.
④ 화석연료에 대한 탈황시설의 설치를 의무화하면 산성비를 줄일 수 있다.

해설
② 호수의 산성화를 막기 위하여 토양에 생석회(CaO)를 뿌린다.

16 〈표〉는 임의의 단일단계 반응, $A(g) \rightleftarrows 2B(g)$을 400K와 500K에서 진행시켜 구한 자료이다. 이에 대한 〈보기〉의 설명 중 옳은 것을 모두 고른 것은?

〈표〉 온도에 따른 정반응과 역반응 속도상수

온 도	정반응 속도상수(s^{-1})	역반응 속도상수($L \cdot mol^{-1} \cdot s^{-1}$)
400K	2×10^{-4}	4×10^{-6}
500K	4×10^{-2}	2×10^{-5}

〈보 기〉

> ㄱ. 이 반응은 자발적이다.
> ㄴ. 활성화 에너지는 역반응이 정반응보다 크다.
> ㄷ. 400K와 500K에서 평형상수 비는 1 : 40이다.

① ㄱ
② ㄷ
③ ㄴ, ㄷ
④ ㄱ, ㄴ, ㄷ

각 단일단계의 정반응 속도와 역반응 속도가 같다는 미세평형의 원리를 이용하면 $K = \dfrac{\text{정반응 속도상수}}{\text{역반응 속도상수}}$ 이므로 각 온도에서 평형상수는 $400\text{K} = \dfrac{2 \times 10^{-4}}{4 \times 10^{-6}} = 50$, $500\text{K} = \dfrac{4 \times 10^{-2}}{2 \times 10^{-5}} = 2 \times 10^3$ 이다. 평형상수는 1보다 크므로 모두 자발적이다.

17 〈표〉는 0℃에서 세 종류의 이상기체에 대한 자료이다. 이에 대한 〈보기〉의 설명 중 옳은 것을 모두 고른 것은?(단, A, B, C는 임의의 원소 기호이다)

〈표〉세 종류의 이상기체에 대한 자료

구 분	A_2	A_2B	CB_2
부피(L)	0.56	1.12	2.24
압력(atm)	4.0	2.0	0.5
질량(g)	0.2	1.8	3.2

〈보 기〉
ㄱ. 원자량은 B가 A의 8배이다.
ㄴ. A_2와 CB_2의 분자량 비는 1 : 32이다.
ㄷ. 1.8g의 A_2B와 3.2g의 CB_2에 들어 있는 총 원자수는 같다.

① ㄴ
② ㄷ
③ ㄱ, ㄴ
④ ㄱ, ㄷ

이상기체 방정식에서 분자량을 유도하면 $M = \dfrac{wRT}{PV}$ 이다. 기체상수 $R = \dfrac{22.4}{273}$ 이며 이것을 모를 경우 값에 R을 붙이고 비율로 풀 수도 있다.

각각의 분자량을 구하면

A_2	A_2B	CB_2
$M = \dfrac{(0.2)\left(\dfrac{22.4}{273}\right)(273)}{(4.0)(0.56)} = 2$	$M = \dfrac{(1.8)\left(\dfrac{22.4}{273}\right)(273)}{(2.0)(1.12)} = 18$	$M = \dfrac{(3.2)\left(\dfrac{22.4}{273}\right)(273)}{(0.5)(2.24)} = 64$

ㄱ. A의 원자량은 1, B의 원자량은 16이다.
ㄴ. 분자량 비는 2 : 64이므로 1 : 32이다.
ㄷ. 총 원자수는 A_2B가 2배 더 많다.

18 결합 차수를 근거로 하였을 경우 원자간 결합력이 가장 약한 화학종은?

① O_2^+ ② O_2

③ O_2^- ④ O_2^{2-}

해설

O_2^+, O_2^-, O_2^{2-}의 분자 궤도 함수

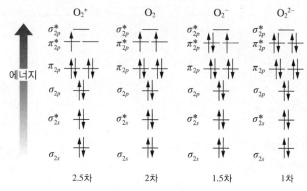

분자궤도 함수 이론에 따라 결합차수 = $\dfrac{(결합전자의\ 총수 - 반결합\ 전자의\ 총수)}{2}$ 이므로

① $\dfrac{6-1}{2} = 2.5$

② $\dfrac{6-2}{2} = 2.0$

③ $\dfrac{6-3}{2} = 1.5$

④ $\dfrac{6-4}{2} = 1.0$

19 물이 수소결합을 가지기 때문에 나타나는 현상으로 옳지 않은 것은?

① 얼음은 물 위에 뜬다.
② 순수한 물은 전기를 통하지 않는다.
③ 물은 3.98℃에서 최대 밀도를 가진다.
④ 유사한 분자량을 가진 다른 화합물에 비해 끓는점이 높다.

해설

② 공유결합에 의한 현상이다.

20 900℃에서 반응, $CaCO_3(s) \rightleftarrows CaO(s) + CO_2(g)$에 대한 K_p(압력으로 나타낸 평형상수) 값은 1.04이다. 이에 대한 설명으로 옳은 것을 모두 고른 것은?

> ㄱ. 평형에서 CO_2의 압력은 1.04atm이다.
> ㄴ. 생성되는 $CO_2(g)$를 제거하면 정반응이 우세하다.
> ㄷ. 같은 온도에서 $CaCO_3(s)$의 양을 변화시키면 평형상수값도 변화한다.

① ㄱ
② ㄱ, ㄴ
③ ㄴ, ㄷ
④ ㄱ, ㄴ, ㄷ

해설

ㄱ. 평형에서 고체의 양은 기체의 압력에 영향을 주지 않으므로 $K_p = CO_2$의 압력이다.
ㄴ. 르샤틀리에 원리에 의해 생성물을 제거하면 정반응이 우세하다.
ㄷ. 평형상수는 온도에 의해서 변화하므로 일정하다.

2013년 기출문제

국가직 9급

01 다음은 3가지 화합물 분자의 결합 배열을 간단히 나타낸 것이다. 이에 대한 설명으로 옳은 것은?(단, 비공유 전자쌍과 다중 결합은 표시되지 않았다)

(가) $H - C - C - H$
α

(나) $H - N - N - H$
β

(다) $H - O - O - H$
γ

① (가), (나), (다) 중 직선형 분자는 단 1개이다.
② (가), (나), (다) 모두 다중 결합을 갖는다.
③ (가), (나), (다) 중 비공유 전자쌍의 개수가 가장 많은 것은 (나)이다.
④ 결합각 α, β, γ의 크기는 모두 같다.

해설

① (가)만 직선형이다.
② (가), (나)만 다중결합을 가진다.
③ (다)의 비공유 전자쌍의 개수가 가장 많다.
④ 그림 참고

(가) $H - C \equiv C - H$
180°

(나) $H - \ddot{N} = \ddot{N} - H$
약 107°

(다) $H - \ddot{\underset{\cdot\cdot}{O}} - \ddot{\underset{\cdot\cdot}{O}} - H$
약 104.5°

정답 1 ①

02 다음은 NH_3와 BF_3가 반응하여 NH_3BF_3를 생성하는 반응식이다. 이에 대한 설명으로 옳지 않은 것은?

$$NH_3 + BF_3 \rightarrow NH_3BF_3$$

① NH_3는 삼각뿔 모양의 분자이다.

② NH_3BF_3에서 B는 옥텟 규칙을 만족한다.

③ NH_3BF_3에는 B와 N 간의 공유결합이 존재한다.

④ NH_3BF_3에서 결합각 $\angle(F-B-F)$은 $120°$이다.

해설

④ NH_3BF_3에서 결합각은 $109.5°$이다.

03 다음은 이산화황(SO_2)이 반응물로 참여하는 3가지 화학반응식이다. 이에 대한 설명으로 옳은 것은?

(가) $SO_2(g) + H_2O(l) \rightarrow H_2SO_3(aq)$

(나) $SO_2(g) + \boxed{a}H_2S(g) \rightarrow \boxed{b}S(s) + 2H_2O(l)$

(다) $SO_2(g) + 2H_2O(l) + Cl_2(g) \rightarrow H_2SO_4(aq) + 2HCl(aq)$

① (가)에서 SO_2가 환원된다.

② (나)에서 $a+b=4$이다.

③ (나)에서 SO_2가 산화제로 작용한다.

④ (다)에서 SO_2가 H_2O를 환원시킨다.

해설

① (가)에서 S의 산화수는 $+4$, O의 산화수는 -2로 일정하다. 산화-환원 반응이 아니다.

② $a=2$, $b=3$이다.

③ (나)에서 S의 산화수는 $+4$에서 0으로 변하므로 환원되므로 산화제이다.

④ SO_2는 Cl_2를 환원시킨다.

04 다음은 탄소(C)와 수소(H)만으로 구성된 화합물 X의 실험식을 구하는 과정이다. 이에 대한 설명으로 옳은 것은?(단, H, C, O의 원자량은 각각 1, 12, 16이다)

[실험 과정]

(가) 다음 그림과 같은 장치에 화합물 X 78mg을 넣고 산소를 충분히 공급하면서 가열하여 X를 완전 연소시킨다.

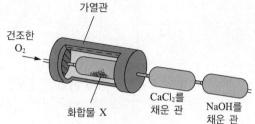

(나) 반응 후 염화칼슘(CaCl₂)과 수산화나트륨(NaOH)이 각각 들어 있는 관의 증가한 질량을 구한다.

[실험 결과]

구 분	CaCl₂를 채운 관	NaOH를 채운 관
증가한 질량(mg)	54	264

① 생성된 CO_2와 H_2O의 몰수비는 1 : 2이다.

② (가)에서 연소에 소모된 산소의 질량은 240mg이다.

③ $CaCl_2$를 채운 관과 NaOH를 채운 관의 위치를 맞바꿔도 실험결과는 동일하다.

④ X의 실험식은 CH_2이다.

해설

① 생성된 CO_2와 H_2O의 몰수비는 $\dfrac{264mg}{44g/mol} : \dfrac{54mg}{18g/mol} = 2 : 1$이다.

③ $CaCl_2$와 NaOH의 순서를 바꾸면 NaOH가 이산화탄소와 물을 모두 흡수하므로 실험결과가 다르게 나온다.

④ C의 질량 : $264mg \times \dfrac{12}{44} = 72mg$, H의 질량 : $54mg \times \dfrac{2}{18} = 6mg$

실험식은 $C : H = \dfrac{72}{12} : \dfrac{6}{1} = 1 : 1$이므로 CH이다.

05 다음은 수소 원자에서 주양자수(n)가 n_i에서 $n_i + 1$로 증가하는 전자 전이($\Delta n = +1$)가 일어날 때 흡수되는 에너지 ΔE를 $\dfrac{1}{n_i}$에 따라 나타낸 것이다. 이에 대한 설명으로 옳은 것은?

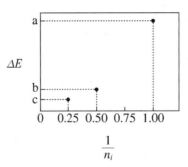

① a 값은 수소 원자의 이온화 에너지에 해당한다.

② a 값은 b 값의 5배보다 더 크다.

③ c 값은 가시광선의 에너지에 해당한다.

④ b와 c 사이의 ΔE 값을 가지면서, $\Delta n = +1$인 전자 전이가 수소 원자에는 존재하지 않는다.

해설

주양자수에 따른 에너지 준위를 $E = -\dfrac{A}{n^2}$이라고 가정하면

구 분	n_i	전자전이	흡수되는 에너지
a	1	$1 \rightarrow 2$	$3/4A$
b	2	$2 \rightarrow 3$	$5/36A$
c	4	$4 \rightarrow 5$	$9/400A$

① 수소의 이온화 에너지는 $1 \rightarrow \infty$ 일 때이다.

② b값에 5배를 하면 $\dfrac{3}{4}A = \dfrac{27}{36}A > \dfrac{5}{36}A \times 5$이므로 a값이 더 크다.

③ c는 $n = 4$일 때이므로 가시광선이 아니다.

④ 껍질이 올라가면 에너지 차이가 줄어드므로 가능하다.

지방직 9급

01 다음 반응에 대한 설명으로 옳은 것은?

$$3PbO(s) + 2NH_3(g) \rightarrow N_2(g) + 3H_2O(l) + 3Pb(s)$$

① N은 환원되었다.
② Pb의 산화수는 감소하였다.
③ NH_3에서 N의 산화수는 +3이다.
④ PbO는 환원제이다.

해설

① N의 산화수는 -3에서 0으로 변하므로 산화이다.
② Pb의 산화수는 +2에서 0으로 감소한다.
③ NH_3에서 N의 산화수는 -3이다.
④ PbO는 산화제이다.

02 다음 두 반응에 대한 설명으로 〈보기〉에서 옳은 것만을 모두 고른 것은?

- $HCN(aq) + H_2O(l) \rightarrow H_3O^+(aq) + CN^-(aq)$
- $NH_3(aq) + H_2O(l) \rightarrow NH_4^+(aq) + OH^-(aq)$

〈보 기〉

ㄱ. HCN은 브뢴스테드-로우리의 산이다.
ㄴ. NH_3는 루이스의 염기이다.
ㄷ. H_2O는 양쪽성 물질이다.

① ㄱ, ㄴ
② ㄱ, ㄷ
③ ㄴ, ㄷ
④ ㄱ, ㄴ, ㄷ

해설

ㄱ. HCN은 수소이온을 방출하므로 브뢴스테드-로우리 산이다.
ㄴ. NH_3는 비공유 전자쌍을 제공하므로 루이스 염기이다.
ㄷ. H_2O는 HCN과의 반응에서 염기로, NH_3와의 반응에서 산으로 작용한다.

03 다음 표는 중성 원자 A~D의 양성자 수와 중성자 수를 나타낸 것이다. 이에 대한 설명으로 옳은 것은?(단, A~D는 임의의 원소 기호이다)

원 자	양성자 수	중성자 수
A	6	7
B	7	7
C	8	8
D	8	9

① A의 원자가 전자는 2개이다.
② A의 질량수는 B보다 크다.
③ B의 전자 수는 C보다 많다.
④ C와 D는 동위원소이다.

A : $_{6}^{13}C$, B : $_{7}^{14}N$, C : $_{8}^{16}O$, D : $_{8}^{17}O$
A의 원자가 전자는 4개이다.

04 일정 온도와 부피에서 질소(N_2) 기체 2mol과 수소(H_2) 기체 6g을 완전히 반응시켜 암모니아(NH_3) 기체를 생성하였다. 이 반응에 대한 설명으로 옳은 것은?(단, 원자량은 N : 14, H : 1이다)

① 반응 전 기체의 총질량은 62g이다.
② 반응물 중 남아 있는 기체는 수소이다.
③ 반응 후 기체의 총질량은 48g이다.
④ 반응 후 기체의 압력은 반응 전보다 높다.

$$N_2(g) + 3H_2(g) \rightarrow 2NH_3(g)$$

	$N_2(g)$	$3H_2(g)$	$2NH_3(g)$
반응 전	2mol	3mol	0
반 응	−1mol	−3mol	+2mol
반응 후	1mol	0	2mol

$$N_2(g) + 3H_2(g) \rightarrow 2NH_3(g)$$

	$N_2(g)$	$3H_2(g)$	$2NH_3(g)$
반응 전	56g	6g	0g
반 응	−28g	−6g	+34g
반응 후	28g	0g	34g

①, ③ 질량보존의 법칙에 따라 62g으로 일정하다.
④ 반응 후 분자 수는 감소하므로 압력은 감소한다.

05 다음은 세 가지 분자의 구조식과 결합각을 나타낸 것이다. 이에 대한 설명으로 〈보기〉에서 옳은 것만을 모두 고른 것은?

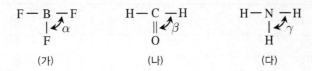

$F - B \overset{\alpha}{\underset{\mid}{F}}$	$H - C \overset{\beta}{\underset{\parallel}{H}}$	$H - N \overset{\gamma}{\underset{\mid}{H}}$
F	O	H
(가)	(나)	(다)

〈보 기〉

ㄱ. (가)는 극성 분자이다.
ㄴ. (다)의 구조는 삼각뿔형이다.
ㄷ. 결합각의 크기는 $\beta > \alpha > \gamma$이다.

① ㄱ, ㄴ   ② ㄱ, ㄷ
③ ㄴ, ㄷ   ④ ㄱ, ㄴ, ㄷ

$\alpha = 120°$, $\beta = 122°$, $\gamma = 107°$
ㄱ. (가)는 무극성 분자이다.

2013 서울시 9급

01 다음은 어떤 시료를 원소 분석한 결과와 그에 대한 해석이다. 결과 해석 중 옳은 것을 모두 고르면?(단, 원자량은 탄소 = 12, 수소 = 1이다)

시료분석결과	1. 상대적 질량비는 탄소 92.3%, 수소 7.7%이다. 2. 분자량은 26이다.
결과해석	가. 이 시료는 탄소와 수소로만 이루어진 화합물이다. 나. 탄소와 수소의 결합비는 1 : 1이다. 다. 시료의 분자 구조에는 이중 결합과 단일 결합이 있다.

① 가
② 가, 나
③ 가, 다
④ 나, 다
⑤ 가, 나, 다

실험식을 구하면 $\dfrac{92.3}{12} : \dfrac{7.7}{1} \approx 1 : 1$이므로 실험식은 CH이며 실험식량은 13이므로 분자식은 C_2H_2이다. 분자구조에는 삼중결합과 단일결합이 있다.

정답 5 ③ / 1 ②

02 다음은 주기율표의 일부를 나타낸 것이다. 원소 A~F에 대한 설명으로 옳은 것은?(단, A~F는 임의의 원소 기호이다)

주기 \ 족	1	2	13	14	15	16	17	18
1	A							
2	B			C		D		
3		E					F	

① A와 C의 화합물은 이온으로 되어 있다.
② B와 D의 화합물은 사염화탄소에 잘 녹는다.
③ C와 F의 화합물은 극성 분자이다.
④ D와 E의 화합물은 액체 상태에서 전기가 통한다.
⑤ E와 F의 화합물의 화학식은 EF이다.

해설

A : H, B : Li, C : C, D : O, E : Mg, F : Cl
① CH_4는 공유결합이다.
② Li_2O는 이온결합으로 무극성 용매(사염화탄소)에 잘 녹지 않는다.
③ CCl_4(사염화탄소)는 무극성 분자이다.
④ MgO는 이온결합으로 용융상태에서 전기가 통한다.
⑤ E와 F의 화합물의 화학식은 $MgCl_2$이다.

03 그림은 중심 원자 주위에 있는 전자쌍의 수에 따른 전자쌍의 배열 구조를 나타낸 것이다. (가)~(다)에 대한 설명으로 옳은 것은?

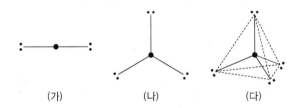

(가)   (나)   (다)

① 중심 원자 주위의 전자쌍이 이루는 각은 (나)가 (가)보다 크다.
② 중심 원자 주위의 전자쌍이 이루는 각은 (다)가 (나)보다 크다.
③ H_2O 분자에서 산소(O)가 가지는 전자쌍은 (가)와 같이 배열된다.
④ NH_3 분자에서 질소(N)가 가지는 전자쌍은 (나)와 같이 배열된다.
⑤ CH_4 분자에서 탄소(C)가 가지는 전자쌍은 (다)와 같이 배열된다.

해설

구 분	(가)	(나)	(다)
결합각	$180°$	$120°$	$109.5°$
예	BeF_2	BF_3	CH_4

04 그림은 묽은 염산(HCl) (가)와 수산화나트륨(NaOH) 수용액 (나)를 섞은 혼합 용액 (다)를 이온 모형으로 나타낸 것이다. (가)~(다)에 대한 설명으로 옳은 것은?

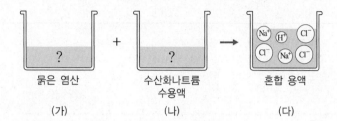

묽은 염산   수산화나트륨 수용액   혼합 용액

(가)   (나)   (다)

① 양이온 수는 (가)가 (다)보다 많다.
② 전체 이온 수는 (나)가 가장 많다.
③ 반응이 일어나는 동안 온도 변화는 없다.
④ Mg을 넣었을 때 수소 기체가 발생하는 것은 (가)와 (다)이다.
⑤ BTB 용액을 넣었을 때 푸른색으로 변하는 것은 (나)와 (다)이다.

해석

구 분	(가)	(나)	(다)
H^+	$3N$	0	N
Cl^-	$3N$	0	$3N$
Na^+	0	$2N$	$2N$
OH^-	0	$2N$	0

중화반응은 발열반응이므로 온도가 상승하며 Mg을 넣었을 때 수소기체가 반응하려면 산성이어야 하므로 (가), (다)이다. BTB가 푸른색이면 염기성이므로 (나)만 변한다.

05 아미노산의 일반식은 그림과 같다. 이에 대한 설명으로 옳지 않은 것은?

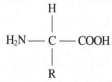

① H와 R로 써진 부분이 결합하여 다양한 단백질이 만들어진다.
② R로 표시된 부분에 따라 아미노산의 종류가 달라진다.
③ 아미노산은 수소 이온과 수산화 이온에 모두 반응할 수 있다.
④ 아미노산은 물과 친한 작용기가 있어 물에 잘 녹는다.
⑤ 아미노산은 중심 탄소에서 사면체 구조를 이룬다.

해석

① 단백질은 아미노기(NH_2)와 카복시기(COOH)가 축합중합 반응하여 이루어진다.

2014년 기출문제

 국가직 9급

01 그림 (가)는 용광로에서 철광석으로부터 철을 얻는 과정이고, (나)는 용광로에서 일어나는 몇 가지 화학반응을 나타낸 것이다. 이에 대한 설명으로 옳은 것은?

(가)	(나)
철광석 코크스 석회석 200℃ 800℃ 1,000℃ 뜨거운 공기 1,600℃ 슬래그 용융된 철	$\bigcirc$ $C + \dfrac{1}{2}O_2 \rightarrow CO$ $\bigcirc$ $Fe_2O_3 + 3CO \rightarrow 2Fe + 3CO_2$ $\bigcirc$ $CaCO_3 \rightarrow CaO + CO_2$ $\bigcirc$ $CaO + SiO_2 \rightarrow CaSiO_3$

① 반응 ㉠은 코크스(C)의 불완전 연소 반응이다.

② 반응 ㉡에서 CO는 산화제로 작용한다.

③ 슬래그($CaSiO_3$)의 밀도가 용융된 철의 밀도보다 크다.

④ 반응 ㉠~㉢은 모두 산화-환원 반응이다.

해설

② C의 산화수가 +2에서 +4로 증가하므로 CO는 환원제로 작용한다.

③ 슬래그가 용융된 철보다 위에 있으므로 밀도가 작다.

④ ㉠, ㉡만 산화-환원 반응이다.

1 ① **정답**

02 다음은 프로페인(C_3H_8) 기체의 연소 반응에 대한 화학반응식이다. 이에 대한 설명으로 〈보기〉에서 옳은 것만을 모두 고르면?(단, H, C, O의 원자량은 각각 1, 12, 16이고 a와 b는 화학반응식의 계수이다)

$$C_3H_8(g) + aO_2(g) \rightarrow bCO_2(g) + 4H_2O(l)$$

〈보 기〉

ㄱ. $a+b=8$이다.
ㄴ. 1mol의 프로페인이 완전 연소하면 2mol의 CO_2가 생성된다.
ㄷ. 11g의 프로페인이 완전 연소하면 18g의 물이 생성된다.

① ㄱ ② ㄱ, ㄷ
③ ㄴ, ㄷ ④ ㄱ, ㄴ, ㄷ

해석

ㄱ. $a=5$, $b=3$이다.
ㄴ. 1mol의 프로페인 연소 시 3mol의 CO_2가 생성된다.
ㄷ.

$C_3H_8(g)$	$+5O_2(g)$	$\rightarrow$	$3CO_2(g)$	$+4H_2O(l)$
반응 전	11g	40g	0g	0g
반 응	−11g	−40g	+33g	+18g
반응 후	0g	0g	33g	18g

03 다음은 산화−환원 반응과 관련된 실험이다. 이에 대한 설명으로 옳은 것은?

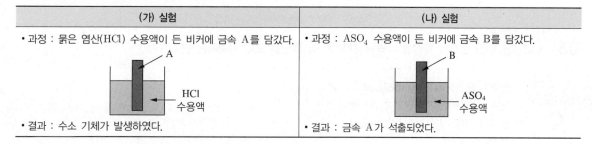

(가) 실험	(나) 실험
• 과정 : 묽은 염산(HCl) 수용액이 든 비커에 금속 A를 담갔다.	• 과정 : ASO_4 수용액이 든 비커에 금속 B를 담갔다.
• 결과 : 수소 기체가 발생하였다.	• 결과 : 금속 A가 석출되었다.

① (가) 실험에서 A는 환원된다.
② (가) 실험에서 수소 기체 1mol이 생성될 때 이동한 전자는 1mol이다.
③ (나) 실험에서 전자는 A이온에서 B로 이동한다.
④ B는 수소보다 산화되기 쉽다.

해석

(가) $A(s) + 2HCl(aq) \rightarrow H_2(g) + ACl_2(aq)$
(나) $ASO_4(aq) + B(s) \rightarrow BSO_4(aq) + A(s)$
① (가)에서 A는 산화된다.
② (가)에서 수소기체 1mol 생성 시 이동한 전자는 2mol이다.
③ (나)실험에서 전자는 B에서 A이온으로 이동한다.
④ 반응성이 (가)에서 A>H, (나)에서 B>A이므로 B>A>H이다.

04 다음 그림은 원자 모형의 변천 과정을 순서대로(A → B → C → D → E) 나타낸 것이다. 이에 대한 설명으로 옳지 않은 것은?

A   B   C   D   E

① A에서 B는 전자의 발견 때문이다.
② B에서 C는 원자핵의 발견 때문이다.
③ D 원자 모형은 수소원자의 선 스펙트럼을 잘 설명할 수 있다.
④ D에서 E는 양성자의 발견 때문이다.

해설
④ 불확정성의 원리 때문에 모형이 변경되었다.

05 다음은 어떤 분자의 특성을 나타낸 것이다. 이 특성을 모두 만족하는 분자는?

> • 쌍극자 모멘트의 합이 0보다 크다.
> • 모든 원자들이 같은 평면에 존재한다.
> • 중심 원자에 비공유 전자쌍이 있다.

① NH_3
② HCHO
③ OF_2
④ HCN

해설

NH_3	HCHO	OF_2	HCN
H∼Ṅ∴H, H	O‖C, H H	Ö, F F, Bent Structure	$H-C \equiv N$

지방직 9급

01 약 5천 년 전 서식했던 식물의 방사성 연대 측정에 이용될 수 있는 가장 적합한 동위원소는?

① 탄소-14
② 질소-14
③ 산소-17
④ 포타슘-40

탄소-14는 식물이 광합성을 할 때 흡수하고 생물이 죽으면 보급이 끊기며 약 5천 년의 반감기를 가지므로 방사성 연대 측정에 적합하다.

02 다음 화합물 중 물에 녹았을 때 산성 용액을 형성하는 것의 개수는?

SO_2, NH_3, BaO, $Ba(OH)_2$

① 1
② 2
③ 3
④ 4

금속의 산화물은 대체로 염기성을 가지므로 BaO, $Ba(OH)_2$는 염기성이다. NH_3의 경우 대표적인 염기성 물질이다.

03 산화-환원 반응이 아닌 것은?

① $N_2 + 3H_2 \rightarrow 2NH_3$
② $2H_2O_2 \rightarrow 2H_2O + O_2$
③ $HClO_4 + NH_3 \rightarrow NH_4ClO_4$
④ $2AgNO_3 + Cu \rightarrow 2Ag + Cu(NO_3)_2$

산화-환원 반응을 찾을 때는 각각의 산화수를 구하는 것이 가장 정확하지만 반응물과 생성물에서 원소가 화합물로 변하는 것이 있는지 찾으면 쉽다. 산화수가 하나라도 변한 것이 있으면 산화-환원은 무조건 동시에 일어나므로 산화-환원 반응이다.
① N이 N_2에서 NH_3로 변화
② O가 H_2O_2에서 O_2로 변화
③ 넓은 의미의 중화반응
④ Ag가 화합물에서 원소로 변화

04 다음 중 결합의 극성이 가장 작은 것은?

① HF에서 F－H

② H_2O에서 O－H

③ NH_3에서 N－H

④ SiH_4에서 Si－H

해설

쌍극자 모멘트는 거리와 전하량에 비례하나 조건이 주어지지 않으면 일반적으로 전기음성도 차에 비례한다.

① F(4.0), H(2.1)

② O(3.5), H(2.1)

③ N(3.0), H(2.1)

④ Si(1.8), H(2.1)

05 다음 중 끓는점의 비교가 옳은 것만을 모두 고른 것은?

> ㄱ. HBr < HI
>
> ㄴ. O_2 < NO
>
> ㄷ. HCOOH < CH_3CHO

① ㄱ

② ㄷ

③ ㄱ, ㄴ

④ ㄴ, ㄷ

해설

ㄱ. HI의 분자량이 더 크므로 끓는점이 더 높다.

ㄴ. NO의 극성이 더 크므로 끓는점이 더 높다.

ㄷ. HCOOH의 경우 수소결합이 가능하므로 끓는점이 더 높다.

06 다음 반응의 평형 위치를 역반응 방향으로 이동시키는 인자는?

$$UO_2(s) + 4HF(g) \rightleftharpoons UF_4(g) + 2H_2O(g) + 150kJ$$

① 반응계에 $UO_2(s)$를 첨가하였다.

② HF(g)가 반응 용기와 반응하여 소모되었다.

③ 반응계에 Ar(g)을 첨가하였다.

④ 반응계의 온도를 낮추었다.

해설

반응열이 +150kJ이므로 발열반응이다.

① 반응물의 첨가이므로 정반응이 일어난다.

② 반응물이 감소하였으므로 역반응이 일어난다.

③ 반응물과 생성물 기체 계수의 합이 4 : 3이므로 비활성 기체 첨가 시 정반응이 일어난다.

④ 발열반응이므로 온도를 낮추면 정반응이 일어난다.

07 $\boxed{a}\,C_4H_{10} + \boxed{b}\,O_2 \rightarrow \boxed{c}\,CO_2 + \boxed{d}\,H_2O$ 반응에 대한 균형 반응식에서 계수 a~d의 값으로 옳게 짝지어진 것은?

	a	b	c	d
①	1	5	4	10
②	2	10	8	10
③	2	13	8	5
④	2	13	8	10

해설

a = 1로 가정하면 c = 4, d = 5이고 따라서 b = $\frac{13}{2}$ 이 나온다. 계수는 정수만 가능하므로 2를 곱해 주면 된다.

08 볼타(Volta)전지에 대한 설명으로 옳지 않은 것은?

① 자발적 산화–환원 반응에 의해 화학 에너지를 전기 에너지로 변환시킨다.

② 전기도금을 할 때 볼타전지가 이용된다.

③ 다니엘(Daniell) 전지는 볼타전지의 한 예이다.

④ $Zn(s)|Zn^{2+}(aq) \parallel Cu^{2+}(aq)|Cu(s)$로 표기되는 전지가 작동할 때 산화전극의 질량이 감소한다.

해설

② 기본적인 볼타전지에서 아연판은 녹고 구리판에는 수소기체가 나오므로 전기 도금에 부적합하다.

※ 저자의견 : 가장 정답에서 벗어나는 것이긴 하지만 전지를 다니엘전지로 사용가능하기 때문에 관점에 따라 다를 수 있다.

09 다음의 반응 메커니즘과 부합되는 전체 반응식과 속도 법칙으로 옳은 것은?

$$NO + Cl_2 \rightleftharpoons NOCl_2 (빠름, 평형)$$
$$NOCl_2 + NO \rightarrow 2NOCl (느림)$$

① $2NO + Cl_2 \rightarrow 2NOCl$, 속도 $= k[NO][Cl_2]$

② $2NO + Cl_2 \rightarrow 2NOCl$, 속도 $= k[NO]^2[Cl_2]$

③ $NOCl_2 + NO \rightarrow 2NOCl$, 속도 $= k[NO][Cl_2]$

④ $NOCl_2 + NO \rightarrow 2NOCl$, 속도 $= k[NO][Cl_2]^2$

해설

$NOCl_2$가 반응중간체이므로 두 식을 더하면 전체반응식은 $2NO + Cl_2 \rightarrow 2NOCl$이다. 속도 결정단계는 느린 반응인 2번째 반응이므로

속도 $= k[NOCl_2][NO]$ 이고 $NOCl_2$를 첫 번째 식을 이용해 바꾸어주면 $K = \dfrac{[NOCl_2]}{[NO][Cl_2]}$ $[NOCl_2] = K[NO][Cl_2]$

속도 $= kK[NO]^2[Cl_2] = k[NO]^2[Cl_2]$ 이다($kK = k$).

10 그림 (가), (나)의 루이스 전자점 구조를 갖는 분자 XY_2, ZY_3에 대해 설명한 것으로 옳은 것은?(단, X, Y, Z는 임의의 2주기 원소이다)

$$: \ddot{Y} : \ddot{X} : \ddot{Y} :$$
(가)

$$: \ddot{Y} : Z : \ddot{Y} :$$
$$: \ddot{Y} :$$
(나)

① (가)는 극성 공유결합을 갖는다.
② (나)의 분자 기하는 정사면체형이다.
③ (나)의 중심 원자는 옥텟 규칙을 만족한다.
④ 중심 원자의 결합각은 (가)가 (나)보다 크다.

(가)는 OF_2, (나)는 BF_3이다.
① 다른 원소와 결합하므로 극성 공유결합이다.
② (나)의 구조는 평면 삼각형이다.
③ 중심 원자 B는 옥텟규칙을 만족하지 못한다.
④ (가)의 결합각은 약 104.5°, (나)의 결합각은 약 120°이다.

11 다음 중 분자의 몰(mol)수가 가장 적은 것은?(단, N, O, F의 원자량은 각각 14, 16, 19이다)

① 14g의 N_2
② 23g의 NO_2
③ 54g의 OF_2
④ 2.0×10^{23}개의 NO

분자의 몰수는 $\dfrac{질량}{분자량} = \dfrac{개수}{아보가드로수}$이므로

① $\dfrac{14g}{28g/mol} = \dfrac{1}{2} mol$

② $\dfrac{23g}{46g/mol} = \dfrac{1}{2} mol$

③ $\dfrac{54g}{54g/mol} = 1 mol$

④ $\dfrac{2.0 \times 10^{23}}{6.02 \times 10^{23}} \approx \dfrac{1}{3} mol$

※ 저자의견 : 문제 조건에서 "아보가드로수는 6.0×10^{23}이다." 라는 조건을 주면 계산이 깔끔한 문제일 듯하다.

12 양성자 개수가 8이고, 질량수가 17인 중성 원자에 대한 설명으로 옳은 것은?

① 중성자 개수는 8이다.
② 전자 개수는 9이다.
③ 주기율표 2주기의 원소이다.
④ 주기율표 8족의 원소이다.

해설

$^{17}_{8}O$ 이므로 중성자수는 9개, 전자의 수는 8개, 2주기 원소에 16족 원소이다.

13 다음 중 화학적 변화는?

① 설탕이 물에 녹았다.
② 물이 끓어 수증기가 되었다.
③ 옷장에서 나프탈렌이 승화하였다.
④ 상온에 방치된 우유가 부패하였다.

해설

①, ②, ③은 상태만 변한 것이므로 물리적 변화이다.

14 다음 중 엔트로피가 증가하는 과정만을 모두 고른 것은?

> ㄱ. 소금이 물에 용해된다.
> ㄴ. 공기로부터 질소(N_2)가 분리된다.
> ㄷ. 기체의 온도가 낮아져 부피가 감소한다.
> ㄹ. 상온에서 얼음이 녹아 물이 된다.

① ㄱ, ㄴ
② ㄱ, ㄹ
③ ㄴ, ㄷ
④ ㄷ, ㄹ

해설

ㄱ. 소금의 용해는 용질이 용매에 퍼지는 것이므로 엔트로피는 증가한다.
ㄴ. 공기에 퍼져 있는 것을 모으는 것이므로 엔트로피는 감소한다.
ㄷ. 기체의 온도가 낮아지면 분자들의 운동 속도가 느려지므로 엔트로피는 감소한다.
ㄹ. 고체에서 액체로 변하므로 엔트로피는 증가한다.

15 다음 반응에서 구경꾼 이온만을 모두 고른 것은?

$$\mathrm{Pb(NO_3)_2}(aq) + 2\mathrm{NaCl}(aq) \rightarrow \mathrm{PbCl_2}(s) + 2\mathrm{NaNO_3}(aq)$$

① $\mathrm{Pb^{2+}}(aq)$, $\mathrm{Cl^-}(aq)$ ② $\mathrm{Pb^{2+}}(aq)$, $\mathrm{NO_3^-}(aq)$

③ $\mathrm{Na^+}(aq)$, $\mathrm{Cl^-}(aq)$ ④ $\mathrm{Na^+}(aq)$, $\mathrm{NO_3^-}(aq)$

해설

구경꾼 이온이란 반응 전후 상태가 변하지 않은 이온이므로 앙금으로 변하지 않은 $\mathrm{Na^+}$, $\mathrm{NO_3^-}$ 이 구경꾼 이온이다.

16 다음 설명 중 옳지 않은 것은?

① 용액(Solution)은 균일한 혼합물이다.
② 분자 형태로 존재하는 원소가 있다.
③ 원자 형태로 존재하는 화합물이 있다.
④ 수소($^1\mathrm{H}$)와 중수소($^2\mathrm{H}$)는 서로 다른 원자이다.

해설

② $\mathrm{H_2}$, $\mathrm{N_2}$, $\mathrm{O_2}$, $\mathrm{F_2}$ 등이 있다.
③ 화합물은 2가지 이상의 원소로 구성되므로 불가능하다.

17 이상기체로 거동하는 1몰(mol)의 헬륨(He)이 다음 (가)~(다) 상태로 존재할 때, 옳게 설명한 것만을 〈보기〉에서 모두 고른 것은?

구 분	(가)	(나)	(다)
압력(기압)	1	2	2
온도(K)	100	200	400

〈보 기〉

ㄱ. 부피는 (가)와 (나)가 서로 같다.
ㄴ. 단위 부피당 입자 개수는 (가)와 (다)가 서로 같다.
ㄷ. 원자의 평균 운동 속력은 (다)가 (나)의 2배이다.

① ㄱ   ② ㄴ

③ ㄱ, ㄷ   ④ ㄴ, ㄷ

해설

이상기체 방정식 $PV = nRT$ 에서 $n = 1\,\mathrm{mol}$ 과 R 은 상수이므로 $PV \propto T$ 이다.
ㄱ. $V \propto \dfrac{T}{P}$ 이므로 (가)와 (나)의 부피는 $V \propto \dfrac{100}{1} = \dfrac{200}{2}$ 로 같다.
ㄴ. (가)는 (다)의 2배이다.
ㄷ. (다)의 평균속력은 (나)의 $\sqrt{2}$ 배이다.

18 어떤 용액이 라울(Raoult)의 법칙으로부터 음의 편차를 보일 때, 이 용액에 대한 설명으로 옳은 것만을 모두 고른 것은?

> ㄱ. 용액의 증기압이 라울의 법칙에서 예측한 값보다 작다.
> ㄴ. 용액의 증기압은 용액 내의 용질 입자 개수와 무관하다.
> ㄷ. 용질−용매 분자 간 인력이 용매−용매 분자 간 인력보다 강하다.

① ㄱ
② ㄴ
③ ㄱ, ㄷ
④ ㄴ, ㄷ

해설

ㄱ, ㄷ. 라울의 법칙에서 음의 편차는 용질과 용매 간의 인력이 강한 것을 의미하므로 증기압은 예상보다 작다.
ㄴ. 증기압은 용질의 몰 분율과 관련이 있으므로 용질 입자 개수와 관련 있다.

19 물질 X의 상 그림이 다음과 같을 때, 주어진 온도와 압력 범위에서 X에 대해 설명한 것으로 옳은 것은?

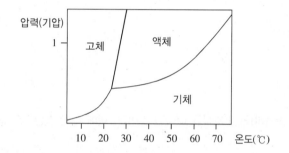

① 정상 끓는점은 60℃보다 높다.
② 정상 녹는점에서 고체의 밀도가 액체의 밀도보다 낮다.
③ 고체, 액체, 기체가 모두 공존하는 온도는 30℃보다 높다.
④ 20℃의 기체에 온도 변화 없이 압력을 가하면 기체가 액체로 응축될 수 있다.

해설

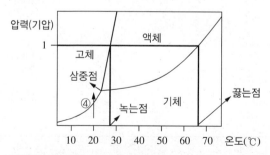

① 정상 끓는점은 60℃ 이상이다.
② 고체의 밀도가 액체보다 낮으면 용해곡선의 그래프 기울기가 반대이다.
③ 액체, 기체, 고체가 모두 존재하는 점은 삼중점으로 30℃ 이하이다.
④ 20℃의 기체에 압력을 가하면 고체로 변한다.

20 다음의 3가지 화학종이 섞여 있을 때, 염기의 세기 순서대로 바르게 나열한 것은?

$$H_2O(l),\ F^-(aq),\ Cl^-(aq)$$

① $Cl^-(aq) < H_2O(l) < F^-(aq)$

② $F^-(aq) < H_2O(l) < Cl^-(aq)$

③ $H_2O(l) < Cl^-(aq) < F^-(aq)$

④ $H_2O(l) < F^-(aq) < Cl^-(aq)$

해설

염기들의 산의 세기를 비교해보면 $HCl > H_3O^+ > HF$이다. 짝염기의 세기는 산의 세기에 반비례하므로 염기의 세기는 $Cl^- < H_2O < F^-$이다.

21 다음은 탄화수소 (가)~(라)의 구조식을 나타낸 것이다. 이에 대한 설명으로 옳지 않은 것은?

① (가)는 포화 탄화수소이다.
② 사슬 모양 탄화수소는 3가지이다.
③ (라)는 탄소 사이의 결합 길이가 모두 같다.
④ 결합각(∠HCC)은 (가) > (나) > (다) > (라)이다.

해설

구 분	(가)	(나)	(다)	(라)
포화·불포화	포 화	불포화	불포화	불포화
결합각	109.5°	120°	180°	120°

(라) 벤젠의 탄소-탄소 결합길이는 모두 같다.

22 다음은 주기율표의 일부를 나타낸 것이다. 원소 A~D에 대한 설명으로 〈보기〉에서 옳은 것만을 모두 고른 것은?(단, A~D는 임의의 원소 기호이다)

족 주기	1	2	13	14	15	16	17	18
2	A							
3	B					C	D	

〈보 기〉

ㄱ. A를 물에 녹인 수용액의 pH는 7보다 크다.
ㄴ. 원자가 전자의 유효핵전하는 B < C이다.
ㄷ. 전기음성도는 C > D이다.

① ㄱ   ② ㄴ
③ ㄱ, ㄴ   ④ ㄴ, ㄷ

해설

A : Li, B : Na, C : S, D : Cl
ㄱ. LiOH는 염기성이다.
ㄴ. 같은 주기에서 유효핵전하는 오른쪽으로 갈수록 크다.
ㄷ. 같은 주기에서 전기음성도는 오른쪽으로 갈수록 크다.

23 그림은 0℃, 1기압에서 3가지 기체가 강철 용기에 각각 들어 있는 것을 나타낸 것이다. 이에 대한 설명으로 옳은 것은?(단, H, C의 원자량은 각각 1, 12이다)

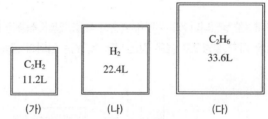

	C₂H₂ 11.2L	H₂ 22.4L	C₂H₆ 33.6L
	(가)	(나)	(다)

① (가)와 (나)에 존재하는 원자의 수는 같다.
② (가)와 (다)에 존재하는 탄소 원자의 수는 같다.
③ 용기 내 기체의 총질량은 (나)가 (가)보다 크다.
④ 단위 부피당 존재하는 기체 분자의 수는 (다)가 가장 많다.

해설

구 분	(가)	(나)	(다)
몰 수	0.5mol	1mol	1.5mol
질 량	13g	2g	45g

① 원자의 몰수 : (가) 2mol, (나) 2mol
② C원자의 몰수 : (가) 1mol, (나) 3mol
③ 용기 내 기체의 총 질량은 (가)가 (나)보다 크다.
④ 단위 부피당 존재하는 기체 분자의 수는 (가), (나), (다) 모두 같다.

24 다음은 화학반응과 관련된 일상생활의 예이다. 반응 원리가 같은 것끼리 A, B 두 그룹으로 나눌 때 바르게 묶은 것은?

> ㄱ. 철못을 공기 중에 오랫동안 방치하면 녹이 슨다.
> ㄴ. 생선회의 비린내를 제거하기 위해 레몬즙을 뿌린다.
> ㄷ. 동물이 호흡을 통해 포도당을 분해하여 에너지를 낸다.
> ㄹ. 개미에 물린 상처에 암모니아수를 바른다.
> ㅁ. 겨울철 난방을 위해 화석 연료를 태운다.

	A	B
①	ㄱ, ㄷ	ㄴ, ㄹ, ㅁ
②	ㄴ, ㅁ	ㄱ, ㄷ, ㄹ
③	ㄴ, ㄹ	ㄱ, ㄷ, ㅁ
④	ㄷ, ㄹ	ㄱ, ㄴ, ㅁ

해설

A는 중화반응, B는 산화-환원반응이다.

25 YCl_2 수용액에 금속 막대 X를 넣었더니 X의 표면에 금속이 석출되었다. 석출된 금속만을 긁어내어 묽은 염산에 넣었더니 기포가 발생하였다. 이에 대한 설명으로 옳은 것은?(단, X, Y는 임의의 금속 원소이다)

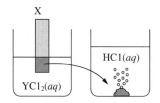

① X는 환원되었다.
② 수소 이온은 구경꾼 이온이다.
③ 기포의 성분은 염소(Cl_2)이다.
④ 금속 X를 묽은 염산에 넣으면 기포가 발생한다.

해설

실험 결과 Y가 석출되므로 금속의 반응성은 X > Y이다. 또 석출된 Y가 염산에서 반응하므로 Y > H이다.
① X는 산화되었다.
② 수소 이온은 산화수가 변하므로 구경꾼 이온이 아니다.
③ 기포의 성분은 $H_2(g)$이다.
④ 금속의 반응성은 X > Y > H 이므로 기포가 발생한다.

서울시 9급

01 산소 분자(O_2), 물(H_2O), 소금물에 대한 설명으로 옳은 것을 다음에서 모두 고른 것은?

> ㉠ 산소 분자는 원소이다.
> ㉡ 물은 순물질이다.
> ㉢ 소금물은 불균일 혼합물이다.

① ㉠   ② ㉠, ㉡

③ ㉠, ㉢   ④ ㉡, ㉢

⑤ ㉠, ㉡, ㉢

해설

㉢ 소금물은 균일 혼합물이다.

02 다음 작용기에 대한 설명 중 옳지 않은 것은?

① 에스터($RCOOR'$)는 향료 제조에 이용되며 제과와 청량음료 산업에서 풍미제로 사용된다.

② 포도주의 효소에 의해 아세트산(CH_3COOH)이 에탄올(CH_3CH_2OH)로 산화되는 반응이 일어난다.

③ 알코올(ROH)의 한 종류인 에탄올은 생물학적으로 설탕이나 전분을 발효해서 얻는다.

④ 케톤의 한 종류인 아세톤은 손톱 매니큐어 제거제로 이용한다.

⑤ 단백질 분자를 구성하는 아미노산은 아미노기와 카복시기를 가지고 있다.

해설

② 아세트산이 에탄올로 되는 반응은 환원이다.

03 다이아몬드와 흑연을 연소시키는 반응과 그 반응 엔탈피는 각각 다음과 같다. 흑연으로부터 다이아몬드를 얻는 반응에 대해 올바르게 설명한 것은?

> ㉠ C(다이아몬드)$+O_2(g) \rightarrow CO_2(g)$ $\Delta H^{\circ}_{반응} = -94.50 kcal$
>
> ㉡ C(흑연)$+O_2(g) \rightarrow CO_2(g)$ $\Delta H^{\circ}_{반응} = -94.05 kcal$

① 흡열반응, $\Delta H^{\circ}_{반응} = 188.55 kcal$

② 발열반응, $\Delta H^{\circ}_{반응} = -0.45 kcal$

③ 흡열반응, $\Delta H^{\circ}_{반응} = 0.45 kcal$

④ 발열반응, $\Delta H^{\circ}_{반응} = 0.45 kcal$

⑤ 흡열반응, $\Delta H^{\circ}_{반응} = -188.55 kcal$

정답 1 ②   2 ②   3 ③

해설

흑연이 다이아몬드보다 안정하므로 ㉡-㉠하면 반응엔탈피는 $\Delta H = 0.45\text{kcal}$로 0보다 크므로 흡열반응이다.

04 다음 두 가지 반응의 평형상수를 K_1, K_2로 표시할 때, 이들 평형상수 간의 관계가 맞는 것은?

$$SO_2(g) + \frac{1}{2}O_2(g) \rightleftharpoons SO_3(g) \quad K_1$$
$$2SO_3(g) \rightleftharpoons 2SO_2(g) + O_2(g) \quad K_2$$

① $K_2 = K_1$

② $K_2 = \frac{1}{K_1}$

③ $K_2^2 = K_1$

④ $K_2 = \frac{1}{K_1^2}$

⑤ $K_2 = \frac{2}{K_1}$

해설

평형상수는 계수의 영향을 받으며 정반응의 평형상수와 역반응의 평형상수는 역수관계이다.

05 여러가지 염이 물에 용해될 때 일어나는 용액의 pH 변화에 대한 설명 중 옳은 것은?

① $NaCl$을 물에 녹이면 용액의 pH는 7보다 높아진다.

② NH_4Cl을 물에 녹이면 용액의 pH는 7보다 낮아진다.

③ CH_3COONa를 물에 녹이면 용액의 pH는 7보다 낮아진다.

④ $NaNO_3$를 물에 녹이면 용액의 pH는 7보다 높아진다.

⑤ KI를 물에 녹이면 용액의 pH는 7보다 높아진다.

해설

① 가수분해가 없으므로 중성이다.

② NH_4^+의 가수분해가 일어나 pH는 7보다 낮아진다.

③ CH_3COO^- 이온의 가수분해로 pH는 7보다 높아진다.

④ 가수분해가 없으므로 중성이다.

⑤ 가수분해가 없으므로 중성이다.

4 ④ 5 ② 정답

06 다음 4가지 종류의 수용액을 제조하여 어는점을 측정하였다. 이때 어는점 내림이 가장 큰 순서대로 바르게 표시한 것은? (단, 염은 완전히 해리되었다)

> ㉠ 0.1m NaCl 수용액
> ㉡ 18g $C_6H_{12}O_6$을 물 1,000g에 용해한 수용액(단, $C_6H_{12}O_6$의 분자량 180)
> ㉢ 0.15m K_2SO_4 수용액
> ㉣ 6.5g $CaCl_2$를 물 500g에 용해한 수용액(단, $CaCl_2$의 분자량 130)

① ㉡ > ㉢ > ㉠ > ㉣
② ㉡ > ㉣ > ㉢ > ㉠
③ ㉢ > ㉣ > ㉠ > ㉡
④ ㉣ > ㉢ > ㉡ > ㉠
⑤ ㉣ > ㉠ > ㉢ > ㉡

해설

어는점 내림은 몰랄농도에 비례하므로 각각 몰랄농도를 구하면

㉠ Na^+, Cl^- 로 이온화되므로 $0.1m \times 2 = 0.2m$

㉡ $\dfrac{18g/180(g/mol)}{1kg} = 0.1m$

㉢ $2K^+$, SO_4^{2-} 생성되므로 $0.15m \times 3 = 0.45m$

㉣ Ca^{2+}, $2Cl^-$ 생성되므로 $\dfrac{6.5g/130(g/mol)}{0.5kg} = 0.1m$, $0.1m \times 3 = 0.3m$

07 다음은 Bohr의 에너지준위에 따른 수소원자의 방출스펙트럼을 나타낸 것이다. 이에 대한 설명으로 옳은 것은?

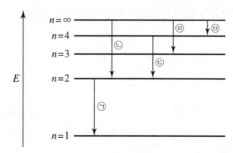

① 방출파장이 가장 짧은 것은 ㉡이다.
② 가시광선을 방출하는 스펙트럼은 3개이다.
③ 적외선을 방출하는 스펙트럼은 2개이다.
④ 방출에너지가 가장 큰 것은 ㉣이다.
⑤ 진동수가 가장 작은 것은 ㉠이다.

주양자수에 따른 에너지 준위를 $E=-\dfrac{A}{n^2}$ 이라고 가정하면

구 분	㉠	㉡	㉢	㉣	㉤
전자전이	$2 \rightarrow 1$	$\infty \rightarrow 2$	$4 \rightarrow 2$	$\infty \rightarrow 3$	$\infty \rightarrow 4$
빛 영역	자외선	자외선	가시광선	적외선	적외선
방출하는 에너지	$\dfrac{3}{4}A$	$\dfrac{1}{4}A$	$\dfrac{3}{16}A$	$\dfrac{1}{9}A$	$\dfrac{1}{16}A$

①, ④ 방출파장이 가장 짧은 것은 에너지가 가장 큰 ㉠이다.

② 가시광선을 방출하는 것은 1개이다.

　　※ 저자의견 : 고교 과정에서 발머계열($n=2$)로 도달하는 것은 전부 가시광선이라고 배우지만 7 이상에서 2로 도달하는 것은 자외선이다.

③ 적외선은 ㉣, ㉤ 2개이다.

⑤ 진동수는 에너지에 비례하므로 가장 작은 것은 ㉤이다.

08 다음 각 반응 중 계의 예상되는 엔트로피 변화가 $\Delta S° > 0$ 인 것은?

① $2H_2(g) + O_2(g) \rightarrow 2H_2O(l)$

② $H_2O(g) \rightarrow H_2O(l)$

③ $N_2(g) + 3H_2(g) \rightarrow 2NH_3(g)$

④ $I_2(s) \rightarrow 2I(g)$

⑤ $U(g) + 3F_2(g) \rightarrow UF_6(s)$

엔트로피는 고체가 액체, 기체 혹은 액체가 기체로 되는 경우에 증가하며, 기체 간의 반응에서는 생성물의 계수가 더 클 때 증가한다.

09 수소 기체와 산소 기체는 다음과 같이 반응하여 물을 생성한다. 10g의 수소 기체가 산소와 완전히 반응하는데 필요한 산소의 양은 얼마인가?

$$2H_2(g) + O_2(g) \rightarrow 2H_2O(g)$$

① 10g

② 20g

③ 40g

④ 60g

⑤ 80g

질량비를 이용해서 구하면 $H_2 : O_2 : H_2O = 1 : 8 : 9$이므로 10g의 수소기체가 완전히 반응하는데 산소 기체는 80g이 필요하다.

10 일정 온도에서 2기압의 산소기체가 들어 있는 부피 2L 용기와 4기압의 질소 기체가 들어 있는 부피 4L 용기를 연결하였다. 용기 연결 후 전체 압력은 얼마인가?

① 2.4기압　　　　　　　　　　　　　　　② 2.7기압
③ 3.0기압　　　　　　　　　　　　　　　④ 3.3기압
⑤ 3.7기압

해설

기체 반응에서 온도가 일정하므로 보일의 법칙을 사용하면 $P_1 V_1 + P_2 V_2 = PV$ 이므로 $2atm \times 2L + 4atm \times 4L = P \times 6L$, $P = 3.3atm$ 이다.

11 납축전지는 $Pb(s)$ 전극과 $PbO_2(s)$ 전극으로 구성되어 있으며 전해질은 H_2SO_4 수용액이다. 납축전지의 방전과정에서 일어나는 반응은 다음과 같다. 이에 관한 다음 서술 중 옳은 것을 모두 고르시오.

$$Pb(s) + PbO_2(s) + 2H_2SO_4(aq) \rightarrow 2PbSO_4(s) + 2H_2O(l)$$

ⓐ 자동차의 배터리에 이용된다.
ⓑ 1차 전지에 속하며 충전할 수 없다.
ⓒ 방전될수록 두 전극의 질량은 증가한다.
ⓓ 방전될수록 전해질의 황산 농도가 증가한다.

① ㉠, ㉢　　　　　　　　　　　　　　　② ㉡, ㉣
③ ㉠, ㉡　　　　　　　　　　　　　　　④ ㉠, ㉣
⑤ ㉡, ㉢

해설

ⓑ 납축전지는 재충전이 가능한 2차 전지이다.
ⓓ 방전되면 전해질의 황산 농도가 감소한다.

12 다음 그림은 생명체에 존재하는 분자 중 세 가지를 그려 놓은 것이다. 이에 대한 설명 중 옳지 않은 것은?

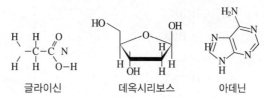

글라이신　　　　데옥시리보스　　　아데닌

① 글라이신은 단백질의 구성 성분인 아미노산의 일종이다.
② 아데닌은 DNA를 구성하는 주요 성분 중의 하나이다.
③ 아데닌은 RNA를 구성하는 주요 성분 중의 하나이다.
④ 데옥시리보스는 DNA를 구성하는 주요 성분 중의 하나이다.
⑤ 데옥시리보스는 RNA를 구성하는 주요 성분 중의 하나이다.

해설

⑤ RNA를 구성하는 주요 성분은 옥시리보스이다.

13 다음은 NH_3에 대한 설명이다. 맞는 것을 모두 고른 것은?

> ㉠ 고립전자쌍을 가지고 있다.
> ㉡ ∠HNH 결합각은 109.5°이다.
> ㉢ 비극성 분자이다.

① ㉠
② ㉡
③ ㉠, ㉡
④ ㉡, ㉢
⑤ ㉠, ㉡, ㉢

해설

암모니아는 중심원자에 고립전자쌍(비공유 전자쌍)을 가지고 결합각은 107°이며 극성분자이다.

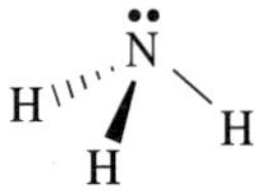

14 원자가 껍질 전자쌍 반발(VSEPR)이론을 이용하여 다음 화합물의 결합각의 크기를 예측했을 때 바르게 나타낸 것은?

> CH_4 NH_3 H_2O CO_2 HCHO

① $CH_4 > NH_3 > H_2O > CO_2 > HCHO$
② $HCHO > CO_2 > CH_4 > NH_3 > H_2O$
③ $CO_2 > HCHO > CH_4 > NH_3 > H_2O$
④ $CO_2 > CH_4 > NH_3 > H_2O > HCHO$
⑤ $HCHO > CO_2 > H_2O > NH_3 > CH_4$

해설

구 분	CH_4	NH_3	H_2O	CO_2	HCHO
결합각	109.5°	107°	104.5°	180°	약 120°

15 알켄(Alkene)에 대한 다음 설명 중에서 올바른 것은?

① 삼중 결합을 적어도 한 개 이상 가지고 있으며 일반식은 C_nH_{2n-2}이다.

② 상온에서 탄소-탄소 이중결합의 회전은 쉽게 일어난다.

③ 알켄 분자들은 서로 강한 수소결합을 한다.

④ 알켄은 불포화 탄화수소로 첨가 반응을 잘한다.

⑤ 알켄의 시스 이성질체는 두 개의 기가 서로 반대 쪽에 있고, 트랜스는 두 개의 기가 서로 같은 쪽에 있다.

해설

① 알카인(Alkyne)에 대한 설명이다.

② 알케인(Alkane)에 대한 설명이다.

③ 탄화수소는 대표적인 무극성 분자로 분산력만 작용한다.

④ 알켄, 알카인은 첨가 반응을 잘한다.

⑤ 시스는 두 개의 기가 서로 같은 쪽에 있고 트랜스는 두 개의 기가 서로 반대 쪽에 있다.

16 어떤 반응기에서 다음 반응이 평형을 이루고 있다. 여기서 $\Delta H^{\circ}_{반응}$ 는 반응엔탈피를 의미한다. 다음 조작 중 역반응 쪽으로 평형의 이동이 예상되는 경우는?

$$2NOBr(g) \rightleftharpoons 2NO(g) + Br_2(g) \quad \Delta H^{\circ}_{반응} = 30kJ/mol$$

① Br_2 기체의 제거 ② 온도의 증가

③ NOBr 기체의 첨가 ④ NO 기체의 제거

⑤ 반응기 부피를 감소

해설

르샤틀리에 원리에 따라 생성물의 추가 혹은 반응물을 제거하거나 전체 부피를 감소시키면 역반응이 일어난다. 흡열 반응이므로 온도를 낮추어도 역반응이 우세하다.

17 다음 중 불가능한 양자수(n(주양자수), l(각운동량양자수), m_l(자기양자수), m_s(스핀양자수))의 조합은?

① $n=5,\ l=3,\ m_l=-1,\ m_s=-\dfrac{1}{2}$

② $n=3,\ l=1,\ m_l=-1,\ m_s=+\dfrac{1}{2}$

③ $n=2,\ l=0,\ m_l=0,\ m_s=+\dfrac{1}{2}$

④ $n=1,\ l=0,\ m_l=-1,\ m_s=-\dfrac{1}{2}$

⑤ $n=4,\ l=2,\ m_l=0,\ m_s=-\dfrac{1}{2}$

해석

각운동량양자수(l)가 0이면 자기양자수(m_l)는 0만 가능하다.

18 다음은 암모니아(NH_3)를 이용하여 질산(HNO_3)을 제조하는 과정을 나타낸 것이다. 밑줄 친 N(질소)의 산화수를 차례대로 바르게 나타낸 것은?

$$\underline{N}H_3(g) \xrightarrow[\text{촉매}]{O_2} \underline{N}O(g) \xrightarrow{O_2} \underline{N}O_2(g) \xrightarrow{H_2O} H\underline{N}O_3(aq) + NO(g)$$

① -3, +2, +4, +5　　　　　　　　　② -3, -2, +4, +5
③ -3, +2, -4, -5　　　　　　　　　④ +3, +2, +4, +5
⑤ +3, -2, -4, +5

19 다음 분자를 루이스 전자점식으로 그렸을 때, 옥텟 규칙을 만족시키지 않는 것은?

① H_2O　　　　　　　　　　　　　② NO_2
③ CH_4　　　　　　　　　　　　　④ HCl
⑤ NH_3

해석

② NO_2는 공명구조이다.

20 N, O, F에 대하여 맞는 것을 모두 고른 것은?

　㉠ 전기음성도 크기의 순서는 F > O > N 이다.
　㉡ 원자 반지름의 순서는 F > O > N 이다.
　㉢ 결합 길이의 순서는 $F_2 > O_2 > N_2$ 이다.

① ㉡　　　　　　　　　　　　　　② ㉠, ㉡
③ ㉠, ㉢　　　　　　　　　　　　④ ㉡, ㉢
⑤ ㉠, ㉡, ㉢

해석

㉠ F(4.0) > O(3.5) > N(3.0)
㉡ 원자반지름의 크기 N > O > F
㉢ 결합길이는 단일결합 > 이중결합 > 삼중결합 순이다.

21 다음은 프로페인 연소 반응의 화학반응식이다. 이에 대한 설명으로 옳은 것은?(단, C, H, O의 원자량은 각각 12, 1, 16이다)

$$C_3H_8(g) + aO_2(g) \rightarrow bCO_2(g) + 4H_2O(l)(단, a, b는 화학반응식의 계수이다)$$

① 반응 전과 후의 총 분자 수는 같다.
② 물질의 총질량은 반응 후가 반응 전보다 크다.
③ $a+b=8$이다.
④ O_2가 충분할 때 C_3H_8 0.1mol이 모두 반응하면 CO_2 8.8g이 생성된다.
⑤ C_3H_8이 충분할 때 O_2 16g이 모두 반응하면 H_2O 0.2mol이 생성된다.

해설

$$C_3H_8(g) + 5O_2(g) \rightarrow 3CO_2(g) + 4H_2O(l)$$

① 반응 전과 후의 분자 수가 같으려면 반응물, 생성물 계수의 합이 같아야 한다.
② 물질의 총질량은 반응 전후가 일정하다(질량보존의 법칙).
③ $a=5$, $b=3$이다.
④ C_3H_8 0.1mol 반응하면 CO_2는 0.3mol이 생성되므로 13.2g이 생성된다.
⑤ O_2 16g은 0.5mol이므로 H_2O는 0.4mol이 생성된다.

22 깨끗하게 닦은 금속 X, Y판에 ZSO_4 수용액과 XSO_4 수용액을 각각 2~3방울씩 떨어뜨리고 잠시 후에 용액을 닦아내었더니, 그림과 같이 변화가 일어나서 금속판 위에 자국이 남았다. 본 실험에 대한 설명으로 옳은 것을 모두 고른 것은?(단, X~Z는 임의의 금속 원소 기호이다)

X판+ZSO_4 수용액

Y판+XSO_4 수용액

㉠ 금속 X는 금속 Z보다 반응성이 크다.
㉡ 금속 X판에 YSO_4 수용액을 떨어뜨리면 금속이 석출된다.
㉢ 금속 반응성은 Z > X > Y순이다.

① ㉠
② ㉡
③ ㉠, ㉢
④ ㉡, ㉢
⑤ ㉠, ㉡, ㉢

해설

㉠, ㉢ 반응이 일어났으므로 금속의 반응성은 X > Z, Y > X이다. 즉, 전체 금속의 반응성은 Y > X > Z이다.
㉡ Y의 반응성이 더 크므로 반응이 일어나지 않는다.

23 그래프는 묽은 염산(HCl)에 수산화나트륨(NaOH) 수용액을 가할 때, 수산화나트륨(NaOH) 수용액의 부피에 따른 혼합 용액의 전류의 세기를 나타낸 것이다. 점 A, B, C에 해당하는 혼합 용액에 대한 설명으로 옳은 것은?(단, 묽은 염산과 수산화나트륨 수용액의 온도는 같다)

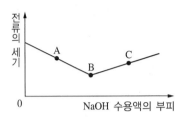

① A의 pH가 가장 작다.
② B의 액성은 염기성이다.
③ B의 온도가 가장 낮다.
④ C에서 가장 많은 이온은 Cl^-이다.
⑤ C에 철 조각을 넣으면 수소 기체가 발생한다.

해설

①, ② A : 산성, B : 중성, C : 염기성이므로 A의 pH가 가장 작다.
③ 중화점에서 온도는 가장 높다.
④ C에서 가장 많은 이온은 Na^+이온이다.
⑤ C는 염기성이므로 금속과 반응하지 않는다.

24 다음은 3가지 화학반응식을 나타낸 것이다. ㉠ ~ ㉢에 대한 설명으로 옳지 않은 것은?

> ㉠ $H_2 + Cl_2 \rightarrow 2HCl$
> ㉡ $2CO + O_2 \rightarrow 2CO_2$
> ㉢ $2AgNO_3 + Cu \rightarrow 2Ag + Cu(NO_3)_2$

① ㉠에서 Cl은 산화된다.
② ㉡에서 CO는 환원제이다.
③ ㉡에서 C의 산화수는 +2에서 +4로 증가한다.
④ ㉢에서 전체 이온 수는 반응 전이 반응 후보다 많다.
⑤ ㉢에서 Ag 1mol이 생성될 때, 이동한 전자의 몰수는 1mol이다.

해설

① Cl의 산화수는 0에서 -1로 변하므로 환원된다.

25 다음은 베이킹파우더의 주성분인 탄산수소나트륨의 열분해반응의 화학반응식이다. x값과 (가)의 물질을 순서대로 옳게 짝지은 것은?(단, x는 화학반응식의 계수)

$$x\,NaHCO_3(s) \longrightarrow Na_2CO_3(s) + H_2O(l) + (가)$$

① 1, $CO(g)$

② 2, $CO(g)$

③ 1, $CO_2(g)$

④ 2, $CO_2(g)$

⑤ 1, $H_2CO_3(aq)$

 해설

$2NaHCO_3(s) \longrightarrow Na_2CO_3(s) + H_2O(l) + CO_2(g)$

2014 사회복지직 9급

01 그림은 염산(HCl)에 수산화나트륨(NaOH) 수용액을 넣은 혼합용액의 모형을 나타낸 것이다. 그림의 비커에 수산화나트륨(NaOH) 수용액을 더 넣은 혼합 용액에 대한 설명으로 옳은 것은?

① pH값이 커진다.

② 온도가 올라간다.

③ H^+와 OH^-의 몰수가 모두 증가한다.

④ 브로모티몰블루(BTB) 용액을 넣으면 노란색을 띤다.

 해설

문제에서 주어진 그림은 중화점 상태이다.

① NaOH를 더 넣으면 pH는 증가한다.

② 중화반응은 일어나지 않고 용액의 양이 증가하므로 온도는 내려간다.

③ OH^-의 몰수만 증가한다.

④ BTB는 염기성에서 파란색이다.

정답 25 ④ / 1 ①

02 다음 표의 A와 B는 동위원소 관계이고, B와 C는 질량수가 같을 때, (가)와 (나)의 합은?

중성 원자	A	B	C
양성자 수	18	(가)	19
중성자 수	20	22	(나)

① 39

② 40

③ 41

④ 42

해설

A와 B가 동위원소이므로 양성자 수가 같으므로 (가) 18, B와 C의 질량수가 같으므로 (나) 21이다.

03 〈보기 1〉은 몇 가지 화학반응식을 나타낸 것이다. 이에 대한 설명으로 〈보기 2〉에서 옳은 것만을 모두 고른 것은?

〈보기 1〉

(가) $2Cu(s) + O_2(g) \rightarrow 2CuO(s)$

(나) $Fe_2O_3(s) + 3CO(g) \rightarrow 2Fe(s) + 3CO_2(g)$

(다) $Zn(s) + 2HCl(aq) \rightarrow ZnCl_2(aq) + H_2(g)$

〈보기 2〉

ㄱ. (가)에서 Cu의 산화수 변화량은 +2이다.

ㄴ. (나)에서 Fe_2O_3는 환원제이다.

ㄷ. (가)~(다)는 모두 산화-환원 반응이다.

① ㄱ

② ㄱ, ㄷ

③ ㄴ, ㄷ

④ ㄱ, ㄴ, ㄷ

해설

ㄱ. Cu의 산화수는 0에서 +2로 변화한다.

ㄴ. Fe_2O_3는 환원되므로 산화제이다.

04 다음은 주기율표의 일부를 나타낸 것이다. A~D로 이루어진 세 분자(BA_3, CA_4, DA_3)에 대한 설명으로 옳은 것은?(단, A~D는 임의의 원소 기호이다)

족 주 기	1	2	13	14	15	16	17	18
1	A							
2			B	C	D			

① BA_3와 DA_3는 결합각이 같다.
② BA_3에는 무극성 공유결합이 있다.
③ 세 분자 모두 중심 원자가 옥텟 규칙을 만족한다.
④ 세 분자 중 한 분자만 전기장에서 일정한 방향으로 배열한다.

해설

A : H, B : B, C : C, D : N
① BA_3는 BH_3(120°), DA_3는 NH_3(107°)이다.
② BH_3는 극성 공유결합이며 무극성 분자이다.
③ BH_3는 중심 원자가 옥텟 규칙을 만족하지 못한다.
④ BH_3, CH_4, NH_3 중 극성 분자는 NH_3 하나이다.
※ 주기율표 문제의 경우 항상 실제 원소를 적고 문제를 푼다. 특히 B, C는 실제 원소와 기호가 헷갈릴 수 있으므로 주의한다.

05 다음은 몇 가지 중성 원자들의 바닥상태 전자 배치를 나타낸 것이다. 이에 대한 설명으로 옳은 것은?(단, A~D는 임의의 원소 기호이다)

A : $1s^2 2s^2 2p^3$
B : $1s^2 2s^2 2p^4$
C : $1s^2 2s^2 2p^6 3s^1$
D : $1s^2 2s^2 2p^6 3s^2 3p^6 4s^1$

① 홀전자 수 : B < C
② 전자껍질 수 : B > D
③ 원자의 반지름 : A > B
④ 이온화 에너지 : C < D

해설

구 분	A	B	C	D
원 소	N	O	Na	K
홀전자 수	3	2	1	1
전자껍질 수	2	2	3	4
원자 반지름	D(K) > C(Na) > A(N) > B(O)			
이온화 에너지	A(N) > B(O) > C(Na) > D(K)			

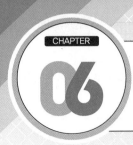

2015년 기출문제

 국가직 9급

01 다음 그림은 산 HA와 HB를 각각 25℃의 물 1L에 녹였을 때, 수용액에 존재하는 몰수를 나타낸 것이다. 이에 대한 설명으로 옳은 것은?(단, A, B는 임의의 원소이다)

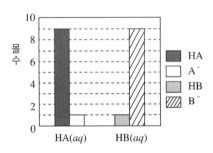

① HA가 HB보다 더 강한 산이다.
② HA가 HB보다 이온화가 잘된다.
③ HA 수용액은 HB 수용액보다 pH가 크다.
④ HA 수용액의 전류의 세기가 HB 수용액보다 강하다.

해설

HA는 분자 상태가 더 많으므로 이온화도가 작은 약산이다. HB는 이온화도가 크고 강산이다.

02 산화-환원 반응이 아닌 것은?

① $NaCl(aq) + AgNO_3(aq) \rightarrow NaNO_3(aq) + AgCl(s)$
② $2KI(aq) + Cl_2(g) \rightarrow 2KCl(aq) + I_2(s)$
③ $CuO(s) + H_2(g) \rightarrow Cu(s) + H_2O(l)$
④ $Mg(s) + 2HCl(aq) \rightarrow MgCl_2(aq) + H_2(g)$

해설

앙금생성반응은 산화-환원 반응이 아니다.

03 다음 그림은 5가지 물질을 주어진 기준에 따라 분류한 것이다. 이에 대한 설명으로 옳지 않은 것은?

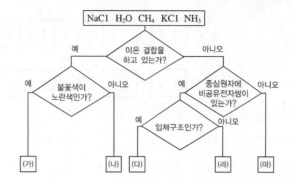

① (가)는 NaCl이다.
② (마)는 무극성 분자이다.
③ 이온 사이의 거리는 (가) < (나)이다.
④ 결합각의 크기는 (다) < (라)이다.

해설

(가) : NaCl
(나) : KCl
(다) : NH_3
(라) : H_2O
(마) : CH_4

③ 양이온의 반지름은 $K^+ > Na^+$ 이다.
④ (다) 107°, (라) 104.5°

04 다음은 암모니아(NH_3)와 물(H_2O)의 화학반응식이다. 이에 대한 설명으로 옳은 것은?

$$NH_3(g) + H_2O(l) \rightarrow NH_4^+(aq) + OH^-(aq)$$

① NH_3는 아레니우스 염기이다.
② NH_4^+의 N은 옥텟 규칙을 만족한다.
③ 결합각(∠HNH)은 NH_3가 NH_4^+보다 크다.
④ N의 산화수는 NH_3가 NH_4^+보다 크다.

해설

① NH_3는 브뢴스테드-로우리 염기이다.
③ NH_3 : 107°, NH_4^+ : 109.5°
④ N의 산화수는 NH_3, NH_4^+ 모두 -3이다.

05 다음 그림은 각각 A^+와 B^{2-}의 전자 배치를 나타낸 것이다. 이에 대한 설명으로 옳은 것은?

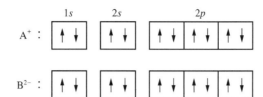

① A와 B는 같은 주기 원소이다.

② 이온화 에너지는 A가 B보다 크다.

③ A의 바닥상태 전자 배치는 $1s^2 2s^2 2p^6$이다.

④ B의 바닥상태 전자 배치에서 홀전자 수는 2개이다.

A는 Na, B는 O이다.

① A는 3주기, B는 2주기 원소이다.

② 이온화 에너지는 B가 A보다 크다.

③ A의 바닥상태 전자 배치는 $1s^2 2s^2 2p^6 3s^1$이다.

2015 지방직 9급

01 끓는점이 가장 높은 화합물은?

① 아세톤

② 물

③ 벤 젠

④ 에탄올

분자 간의 인력은 극성·무극성, 분자량, 수소결합 등에 의해 결정되므로 극성이 크고 수소결합의 개수가 많은 물의 분자 간 인력이 가장 크다.

02 25℃에서 1.0M의 수용액을 만들었을 때 pH가 가장 낮은 것은?(단, 25℃에서 산해리상수(K_a)는 다음과 같다)

- $C_6H_5OH : 1.3 \times 10^{-10}$
- $HCN : 4.9 \times 10^{-10}$
- $C_9H_8O_4 : 3.0 \times 10^{-4}$
- $HF : 6.8 \times 10^{-4}$

① C_6H_5OH
② HCN
③ $C_9H_8O_4$
④ HF

해설

산해리상수(K_a)가 클수록 강한 산이고, 산성도가 클수록 pH는 낮으므로 해리상수가 가장 큰 HF의 pH가 가장 낮다.

03 약염기를 강산으로 적정하는 곡선으로 옳은 것은?

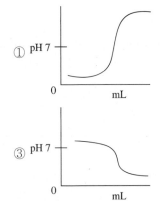

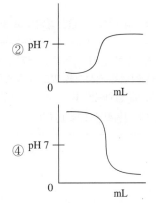

해설

① 강산에 강염기를 적정한 것이다.
② 강산에 약염기를 적정한 것이다.
③ 약염기에 강산을 적정한 것이다.
④ 강염기에 강산을 적정한 것이다.

04 수소 원자의 선스펙트럼을 설명할 수 있는 것만을 모두 고른 것은?

> ㄱ. 보어의 원자 모형
> ㄴ. 러더퍼드의 원자 모형
> ㄷ. 톰슨의 원자 모형

① ㄱ   ② ㄴ
③ ㄷ   ④ ㄱ, ㄴ, ㄷ

수소 원자의 선스펙트럼은 보어의 원자 모형 이후에 나온 모형들만 설명이 가능하므로 ㄱ만 가능하다.

05 0.1M 황산(H_2SO_4) 용액 1.5L를 만드는 데 필요한 15M 황산의 부피는?

① 0.01L   ② 0.1L
③ 22.5L   ④ 225L

황산 용액의 몰수는 0.1M × 1.5L = 0.15mol이다. 따라서 15M 용액 0.01L가 필요하다.

06 1A족 원소(Li, Na, K)의 성질에 대한 설명으로 옳은 것만을 모두 고른 것은?

> ㄱ. 원자번호가 커질수록 일차 이온화 에너지 값이 감소한다.
> ㄴ. 25°C에서 원자번호가 커질수록 밀도가 감소한다.
> ㄷ. Cl_2와 반응할 때 환원력은 K < Na < Li 이다.
> ㄹ. 물과 반응할 때 환원력은 K < Li 이다.

① ㄱ, ㄴ   ② ㄱ, ㄹ
③ ㄴ, ㄷ   ④ ㄷ, ㄹ

ㄱ. 같은 족에서 원자번호가 커질수록 일차 이온화 에너지 값이 감소한다.
ㄴ. 원자번호가 커질수록 밀도는 대체로 증가한다.
ㄷ. 할로젠 원소와 반응할 때 환원력은 아래로 갈수록 증가하므로 K > Na > Li이다.
ㄹ. 수용액에서의 환원력은 수화에너지의 영향으로 Na < K < Li이다.
　※ 저자의견 : ㄹ은 고교에서 다루지 않는 과정으로 설명에 따라 순서 변경 가능

07 산화수에 대한 설명으로 옳은 것만을 모두 고른 것은?

> ㄱ. 화학반응에서 산화수가 감소하는 물질은 환원제이다.
> ㄴ. 화합물에서 수소의 산화수는 항상 +1이다.
> ㄷ. 홑원소 물질을 구성하는 원자의 산화수는 0이다.
> ㄹ. 단원자 이온의 산화수는 그 이온의 전하수와 같다.

① ㄱ, ㄴ   ② ㄱ, ㄷ

③ ㄴ, ㄹ   ④ ㄷ, ㄹ

해설

ㄱ. 산화수가 감소하면 환원이므로 산화제이다.
ㄴ. 수소의 산화수는 +1, 0, −1 모두 가능하다.
ㄷ. 홑원소 물질의 산화수는 무조건 0이다.
ㄹ. 단원자 이온의 산화수는 그 이온의 전하수이다.

08 모든 온도에서 자발적 과정이기 위한 조건은?

① $\Delta H > 0$, $\Delta S > 0$

② $\Delta H = 0$, $\Delta S < 0$

③ $\Delta H > 0$, $\Delta S = 0$

④ $\Delta H < 0$, $\Delta S > 0$

해설

$\Delta G = \Delta H - T\Delta S$에서 $\Delta G < 0$일 때 자발적이므로 $\Delta H < 0$, $\Delta S > 0$일 때 온도에 관계없이 자발적이다.

09 다음 반응에서 28.0g의 NaOH(분자량 : 40.0)이 들어 있는 1.0L 용액을 중화하기 위해 필요한 2.0M HCl의 부피는?

$$NaOH(aq) + HCl(aq) \ \rightarrow \ NaCl(aq) + H_2O(l)$$

① 150.0mL   ② 250.0mL

③ 350.0mL   ④ 450.0mL

해설

1L의 NaOH 용액의 몰수는 $\dfrac{28g}{40g/mol} = 0.7mol$이고 계수비는 1 : 1이므로 HCl은 $2.0M \times x L = 0.7mol$이므로, $x = 0.35\,L = 350mL$이다.

10 다음은 질소(N_2) 기체와 수소(H_2) 기체가 반응하여 암모니아(NH_3) 기체가 생성되는 화학반응식이며 그림은 부피가 1L인 강철용기에 $N_2(g)$ 4mol, $H_2(g)$ 8mol을 넣고 반응시킬 때 반응 시간에 따른 $N_2(g)$의 몰수를 나타낸 것이다. 이 반응의 평형상수(K) 값은?(단, 온도는 일정하다)

$$N_2(g) + 3H_2(g) \rightleftharpoons 2NH_3(g)$$

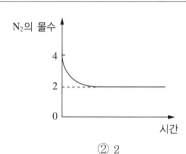

① 1 ② 2
③ 4 ④ 8

해설

이 반응의 평형상수는 부피가 1L이므로

	$N_2(g)$	+	$3H_2(g)$	$\rightleftharpoons$	$2NH_3(g)$
반응 전	4mol		8mol		0mol
반 응	−2mol		−6mol		+4mol
반응 후	2mol		2mol		4mol

이므로 평형상수는 $K = \dfrac{[NH_3]^2}{[N_2][H_2]^3} = \dfrac{[4]^2}{[2][2]^3} = 1$

11 Cr^{3+}의 바닥상태 전자 배치는?(단, Cr의 원자 번호는 24이다)

① $[Ar]4s^1 3d^2$

② $[Ar]4s^1 3d^5$

③ $[Ar]4s^2 3d^1$

④ $[Ar]3d^3$

해설

Cr의 전자 배치는 $[Ar]4s^1 3d^4$이다. 전자가 쌓일 때와 달리 전자가 빠져 나갈 때는 가장 바깥인 $4s$오비탈부터 빠지므로 Cr^{3+}의 전자 배치는 $[Ar]3d^3$이다.

12 다음 표는 원소와 이온의 구성 입자 수를 나타낸 것이다. 이에 대한 설명으로 옳은 것은?(단, A~D는 임의의 원소 기호이다)

구 분	A	B	C	D
양성자 수	6	6	7	8
중성자 수	6	8	7	8
전자 수	6	6	7	6

① A와 D는 동위원소이다.
② B와 C는 질량수가 동일하다.
③ B의 원자번호는 8이다.
④ D는 음이온이다.

 해설

A : $_6^{12}C$, B : $_6^{14}C$, C : $_7^{14}N$, D : $_8^{16}O^{2+}$ 이다.

13 다음 각 화합물의 1M 수용액에서 이온 입자 수가 가장 많은 것은?

① NaCl
② KNO₃
③ NH₄NO₃
④ CaCl₂

① NaCl
② KNO_3
③ NH_4NO_3
④ $CaCl_2$

 해설

만약 1L의 수용액이라고 가정하면
① Na^+, Cl^- 이므로 2mol
② K^+, NO_3^- 이므로 2mol
③ NH_4^+, NO_3^- 이므로 2mol
④ Ca^{2+}, $2Cl^-$ 이므로 3mol이다.

14 다음 중 결합 차수가 가장 낮은 것은?

① O₂
② F₂
③ CN⁻
④ NO⁺

해설

① $O=O$, $\dfrac{6-2}{2}=2$ ② $F-F$, $\dfrac{6-4}{2}=1$ ③ $C\equiv N^-$, $\dfrac{6-0}{2}=3$ ④ $N\equiv O^+$, $\dfrac{6-0}{2}=3$

O_2 F_2 CN^- NO^+

15 다음 중 무극성 분자는?

① 암모니아   ② 이산화탄소
③ 염화수소   ④ 이산화황

이산화탄소는 직선형에 대칭이므로 무극성 분자이다.

16 다음 원자 또는 이온 중 반지름이 가장 큰 것은?

① $_{11}Na^+$ ② $_{12}Mg^{2+}$
③ $_{17}Cl^-$ ④ $_{18}Ar$

Na^+와 Mg^{2+}는 껍질수가 2개이므로 껍질수가 3개인 Cl^-보다 작다. Cl^-와 Ar의 전자수는 같은데 Ar의 핵전하량이 더 크므로 반지름은 Cl^-가 Ar보다 더 크다.

17 대기 중에서 일어날 수 있는 다음 반응 중 산성비 형성과 관계가 없는 것은?

① $O_3(g) \rightarrow O_2(g) + O(g)$ ② $S(s) + O_2(g) \rightarrow SO_2(g)$
③ $N_2(g) + O_2(g) \rightarrow 2NO(g)$ ④ $SO_3(g) + H_2O(l) \rightarrow H_2SO_4(aq)$

① 오존층 분해와 관련된 반응이다.

18 다음 표는 반응 $2A_3(g) \rightarrow 3A_2(g)$의 메커니즘과 각 단계의 활성화 에너지를 나타낸 것이다. 이에 대한 설명으로 옳은 것만을 모두 고른 것은?

반응 메커니즘		활성화 에너지(kJ/mol)
단계 (1)	$A_3 \rightarrow A + A_2$	20
단계 (1)의 역과정	$A + A_2 \rightarrow A_3$	10
단계 (2)	$A + A_3 \rightarrow 2A_2$	50

  ㄱ. A는 반응 중간체이다.
  ㄴ. 반응속도 결정단계는 단계 (2)이다.
  ㄷ. 전체 반응의 활성화 에너지는 50kJ/mol이다.

① ㄱ   ② ㄷ
③ ㄱ, ㄴ   ④ ㄴ, ㄷ

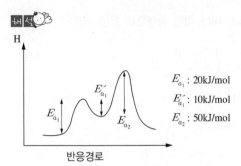

ㄱ. A는 반응 중간단계에서 나타났다 사라지므로 반응 중간체이다.

ㄴ. 반응속도 결정단계는 가장 느린 단계(활성화 에너지가 가장 큰 단계)이므로 (2)이다.

ㄷ. 전체 반응의 활성화 에너지는 60kJ/mol이다.

19 중심원자의 혼성 궤도에서 s-성질 백분율(Percent s-character)이 가장 큰 것은?

① BeF_2 ② BF_3

③ CH_4 ④ C_2H_6

① sp혼성

② sp^2 혼성

③ sp^3 혼성

④ sp^3 혼성

20 광화학 스모그를 일으키는 주된 물질은?

① 이산화탄소   ② 이산화황

③ 질소 산화물   ④ 프레온 가스

① 지구온난화와 관련이 있다.

② 황화스모그와 관련이 있다.

④ 오존층파괴와 관련이 있다.

21 그림은 탄화수소 (가)와 (나)의 구조식을 각각 나타낸 것이다. 이에 대한 설명으로 옳은 것은?

(가)

(나)

① (가)의 분자식은 C_2H_5이다.

② (나)는 불포화 탄화수소이다.

③ (가)와 (나)는 구조 이성질체 관계이다.

④ 끓는점은 (가)가 (나)보다 낮다.

해설

① (가)는 C_4H_{10}이다.

② (나)는 포화 탄화수소이다.

④ 끓는점은 표면적이 넓을수록 높으므로 직선형일수록 높다.

22 다음은 철의 제련 과정 일부를 화학반응식으로 나타낸 것이다. 이에 대한 설명으로 옳은 것은?

> (가) $2C + O_2 \rightarrow 2CO$
>
> (나) $Fe_2O_3 + 3CO \rightarrow 2Fe + 3(\ \ \bigcirc\ \ )$
>
> (다) $CaCO_3 \rightarrow CaO + (\ \ \bigcirc\!\!\!\!\!\bigcirc\ \ )$

① (가)에서 C는 환원된다.

② (나)에서 Fe의 산화수는 3만큼 증가한다.

③ (다)는 산화–환원 반응이다.

④ ㉠과 ㉡은 같은 물질이다.

해설

① (가)에서 C의 산화수는 0에서 +2로 증가하므로 산화된다.

② (나)에서 Fe의 산화수는 +3에서 0으로 감소한다.

③ (다)는 산화–환원 반응이 아니다.

④ ㉠, ㉡은 모두 CO_2이다.

23 표는 각기 다른 질량의 마그네슘이 연소할 때, 생성된 산화마그네슘의 질량을 측정한 결과이다. 이에 대한 설명으로 옳지 않은 것은?(단, 마그네슘(Mg)과 산소(O)의 원자량은 각각 24, 16이다)

구 분	실험 I	실험 II	실험 III
마그네슘의 질량(g)	15	24	45
산화마그네슘의 질량(g)	25	40	75

① 산화마그네슘에서 마그네슘과 산소의 질량비는 일정하다.
② 마그네슘 36g이 연소할 때 산화마그네슘 56g이 생성된다.
③ 마그네슘 48g이 연소할 때 산소 분자 1mol이 소모된다.
④ 생성된 산화마그네슘의 화학식은 MgO이다.

해설

질량 보존의 법칙으로 구하면

$$2Mg(s) + O_2(g) \rightarrow 2MgO(s)$$

반응 전	48g	32g	0g
반 응	-48g	-32g	+80g
반응 후	0g	0g	80g

① 일정 성분비의 법칙이다.
② 질량비가 $Mg : O_2 : MgO = 3 : 2 : 5$이므로 산화마그네슘은 60g이 생성된다.

24 표는 중성 원자 A~D를 구성하는 입자 수를 나타낸 것이다. 이에 대한 설명으로 옳은 것은?(단, A~D는 임의의 원소 기호이다)

원 자	A	B	C	D
양성자 수	8	8	9	10
중성자 수	8	10	10	10

① B의 바닥상태 전자 배치는 $1s^2 2s^2 2p^6$이다.
② 원자 반지름은 A가 C보다 크다.
③ 이온화 에너지는 B가 D보다 크다.
④ A는 D와 결합하여 화합물 AD를 형성한다.

해설

A	B	C	D
$^{16}_{8}O$	$^{18}_{8}O$	$^{19}_{9}F$	$^{20}_{10}Ne$

① B의 바닥상태 전자 배치는 $1s^2 2s^2 2p^4$이다.
② 원자 반지름은 같은 주기에서 오른쪽으로 갈수록 작아진다.
③ 이온화 에너지는 18족에서 가장 크다.
④ Ne은 다른 원소와 결합하지 않는다.

정답 23 ② 24 ②

25 그림은 묽은 염산(HCl) 수용액 20mL에 수산화나트륨(NaOH) 수용액을 가할 때 혼합 용액 내의 양이온 수 변화를 나타낸 것이다. 이에 대한 설명으로 옳은 것은?

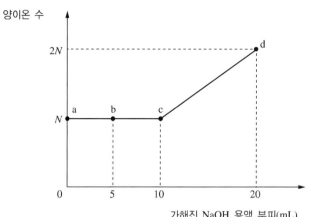

① b에서 Na^+ 이온 수는 $0.5N$이다.
② pH는 a가 d보다 높다.
③ OH^- 이온 수는 d가 c의 2배이다.
④ d에서 Na^+ 이온 수와 OH^- 이온 수는 같다.

해설

구 분	a	b	c	d
H^+	N	$0.5N$	0	0
Cl^-	N	N	N	N
Na^+	0	$0.5N$	N	$2N$
OH^-	0	0	0	N

※ 구경꾼 이온 Cl^-는 이온수가 일정하다. 전하량의 총합은 0이다.

2015 서울시 9급

01 그림은 철의 제련 과정을 나타낸 것이다. 이에 대한 설명으로 옳은 것을 [보기]에서 모두 고르면?

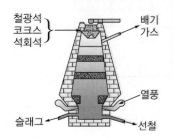

$$2C(코크스) + O_2 \rightarrow 2CO$$
$$Fe_2O_3 + 3CO \rightarrow 2Fe + 3CO_2$$
$$CaCO_3 \rightarrow CaO + CO_2$$
$$CaO + SiO_2 \rightarrow CaSiO_3$$

[보 기]
ㄱ C(코크스)는 산화제 역할을 한다.
ㄴ CO는 C(코크스)의 불완전 연소에 의해 생성된다.
ㄷ $CaCO_3$은 철광석의 불순물을 제거하기 위해서 넣는다.

① ㄱ, ㄴ   ② ㄱ, ㄴ, ㄷ
③ ㄱ, ㄷ   ④ ㄴ, ㄷ

ㄱ C(코크스)는 환원제 역할이다.

02 다음 표는 원자를 구성하는 입자의 발견과 관련된 실험 과정 및 결과이다. 다음 실험 결과로부터 제시된 원자 모형은 무엇인가?

[과정 및 결과]
• 음극선의 진로에 장애물을 설치하면 그림자가 생긴다.
• 음극선의 진로에 바람개비를 설치하였더니 바람개비가 회전한다.
• 음극선의 진로에 수직 방향으로 전기장을 걸어주었더니 음극선이 (+)극으로 휘어졌다.

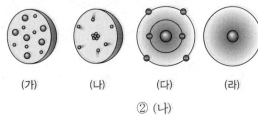

(가)   (나)   (다)   (라)

① (가)   ② (나)
③ (다)   ④ (라)

톰슨의 음극선 실험이다.

03 그림은 수소 원자의 전자 전이를 나타낸 것이다. 전자 전이 a~e에 대한 설명으로 옳은 것을 [보기]에서 모두 고른 것은?(단, 수소 원자의 에너지 준위는 $E_n = -\dfrac{1,312}{n^2}\,\mathrm{kJ/mol}$ 이다)

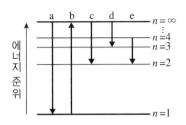

[보 기]

㉠ 파장이 가장 짧은 빛을 방출하는 것은 a이다.
㉡ d에 의해 방출되는 빛은 적외선 영역에 해당한다.
㉢ b에 해당하는 에너지는 수소 원자의 이온화 에너지와 같다.

① ㉠, ㉡
② ㉠, ㉡, ㉢
③ ㉠, ㉢
④ ㉡, ㉢

해설

㉠ 에너지가 클수록 파장이 짧으므로 a가 가장 짧은 빛을 방출한다.

04 다음은 탄화수소 A~D를 구분하기 위한 분류 과정이다. 탄화수소 A~D를 옳게 짝지은 것은?(단, A, B, C, D는 각각 벤젠, 에텐, 펜테인, 사이클로펜테인 중 하나이다)

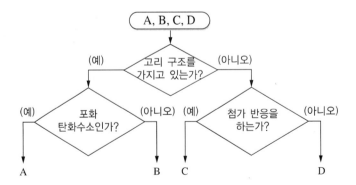

① A : 벤젠, B : 펜테인, C : 에텐, D : 사이클로펜테인
② A : 펜테인, B : 벤젠, C : 에텐, D : 사이클로펜테인
③ A : 사이클로펜테인, B : 벤젠, C : 에텐, D : 펜테인
④ A : 벤젠, B : 사이클로펜테인, C : 에텐, D : 펜테인

해설

포화탄화수소는 단일 결합으로만 이루어져 있으며 첨가 반응은 다중결합에서만 가능하다.

구 분	벤 젠	에 텐	펜테인	사이클로펜테인
분자구조	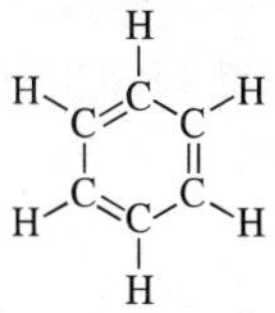	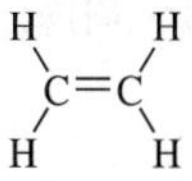	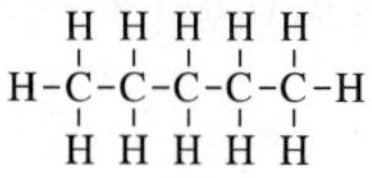	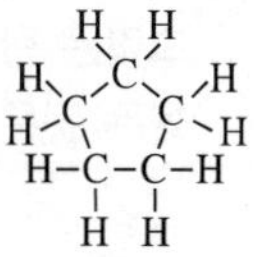
분자식	C_6H_6	C_2H_4	C_5H_{12}	C_5H_{10}

05 다음 각 물질에서 밑줄 친 원소의 산화수로 옳은 것은?

① $HN\underline{O}_3$: +3

② $H_2\underline{S}$: +2

③ $Na\underline{H}$: −1

④ $HC\underline{l}O_3$: +7

해설

① N : +5

② S : −2

③ H : −1

④ Cl : +5

사회복지직 9급

01 그림은 탄소(C)만으로 이루어진 3가지 물질 (가)~(다)의 구조를 모형으로 나타낸 것이다. (가)~(다)의 공통점으로 옳은 것은?

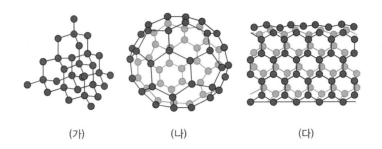

| (가) | (나) | (다) |

① 높은 전기 전도성이 있다.
② 탄소 원자들 사이의 결합은 공유결합이다.
③ 산소가 충분한 상태에서 연소시키면 물(H_2O)이 생성된다.
④ 1개의 탄소 원자는 다른 탄소 원자 3개와 결합하고 있다.

해설

구 분	(가) 다이아몬드	(나) 풀러렌	(다) 탄소나노튜브
전기전도성	없다.	있다.	있다.
1개의 탄소원자 당 결합수	4	3	3
결합각	$109.5°$	$108°$, $120°$	$120°$

전부 공유결합 물질이며 연소 시 전부 CO_2가 생성된다.

02 다음은 우리 생활과 관련된 반응들을 화학반응식으로 나타낸 것이다. 이에 대한 설명으로 옳지 않은 것은?

> (가) $2NaN_3 \rightarrow 2Na + 3($ ㉠ $)$
> (나) $N_2 + 3H_2 \rightarrow 2NH_3$
> (다) $CH_4 + 2O_2 \rightarrow ($ ㉡ $) + 2H_2O$

① ㉠은 질소(N_2)이고 ㉡은 이산화탄소(CO_2)이다.
② (가)는 질화 나트륨(NaN_3)의 산화-환원반응이다.
③ (나)에서 반응 전후 분자의 총 몰수는 같다.
④ (다)는 메테인(CH_4)의 완전연소반응이다.

해설

(나)에서 계수비의 합은 4에서 2로 감소하므로 반응 전후 몰수는 감소한다.

03 다음은 포도당($C_6H_{12}O_6$)과 산소(O_2)가 반응하여 이산화탄소(CO_2)와 물(H_2O)이 생성되는 화학반응식이다. 0℃, 1기압에서 이산화탄소 기체 22.4L를 얻기 위해 필요한 포도당의 질량(g)은?(단, C, H, O의 몰질량(g/mol)은 각각 12, 1, 16이다)

$$C_6H_{12}O_6(aq) + 6O_2(g) \rightarrow 6CO_2(g) + 6H_2O(l)$$

① 30
② 60
③ 90
④ 180

해설

포도당과 이산화탄소의 계수비가 1 : 6이므로 이산화탄소 1mol을 얻으려면 포도당 1/6mol이 필요하므로 180g × 1/6 = 30g이다.

04 다음 표는 C, N, O, F 원자와 수소로 만들어지는 화합물의 분자식과 분자의 극성을 나타낸 것이다. 이에 대한 설명으로 옳은 것은?

분자식	CH_4	NH_3	H_2O	HF
분자의 극성	무극성	극 성	극 성	극 성

① 모두 정사면체 구조를 가진다.
② 플루오린화수소(HF)는 무극성 공유결합 화합물이다.
③ 메테인(CH_4)은 비공유 전자쌍이 가장 많은 화합물이다.
④ 암모니아(NH_3)의 결합각은 메테인(CH_4)의 결합각보다 작다.

해설

① CH_4만 정사면체 구조이다.
② 플루오린화수소는 극성 공유결합 화합물이다.
③ 플루오린화수소의 비공유 전자쌍이 가장 많다.
④ 암모니아의 결합각은 107°이고 메테인은 109.5°이다.

05 밑줄 친 원자의 산화수가 옳지 않은 것은?

① $\underline{C}O_2$: +4
② $\underline{C}H_4$: +4
③ $H\underline{N}O_3$: +5
④ $HC\underline{l}O_4$: +7

해설

② C의 산화수는 −4이다.

2016년 기출문제

CHAPTER 07

2016 **국가직 9급**

---

01 수소와 산소만의 혼합 기체 11g이 들어 있는 밀폐된 용기에서 둘 중 하나의 기체가 전부 소모될 때까지 반응시켜, 물이 생성되고 기체 분자 1mol이 남았다. 이때 생성된 물의 질량(g)과 반응 후 남은 기체의 종류는?(단, 수소와 산소의 원자량은 각각 1, 16이다)

① $\frac{9}{2}$, 수소

② 9, 수소

③ 9, 산소

④ $\frac{9}{2}$, 산소

혼합기체 11g이 반응하여 물이 생성되고 기체 분자 1mol이 남았는데 만약 산소기체 1mol이 남았다면 산소기체의 질량만 32g이므로 불가능하다. 따라서 수소기체 1mol(2g)이 남아 있음을 알 수 있다. 주로 주어진 조건이 질량이므로 질량 보존의 법칙으로 구하면

$$2H_2(g) + O_2(g) \rightarrow 2H_2O(l)$$

반응 전	3g	8g	
반 응	−1g	−8g	+9g
반응 후	2g	0g	9g

---

02 다음은 어떤 중성원자의 전자배치 A와 B이다. 이에 대한 설명으로 옳은 것은?

$$A : 1s^2 2s^2 2p^6 3s^1, \ B : 1s^2 2s^2 2p^5 3s^2$$

① 이 중성원자의 안정한 양이온은 전자 2개를 잃어서 생성된다.

② B의 L전자껍질에 들어 있는 전자의 수는 5개이다.

③ 전자배치가 A에서 B로 바뀔 때 에너지를 방출한다.

④ A와 B의 홀전자 수는 같다.

A와 B는 같은 원자(Na)로 A는 바닥, B는 들뜬상태이다.
① 양이온은 전자 1개를 잃어서 생성된다.
② B의 L껍질에 들어 있는 전자의 수는 7개이다.
③ A에서 B로 바뀔 때 에너지를 흡수한다.
④ 각각 1개이다.

03 (가)와 (나)는 금속 이온과 금속 간의 산화-환원 반응 실험이다. 이에 대한 설명으로 옳지 않은 것은?(단, A, B, C는 임의의 원소 기호이다)

> (가) 금속 이온 B^{2+}가 들어 있는 수용액에 금속 A막대를 넣었더니, 금속 막대의 질량이 감소하였고 수용액 내 금속 이온의 총 수는 변화가 없었다.
> (나) 금속 이온 C^{2+}가 들어 있는 수용액에 금속 A막대를 넣었더니, 금속 막대의 질량이 증가하였고 수용액 내 금속 이온의 총 수는 변화가 없었다.

① 금속 A 이온의 산화수는 +2이다.
② 금속 A는 금속 B보다 쉽게 산화된다.
③ 금속 A의 이온은 금속 C의 이온보다 쉽게 환원된다.
④ 금속 B의 원자량은 금속 C의 원자량보다 작다.

(가) 금속 막대의 질량이 감소하였으므로 반응성은 A > B이며, 금속 이온 수는 변화가 없으므로 이온의 전하량은 같고, 원자량은 A > B이다.
(나) 금속 막대의 질량이 증가하였으므로 반응성은 A > C이며, 금속 이온 수는 변화가 없으므로 이온의 전하량은 같고, 원자량은 C > A이다.
③ (금속의) 반응성이 A > C이므로 C가 A보다 환원이 잘된다.
④ 원자량은 C > A > B이다.

04 그림 (가)는 글라이신, (나)는 아데닌, (다)는 인산의 구조식을 나타낸 것이다. 이에 대한 설명으로 옳은 것은?

(가) (나) (다)

① (가)는 중성 수용액에서 이온 상태가 아니다.
② (나)는 루이스 염기로 작용할 수 있다.
③ (다)에서 중심원자 인(P)은 옥텟 규칙을 만족한다.
④ (가), (나), (다)는 뉴클레오타이드를 구성하는 3가지 요소이다.

해설

(가) : 아미노산, (나) : 염기, (다) : 인산

① (가)는 중성 수용액에서 이온 상태로 된다.

$$H_3N^+ - \overset{\overset{H}{|}}{\underset{\underset{H}{|}}{C}} - \overset{\overset{O}{||}}{C} - O^-$$

② 아미노기가 루이스 염기로 작용한다.

③ 인(P)은 확장된 옥텟 규칙에 적용된다.

④ 뉴클레오타이드는 인산, 당, 염기이다. (가)는 구성요소가 아니다.

05 표는 바닥상태인 2주기 원소 A, B, C, D의 홀전자 수와 이온화 에너지를 나타낸 것이다. 이에 대한 설명으로 옳은 것은?(단, A, B, C, D는 임의의 원소 기호이다)

구 분	A	B	C	D
홀전자 수(개)	1	2	2	3
제1이온화 에너지(kJ/mol)	1,681	1,314	1,086	1,402

① 바닥 상태에서 전자가 들어 있는 오비탈 수는 B가 C보다 많다.

② 원자 반지름은 A가 D보다 크다.

③ 유효 핵전하는 D가 B보다 크다.

④ 원자가 전자 수는 C, B, D, A의 순서로 커진다.

해설

구 분				C	D	B	A	
원소 기호	Li	Be	B	C	N	O	F	Ne
홀전자 수	1	0	1	2	3	2	1	0
전자가 들어있는 오비탈 수	2	2	3	4	5	5	5	5

이온화 에너지의 경향성을 고려하면 위와 같이 구할 수 있다.

① 오비탈의 수는 B가 5개, C가 4개이다.

② 원자 반지름은 $C > D > B > A$이다.

③ 유효 핵전하는 $C < D < B < A$이다.

④ 원자가 전자 수는 $C < D < B < A$이다.

2016

지방직 9급

01 다음 중 개수가 가장 많은 것은?

① 순수한 다이아몬드 12g 중의 탄소 원자

② 산소 기체 32g 중의 산소 분자

③ 염화암모늄 1mol을 상온에서 물에 완전히 녹였을 때 생성되는 암모늄이온

④ 순수한 물 18g 안에 포함된 모든 원자

① $\dfrac{12g}{\text{다이아몬드 1mol의 질량}} = \dfrac{12g}{12g/mol} = 1mol$

② $\dfrac{\text{산소기체 } 32g}{\text{산소기체 분자량}} = \dfrac{32g}{32g/mol} = 1mol$

③ NH_4Cl 1mol이 물에 녹으면 NH_4^+, Cl^-가 각 1mol씩 생성된다.

④ 물(H_2O) 18g은 1mol인데 원자의 몰수이므로 1mol × 3 = 3mol이다.

02 원소들의 전기음성도 크기의 비교가 올바른 것은?

① C < H

② S < P

③ S < O

④ Cl < Br

전기음성도는 같은 주기에서 오른쪽으로 갈수록 커지고, 같은 족에서 아래로 갈수록 작아지는 경향이 있으므로 S < O이다. 전기음성도의 대략적인 값들은 H(2.1), C(2.5), S(2.5), P(2.1), Cl(3.0), Br(2.8), O(3.5)이다.

03 1M $Fe(NO_3)_2$ 수용액에서 음이온의 농도는?(단, $Fe(NO_3)_2$는 수용액에서 100% 해리된다)

① 1M   ② 2M

③ 3M   ④ 4M

$Fe(NO_3)_2 \rightarrow Fe^{2+} + 2NO_3^-$ 이므로 1개의 $Fe(NO_3)_2$마다 2개의 음이온이 나오므로 1M이 녹을 경우 2M의 음이온이 나온다.

정답 1 ④ 2 ③ 3 ②

04 밑줄 친 원자(C, Cr, N, S)의 산화수가 옳지 않은 것은?

① $H\underline{C}O_3^-$, $+4$

② $\underline{Cr}_2O_7^{2-}$, $+6$

③ $\underline{N}H_4^+$, $+5$

④ $\underline{S}O_4^{2-}$, $+6$

해설

① H : +1, C : +4, O : −2

② Cr : +6, O : −2

③ N : −3, H : +1

④ S : +6, O : −2

05 90g의 글루코스($C_6H_{12}O_6$)와 과량의 산소(O_2)를 반응시켜 이산화탄소(CO_2)와 물(H_2O)이 생성되는 반응에 대한 설명으로 옳지 않은 것은?(단, H, C, O의 몰질량(g/mol)은 각각 1, 12, 16이다)

$$C_6H_{12}O_6(s) + 6O_2(g) \;\rightarrow\; x\,CO_2(g) + y\,H_2O(l)$$

① x와 y에 해당하는 계수는 모두 6이다.

② 90g 글루코스가 완전히 반응하는 데 필요한 O_2의 질량은 96g이다.

③ 90g 글루코스가 완전히 반응해서 생성되는 CO_2의 질량은 88g이다.

④ 90g 글루코스가 완전히 반응해서 생성되는 H_2O의 질량은 54g이다.

해설

질량 보존의 법칙을 이용하면

$C_6H_{12}O_6$ + $6O_2$ → $6CO_2$ + $6H_2O$

180g 6×32g 6×44g 6×18g   이므로 비율을 절반으로 줄이면

90g 3×32g 3×44g 3×18g   이다.

06 묽은 설탕 수용액에 설탕을 더 녹일 때 일어나는 변화를 설명한 것으로 옳은 것은?

① 용액의 증기압이 높아진다.

② 용액의 끓는점이 낮아진다.

③ 용액의 어는점이 높아진다.

④ 용액의 삼투압이 높아진다.

해설

설탕을 더 녹이면 몰랄농도는 올라가므로 증기압은 낮아지고, 끓는점은 높아진다. 어는점은 낮아지고 삼투압은 증가한다.

07 다음의 화합물 중에서 원소 X가 산소(O)일 가능성이 가장 낮은 것은?(단, O의 몰질량(g/mol)은 16이다)

화합물	㉠	㉡	㉢	㉣
분자량	160	80	70	64
원소 X의 질량 백분율(%)	30	20	30	50

① ㉠   ② ㉡

③ ㉢   ④ ㉣

X의 질량을 계산하면 ㉠ $160 \times 0.3 = 48g$, ㉡ $80 \times 0.2 = 16g$, ㉢ $70 \times 0.3 = 21g$, ㉣ $64 \times 0.5 = 32g$이므로 O의 원자량인 16의 배수가 아닌 ㉢이 산소일 가능성이 가장 적다.

08 대기오염물질인 기체 A, B, C가 〈보기 1〉과 같을 때 〈보기 2〉의 설명 중 옳은 것만을 모두 고른 것은?

> 〈보기 1〉
> A : 연료가 불완전 연소할 때 생성되며, 무색이고 냄새가 없는 기체이다.
> B : 무색의 강한 자극성 기체로, 화석 연료에 포함된 황 성분이 연소 과정에서 산소와 결합하여 생성된다.
> C : 자극성 냄새를 가진 기체로 물의 살균 처리에도 사용된다.
>
> 〈보기 2〉
> ㄱ. A는 헤모글로빈과 결합하면 쉽게 해리되지 않는다.
> ㄴ. B의 수용액은 산성을 띤다.
> ㄷ. C의 성분 원소는 세 가지이다.

① ㄱ, ㄴ   ② ㄱ, ㄷ

③ ㄴ, ㄷ   ④ ㄱ, ㄴ, ㄷ

A는 일산화탄소(CO), B는 황화합물(SO_x), C는 염소기체(Cl_2)이므로 ㄷ.에서 C의 성분원소는 1가지이다.

09 다음 중 분자 구조가 나머지와 다른 것은?

① $BeCl_2$ ② CO_2

③ XeF_2 ④ SO_2

①, ②는 중심원자 주위에 비공유 전자쌍이 없어 직선형이고, ③은 비공유 전자쌍이 있으나 직선형이다. ④는 중심원자 주위에 비공유 전자쌍이 있으므로 굽은형을 가지게 된다. 또 SO_2의 경우 3주기 원소이므로 확장된 옥텟 규칙이 성립한다.

10 Van der Waals 상태방정식 $P = \dfrac{nRT}{V-nb} - \dfrac{an^2}{V^2}$ 에 대한 설명으로 옳은 것만을 모두 고른 것은?(단, P, V, n, R, T는 각각 압력, 부피, 몰수, 기체상수, 온도이다)

> ㄱ. a는 분자 간 인력의 크기를 나타낸다.
> ㄴ. b는 분자 간 반발력의 크기를 나타낸다.
> ㄷ. a는 $H_2O(g)$가 $H_2S(g)$보다 크다.
> ㄹ. b는 $Cl_2(g)$가 $H_2(g)$보다 크다.

① ㄱ, ㄷ   ② ㄴ, ㄹ

③ ㄱ, ㄷ, ㄹ   ④ ㄱ, ㄴ, ㄷ, ㄹ

해설

Van der Waals식에서 a는 인력 보정 상수이고 b는 부피 보정 상수로 기체 자체 분자의 크기를 나타내며 반발력과 관련이 있다. 보통 분자량이 클수록 a, b 모두 증가하는 편이지만 물의 경우 수소결합으로 인해 예외적으로 a가 크게 증가한다.

11 다음 반응에 대한 평형상수는?

> $$2CO(g) \rightleftharpoons CO_2(g) + C(s)$$

① $K = [CO_2]/[CO]^2$

② $K = [CO]^2/[CO_2]$

③ $K = [CO_2][C]/[CO]^2$

④ $K = [CO]^2/[CO_2][C]$

해설

$K = \dfrac{[생성물]^{계수}}{[반응물]^{계수}}$ 이고 기체만 변화가 커서 식에 포함되므로 ①이다.

12 질량 백분율이 N 64%, O 36%인 화합물의 실험식은?(단, N, O의 몰질량(g/mol)은 각각 14, 16이다)

① N_2O ② NO

③ NO_2 ④ N_2O_5

해설

%농도를 100g으로 환산하면 N : O $= \dfrac{64}{14} : \dfrac{36}{16} \approx 4.5 : 2.25 = 2 : 1$ 이므로 실험식은 N_2O이다.

13 25℃에서 $[OH^-] = 2.0 \times 10^{-5} M$일 때, 이 용액의 pH값은?(단, log2 = 0.30이다)

① 2.70

② 4.70

③ 9.30

④ 11.30

pOH를 구하면

$pOH = -\log(2 \times 10^{-5}) = 5 - \log2 = 5 - 0.3 = 4.7$

pH + pOH = 14이므로 pH는 14 - 4.7 = 9.30이다.

14 온도가 400K이고 질량이 6.00kg인 기름을 담은 단열 용기에 온도가 300K이고 질량이 1.00kg인 금속공을 넣은 후 열평형에 도달했을 때, 금속공의 최종 온도(K)는?(단, 용기나 주위로 열 손실은 없으며, 금속공과 기름의 비열(J/(kg·K)) 은 각각 1.00과 0.50로 가정한다)

① 350

② 375

③ 400

④ 450

열평형에서 주고받은 열량은 같으므로 $Q = cm\Delta t$ 공식에서 평형온도를 x라고 가정하면

기름의 비열 × 기름의 질량 × 최종온도 = 금속공의 비열 × 금속공의 질량 × 최종온도이다.

$0.50 J/(kg \cdot K) \times 6.00 kg \times (400 - x) = 1.00 J/(kg \cdot K) \times 1.00 kg \times (x - 300)$에서 $x = 375$이다.

15 다음 반응에서 산화되는 원소는?

$$14HNO_3 + 3Cu_2O \rightarrow 6Cu(NO_3)_2 + 2NO + 7H_2O$$

① H

② N

③ O

④ Cu

반응식에서 산화수를 구해보면 $Cu : +1$에서 $Cu : +2$가로 변한다.

16 다음 그림은 어떤 반응의 자유에너지 변화(ΔG)를 온도(T)에 따라 나타낸 것이다. 이에 대한 설명으로 옳은 것만을 모두 고른 것은?(단, ΔH는 일정하다)

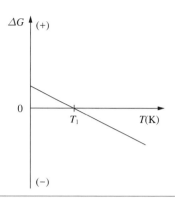

ㄱ. 이 반응은 흡열반응이다.
ㄴ. T_1보다 낮은 온도에서 반응은 비자발적이다.
ㄷ. T_1보다 높은 온도에서 반응의 엔트로피 변화(ΔS)는 0보다 크다.

① ㄱ, ㄴ   ② ㄱ, ㄷ
③ ㄴ, ㄷ   ④ ㄱ, ㄴ, ㄷ

$\Delta G = \Delta H - T\Delta S$에서 $T=0$일 때 $\Delta H>0$이고 그래프의 기울기가 음수이므로 $-\Delta S<0$이므로 $\Delta S>0$이다. 그러므로 반응은 흡열반응이고 T_1보다 높은 온도에서 자발적이다.

17 이온성 고체에 대한 설명으로 옳은 것은?

① 격자에너지는 NaCl이 NaI보다 크다.
② 격자에너지는 NaF가 LiF보다 크다.
③ 격자에너지는 KCl이 $CaCl_2$보다 크다.
④ 이온성 고체는 표준생성엔탈피(ΔH_f^o)가 0보다 크다.

격자에너지는 이온의 크기가 작거나 전하량의 크기가 크면 커지므로 공통적인 이온을 제외하고 비교하면
① Cl^-이온이 I^-이온보다 작으므로 NaCl의 격자에너지가 크다.
② Na^+이온이 Li^+이온보다 크므로 NaF의 격자에너지가 작다.
③ KCl의 전하량은 $(+1)\times(-1)=|-1|$, $CaCl_2$의 전하량은 $(+2)\times(-1)=|-2|$이므로 $CaCl_2$가 더 크다.
④ 이온결합에서 표준생성엔탈피는 0보다 작아야 결합이 형성된다.

18 철(Fe)로 된 수도관의 부식을 방지하기 위하여 마그네슘(Mg)을 수도관에 부착하였다. 산화되기 쉬운 정도만을 고려할 때, 마그네슘 대신에 사용할 수 없는 금속은?

① 아연(Zn)　　　　　　　　　　② 니켈(Ni)
③ 칼슘(Ca)　　　　　　　　　　④ 알루미늄(Al)

해설

금속의 반응성을 비교하면 $K > Ca > Na > Mg > Al > Zn > Fe > Ni \cdots$ 순서이므로 철보다 반응성이 작은 니켈은 불가능하다.

19 다음 반응은 300K의 밀폐된 용기에서 평형상태를 이루고 있다. 이에 대한 설명으로 옳은 것만을 모두 고른 것은?(단, 모든 기체는 이상기체이다)

$$A_2(g) + B_2(g) \rightleftharpoons 2AB(g) \qquad \Delta H = 150 \, kJ/mol$$

ㄱ. 온도가 낮아지면, 평형의 위치는 역반응 방향으로 이동한다.
ㄴ. 용기에 B_2 기체를 넣으면, 평형의 위치는 정반응 방향으로 이동한다.
ㄷ. 용기의 부피를 줄이면, 평형의 위치는 역반응 방향으로 이동한다.
ㄹ. 정반응을 촉진시키는 촉매를 용기 안에 넣으면, 평형의 위치는 정반응 방향으로 이동한다.

① ㄱ, ㄴ　　　　　　　　　　② ㄱ, ㄷ
③ ㄴ, ㄹ　　　　　　　　　　④ ㄷ, ㄹ

해설

ㄱ. $\Delta H > 0$이므로 흡열반응이라 온도가 낮아지면 역반응 쪽으로 평형이 이동한다.
ㄴ. 반응물이 들어가므로 정반응 쪽으로 평형이 이동한다.
ㄷ. 계수의 합이 같으므로 평형이동이 없다.
ㄹ. 촉매는 반응시간만 변화시킬 뿐 평형의 위치에는 영향을 주지 않는다.

20 다음은 화합물 AB의 전자 배치를 모형으로 나타낸 것이다. 이에 대한 설명으로 옳은 것은?(단, A, B는 각각 임의의 금속, 비금속 원소이다)

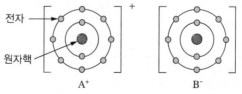

전자
원자핵
A^+　　　　　B^-

① 화합물 AB의 몰질량은 20g/mol이다.
② 원자 A의 원자가 전자는 1개이다.
③ B_2는 이중 결합을 갖는다.
④ 원자 반지름은 B가 A보다 더 크다.

해석

A는 Na^+, B는 F^-이다.

① 중성자 수를 알 수 없으므로 화합물의 몰질량은 알 수 없다.

② Na의 원자가 전자는 1개이다.

③ F_2는 단일 결합이다.

④ Na는 3주기, F는 2주기이므로 Na의 원자 반지름이 더 크다.

21 화학반응식 (가)~(다)에 대한 설명으로 〈보기〉에서 옳은 것만을 모두 고른 것은?

(가) $HCl(aq) + NaOH(aq) \rightarrow Na^+(aq) + Cl^-(aq) + H_2O(l)$

(나) $NH_3(g) + H_2O(l) \rightarrow NH_4^+(aq) + OH^-(aq)$

(다) $H_2SO_4(aq) + H_2O(l) \rightarrow HSO_4^-(aq) + H_3O^+(aq)$

〈보 기〉

ㄱ. (가)에서 HCl은 아레니우스 산이다.

ㄴ. (나)에서 NH_3는 브뢴스테드-로우리 염기이다.

ㄷ. (다)에서 H_2O는 루이스 산이다.

① ㄱ, ㄴ ② ㄱ, ㄷ

③ ㄴ, ㄷ ④ ㄱ, ㄴ, ㄷ

해석

구 분	산	염 기
아레니우스 이론	수용액에서 H^+를 내놓는	수용액에서 OH^-를 내놓는
브뢴스테드-로우리 이론	H^+를 내놓는	H^+를 받는
루이스 이론	전자쌍을 받는	전자쌍을 주는

(가) $HCl(aq)$가 H^+를 내놓았으므로(OH^-와 중화반응하여 물 생성) 아레니우스 산이다.

(나) NH_3가 H^+이온을 받았으므로 브뢴스테드-로우리 염기이다.

(다)   비공유전자쌍 제공

$$H_2SO_4 + \overset{..}{:}O-H \longrightarrow HSO_4^- + \overset{..}{:}O^+-H$$

22 화학반응식 (가)와 (나)에 대한 설명으로 옳은 것은?(단, a, b, c와 x, y, z는 각각 화학반응식의 계수이다)

> (가) $a\,C_8H_{18} + \dfrac{25}{2}O_2 \rightarrow b\,CO_2 + c\,H_2O$
>
> (나) $x\,C_6H_{12}O_6 + 6O_2 \rightarrow y\,CO_2 + z\,H_2O$

① a는 x보다 작다.
② $(b+c)$는 $(y+z)$보다 크다.
③ (나)에서 $C_6H_{12}O_6$는 환원된다.
④ (가)에서 C_8H_{18}는 불포화 탄화수소이다.

해설

(가) $C_8H_{18} + \dfrac{25}{2}O_2 \rightarrow 8CO_2 + 9H_2O$

(나) $C_6H_{12}O_6 + 6O_2 \rightarrow 6CO_2 + 6H_2O$

① a와 x는 1로 같다.
② $b+c = 17 > y+z = 12$
③ (나)에서 C의 산화수를 구하면 0에서 +4로 증가하므로 산화이다.
④ C_nH_{2n+2}이므로 포화 탄화수소이다.
※ 저자의견 : 화학반응식 계수는 정수로 나타내는 것이 규칙이다.

23 삼플루오린화붕소(BF_3)와 암모니아(NH_3)에 대한 설명으로 옳은 것은?

① 두 분자 모두 평면형 구조이다.
② 두 분자 모두 중심 원자에 비공유 전자쌍이 없다.
③ 삼플루오린화붕소의 결합각은 암모니아의 결합각보다 작다.
④ 삼플루오린화붕소는 무극성 분자이고, 암모니아는 극성 분자이다.

해설

① NH_3는 입체구조이다.
② BF_3만 중심 원자에 비공유 전자쌍이 없다.
③ BF_3의 결합각은 120°, NH_3의 결합각은 107°이다.

24 다음 그림의 (가)와 (나)는 탄소 원자의 가능한 전자 배치를 나타낸 것이다. 이에 대한 설명으로 〈보기〉에서 옳은 것만을 모두 고른 것은?

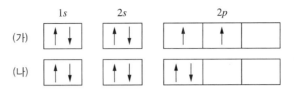

〈보 기〉

ㄱ. (가)에서 원자가 전자는 2개이다.

ㄴ. (가)의 전자 배치는 (나)의 전자 배치보다 안정하다.

ㄷ. (가)에서 전자가 들어 있는 오비탈의 수는 4개이다.

① ㄱ

② ㄴ

③ ㄴ, ㄷ

④ ㄱ, ㄴ, ㄷ

ㄱ. (가)의 원자가 전자는 4개이다.

ㄴ. (가)는 바닥상태이고 (나)는 들뜬상태이므로 (가)가 더 안정하다.

ㄷ. (가)에서 전자가 들어 있는 오비탈은 $1s$, $2s$, $2p_x$, $2p_y$(단, 축은 임의로 정한 것임)로 총 4개이다.

25 다음 그림에서 a~d는 보어의 수소 원자 모형에서 일어나는 몇 가지 전자 전이를 나타낸 것이다. 이에 대한 설명으로 옳은 것은?(단, 수소 원자의 주양자수(n)에 따른 에너지 준위(E_n)는 $-\dfrac{A}{n^2}$ kJ/mol(A는 상수)이다)

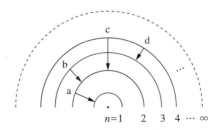

① a에서 방출하는 에너지는 c에서 방출하는 에너지의 3배이다.

② a~d 중 방출하는 빛의 파장은 d에서 가장 짧다.

③ 수소의 이온화 에너지는 AkJ/mol이다.

④ b에서 방출하는 빛은 자외선 영역에서 관찰된다.

구 분	a	b	c	d
전자전이	2 → 1	3 → 2	4 → 2	4 → 3
방출되는 에너지	$\frac{3}{4}A$	$\frac{5}{36}A$	$\frac{3}{16}A$	$\frac{7}{144}A$

① a에서 방출하는 에너지는 c에서 방출하는 에너지의 4배이다.
② 파장과 에너지는 반비례이므로 a가 가장 짧다.
③ 1 → ∞일 때 이온화 에너지이므로 AkJ/mol이다.
④ b에서 방출하는 빛은 가시광선 영역이다.

2016 서울시 9급

01 질량이 222.222g이고 부피가 20.0cm³인 물질의 밀도를 올바른 유효숫자로 표시한 것은?

① 11.1111g/cm^3
② 11.111g/cm^3
③ 11.11g/cm^3
④ 11.1g/cm^3

밀도 = $\frac{질량}{부피}$ 이므로 $\frac{222.222\text{g}}{20.0\text{cm}^3} = 11.1111\text{g/cm}^3$에서 곱셈의 유효숫자는 적은 것이 기준이므로 11.1g/cm^3이다.

02 1기압에서 A라는 어떤 기체 0.003mol이 물 900g에 녹는다면 2기압인 경우 0.006mol이 같은 양의 물에 녹게 될 것이라는 원리는 다음 중 어느 법칙과 관련이 있는가?

① Dalton의 분압법칙
② Graham의 법칙
③ Boyle의 법칙
④ Henry의 법칙

액체에 용해된 기체의 몰수를 구한 것이므로 Henry의 법칙이다.

03 양자수 중의 하나로서 m_l로 표시되며 특정 궤도함수가 원자 내의 공간에서 다른 궤도 함수들에 대해 상대적으로 어떠한 배향을 갖는지 나타내는 양자수는?

① 주양자수 ② 각 운동량 양자수
③ 자기양자수 ④ 스핀양자수

m_l은 자기양자수이다.

04 유기 화합물인 펜테인(C_5H_{12})의 구조이성질체 개수는?

① 1 ② 2
③ 3 ④ 4

펜테인의 구조이성질체는 3개이다.

```
C-C-C-C-C        C-C-C-C            C
                     |           C-C-C
                     C           |
                                 C
```

05 염소산 포타슘($KClO_3$)은 가열하면 고체 염화포타슘과 산소 기체를 형성하는 흰색의 고체이다. 2atm, 500K에서 30.0L의 산소 기체를 얻기 위해서 필요한 염소산 포타슘의 몰수는?(단, 기체상수 R은 0.08L·atm/mol·K)

① 0.33mol ② 0.50mol
③ 0.67mol ④ 1.00mol

$2KClO_3 \rightarrow 2KCl + 3O_2$

이상기체 방정식을 변형하면 $n = \dfrac{PV}{RT}$에서 산소 기체의 몰수를 구하면 $\dfrac{2 \times 30.0}{0.08 \times 500} = \dfrac{3}{2}$ mol이고 $KClO_3 : O_2$ 계수비가 2 : 3이므로 1mol이 필요하다.

06 에틸렌은 $CH_2 = CH_2$의 구조를 갖는 석유화학 공업에서 아주 중요하게 사용되는 재료이다. 에틸렌 분자 내의 탄소는 어떤 혼성궤도함수를 형성하고 있는가?

① sp ② sp^2
③ sp^3 ④ dsp^3

에틸렌은 다중결합을 하나라고 할 때 C 주위에 3개의 결합이 있으므로 sp^2혼성이다.

07 교통 신호등의 녹색 불빛의 중심 파장은 522nm이다. 이 복사선의 진동수(Hz)는 얼마인가?(단, 빛의 속도는 3.00×10^8m/s)

① $5.22 \times 10^7 \text{Hz}$　　　　　　　　　② $5.22 \times 10^9 \text{Hz}$

③ $5.75 \times 10^{10} \text{Hz}$　　　　　　　　④ $5.75 \times 10^{14} \text{Hz}$

$E = h\nu = \dfrac{hc}{\lambda}$ 이므로　$h\nu = \dfrac{h \times 3.00 \times 10^8 \text{m/s}}{522 \times 10^{-9}}$, $\nu = 5.75 \times 10^{14}$ Hz 이다.

08 Xe는 8A족 기체 중 하나로서 매우 안정한 원소이다. 그런데 반응성이 아주 높은 불소와 반응하여 XeF_4라는 분자를 구성한다. 원자가 껍질 전자쌍 반발(VSEPR) 모형에 의하여 예측할 때, XeF_4의 분자 구조로 옳은 것은?

① 사각평면　　　　　　　　　　　② 사각뿔

③ 정사면체　　　　　　　　　　　④ 팔면체

비공유 전자쌍은 보이지 않으므로 사각평면이다.

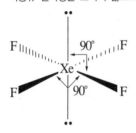

09 원소분석을 통하여 분자량이 146.0g/mol인 미지의 화합물을 분석한 결과 질량 백분율로 탄소 49.3%, 수소 6.9%, 산소 43.8%를 얻었다면 이 화합물의 분자식은 무엇인가?(단, 탄소 원자량 = 12.0g/mol, 수소 원자량 = 1.0g/mol, 산소 원자량 = 16.0g/mol)

① $C_3H_5O_2$　　　　　　　　　　② $C_5H_7O_4$

③ $C_6H_{10}O_4$　　　　　　　　　④ $C_{10}H_{14}O_8$

$C : H : O = \dfrac{49.3}{12} : \dfrac{6.9}{1} : \dfrac{43.8}{16} \approx 4.11 : 6.9 : 2.74 \approx 6 : 10 : 4$

※ 저자의견 : 이 문제의 경우 위의 풀이로 정확한 실험식을 구하기 어렵다. 문제에서 분자량을 주었으므로 보기에 주어진 분자들의 분자량을 구하는 것이 더 빠른 풀이방법일 수도 있다.

10 500℃에서 수소와 염소의 반응에 대한 평형상수 $K_c = 100$이고, 정반응속도 $k_f = 2.0 \times 10^3 M^{-1}s^{-1}$이며 $\Delta H = 20kJ$의 흡열반응이라면 다음 설명 중 옳은 것은?

① 역반응의 속도가 정반응의 속도보다 빠르다.

② 역반응의 속도는 $0.05M^{-1}s^{-1}$이다.

③ 온도가 증가할수록 평형상수(K_c)의 값은 감소한다.

④ 온도가 증가할수록 정반응의 속도가 역반응보다 더 크게 증가한다.

해석

$K_c = \dfrac{k_f}{k_f'} = \dfrac{2.0 \times 10^3 M^{-1}s^{-1}}{k_f'} = 100$ 역반응의 속도 $k_f' = 2.0 \times 10 M^{-1}s^{-1}$이고 흡열반응이므로 온도가 증가하면 평형상수가 증가한다.

11 다음에 나타낸 평형 반응에 대한 평형상수는?

$$CaCl_2(s) + 2H_2O(g) \rightleftharpoons CaCl_2 \cdot 2H_2O(s)$$

① $\dfrac{[CaCl_2 \cdot 2H_2O]}{[CaCl_2][H_2O]^2}$

② $\dfrac{1}{[H_2O]^2}$

③ $\dfrac{1}{2[H_2O]}$

④ $\dfrac{[CaCl_2 \cdot 2H_2O]}{[H_2O]^2}$

해석

평형상수에서 고체, 액체는 크게 변화가 없으므로 기체만 표시한다.

12 다음 2개의 반응식을 이용해 최종 반응식의 반응 엔탈피(ΔH_3)를 구하면?

- 반응식 1 : $A + B_2 \rightarrow AB_2$ $\Delta H_1 = -152kJ$
- 반응식 2 : $2AB_3 \rightarrow 2AB_2 + B_2$ $\Delta H_2 = 102kJ$
- 최종 반응식 : $A + \dfrac{3}{2}B_2 \rightarrow AB_3$ $\Delta H_3 = ?$

① $-254kJ$

② $-203kJ$

③ $-178kJ$

④ $-50kJ$

해설

헤스의 법칙으로 구하며 엔탈피는 크기 성질이므로

반응식 1 : $A + B_2 \rightarrow AB_2$ $\Delta H_1 = -152kJ$

$- \dfrac{\text{반응식 2}}{2}$: $AB_2 + \dfrac{1}{2}B_2 \rightarrow AB_3$ $\Delta H = -51kJ$

합을 하면 최종 반응식이 나오므로 반응엔탈피 $\Delta H_3 = -203kJ$이다.

13 25℃에서 $[OH^-] = 2.0 \times 10^{-5}M$일 때, 이 용액의 pH 값은?(단, $\log 2 = 0.30$)

① 1.80

② 4.70

③ 9.30

④ 11.20

해설

pOH를 구하면 $pOH = -\log(2.0 \times 10^{-5}) = 5 - \log 2.0 = 4.7$이다. $pH + pOH = 14$이므로 pH는 9.30이다.

14 진한 암모니아수를 묻힌 솜과 진한 염산을 묻힌 솜을 유리관의 양쪽 끝에 넣고 고무마개로 막았더니 잠시 후 진한 염산을 묻힌 솜 가까운 쪽에 흰 연기가 생겼다. 옳은 설명을 모두 고른 것은?

> 가. 흰 연기의 화학식은 NH_4Cl이다.
>
> 나. NH_3의 확산 속도가 HCl보다 빠르다.
>
> 다. NH_3 분자가 HCl 분자보다 무겁다.

① 가

② 나

③ 가, 나

④ 다

해설

$NH_3(g) + HCl(g) \rightarrow NH_4Cl(s)$

기체의 확산속도는 분자량에 반비례하며, 염화암모늄($NH_4Cl(s)$)앙금 생성이 진한 염산($HCl(g)$) 쪽이므로 암모니아($NH_3(g)$)의 확산속도가 더 빠르다. 따라서 분자량은 암모니아가 더 작다.

15 토륨-232($^{232}_{90}Th$)는 붕괴 계열에서 전체 6개의 α입자와 4개의 β입자를 방출한다. 생성된 최종 동위원소는 무엇인가?

① $^{208}_{82}Pb$

② $^{209}_{83}Bi$

③ $^{196}_{80}Hg$

④ $^{235}_{92}U$

해설

α붕괴 시 질량수는 4감소하고 원자번호는 2감소하며, β붕괴 시 질량수에는 변화가 없고 원자번호만 1증가하므로

$^{232}_{90}Th \quad \rightarrow \quad ^{208}_{78}Pt \quad \rightarrow \quad ^{208}_{82}Pb$

$\quad\quad\quad\quad \alpha$붕괴(6회) $\quad\quad \beta$붕괴(4회)

16 다음 화합물 중 끓는점이 가장 높은 것은?

① HI

② HBr

③ HCl

④ HF

해설

HF는 수소결합이 존재하여 분자량이 작아도 예외적으로 분자 간 인력이 크다.

17 A에서 B로 변하는 어떠한 과정이 모든 온도에서 비자발적 과정이기 위하여 다음 중 옳은 조건은?(단, ΔH는 엔탈피 변화, ΔS는 엔트로피 변화)

① $\Delta H > 0,\ \Delta S < 0$

② $\Delta H > 0,\ \Delta S > 0$

③ $\Delta H < 0,\ \Delta S < 0$

④ $\Delta H < 0,\ \Delta S > 0$

해설

$\Delta G = \Delta H - T\Delta S < 0$일 때 자발적이므로 $\Delta H > 0$, $\Delta S < 0$일 때 항상 비자발적이다.

18 25℃에서 수산화알루미늄 [$Al(OH)_3$]의 용해도곱 상수(K_{sp})가 3.0×10^{-34}이라면 pH 10으로 완충된 용액에서 $Al(OH)_3(s)$의 용해도는 얼마인가?

① 3.0×10^{-22}M

② 3.0×10^{-17}M

③ 1.73×10^{-17}M

④ 3.0×10^{-4}M

해설

$K_{sp} = [Al^{3+}][OH^-]^3$에서 25℃에서 pH = 10일 때 pOH = 4이므로 OH^-의 농도는 10^{-4}이다.

$$[Al^{3+}] = \frac{K_{sp}}{[OH^-]^3} = \frac{3.0 \times 10^{-34}}{(10^{-4})^3} = 3.0 \times 10^{-22}\ M$$

19 성층권에서 $CFCl_3$와 같은 클로로플루오로탄소는 다음의 반응들에 의해 오존을 파괴한다. 여기에서 Cl과 ClO의 역할을 올바르게 짝지은 것은?

$$CFCl_3 \rightarrow CFCl_2 + Cl$$
$$Cl + O_3 \rightarrow ClO + O_2$$
$$ClO + O \rightarrow Cl + O_2$$

① (Cl, ClO) = (촉매, 촉매)

② (Cl, ClO) = (촉매, 반응 중간체)

③ (Cl, ClO) = (반응 중간체, 촉매)

④ (Cl, ClO) = (반응 중간체, 반응 중간체)

16 ④ 17 ① 18 ① 19 ② **정답**

해설

• 촉매 : 반응속도를 변화시키며 넣은 반응물과 생성물에 관여하지 않는다(그대로 나온다).
• 반응 중간체 : 다단계 반응에서 반응 중간에 생성되었다가 사라지는 물질이다.

20 다음 갈바니 전지 반응에 대한 표준자유에너지변화(ΔG°)는 얼마인가?(단, $E^0(Zn^{2+})=-0.76V$, $E^0(Cu^{2+})=0.34V$ 이고, $F=96,500\,C/mol\ e^-$, V=J/C)

$$Zn(s)+Cu^{2+}(aq)\ \rightarrow\ Cu(s)+Zn^{2+}(aq)$$

① −212.3kJ   ② −106.2kJ

③ −81.1kJ   ④ −40.5kJ

해설

기전력을 구하면 $E^0=E_+ - E_-=0.34-(-0.76)=1.10V$

$\Delta G=-nFE^0=-2\times96,500\times1.10=-212,300\,J=-212.3kJ$

21 표는 0℃, 1기압에서 기체 (가)~(다)에 대한 자료를 나타낸 것이다. 이에 대한 설명으로 옳은 것은?(단, 0℃, 1기압에서 모든 기체 1mol의 부피는 22.4L이고, 아보가드로수는 6.0×10^{23}이다)

기 체	분자량	질량(g)	부피(L)	분자 수(개)
(가)		1	5.6	
(나)	17	34		
(다)	64			3.0×10^{23}

① 기체의 밀도는 (가) < (나) < (다)이다.
② 기체 (나)의 부피는 기체 (다)의 부피의 2배이다.
③ (가)와 (다)의 분자 수의 합은 (나)의 분자 수보다 많다.
④ 분자 수는 (다) < (가) < (나)이다.

해설

기 체	분자량	질량(g)	부피(L)	분자 수(개)
(가)	4	1	5.6	1.5×10^{23}
(나)	17	34	44.8	1.2×10^{24}
(다)	64	32	11.2	3.0×10^{23}

① 기체의 밀도는 분자량에 비례한다.
② (나)는 (다)의 부피의 4배이다.
③ (가)와 (다)의 분자 수의 합은 (나)의 분자 수보다 적다.
④ 분자 수는 (가) < (다) < (나)이다.

22 그림은 원자 번호가 12인 마그네슘 원자와 이온의 전자 배치를 나타낸 것이다. 이에 대한 설명으로 옳은 것은?

	1s	2s	2p	3s	3p
(가)	↑↓	↑↓	↑↓ ↑↓ ↑↓		
(나)	↑↓	↑↓	↑↓ ↑↓ ↑↓	↑	
(다)	↑↓	↑↓	↑↓ ↑↓ ↑↓	↑	↑
(라)	↑↓	↑↓	↑↓ ↑↓ ↑↓	↑↓	

① (다)는 (라)보다 안정한 상태이다.

② (나)의 반지름은 (가)의 반지름보다 작다.

③ (라)에서 (나)로 될 때 필요한 에너지는 (나)에서 (가)로 될 때 필요한 에너지보다 작다.

④ (라)에서 (다)로 될 때 에너지를 방출한다.

해설

(가) : Mg^{2+}, (나) : Mg^+, (다) : Mg 들뜬상태, (라) : Mg 원자

① (라)가 가장 안정한 상태이다.

② (나)가 (가)보다 껍질 수가 많으므로 반지름이 더 크다.

③ 오비탈 내부의 전자 간의 반발로 인해 (라)에서 (나)로 갈 때 에너지가 더 적게 필요하다.

④ 들뜬상태로 될 때 에너지를 흡수한다.

23 그림은 고리 모양 탄화수소 (가)~(다)의 구조식을 나타낸 것이다. 이에 대한 설명으로 옳지 않은 것은?(단, $a \sim c$는 탄소 원자 사이의 결합 길이이다)

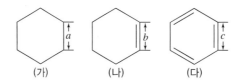

(가)　　　(나)　　　(다)

① 결합 길이는 $a > b = c$이다.

② (가)와 (나)는 입체 구조이다.

③ (나)와 (다)는 불포화 탄화수소이다.

④ (다)는 6개의 탄소 원자 간의 결합이 동등하다.

해설

① 결합 길이는 $a > c > b$이다.

24 A⁺와 B⁻이온은 Ar의 전자 배치를 갖는다. 두 이온이 만나 형성하는 물질 AB에 대한 설명으로 옳은 것을 〈보기〉에서 모두 고르면?(단, A, B는 임의의 원소 기호이다)

<보 기>
ㄱ. AB는 AF보다 이온 간의 거리가 멀다.
ㄴ. CaO(산화칼슘)와 AB 중 녹는점이 높은 것은 CaO이다.
ㄷ. AB의 용융액은 전기 전도성이 있다.

① ㄱ
② ㄱ, ㄴ
③ ㄴ, ㄷ
④ ㄱ, ㄴ, ㄷ

해설

A^+ : K^+, B^- : Cl^- 이다.
ㄱ. K^+ 이온이 같으므로 음이온끼리의 크기를 비교하면 $Cl^- > F^-$ 이다.
ㄴ. 이온 결합력은 쿨롱의 힘이 클수록 크므로 전하량의 크기가 클수록 크다.
ㄷ. 이온결합 물질은 용융되면 전기 전도성이 있다.

25 화학반응식 (가)~(다)에 대한 설명으로 옳지 않은 것은?

(가) $HNO_3 + NaOH \rightarrow H_2O + NaNO_3$
(나) $N_2 + 3H_2 \rightarrow 2NH_3$
(다) $Cu + 4HNO_3 \rightarrow Cu(NO_3)_2 + 2NO_2 + 2H_2O$

① (가)~(다) 중 산화-환원 반응이 아닌 것은 (가)이다.
② (나)에서 N의 산화수는 감소한다.
③ (다)에서 Cu는 환원제이다.
④ (가)~(다) 중 N의 산화수가 가장 작은 것은 N_2이다.

해설

④ N의 산화수는 (가) : +5, (나) : 0, -3, (다) : +5, +5, +4이므로 NH_3의 N의 산화수가 가장 작다.

2016

사회복지직 9급

01 다음은 인류 문명의 발달과 관련된 화학반응식이다. 이에 대한 설명으로 옳은 것은?

> (가) 암모니아 합성 : $N_2 + 3H_2 \rightarrow 2NH_3$
>
> (나) 철의 제련 : $Fe_2O_3 + 3CO \rightarrow 2Fe + 3CO_2$

① NH_3는 무극성 분자이다.
② (가)는 중화 반응이다.
③ (나)에서 C의 산화수는 증가한다.
④ CO_2에는 비공유 전자쌍이 6개이다.

해설

① NH_3는 극성 분자이다.
② (가)는 산화-환원반응이다.
③ (나)에서 C의 산화수는 +2에서 +4로 증가한다.
④ CO_2에는 비공유 전자쌍이 4개이다.

02 그림은 부피가 동일한 플라스크에 25°C, 1기압으로 각각 담겨있는 세 가지 기체를 나타낸 것이다. (가)~(다)에 대한 설명으로 옳은 것은?(단, 25°C, 1기압에서 세 가지 기체 1mol의 부피는 서로 동일하고, 원자량은 H = 1, C = 12, O = 16이다)

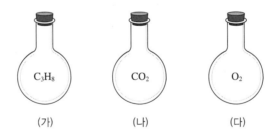

(가) C_3H_8 (나) CO_2 (다) O_2

① 분자 수는 (가)가 가장 많다.
② 기체의 총질량은 (가)와 (다)가 같다.
③ 탄소 원자 수는 (가)와 (나)가 같다.
④ 산소 원자 수는 (나)와 (다)가 같다.

해설

플라스크의 부피를 1mol의 부피라고 가정하면 각각 분자량만큼 기체가 들어 있다. 각 분자량은 (가) 44, (나) 44, (다) 32이다.
① 분자 수는 부피가 같으므로 (가), (나), (다) 모두 같다(아보가드로 법칙).
② 기체의 총질량은 (가)와 (나)가 같다.
③ 탄소의 원자 수는 (가)가 (나)의 3배이다.

03 그림은 A~C 원자의 중성자 수와 전자 수를 나타낸 것이다. 이에 대한 설명으로 옳은 것은?(단, A~C는 임의의 원소 기호이다)

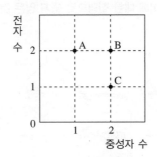

① A의 원자 번호는 3이다.

② B의 원소 기호는 He이다.

③ A와 B는 질량수가 같다.

④ B와 C는 동위원소이다.

해설

A: ^3_2He, B: ^4_2He, C: ^3_1H

A의 원자 번호는 2이며, A와 C의 질량수가 같고 A, B가 동위원소 관계이다.

04 그림은 네 가지 탄화수소를 주어진 기준에 따라 분류한 것이다. 이에 대한 설명으로 옳은 것은?

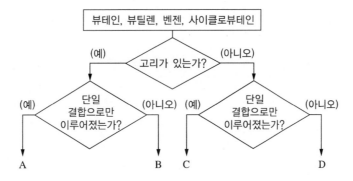

① A와 C는 분자식이 서로 같다.

② B 분자 내 모든 원자들은 같은 평면에 존재한다.

③ B 분자 내 탄소 원자들 사이의 결합각은 모두 180°이다.

④ C와 D를 완전 연소시켰을 때, 연소 생성물의 종류는 서로 다르다.

해설

구 분	A	B	C	D
탄화수소	사이클로뷰테인(C_4H_8)	벤젠(C_6H_{12})	뷰테인(C_4H_{10})	뷰틸렌(C_4H_8)
결합각	약 90°	120°	109.5°	120°
평면·입체	입 체	평 면	입 체	입 체

④ C, H로 이루어진 물질을 완전 연소시키면 이산화탄소(CO_2)와 물(H_2O)만 생성된다.

05 그림은 수산화나트륨 수용액 (가)에 동일한 양의 염산을 계속해서 넣을 때, 얻어지는 혼합 용액 (나)~(라) 속 이온의 변화를 모형으로 나타낸 것이다. 이에 대한 설명으로 옳지 않은 것은?(단, 각 이온의 개수는 각 이온의 상대적인 양을 나타낸다)

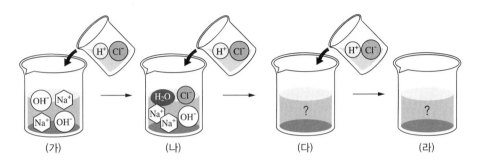

① (가)와 (다)의 불꽃 반응색은 같다.

② (나)는 염기성 용액이다.

③ (다)에 들어 있는 구경꾼 이온의 종류는 2가지이다.

④ (라)의 pH는 7보다 크다.

해설

① 불꽃반응은 금속 원소에 따라 나타나므로 Na^+에 의해 나타나는 색은 같다.

③ (다)에서 구경꾼 이온은 Na^+, Cl^-이다.

④ pH는 7보다 작다.

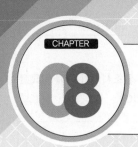

CHAPTER 08

2017년 기출문제

2017

국가직 9급

01 그림 (가)~(다)는 2주기의 서로 다른 중심 원자에 수소(H)가 결합된 중성인 분자 모형을 나타낸 것이다. 이에 대한 설명으로 옳은 것은?(단, (가)~(다)의 중심 원자는 옥텟 규칙을 만족한다)

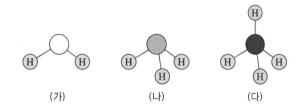

(가)   (나)   (다)

① 극성 분자는 1개이다.
② 비공유 전자쌍은 (가)가 가장 많다.
③ (다)는 무극성 공유결합을 갖는 분자이다.
④ 중심 원자에서의 결합각은 (나)가 (다)보다 크다.

2주기 원소에서 옥텟규칙을 만족하므로 분자는 다음과 같다.

구 분	(가)	(나)	(다)
물 질	H_2O	NH_3	CH_4
극성/무극성	극성	극성	무극성
비공유 전자쌍	2개	1개	0개
결합각	$104.5°$	$107°$	$109.5°$

무극성 공유결합은 같은 원자끼리 결합 시에만 형성된다.

02 다음은 에탄올(C_2H_5OH)이 완전 연소할 때, 화학반응식을 나타낸 것이다. 에탄올 1몰을 완전 연소시키기 위해 필요한 산소 기체(O_2)의 질량(g)은?(단, a, b, c, d는 화학반응식의 계수이고, O의 원자량은 16이다)

$$a\,C_2H_5OH(l) + b\,O_2(g) \rightarrow c\,CO_2(g) + d\,H_2O(g)$$

① 48

② 64

③ 80

④ 96

해설

식의 계수를 구하면 $C_2H_5OH(l) + 3O_2(g) \rightarrow 2CO_2(g) + 3H_2O(g)$

에탄올을 1몰 연소시키려면 산소는 3몰 필요하며 산소 1몰의 질량은 32g이므로 $3 \times 32 = 96$g이다.

03 그림은 임의의 원소 A~C의 순차적 이온화 에너지를 나타낸 것이다. 이에 대한 설명으로 옳은 것은?(단, A는 2주기 원소, B와 C는 3주기 원소이다)

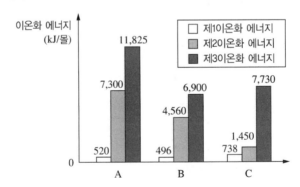

① A와 C는 같은 족이다.

② 원자 번호는 B > C이다.

③ B는 A보다 물에 대한 반응성이 크다.

④ A~C 중, 원자 반지름은 C가 가장 크다.

해설

순차적 이온화 에너지를 판단하면 A는 2주기 1족이므로 Li이다. B는 3주기 1족이므로 Na이고 C는 3주기 2족이므로 Mg이다.

③ 알칼리 금속(1족)은 아래로 갈수록 반응성이 증가한다.

④ 원자 반지름은 Na가 가장 크다.

04 다음의 화학반응식에 대한 설명으로 옳은 것은?

> (가) $NH_3(g) + BF_3(g) \rightarrow H_3NBF_3(g)$
>
> (나) $NO_3^-(aq) + H_3O^+(aq) \rightarrow HNO_3(aq) + H_2O(l)$
>
> (다) $CH_3NH_2(aq) + H_3O^+(aq) \rightarrow CH_3NH_3^+(aq) + H_2O(l)$
>
> (라) $CH_3COOH(aq) + H_2O(l) \rightarrow CH_3COO^-(aq) + H_3O^+(aq)$

① (가)에서 BF_3는 루이스의 산이다.

② (나)에서 NO_3^-는 아레니우스의 염기이다.

③ (다)에서 CH_3NH_2는 브뢴스테드-로우리의 산이다.

④ (라)의 수용액에 페놀프탈레인을 가하면 붉게 변한다.

해설

구 분	산	염 기
아레니우스 이론	수용액에서 H^+를 내놓는	수용액에서 OH^-를 내놓는
브뢴스테드-로우리 이론	H^+를 내놓는	H^+를 받는
루이스 이론	전자쌍을 받는	전자쌍을 주는

① BF_3가 NH_3로부터 비공유 전자쌍을 받으므로 루이스 산이다.

② NO_3^-는 H^+를 받으므로 브뢴스테드-로우리 염기 및 루이스 염기이다.

③ CH_3NH_2는 브뢴스테드-로우리 염기 및 루이스 염기이다.

④ 페놀프탈레인은 OH^-가 있는 염기성 용액에서 붉은색을 나타낸다.

05 그림은 황산(H_2SO_4) 수용액 20mL에 수산화칼륨(KOH) 수용액을 조금씩 가했을 때, 이 용액에 존재하는 수산화 이온(OH^-)의 개수 변화를 나타낸 것이다. 이에 대한 설명으로 옳은 것은?

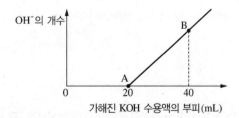

① A지점의 용액은 전기전도도가 0이다.

② B지점의 용액에 존재하는 이온의 종류는 2가지 뿐이다.

③ 반응에 사용된 황산 수용액과 수산화칼륨 수용액의 농도는 서로 같다.

④ B지점의 용액에 존재하는 이온 중, 가장 많은 것은 K^+이다.

OH⁻가 없어지는 지점(A)이 중화점이다. 즉 H_2SO_4 20mL와 KOH 20mL가 섞였을 때 중성이다.

① SO_4^{2-} 이온과 K^+ 이온이 존재하므로 전기전도도는 있으며 A지점은 전기전도도가 가장 작은 지점이다.

② SO_4^{2-}, K^+, OH⁻ 이온이 존재한다.

③ H_2SO_4은 분자당 수소이온이 2개씩 나오므로 농도는 KOH가 H_2SO_4의 2배이다.

④ B지점에 가장 많이 존재하는 것은 구경꾼 이온인 K^+이다.

2017 지방직 9급

01 0℃, 1기압에서 수소(H_2), 메테인(CH_4), 산소(O_2) 기체가 각각 1g씩 따로 존재한다. 각 기체에 대한 물리량의 크기 비교로 옳은 것만을 [보기]에서 모두 고른 것은?(단, 수소, 탄소, 산소의 원자량은 각각 1, 12, 16이다)

[보 기]

ㄱ. 기체의 몰수 : $O_2 < CH_4 < H_2$

ㄴ. 원자의 개수 : $O_2 < H_2 < CH_4$

ㄷ. 기체의 밀도 : $H_2 < O_2 < CH_4$

① ㄱ ② ㄷ ③ ㄱ, ㄴ ④ ㄴ, ㄷ

해설

ㄱ. 기체의 몰수

$O_2 : \dfrac{1g}{32\,g/mol}$, $CH_4 : \dfrac{1g}{16g/mol}$, $H_2 : \dfrac{1g}{2g/mol}$

ㄴ. 원자의 개수

$O_2 : \dfrac{1g}{32\,g/mol}\times 2$, $CH_4 : \dfrac{1g}{16g/mol}\times 5$, $H_2 : \dfrac{1g}{2g/mol}\times 2$

ㄷ. 기체의 밀도 : 같은 온도, 압력에서 기체의 밀도는 분자량에 비례한다.

02 마그네슘(Mg)과 묽은 염산(HCl)을 반응시키면 염화마그네슘($MgCl_2$)과 수소(H_2) 기체가 생성된다. 마그네슘 48g을 충분한 양의 묽은 염산과 완전히 반응시켰을 때, 발생하는 수소 기체의 0℃, 1기압에서의 부피(L)는?(단, 0℃, 1기압에서 기체 1몰의 부피는 22.4L이며, 마그네슘의 원자량은 24이다)

① 11.2 ② 22.4 ③ 33.6 ④ 44.8

반응식은 $Mg(s) + 2HCl(aq) \rightarrow MgCl_2(aq) + H_2(g)$ 이므로 마그네슘과 수소기체의 몰수비는 1 : 1이다.

마그네슘 48g은 2몰이므로 수소기체는 2몰 나온다.

따라서 기체의 부피는 $2 \times 22.4L = 44.8L$ 이다.

---

03 표는 바닥상태에 있는 중성원자 A, B, C, D의 전자들이 전자껍질 K, L, M에 배치된 상태를 나타낸 것이다. 이에 대한 설명으로 옳은 것은?(단, A, B, C, D는 임의의 원소 기호이다)

원 자	전자배치	원 자	전자배치	원 자	전자배치	원 자	전자배치
A	K(2) L(1)	B	K(2) L(8) M(1)	C	K(2) L(8) M(3)	D	K(2) L(8) M(7)

① 제1이온화 에너지는 A가 B보다 작다.

② C와 D는 같은 족에 속하는 원소이다.

③ 원자 반지름은 B가 C보다 크다.

④ 화합물 AD는 공유결합 물질이다.

A : Li, B : Na, C : Al, D : Cl

① 제1이온화 에너지는 같은 족에서 아래로 갈수록 감소한다. 따라서 A가 B보다 크다.

② C는 13족이며 D는 17족이다.

④ AD는 이온결합 물질이다.

---

04 그림과 같은 장치에 탄화수소 X를 넣고 충분한 양의 산소(O_2)를 공급하면서 가열하여 완전 연소시켰다. 이때 염화칼슘 ($CaCl_2$)관과 수산화나트륨($NaOH$)관의 질량이 각각 36mg과 88mg 증가하였고, 반응 후 남은 산소만이 배출되었다. X의 실험식으로 적절한 것은?(단, 수소, 탄소, 산소의 원자량은 각각 1, 12, 16이다)

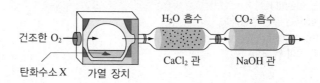

① CH

② CH_2

③ CH_3

④ CH_4

염화칼슘관은 물, 수산화나트륨은 이산화탄소를 흡수하므로 수소와 탄소의 질량을 구하면

• 탄소의 질량 : $88mg \times \dfrac{12}{44} = 24mg$

• 수소의 질량 : $36mg \times \dfrac{2}{18} = 4mg$

• 실험식 구하기 $\dfrac{24mg}{12} : \dfrac{4mg}{1} = 1 : 2$이므로 실험식은 CH_2이다.

05 그림은 일정량의 수산화나트륨(NaOH) 수용액에 염산(HCl)을 첨가할 때, 혼합용액 내의 이온들 (가), (나), (다), (라)의 이온 수 변화를 나타낸 것이다. 이에 대한 설명으로 옳은 것은?(단, ㉠, ㉡, ㉢은 염산이 각각 a, b, c만큼 첨가되었을 때의 혼합용액이다)

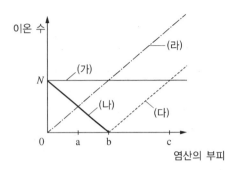

① (가)와 (다)는 구경꾼 이온이다.
② ㉠과 ㉡의 총 이온 수는 같다.
③ ㉢에 생성된 물 분자 수는 $2N$이다.
④ pH는 ㉠이 ㉢보다 작다.

해설

이 실험을 정리하면

구 분		a	b	c
(다)	H^+	0	0	N
(라)	Cl^-	$1/2N$	N	$2N$
(가)	Na^+	N	N	N
(나)	OH^-	$1/2N$	0	0
총 이온 수		$2N$	$2N$	$3N$
물 생성량		$1/2N$	N	N

① (가), (라)가 구경꾼 이온이다.
② 중화점 이전에는 총 이온 수는 일정하다.
③ 생성된 물 분자 수는 1개이다.
④ ㉠이 염기성이므로 ㉠이 더 크다.

06 다음 중 산화-환원 반응이 아닌 것은?

① $2Al + 6HCl \rightarrow 3H_2 + 2AlCl_3$

② $2H_2O \rightarrow 2H_2 + O_2$

③ $2NaCl + Pb(NO_3)_2 \rightarrow PbCl_2 + 2NaNO_3$

④ $2NaI + Br_2 \rightarrow 2NaBr + I_2$

해설

앙금 생성 반응은 산화-환원 반응이 아니다.
※ 원소 → 화합물 또는 화합물 → 원소로 변하는 반응은 산화-환원 반응이다.

07 주기율표에서 원소들의 주기적 경향성을 설명한 내용으로 옳지 않은 것은?

① Al의 1차 이온화 에너지가 Na의 1차 이온화 에너지보다 크다.
② F의 전자 친화도가 O의 전자 친화도보다 더 큰 음의 값을 갖는다.
③ K의 원자 반지름이 Na의 원자 반지름보다 작다.
④ Cl의 전기 음성도가 Br의 전기음성도보다 크다.

해설

같은 족에서 아래로 갈수록 껍질수가 많아지므로 원자 반지름은 증가한다.

08 온도와 부피가 일정한 상태의 밀폐된 용기에 15.0mol의 O_2와 25.0mol의 He가 들어있다. 이때 전체 압력은 8.0atm이었다. O_2 기체의 부분 압력(atm)은?(단, 용기에는 두 기체만 들어 있고, 서로 반응하지 않는 이상 기체라고 가정한다)

① 3.0
② 4.0
③ 5.0
④ 8.0

해설

온도와 부피가 일정할 때 압력은 몰수에 비례하므로 산소기체의 부분압력은

$$P_A = 8.0\text{atm} \times \frac{15.0\text{mol}}{40.0\text{mol}} = 3.0\text{atm}$$

09 Al과 Br_2로부터 Al_2Br_6가 생성되는 반응에서, 4mol의 Al과 8mol의 Br_2로부터 얻어지는 Al_2Br_6의 최대 몰수는?(단, Al_2Br_6가 유일한 생성물이다)

① 1
② 2
③ 3
④ 4

해설

반응식에 의해 한계반응물이 Al이므로 최대 2몰 생성 가능하다.

반응식	$2Al + 3Br_2 \rightarrow Al_2Br_6$		
반응 전	4	8	
반 응	−4	−6	+2
반응 후	0	2	2

10 이온결합과 공유결합에 대한 설명으로 옳지 않은 것은?

① 격자 에너지는 이온 화합물이 생성되는 여러 단계의 에너지를 서로 곱하여 계산한다.
② 이온의 공간 배열이 같을 때, 격자 에너지는 이온 반지름이 감소할수록 증가한다.
③ 공유결합의 세기는 결합 엔탈피로부터 측정할 수 있다.
④ 공유결합에서 두 원자 간 결합수가 증가함에 따라 두 원자간 평균 결합 길이는 감소한다.

해설

격자 에너지는 여러 단계의 에너지를 서로 더하여 계산한다.

11 0.100M의 NaOH 수용액 24.4mL를 중화하는 데 H_2SO_4 수용액 20.0mL를 사용하였다. 이때 사용한 H_2SO_4 수용액의 몰농도(M)는?

$$2NaOH(aq) + H_2SO_4(aq) \rightarrow Na_2SO_4(aq) + 2H_2O(l)$$

① 0.0410
② 0.0610
③ 0.122
④ 0.244

해설

NaOH의 몰수×부피 = H_2SO_4의 몰수×2(분자 1개당 수소 이온 2개 나오므로)×부피

$0.100M \times 0.0244L = xM \times 2 \times 0.0200L$

$x = 0.0610$

12 다음 반응은 500℃에서 평형상수 $K = 48$이다.

$$H_2(g) + I_2(g) \rightleftharpoons 2HI(g)$$

같은 온도에서 10L 용기에 H_2 0.01mol, I_2 0.03mol, HI 0.02mol로 반응을 시작하였다. 이때 반응지수 Q의 값과 평형을 이루기 위한 반응의 진행 방향으로 옳은 것은?

① $Q = 1.3$, 왼쪽에서 오른쪽
② $Q = 13$, 왼쪽에서 오른쪽
③ $Q = 1.3$, 오른쪽에서 왼쪽
④ $Q = 13$, 오른쪽에서 왼쪽

해설

$Q = \dfrac{[HI]^2}{[H_2][I_2]} = \dfrac{0.02^2}{0.01 \times 0.03} = 1.3$, $Q < K$이므로 정반응 쪽으로 반응이 진행된다.

13 다음 알코올 중 산화 반응이 일어날 수 없는 것은?

①
$$
\begin{array}{c}
\text{OH} \\
| \\
\text{H} - \text{C} - \text{CH}_3 \\
| \\
\text{H}
\end{array}
$$

②
$$
\begin{array}{c}
\text{OH} \\
| \\
\text{H}_3\text{C} - \text{C} - \text{CH}_3 \\
| \\
\text{H}
\end{array}
$$

③
$$
\begin{array}{c}
\text{OH} \\
| \\
\text{H}_3\text{C} - \text{C} - \text{OH} \\
| \\
\text{H}
\end{array}
$$

④
$$
\begin{array}{c}
\text{OH} \\
| \\
\text{H}_3\text{C} - \text{C} - \text{CH}_3 \\
| \\
\text{CH}_3
\end{array}
$$

해설

3차 알코올은 산화 반응이 일어날 수 없다.
알코올은 OH가 붙은 탄소를 기준으로 주위에 있는 탄소의 수로 1차, 2차, 3차 알코올로 구분한다.

14 다음은 어떤 갈바니 전지(또는 볼타 전지)를 표준 전지 표시법으로 나타낸 것이다. 이에 대한 설명으로 옳은 것은?

$$\text{Zn}(s) \mid \text{Zn}^{2+}(aq) \parallel \text{Cu}^{2+}(aq) \mid \text{Cu}(s)$$

① 단일 수직선($\mid$)은 염다리를 나타낸다.
② 이중 수직선($\parallel$) 왼쪽이 환원 전극 반쪽 전지이다.
③ 전지에서 Cu^{2+}는 전극에서 Cu로 환원된다.
④ 전자는 외부 회로를 통해 환원 전극에서 산화 전극으로 흐른다.

해설

① 단일 수직선은 상의 경계이다.
② 아연은 산화 전극 반쪽 전지이다.
④ 전자는 산화 전극에서 환원 전극으로 흐른다.

15 다음은 25℃, 수용액 상태에서 산의 세기를 비교한 것이다. 옳은 것만을 모두 고른 것은?

> ㄱ. $\text{H}_2\text{O} < \text{H}_2\text{S}$
> ㄴ. $\text{HI} < \text{HCl}$
> ㄷ. $\text{CH}_3\text{COOH} < \text{CCl}_3\text{COOH}$
> ㄹ. $\text{HBrO} < \text{HClO}$

① ㄱ, ㄴ
② ㄷ, ㄹ
③ ㄱ, ㄷ, ㄹ
④ ㄴ, ㄷ, ㄹ

ㄱ. H − O 결합보다 H − S 결합이 더 약하기 때문에 수소이온 분리가 쉽다.

ㄴ. H − I 결합이 H − Cl 결합보다 약하므로 수소이온 분리가 쉽다.

ㄷ. Cl의 전기음성도가 커 O − H 결합이 약해진다.

ㄹ. Br 보다 Cl의 전기음성도가 크므로 O − H 결합이 약하다.

$$H − O − Br < H − O − Cl$$

16 화석 연료는 주로 탄화수소(C_nH_{2n+2})로 이루어지며, 소량의 황, 질소화합물을 포함하고 있다. 화석 연료를 연소하여 에너지를 얻을 때, 연소 반응의 생성물 중에서 산성비 또는 스모그의 주된 원인이 되는 물질이 아닌 것은?

① CO_2

② SO_2

③ NO

④ NO_2

스모그와 산성비는 질소산화물과 황화합물이 관련 높으며 이산화탄소는 온실효과 혹은 지구온난화와 관련이 크다.

17 다음 원자들에 대한 설명으로 옳은 것은?

	원자 번호	양성자 수	전자 수	중성자 수	질량수
① ^3_1H	1	1	2	2	3
② $^{13}_6C$	6	6	6	7	13
③ $^{17}_8O$	8	8	8	8	16
④ $^{15}_7N$	7	7	8	8	15

구 분	원자 번호	양성자 수	전자 수	중성자 수	질량수
^3_1H	1	1	1	2	3
$^{17}_8O$	8	8	8	9	17
$^{15}_7N$	7	7	7	8	15

18 다음 화학반응식을 균형 맞춘 화학반응식으로 만들었을 때, 얻어지는 계수 a, b, c, d의 합은?(단, a, b, c, d는 최소 정수비를 가진다)

$$aC_8H_{18}(l) + bO_2(g) \rightarrow cCO_2(g) + dH_2O(g)$$

① 60
③ 62

② 61
④ 63

해설

$2C_8H_{18}(l) + 25O_2(g) \rightarrow 16CO_2(g) + 18H_2O(g)$

19 다음은 중성 원자 A~D의 전자 배치를 나타낸 것이다. A~D에 대한 설명으로 옳은 것은?(단, A~D는 임의의 원소 기호이다)

A : $1s^2 3s^1$ B : $1s^2 2s^2 2p^3$

C : $1s^2 2s^2 2p^6 3s^1$ D : $1s^2 2s^2 2p^6 3s^2 3p^4$

① A는 바닥 상태의 전자 배치를 가지고 있다.
② B의 원자가 전자 수는 4개이다.
③ C의 홀전자 수는 D의 홀전자 수보다 많다.
④ C의 가장 안정한 형태의 이온은 C^+이다.

해설

① A의 바닥 상태는 $1s^2 2s^1$이다.
② B의 원자가 전자 수는 5개이다.
③ C의 홀전자 수는 D의 홀전자 수보다 적다.

20 메테인(CH_4)과 에텐(C_2H_4)에 대한 설명으로 옳은 것은?

① $\angle H-C-H$의 결합각은 메테인이 에텐보다 크다.
② 메테인의 탄소는 sp^2혼성을 한다.
③ 메테인 분자는 극성 분자이다.
④ 에텐은 Br_2와 첨가 반응을 할 수 있다.

해설

① 메테인 결합각 109.5°, 에텐 결합각은 120°이다.
② 메테인의 탄소는 sp^3혼성 구조이다.
③ 메테인은 무극성 분자이다.

21 0.100M $CH_3COOH(K_a = 1.80 \times 10^{-5})$ 수용액 20.0mL에 0.100M NaOH 수용액 10.0mL를 첨가한 후, 용액의 pH를 구하면?(단, $\log 1.80 = 0.255$ 이다)

① 2.875
② 4.745
③ 5.295
④ 7.875

해설

중화점의 절반만큼 넣었으므로 완충용액이다. 완충용액에서 $[A^-]$와 $[HA]$의 농도가 같으므로

$$pH = pK_a + \log \frac{[A^-]}{[HA]} = -\log(1.80 \times 10^{-5}) = 5 - 0.255 = 4.745$$

22 다음은 오존(O_3)층 파괴의 주범으로 의심되는 프레온-12(CCl_2F_2)와 관련된 화학반응의 일부이다. 이에 대한 설명으로 옳지 않은 것은?

> (가) $CCl_2F_2(g) + h\nu \rightarrow CClF_2(g) + Cl(g)$
> (나) $Cl(g) + O_3(g) \rightarrow ClO(g) + O_2(g)$
> (다) $O(g) + ClO(g) \rightarrow Cl(g) + O_2(g)$

① (가) 반응을 통해 탄소(C)는 환원되었다.
② (나) 반응에서 생성되는 ClO에는 홀전자가 있다.
③ 오존(O_3) 분자 구조 내의 π결합은 비편재화되어 있다.
④ 오존(O_3) 분자 구조 내의 결합각 $\angle O-O-O$은 180°이다.

해설

오존은 중심원자에 비공유 전자쌍이 있으므로 결합각은 180°보다 작다(실제 116.8°).

23 몰질량이 56g/mol인 금속 M 112g을 산화시켜 실험식이 M_xO_y인 산화물 160g을 얻었을 때, 미지수 x, y를 각각 구하면?(단, O의 몰질량은 16g/mol이다)

① $x=2$, $y=3$
② $x=3$, $y=2$
③ $x=1$, $y=5$
④ $x=1$, $y=2$

해설

산화물의 질량 160g에서 금속 M의 질량이 112g이므로 산소의 질량은 48g이다.

$$M : O = \frac{112g}{56g/mol} : \frac{48g}{16g/mol} = 2 : 3$$

24 H_2와 ICl이 기체상에서 반응하여 I_2와 HCl을 만든다.

$$H_2(g) + 2ICl(g) \rightarrow I_2(g) + 2HCl(g)$$

이 반응은 다음과 같이 두 단계 메커니즘으로 일어난다.

단계 1 : $H_2(g) + ICl(g) \rightarrow HI(g) + HCl(g)$ (속도 결정 단계)
단계 2 : $HI(g) + ICl(g) \rightarrow I_2(g) + HCl(g)$ (빠름)

전체 반응에 대한 속도 법칙으로 옳은 것은?

① 속도 $= k[H_2][ICl]^2$

② 속도 $= k[HI][ICl]^2$

③ 속도 $= k[H_2][ICl]$

④ 속도 $= k[HI][ICl]$

해설

단계 1이 반응속도 결정 단계이므로 단계 1의 반응속도식이 전체 반응속도 법칙이 된다.

25 다음 화합물들에 대한 설명으로 옳은 것은?

(가) 알라닌   (나) 데옥시라이보스   (다) 사이토신

① (가)는 뉴클레오타이드를 구성하는 기본 단위이다.

② (가)는 브뢴스테드-로우리 산과 염기로 모두 작용할 수 있다.

③ (나)는 단백질을 구성하는 기본 단위이다.

④ 데옥시라이보핵산(DNA)에서 (다)는 인산과 직접 연결되어 있다.

해설

① 알라닌은 아미노산의 한 종류이다.

③ 데옥시라이보스(디옥시리보스)는 DNA의 구성요소이다.

④ 염기와 인산은 각각 당(데옥시라이보스)과 결합한다.

01 그림은 두 가지 오비탈을 나타낸 것이다. 이에 대한 설명으로 옳은 것은?

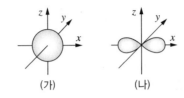

(가)   (나)

① (가)와 (나)는 모두 방향성이 있다.
② (가)와 (나)는 모든 전자 껍질에 존재한다.
③ 수용 가능한 최대 전자 수는 (가) < (나)이다.
④ 수소 원자에서 주양자수(n)가 같으면 오비탈의 에너지 준위는 (가)와 (나)가 같다.

해설

(가)는 s오비탈이고 (나)는 p오비탈이다.
① (나)만 방향성이 있다.
② (가)는 모든 전자 껍질에 존재하며, (나)는 L껍질($n = 2$)부터 존재한다.
③ 오비탈 1개당 들어갈 수 있는 최대 전자 수는 2개이다.
④ 수소 원자에서는 껍질이 같으면 오비탈의 에너지 준위는 같다.

02 표는 중성 원자 A~D가 안정한 이온이 될 때의 양성자 수와 전자 수에 대한 자료이다. 이에 대한 설명으로 옳은 것은?(단, A~D는 임의의 원소 기호이다)

구 분	A	B	C	D
양성자 수	8	9	11	12
전자 수	10	10	10	10

① 이온 반지름은 A가 가장 크다.
② A와 B는 양이온, C와 D는 음이온이 된다.
③ A와 C가 결합한 물질의 화학식은 A_2C이다.
④ B와 D가 결합할 때 전자는 B에서 D로 이동한다.

해설

A : 산소(O), B : 플루오린(F), C : 나트륨(Na), D : 마그네슘(Mg)
① 이온 반지름은 $O^{2-} > F^- > Na^+ > Mg^{2+}$ 순이다.
② A, B는 음이온, C, D는 양이온이 된다.
③ $C_2A(Na_2O)$이다.
④ B가 음이온이므로 전자는 D에서 B로 이동한다.

03 그림은 원소 X로 이루어진 분자와 원소 Y로 이루어진 분자의 반응을 모형으로 나타낸 것이다. 이 반응의 화학반응식으로 가장 옳은 것은?(단, X, Y는 임의의 원소 기호이다)

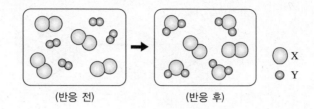

(반응 전)　　　　(반응 후)

① $X + Y \rightarrow XY$
② $X_2 + Y_2 \rightarrow XY_2$
③ $X_2 + 2Y_2 \rightarrow 2XY_2$
④ $4X_2 + 4Y_2 \rightarrow 4XY_2 + 2X_2$

해설

반응 전 X_2, Y_2가 4개씩 있으나 반응 후 X_2만 2개 남았으므로 X_2 2개와 Y_2 4개가 반응하여 4개의 XY_2가 생김을 알 수 있다.
따라서 $X_2 + 2Y_2 \rightarrow 2XY_2$ 이다.

04 그림은 전기장이 없을 때와 전기장이 있을 때 HF 분자의 배열을 나타낸 것이다. 이에 대한 설명으로 옳은 것은?

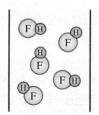

전기장이 없을 때

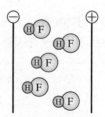

전기장이 있을 때

① F 원자는 부분적인 (+) 전하를 띤다.
② HF 분자는 쌍극자 모멘트의 합이 0이다.
③ 전기 음성도는 F 원자보다 H 원자가 크다.
④ H－F 결합에서 공유 전자쌍은 F 원자 쪽으로 치우친 상태로 존재한다.

해설

① F의 전기 음성도가 H보다 크므로 부분적인 (−)를 띤다.
② HF는 극성 분자이므로 쌍극자 모멘트는 0보다 크다.
③ 전기 음성도는 F가 H보다 크다.
④ 공유 전자쌍은 전기 음성도가 큰 쪽으로 치우친다.

05 그림은 드라이아이스에 구멍을 낸 후, 마그네슘 가루를 넣고 불을 붙였더니 반응 후 검은색의 탄소 가루가 생성된 것을 나타낸 것이다. 이에 대한 설명으로 옳지 않은 것은?

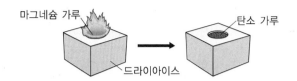

① 마그네슘은 산화되었다.
② 이산화탄소는 환원제로 작용하였다.
③ 반응에서 C의 산화수는 감소하였다.
④ 탄소 가루는 이산화탄소가 환원되어 생성되었다.

해설

실험의 반응식이 $2Mg + CO_2 \rightarrow 2MgO + C$이다.
① 마그네슘은 산화되었다.
② 이산화탄소는 환원되었으므로 산화제로 작용한다.
③ C의 산화수는 +4에서 0으로 감소한다.

06 다음은 질산은($AgNO_3$) 수용액에 철(Fe)판을 넣었을 때의 화학반응식이다. 반응 후에 철판에는 은이 석출되었다. 이에 대한 설명으로 옳지 않은 것은?(단, 원자량은 Ag이 Fe보다 크다)

$$a\,AgNO_3 + Fe \rightarrow b\,Fe(NO_3)_2 + c\,Ag$$
$$(단, \ a, \ b, \ c는 \ 화학반응식의 \ 계수이다)$$

① $a + b + c = 5$이다.
② 철은 은보다 산화가 잘된다.
③ 수용액 속 이온의 총 수는 반응 전과 후가 같다.
④ 철판의 질량은 반응 후가 반응 전보다 크다.

해설

식의 계수를 맞추면 $2AgNO_3 + Fe \rightarrow Fe(NO_3)_2 + 2Ag$이다.
① $a + b + c = 2 + 1 + 2 = 5$
② 철이 산화(산화수 : 0 → +2)되고 은이 환원(+1 → 0)되므로 반응성은 철이 은보다 크다.
③ 철 이온의 전하량이 은 이온의 전하량보다 크므로 수용색 속 이온의 총 수는 반응 전이 반응 후보다 크다.
④ 철판의 질량은 은이 철보다 질량이 더 크므로 증가한다.

07 다음은 기체 A와 B의 반응에 대한 자료이다. 이에 대한 설명으로 옳은 것을 〈보기〉에서 모두 고른 것은?

• 화학반응식 : $2A(g) + B(g) \rightarrow 2C(g)$

• 일정한 질량의 B와 반응한 A의 질량에 따른 C의 질량

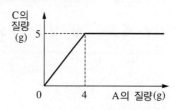

〈보 기〉

ㄱ. A 4g과 모두 반응한 B의 질량은 1g이다.

ㄴ. 분자량은 A가 B의 2배이다.

ㄷ. A 10g과 B 5g이 반응하면 C 15g이 생성된다.

① ㄱ, ㄴ

② ㄱ, ㄷ

③ ㄴ, ㄷ

④ ㄱ, ㄴ, ㄷ

해석

ㄱ. 그래프에서 A의 질량이 아무리 늘어나도 C의 질량이 늘어나지 않는 것으로 보아 한계반응물이 바뀐 지점이므로 A는 4g에서 최대로 반응하고 이때 C가 5g 생성되므로 반응하는 B의 질량을 알 수 있다.

식	$2A(g)$ + $B(g)$ $\rightarrow$ $2C(g)$
반 응	$-4g$ $\qquad -xg \qquad$ 5g

따라서 $x = 1$이다.

ㄴ. 질량비와 계수비를 이용해 분자량을 구하면 $w/n = M$이므로

구 분	A	B	C
w(질량비)	4	1	5
n(몰수=계수비)	2	1	2
M(분자량)	2	1	2.5

ㄷ. 질량비가 4 : 1 : 5이므로 A 10g과 B 5g이 반응하면 A가 한계반응물이 되어 B가 2.5g남으므로 C는 12.5g이 생성된다(10 : 2.5 : 12.5).

08 다음은 이온 A$^+$와 B$^-$의 전자 배치를 나타낸 것이다.

바닥 상태의 원자 A와 B에 대한 설명으로 옳은 것을 〈보기〉에서 모두 고르면?(단, A와 B는 임의의 원소 기호이다)

〈보 기〉

ㄱ. A와 B는 같은 주기 원소이다.

ㄴ. 원자 반지름은 A가 B보다 크다.

ㄷ. p오비탈에 들어 있는 전자 수는 B가 A보다 많다.

① ㄴ
② ㄷ
③ ㄱ, ㄷ
④ ㄴ, ㄷ

해설

A는 Na이고 B는 F이다.

ㄱ. Na는 3주기, F는 2주기 원소이다.

ㄴ. 원자 반지름은 껍질이 많을수록 큰 경향을 나타내므로 3주기인 Na가 크다.

ㄷ. p오비탈에 들어있는 전자 수는 A는 6개, B는 5개이다.

09 그림은 프로펜과 사이클로 헥세인의 구조식을 나타낸 것이다.

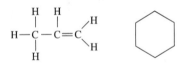

두 분자의 공통점에 대한 설명으로 옳은 것을 〈보기〉에서 모두 고른 것은?

〈보 기〉

ㄱ. 실험식이 CH_2이다.

ㄴ. 탄소 사이의 결합 길이가 모두 같다.

ㄷ. 완전 연소시켰을 때 생성물이 CO_2와 H_2O이다.

① ㄱ, ㄴ
② ㄱ, ㄷ
③ ㄴ, ㄷ
④ ㄱ, ㄴ, ㄷ

해설

프로펜의 분자식은 C_3H_6, 사이클로 헥세인의 분자식은 C_6H_{12}이다.

ㄱ. 두 물질의 실험식은 같다.

ㄴ. 프로펜에서 단일 결합과 이중 결합 사이의 결합 길이가 다르다.

ㄷ. 탄화수소는 완전 연소 시 생성물이 이산화탄소와 물이다.

10 다음은 3가지 분자의 분자식이다.

$$BF_3,\ CH_4,\ NH_3$$

분자의 결합각 크기를 비교한 것으로 옳은 것은?

① $BF_3 > CH_4 > NH_3$

② $BF_3 > NH_3 > CH_4$

③ $CH_4 > NH_3 > BF_3$

④ $NH_3 > BF_3 > CH_4$

해설

결합각 : BF_3 120°, CH_4 109.5°, NH_3 107°

11 다음 반응식에서 BC 용액의 농도는 0.200M이고 용액의 부피는 250mL이다. 용액이 100% 반응하는 동안 0.6078g의 A가 반응했다면 A의 몰질량은?

$$A(s) + 2BC(aq) \rightarrow A^{2+}(aq) + 2C^-(aq) + B_2(g)$$

① 12.156g/mol

② 24.312g/mol

③ 36.468g/mol

④ 48.624g/mol

해설

BC 용액의 몰(mole)수를 구하면 0.200M × 0.25L = 0.05mol이다. A와 BC 용액은 1 : 2로 반응하므로 반응한 0.6078g은 0.025mol이다. 따라서 A의 몰질량은 0.6078g : 0.025mol = xg : 1mol 이므로 x = 24.312g/mol이다.

12 돌턴(Dalton)의 원자론에 대한 설명으로 옳지 않은 것은?

① 각 원소는 원자라고 하는 작은 입자로 이루어져 있다.

② 원자는 양성자, 중성자, 전자로 구성된다.

③ 같은 원소의 원자는 같은 질량을 가진다.

④ 화합물은 서로 다른 원소의 원자들이 결합함으로써 형성된다.

해설

돌턴 시대 가장 작은 구성요소는 원자이다. 전자, 양성자, 중성자는 발견되지 않았다.

정답 10 ① 11 ② 12 ②

13 다음 물질을 끓는점이 높은 순서대로 옳게 나열한 것은?

$$NH_3, \ He, \ H_2O, \ HF$$

① $HF > H_2O > NH_3 > He$

② $HF > NH_3 > H_2O > He$

③ $H_2O > NH_3 > He > HF$

④ $H_2O > HF > NH_3 > He$

해설

$H_2O(100℃)$, $HF(19.5℃)$, $NH_3(-33.34℃)$, $He(-268.9℃)$

극성 물질은 무극성 물질보다 분자 간 인력이 강하여 끓는점이 높은 편이며, H_2O, HF, NH_3 세 물질 모두 수소결합이 가능하지만 HF의 분자 내 전기음성도 차이가 조금 더 큰 편이라 암모니아보다 끓는점이 높다. 물은 수소결합을 분자당 최대 4개씩 가능하여 분자량에 비해 끓는점이 높다.

14 96g의 구리가 20℃에서 7.2kJ의 에너지를 흡수할 때, 구리의 최종 온도는?(단, 구리의 비열은 0.385J/g·K이고, 온도에 따른 비열 변화는 무시하며, 최종 온도는 소수점 첫째 자리에서 반올림한다)

① 195K

② 215K

③ 468K

④ 488K

해설

$Q = cm\Delta t$ 에서 $\Delta t = \dfrac{Q}{cm} = \dfrac{7,200J}{0.385J/g \cdot K \times 96g} ≒ 195K$

20℃ = 293K이므로 $293 + 195 = 488K$

15 다음 구조식의 탄소화합물을 IUPAC 명명법에 따라 올바르게 명명한 것은?

$$CH_3 - CH - CH_2 - CH - CH_2 - CH_3$$
$$\overset{\displaystyle CH_3}{|} \qquad\quad \overset{\displaystyle CH_2CH_3}{|}$$

① 4-에틸-2-메틸헥세인(4-ethyl-2-methylhexane)

② 2-메틸-4-에틸헥세인(2-methyl-4-ethylhexane)

③ 3-에틸-5-메틸헥세인(3-ethyl-5-methylhexane)

④ 5-메틸-3-에틸헥세인(5-methyl-3-ethylhexane)

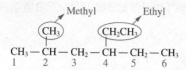

가장 긴 사슬은 6개이므로 Hexane이고 가지에 번호를 붙이면 2, 4번이므로 명명법 순서에 따라 이름을 붙일 수 있다.

※ 알케인 명명법

1. 가장 긴 사슬을 찾는다.
2. 가장 긴 사슬을 중심으로 번호를 매긴다. 이때 번호는 가지 중 가장 가까운 것이 빠른 번호가 오도록 배열한다.
3. 가지에 번호와 이름을 붙인다.
   CH_3 – Methyl, C_2H_5 – Ethyl
4. 가지에 붙인 이름을 알파벳순으로 배열한다. 이때 여러 개를 뜻하는 Di, Tri, Tetra는 알파벳순에서 제외한다.

16 0.5mol/L의 KOH 수용액을 만들기 위해 KOH 15.4g을 사용했다면 이때 사용한 물의 양은?(단, KOH의 화학식량은 56g이며 사용된 KOH의 부피는 무시한다)

① 0.55L

② 0.64L

③ 0.86L

④ 1.10L

$$0.5\text{mol/L} = \frac{\dfrac{15.4\text{g}}{56\text{g/mol}}}{x\,\text{L}}$$

$x = 0.55\text{L}$

17 주기율표에서 원소의 주기성에 대한 설명으로 옳지 않은 것은?(단, 원자번호는 $Li = 3$, $C = 6$, $O = 8$, $Na = 11$, $Al = 13$, $K = 19$, $Rb = 37$이다)

① Na은 Al보다 원자 반지름이 크다.

② Li은 K보다 원자 반지름이 작다.

③ C는 O보다 일차 이온화에너지가 크다.

④ K은 Rb보다 일차 이온화에너지가 크다.

산소는 질소보다 일차 이온화가 작은 예외인 경우이지만 탄소보다는 크다.

18 다음 그림과 같이 높이는 같지만 서로 다른 양의 물이 담긴 3개의 원통형 용기가 있다. 3번 용기 반지름은 2번 용기 반지름의 2배이고, 1번 용기 반지름은 2번 용기 반지름의 3배이다. 3개 용기 바닥의 압력에 관한 내용으로 옳은 것은?

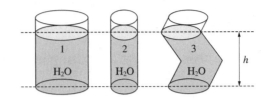

① 1번 용기 바닥 압력이 가장 높다.

② 2번 용기 바닥 압력이 가장 높다.

③ 3번 용기 바닥 압력이 가장 높다.

④ 3개 용기 바닥 압력이 동일하다.

해설

압력은 $P = \rho g h$(ρ : 밀도, g : 중력가속도, h : 높이)에서 세 용기 모두 조건이 같으므로 바닥 압력은 동일하다.

19 원자로에서 우라늄($^{235}_{92}\text{U}$)은 붕괴를 통해 바륨($^{141}_{56}\text{Ba}$)과 크립톤($^{92}_{36}\text{Kr}$) 원소가 생성되며, 이 반응을 촉발하기 위해서 중성자 1개가 우라늄에 충돌한다. 반응의 결과물로 생성되는 중성자의 개수는?

① 1개

② 2개

③ 3개

④ 4개

해설

$^{235}\text{U} + {}^{1}\text{n} \rightarrow {}^{92}\text{Kr} + {}^{141}\text{Ba} + 3{}^{1}\text{n}$

우라늄 235는 붕괴되어 중성자 3개를 만들고 이 중성자들 중 일부가 연쇄반응을 일으킨다.

20 다음은 금속나트륨이 염소기체와 반응하여 고체상태의 염화나트륨을 생성하는 반응이다.

$$Na(s) + \frac{1}{2}Cl_2(g) \rightarrow NaCl(s)$$

이 반응의 전체 에너지 변화(ΔE)는?

Na(s)의 승화에너지(Na(s) → Na(g))=110kJ/mol
$Cl_2(g)$의 결합 해리에너지($Cl_2(g) → 2Cl(g)$)=240kJ/mol
Na(g)의 이온화에너지(Na(g) → $Na^+(g)+e^-$)=500kJ/mol
Cl(g)의 전자친화도(Cl(g)+e^- → $Cl^-(g)$)=−350kJ/mol
NaCl(s)의 격자에너지($Na^+(g)+Cl^-(g)$ → NaCl(s))=−790kJ/mol

① −410kJ/mol   ② −290kJ/mol
③ 290kJ/mol   ④ 410kJ/mol

$$110+240\times\frac{1}{2}+500-350-790 = -410\,\text{kJ/mol}$$

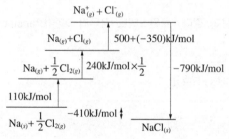

21 SO_2 분자의 루이스 구조가 다음과 같은 형태로 되어 있을 때, 각 원자의 형식전하를 모두 더한 값은?

$$\ddot{S} \overset{\cdots}{O} \overset{\cdots}{O}$$

① −2   ② −1
③ 0   ④ 1

형식전하＝자유원자 상태의 원자가전자−$\left(\text{비공유 전자수}+\dfrac{\text{공유 전자쌍 수}}{2}\right)$

$$6-\left(6+\frac{2}{2}\right)=-1 \leftarrow \quad 6-\left(2+\frac{6}{2}\right)=+1$$
$$6-\left(4+\frac{4}{2}\right)=0$$

22 이산화질소와 일산화탄소의 반응 메커니즘은 다음의 두 단계를 거친다. 이에 대한 설명으로 옳지 않은 것은?(단, 단계별 반응 속도상수는 $k_1 \ll k_2$의 관계를 가진다)

1단계 : $NO_2(g) + NO_2(g) \xrightarrow{k_1} NO_3(g) + NO(g)$

2단계 : $NO_3(g) + CO(g) \xrightarrow{k_2} NO_2(g) + CO_2(g)$

---

① 반응 중간체는 $NO_3(g)$이다.
② 반응속도 결정단계는 1단계 반응이다.
③ 1단계 반응은 일분자 반응이고, 2단계 반응은 이분자 반응이다.
④ 전체반응의 속도식은 $k_1[NO_2]^2$이다.

해설

반응속도 결정단계는 느린 단계가 결정하므로 1단계가 결정하며 전체 반응속도식도 1단계에 의해 결정된다. 두 반응 모두 두 분자가 충돌할 때 일어나는 과정이므로 이분자 반응이다.

23 옥사이드 이온(O^{2-})과 메탄올(CH_3OH) 사이의 반응은 다음과 같다. 브뢴스테드-로우리 이론(Brønsted-Lowry Theory)에 따른 산과 염기로 옳은 것은?

$$O^{2-} + CH_3OH \rightleftarrows CH_3O^- + OH^-$$

---

① 산 : O^{2-}, OH^- 염기 : CH_3OH, CH_3O^-
② 산 : CH_3OH, OH^- 염기 : O^{2-}, CH_3O^-
③ 산 : O^{2-}, CH_3O^- 염기 : CH_3OH, OH^-
④ 산 : CH_3OH, CH_3O^- 염기 : O^{2-}, OH^-

해설

브뢴스테드-로우리 이론에서 수소 이온을 주는 것이 산이고 수소 이온을 받는 것이 염기이다.

24 어떤 전이금속 이온의 5개 d 전자궤도함수는 동일한 에너지 준위를 이루고 있다. 이 전이금속 이온이 4개의 동일한 음이온 배위를 받아 정사면체 착화합물을 형성할 때 나타나는 에너지 준위 도표로 옳은 것은?

① $\underline{d_{xy}} \quad \underline{d_{yz}} \quad \underline{d_{zx}}$
$\quad \underline{d_{x^2-y^2}} \quad \underline{d_{z^2}}$

② $\underline{d_{z^2}} \quad \underline{d_{yz}} \quad \underline{d_{zx}}$
$\quad \underline{d_{x^2-y^2}} \quad \underline{d_{xy}}$

③ $\underline{d_{x^2-y^2}} \quad \underline{d_{z^2}}$
$\underline{d_{xy}} \quad \underline{d_{yz}} \quad \underline{d_{zx}}$

④ $\underline{d_{x^2-y^2}} \quad \underline{d_{xy}}$
$\underline{d_{z^2}} \quad \underline{d_{yz}} \quad \underline{d_{zx}}$

해석

사면체 결정장에서는 팔면체와 달리 높은 에너지 준위가 $t_2(d_{xy}, d_{yz}, d_{zx})$이고, 낮은 에너지 준위가 $e(d_{x^2-y^2}, d_{z^2})$이다. 리간드들이 축에서 살짝 벗어나 있기 때문이다.

25 n-형 반도체는 실리콘에 일정량의 불순물 원자를 첨가하는 도핑(Doping)과정을 통해 제조할 수 있다. 다음 중 n-형 반도체를 제조하기 위해 사용되기 어려운 원소는 무엇인가?

① $_{15}P$ ② $_{33}As$

③ $_{49}In$ ④ $_{51}Sb$

해석

n형 반도체는 14족보다 원자가전자가 1개 더 많은 15족을 넣어주는 것으로 인듐(In)은 13족 원소로 p형 반도체에 더 적합하다.

26 일정한 압력에서 일어나는 어느 반응에 대해 온도에 따른 Gibbs 자유에너지 변화(ΔG)는 다음과 같다. 이 그림에 대한 설명으로 옳지 않은 것은?

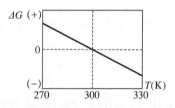

① 엔트로피 변화(ΔS)는 양수이다.

② 이 계는 300K에서 평형상태에 있다.

③ 이 반응은 온도가 300K보다 높을 때 자발적으로 일어난다.

④ 이 반응의 엔탈피 변화(ΔH)는 음수이다.

해석

$$\Delta G = \Delta H - T\Delta S$$
$\quad y \quad\quad y$절편 $\quad x$

기울기가 음수이므로 ΔS는 양수이며 300K에서 자유에너지가 0이므로 평형이다. 300K보다 높을 때 자유에너지가 0보다 작으므로 자발적으로 일어난다. T가 0일 때 y절편이 0보다 크므로 ΔH는 양수이다.

27 25℃의 물에서 $Cd(OH)_2(s)$의 용해도를 S라고 할 때, $Cd(OH)_2(s)$의 용해도곱 상수(Solubility Product Constant, K_{sp})로 옳은 것은?

① $2S^2$ ② S^3

③ $2S^3$ ④ $4S^3$

해석

용해도곱 상수 $K_{sp} = [Cd^{2+}][OH^-]^2 = S \times (2S)^2 = 4S^3$

28 양성자 교환막 연료 전지는 수소기체와 산소기체가 만나 물을 얻는 반응을 이용하여 전기를 생산한다. 이때 산화전극에서 일어나는 반쪽 반응은 다음과 같다.

$$2H_2(g) \rightarrow 4H^+(aq) + 4e^-$$

다음 중 환원전극에서 일어나는 반쪽 반응으로 옳은 것은?

① $O_2(g) + 4H^+(aq) + 4e^- \rightarrow 2H_2O(l)$

② $O_2(g) + 2H_2(g) \rightarrow 2H_2O(l)$

③ $H^+(aq) + OH^-(aq) \rightarrow H_2O(l)$

④ $2H_2O(l) \rightarrow 4H^+(aq) + 4e^- + O_2(g)$

해설
② 연료 전지 전체 반응식이다.
③ 중화 반응의 알짜이온 반응식이다.
④ 물의 전기분해에서 일어나는 반응이다.

29 일산화탄소, 수소 및 메탄올의 혼합물이 평형상태에 있을 경우, 화학반응식은 다음과 같다.

$$CO(g) + 2H_2(g) \rightleftharpoons CH_3OH(g)$$

이때 혼합물의 조성이 CO 56g, H_2 5g, CH_3OH 64g이라고 할 때 평형상수(K_c)의 값은?(단, 분자량은 CO = 28g, H_2 = 2g, CH_3OH = 32g이다)

① 0.046 ② 0.16

③ 0.23 ④ 0.40

해설

$$K = \frac{[CH_3OH]}{[CO][H_2]^2} = \frac{\dfrac{64g}{32g/mol}}{\left(\dfrac{56g}{28g/mol}\right)\left(\dfrac{5g}{2g}\right)^2} = 0.16$$

30 6×10^{-3}M H_3O^+이온을 함유한 아세트산 수용액의 pH는?(단, $\log 2 = 0.301$, $\log 3 = 0.477$이며, 소수점 셋째 자리에서 반올림한다)

① 2.22 ② 2.33

③ 4.67 ④ 4.78

해설

$pH = -\log[H^+] = -\log[6 \times 10^{-3}]$

$= -\log[2 \times 3 \times 10^{-3}] = 3 - \log 2 - \log 3 = 3 - 0.301 - 0.477 = 2.22$

2018년 기출문제

국가직 9급

01 2주기 원소인 A와 B의 원자 반지름에 대한 이온 반지름의 비 $\left(\dfrac{\text{이온 반지름}}{\text{원자 반지름}}\right)$가 A는 1.0보다 작고 B는 1.0보다 클 때, 이에 대한 설명으로 옳지 않은 것은?(단, A와 B는 임의의 원소 기호이며 1족과 17족 원소 중 하나이다)

① 전기 음성도는 A가 B보다 작다.　　　　② 이온화 에너지는 A가 B보다 작다.

③ B_2분자에는 비공유 전자쌍이 없다.　　　④ B는 이온이 될 때 전자를 얻는다.

금속(양이온)의 경우 원자 반지름 > 이온 반지름이므로 $\dfrac{\text{이온 반지름}}{\text{원자 반지름}}$ < 1이며, 비금속(음이온)의 경우 원자 반지름 < 이온 반지름이므로

$\dfrac{\text{이온 반지름}}{\text{원자 반지름}}$ > 1이다. 따라서 A는 1족인 Li이고, B는 17족인 F이다.

① 전기음성도는 Li(1.0), F(4.0)이다.
② 이온화 에너지는 같은 주기에서 오른쪽으로 갈수록 증가한다.
④ F는 이온이 될 때 전자를 얻는다.

02 그림은 어떤 염산(HCl) 수용액과 수산화나트륨(NaOH) 수용액을 다양한 부피비로 섞은 용액의 최고 온도를 나타낸 것이다. 이에 대한 설명으로 옳은 것은?(단, 열손실은 없다고 가정한다)

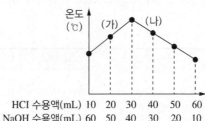

| 온도(℃) | | | (가) | (나) | | |

HCl 수용액(mL)　10　20　30　40　50　60
NaOH 수용액(mL)　60　50　40　30　20　10

① (가) 용액에 페놀프탈레인 용액을 가하면 색이 변하지 않는다.

② (나) 용액의 pH는 7보다 작다.

③ (가)와 (나)의 용액을 섞은 혼합 용액은 산성이다.

④ HCl 수용액과 NaOH 수용액의 단위 부피당 전체 이온 수의 비는 3 : 4이다.

① (가)는 염기성이므로 페놀프탈레인 용액에서 붉은색으로 변한다.

③ (가)와 (나)의 용액을 섞으면 HCl : NaOH = 60mL : 80mL = 3 : 4인데 농도 비가 4 : 3이므로 두 용액을 섞으면 중성이다.

④ HCl, NaOH 수용액의 30mL, 40mL 섞었을 때 온도가 가장 높으므로 중화점이다. 따라서, 두 용액의 농도 비는 4 : 3이다.

※ 1가 산, 염기의 경우 농도 = 단위 부피당 이온 수의 비이다.

03 다음 표는 원소 A~F의 이온들에 대한 전자배치를 나타낸 것이다. 이에 대한 설명으로 옳은 것은?(단, A~F는 임의의 원소 기호이다)

이 온	전자배치
A^-, B^{2-}, C^+, D^{2+}	$1s^2 2s^2 2p^6$
E^-, F^+	$1s^2 2s^2 2p^6 3s^2 3p^6$

① 3주기 원소는 3가지이다.　　　　　② A와 E는 금속 원소이다.

③ 원자 반지름은 C가 D보다 작다.　　④ 화합물 CA의 녹는점은 DB보다 높다.

A - F, B - O, C - Na, D - Mg, E - Cl, F - K

① 3주기 원소는 Na, Mg, Cl 3가지이다. F, O는 2주기, K는 4주기이다.

② F(A), Cl(E)는 17족으로 비금속 원소이다.

③ 원자 반지름은 Na(C)가 Mg(D)보다 크다.

④ 전하량의 곱이 클수록 끓는점이 높으므로 NaF(CA) < MgO(DB)이다.

04 다음 표는 탄화수소 (가)와 (나)에 대한 자료이다. 이에 대한 설명으로 옳지 않은 것은?

탄화수소	분자식	H원자 2개와 결합한 C원자 수
(가)	C_3H_6	1
(나)	C_4H_8	4

① (가)는 사슬 모양이다.　　　　　　② (나)는 고리 모양이다.

③ (나)에서 H원자 3개와 결합한 C원자 수는 1이다.　　④ (가)와 (나) 중 포화 탄화수소는 1가지이다.

구 분	(가)	(나)
구조식	H H | | C=C-C-H | | | H H H	H H | | H-C-C-H | | H-C-C-H | | H H
분자식	C_3H_6	C_4H_8
구 조	사슬형	고리형
포화 · 불포화	불포화	포 화

05 그림은 탄화수소 X, Y를 각각 완전 연소시켰을 때, 반응한 X, Y의 질량 변화에 따라 생성된 H_2O의 질량을 나타낸 것이다. 이에 대한 설명으로 옳은 것은?(단, 수소, 탄소, 산소의 원자량은 각각 1, 12, 16이다)

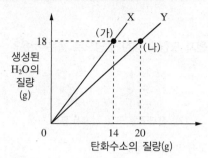

① X의 실험식은 CH_3이다.
② X와 Y의 실험식량의 비는 7 : 10이다.
③ X가 Y보다 탄소의 질량 백분율이 크다.
④ (가)와 (나)에서 생성된 이산화탄소(CO_2)의 질량비는 2 : 3이다.

H_2O 생성물이 18g이므로 포함된 수소는 $18 \times \dfrac{2}{18} = 2g$이다.

	(가)	(나)
C : H 질량비	12 : 2	18 : 2
C : H의 몰수비	$\dfrac{12}{12} : \dfrac{2}{1} = 1 : 2$	$\dfrac{18}{12} : \dfrac{2}{1} = \dfrac{3}{2} : 2 = 3 : 4$
실험식	CH_2	C_3H_4

② 실험식량 비는 14 : 40 이므로 7 : 20이다.
③ 탄소의 질량 백분율은 X : $\dfrac{12}{14} \times 100 <$ Y : $\dfrac{18}{20} \times 100$이다.
④ C의 몰수비가 CO_2의 몰수비, 질량비와 같아 12g, 18g을 연소하였으므로, 이산화탄소의 질량비는 2 : 3이다.

2018

지방직 9급

01 그림 (가)~(다)에 해당하는 원자 모형에 대한 설명으로 옳은 것은?

(가) 전자구름 모형　　(나) 톰슨 모형　　(다) 보어 모형

① (가)에서 전자는 원형 궤도를 따라 운동한다.
② (나)에서 원자의 중심에는 원자핵이 존재한다.
③ (다)에서 전자의 에너지 준위는 연속적인 값을 갖는다.
④ (가)~(다) 중 가장 먼저 제안된 모형은 (나)이다.

해설

① 전자구름 모형에서 전자는 확률적으로 분포한다.
② (가), (다) 모형에 원자핵이 존재한다.
③ 전자의 에너지 준위는 불연속적이다.
④ 제안된 순서는 (나) – (다) – (가)이다.

02 다음 질산(HNO₃) 수용액과 수산화바륨(Ba(OH)₂) 수용액의 화학반응식에 대한 설명으로 옳지 않은 것은?

$$2HNO_3(aq) + Ba(OH)_2(aq) \rightarrow Ba(NO_3)_2(aq) + 2H_2O(l)$$

① 중화반응이다.
② 반응한 H^+의 몰수와 생성된 H_2O의 몰수는 같다.
③ 구경꾼 이온은 바륨이온(Ba^{2+})과 수산화이온(OH^-)이다.
④ 반응 전후에 원자의 산화수는 변하지 않는다.

해설

구경꾼 이온은 바륨이온(Ba^{2+})과 질산이온(NO_3^-)이다.

03 〈보기〉에 제시된 기체 분자에 대한 설명으로 옳은 것은?(단, ONF에서 중심 원자는 N이다)

> 〈보 기〉
>
> N₂, NO, NO₂, ONF

① NO의 모든 원자는 옥텟 규칙을 만족한다.
② ONF에서 질소(N) 원자의 산화수는 +3이다.
③ ONF의 분자 구조는 직선형이다.
④ 〈보기〉의 분자에서 질소(N) 원자의 가장 큰 산화수와 가장 작은 산화수의 차이는 5이다.

해설

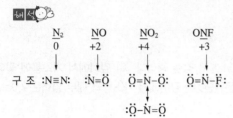

③ ONF의 구조는 굽은형이다.
④ 산화수 차이는 4이다.

04 다음 이산화황(SO_2)과 관련된 화학반응식에 대한 설명으로 옳은 것은?

> (가) $SO_2(g) + 2H_2S(g) \rightarrow 2H_2O(l) + 3S(s)$
>
> (나) $SO_2(g) + 2H_2O(l) + Cl_2(g) \rightarrow H_2SO_4(aq) + 2HCl(aq)$

① (가)와 (나)에서 SO_2에 포함된 황(S) 원자의 산화수는 두 경우 모두 반응 후에 감소한다.
② (가)에서 H_2S는 산화제이다.
③ (나)에서 Cl_2는 산화된다.
④ (가)와 (나)에서 황(S) 원자의 가장 큰 산화수는 +6이다.

해설

$\underline{S}O_2$ + 2H₂$\underline{S}$ → 2H₂O + 3$\underline{S}$
+4　　 −2　　　　　 0

$\underline{S}O_2$ + 2H₂O + $\underline{Cl}_2$ → H₂$\underline{S}O_4$ + 2H$\underline{Cl}$
+4　　　　　 0　　 +6　　 −1

① SO_2에 포함된 S의 산화수는 (나)에서 모두 증가한다.
② (가)에서 H₂S는 환원제이다.
③ Cl₂는 환원된다.

05 다음 중 입자 수가 가장 많은 것은?(단, 0℃, 1기압에서 기체 1몰(mol)의 부피는 22.4L이다. 각 원자의 원자량은 H : 1, C : 12, N : 14, O : 16, Na : 23, Cl : 35.5이다)

① 물(H_2O) 18g에 들어 있는 물 분자 수
② 암모니아(NH_3) 17g에 들어 있는 수소 원자 수
③ 염화나트륨(NaCl) 58.5g에 들어 있는 전체 이온 수
④ 0℃, 1기압에서 이산화탄소(CO_2) 기체 44.8L에 들어 있는 이산화탄소 분자 수

① 1몰 ② 3몰
③ 2몰 ④ 2몰

06 산소와 헬륨으로 이루어진 가스통을 가진 잠수부가 바닷속 60m에서 잠수 중이다. 이 깊이에서 가스통에 들어 있는 산소의 부분 압력이 1,140mmHg일 때, 헬륨의 부분 압력(atm)은?(단, 이 깊이에서 가스통의 내부 압력은 7.0atm이다)

① 5.0 ② 5.5
③ 6.0 ④ 6.5

산소의 압력은 $\dfrac{1,140\text{mmHg}}{760\text{mmHg/atm}} = 1.5\text{atm}$

전체 압력이 7기압이므로, 7 − 1.5 = 5.5기압이다.

07 다음 각 원소들이 다음과 같은 원자 구성을 가지고 있을 때, 동위원소는?

$^{410}_{186}A$	$^{410}_{183}X$	$^{412}_{186}Y$	$^{412}_{185}Z$

① A, Y ② A, Z
③ X, Y ④ X, Z

동위원소는 양성자수(= 원자번호)가 같은 것이므로 양성자수가 186으로 같은 A, Y가 동위원소이다.

08 다음 평형반응식의 평형상수 K값의 크기를 순서대로 바르게 나열한 것은?

ㄱ. $H_3PO_4(aq) + H_2O(l) \rightleftarrows H_2PO_4^-(aq) + H_3O^+(aq)$
ㄴ. $H_2PO_4^-(aq) + H_2O(l) \rightleftarrows HPO_4^{2-}(aq) + H_3O^+(aq)$
ㄷ. $HPO_4^{2-}(aq) + H_2O(l) \rightleftarrows PO_4^{3-}(aq) + H_3O^+(aq)$

① ㄱ > ㄴ > ㄷ ② ㄱ = ㄴ = ㄷ
③ ㄴ > ㄷ > ㄱ ④ ㄷ > ㄴ > ㄱ

다양성자 산의 경우 이온화가 고차로 진행될수록 산의 이온화 반응이 어려워 평형상수는 작아진다.

09 방사성 실내 오염 물질은?

① 라돈(Rn)

② 이산화질소(NO₂)

③ 일산화탄소(CO)

④ 폼알데하이드(CH₂O)

실내 오염 물질
- 라돈 : 자연적으로 생성되는 방사성 원소로 무색, 무미, 무취이다. 미량이라도 영향을 미칠 수 있어 1급 발암물질이며, 환기로 어느 정도 배출이 가능하다.
- 미세먼지 : 눈에 보이지 않는 아주 가늘고 작은 먼지입자이며, 1급 발암 물질로 분류되었다.
- 이산화탄소(CO_2) : 양이 증가하면 위험할 수 있으며 18% 이상인 경우 생명이 위험할 수 있다.
- 폼알데하이드(HCHO) : 강한 자극성 냄새를 가진 무색의 기체로 급성독성, 피부 자극성, 발암성이 있는 1급 발암 물질이다.
- 일산화탄소(CO) : 불완전 연소로 생성되는 것으로 산소 대신 헤모글로빈과 결합하여 산소 결핍을 일으킨다.
- 이산화질소(NO_2) : 자극적인 냄새를 가진 적갈색 기체로 호흡곤란 등을 일으킬 수 있다.
- 휘발성 유기화합물(VOCs) : 끓는점이 낮은 유기화합물로 톨루엔, 벤젠 등이 있으며 벤젠은 1급 발암 물질이다.

10 볼타 전지에서 두 반쪽 반응이 다음과 같을 때, 이에 대한 설명으로 옳지 않은 것은?

$$Ag^{+}(aq)+e^{-} \rightarrow Ag(s) \quad E^{o}=0.799V$$
$$Cu^{2+}(aq)+2e^{-} \rightarrow Cu(s) \quad E^{o}=0.337V$$

① Ag는 환원 전극이고 Cu는 산화 전극이다.

② 알짜 반응은 자발적으로 일어난다.

③ 셀 전압(E^{o}_{cell})은 1.261V이다.

④ 두 반응의 알짜 반응식은 $2Ag^{+}(aq)+Cu(s) \rightarrow 2Ag(s)+Cu^{2+}(aq)$ 이다.

전지의 반응에서 (−)극은 표준환원전극이 작은 것이므로 위 전지에서 산화가 일어나는 (−)극은 구리, 환원이 일어나는 (+)전극은 은이다. 표준환원전위는 계수의 영향을 받지 않으므로 전지의 전압은 $E=E_{+}-E_{-}=0.799-0.337=0.462V$이다.

11 끓는점이 가장 낮은 분자는?

① 물(H_2O)

② 일염화 아이오딘(ICl)

③ 삼플루오린화붕소(BF₃)

④ 암모니아(NH₃)

끓는점은 분자 간의 인력으로 결정되는 것으로 분자량이 비슷한 경우 극성, 무극성 유무에 따라 차이가 많이 난다. 보기 중 BF₃만 무극성이므로 끓는점이 가장 낮다.

12 산화수 변화가 가장 큰 원소는?

$$PbS(s) + 4H_2O_2(aq) \rightarrow PbSO_4(s) + 4H_2O(l)$$

① Pb

② S

③ H

④ O

$$PbS(s) + 4H_2O_2(aq) \rightarrow PbSO_4(s) + 4H_2O(l)$$

+2 -2   +1 -1   +2 +6 -2   +1 -2

S의 산화수가 -2에서 +6으로 가장 많이 변하였다.

13 다음 중 분자 간 힘에 대한 설명으로 옳은 것만을 모두 고르면?

ㄱ. NH_3의 끓는점이 PH_3의 끓는점보다 높은 이유는 분산력으로 설명할 수 있다.
ㄴ. H_2S의 끓는점이 H_2의 끓는점보다 높은 이유는 쌍극자-쌍극자 힘으로 설명할 수 있다.
ㄷ. HF의 끓는점이 HCl의 끓는점보다 높은 이유는 수소결합으로 설명할 수 있다.

① ㄱ

② ㄴ

③ ㄱ, ㄷ

④ ㄴ, ㄷ

NH_3의 끓는점이 PH_3보다 높은 것은 수소결합 때문이다.

14 원자들의 바닥상태 전자배치로 옳지 않은 것은?

① Co : $[Ar]4s^1 3d^8$

② Cr : $[Ar]4s^1 3d^5$

③ Cu : $[Ar]4s^1 3d^{10}$

④ Zn : $[Ar]4s^2 3d^{10}$

Co : $[Ar]4s^2 3d^7$
Cr, Cu의 경우 d오비탈을 절반만 채우거나 완전히 채우는 것이 더 안정되기 때문에 보기와 같은 예외가 발생한다.

15 체심입방(BCC)구조인 타이타늄(Ti)의 단위 세포에 있는 원자의 알짜 개수는?

① 1

② 2

③ 4

④ 6

체심입방의 경우 단위격자에 모서리 8개, 중심 1개가 있으므로,
$8 \times \dfrac{1}{8} + 1 = 2$, 2개의 원자가 존재한다.

16 0.50M NaOH 수용액 500mL를 만드는 데 필요한 2.0M NaOH 수용액의 부피(mL)는?

① 125

② 200

③ 250

④ 500

$MV = M'V'$ 이므로, $0.5M \times 0.5L = 2.0M \times a$

∴ $a = 0.125L$이다.

17 다음에서 실험식이 같은 쌍만을 모두 고르면?

> ㄱ. 아세틸렌(C_2H_2), 벤젠(C_6H_6)
> ㄴ. 에틸렌(C_2H_4), 에테인(C_2H_6)
> ㄷ. 아세트산($C_2H_4O_2$), 글루코스($C_6H_{12}O_6$)
> ㄹ. 에탄올(C_2H_6O), 아세트알데하이드(C_2H_4O)

① ㄱ, ㄷ

② ㄱ, ㄹ

③ ㄴ, ㄷ

④ ㄷ, ㄹ

각 물질의 실험식은 다음과 같다.

ㄱ. CH, CH ㄴ. CH_2, CH_3

ㄷ. CH_2O, CH_2O ㄹ. C_2H_6O, C_2H_4O

18 분자 수가 가장 많은 것은?(단, C, H, O의 원자량은 각각 12.0, 1.00, 16.0이다)

① 0.5mol 이산화탄소 분자 수

② 84g 일산화탄소 분자 수

③ 아보가드로 수만큼의 일산화탄소 분자 수

④ 산소 1.0mol과 일산화탄소 2.0mol이 정량적으로 반응한 후 생성된 이산화탄소 분자 수

해설

① 0.5mol

② CO의 분자량은 28이므로 84g은 3mol

③ 1mol

④ $2CO + O_2 \rightarrow 2CO_2$이므로 이산화탄소는 2mol 생성

19 0.30M Na_3PO_4 10mL와 0.20M $Pb(NO_3)_2$ 20mL를 반응시켜 $Pb_3(PO_4)_2$를 만드는 반응이 종결되었을 때, 한계 시약은?

$$2Na_3PO_4(aq) + 3Pb(NO_3)_2(aq) \rightarrow 6NaNO_3(aq) + Pb_3(PO_4)_2(s)$$

① Na_3PO_4 ② $NaNO_3$

③ $Pb(NO_3)_2$ ④ $Pb_3(PO_4)_2$

Na_3PO_4의 몰수는 0.30M × 0.01L = 0.003mol, $Pb(NO_3)_2$의 몰수는 0.20M × 0.02L = 0.004mol에서 반응식의 계수가 2 : 3이므로 한계 시약은 $Pb(NO_3)_2$이다.

20 분자식이 C_5H_{12}인 화합물에서 가능한 이성질체의 총개수는?

① 1   ② 2

③ 3   ④ 4

```
                              C
                              |
C-C-C-C-C      C-C-C-C      C-C-C
                   |            |
                   C            C
```

21 다음 중 산화–환원반응은?

① $Na_2SO_4(aq) + Pb(NO_3)_2(aq) \rightarrow PbSO_4(s) + 2NaNO_3(aq)$

② $3KOH(aq) + Fe(NO_3)_3(aq) \rightarrow Fe(OH)_3(s) + 3KNO_3(aq)$

③ $AgNO_3(aq) + NaCl(aq) \rightarrow AgCl(s) + NaNO_3(aq)$

④ $2CuCl(aq) \rightarrow CuCl_2(aq) + Cu(s)$

중화반응, 앙금 생성반응은 산화–환원반응이 아니며 산화수를 모두 구하면 알 수 있다.
④ Cu의 산화수가 +1에서 +2, 0으로 변한다.

22 분자 내 원자들 간의 결합 차수가 가장 높은 것을 포함하는 화합물은?

① CO_2 ② N_2

③ H_2O ④ C_2H_4

질소의 결합 차수 $= \dfrac{6-0}{2} = 3$

23 물과 반응하였을 때, 산성이 아닌 것은?

① 에테인(C_2H_6) ② 이산화황(SO_2)
③ 일산화질소(NO) ④ 이산화탄소(CO_2)

물에 녹으면 이산화황은 황산, 일산화질소는 질산, 이산화탄소는 탄산으로 변한다.

24 물리량들의 크기에 대한 설명으로 옳은 것은?

① 산소(O_2) 내 산소 원자 간의 결합 거리 > 오존(O_3) 내 산소 원자 간의 평균 결합 거리
② 산소(O_2) 내 산소 원자 간의 결합 거리 > 산소 양이온(O_2^+) 내 산소 원자 간의 결합 거리
③ 산소(O_2) 내 산소 원자 간의 결합 거리 > 산소 음이온(O_2^-) 내 산소 원자 간의 결합 거리
④ 산소(O_2)의 첫 번째 이온화 에너지 > 산소 원자(O)의 첫 번째 이온화 에너지

① 오존은 공명구조로 인해 단일결합과 이중결합의 중간 길이를 가진다.

②, ③

	O_2	O_2^+	O_2^-
σ^*_{2p}	—	—	—
π^*_{2p}	↑ ↑	↑ —	↑↓ ↑
π_{2p}	↑↓ ↑↓	↑↓ ↑↓	↑↓ ↑↓
σ_{2p}	↑↓	↑↓	↑↓
σ^*_{2s}	↑↓	↑↓	↑↓
σ_{2s}	↑↓	↑↓	↑↓

결합 차수
$$\frac{6-2}{2} = 2 \qquad \frac{6-1}{2} = 2.5 \qquad \frac{6-3}{2} = 1.5$$

결합 차수가 클수록 결합길이가 짧다.
④ 산소 분자의 이온화 에너지는 반결합성 궤도의 전자를 떼어내는 것이므로 에너지가 더 작다.

25 용액에 대한 설명으로 옳은 것은?

① 순수한 물의 어는점보다 소금물의 어는점이 더 높다.
② 용액의 증기압은 순수한 용매의 증기압보다 높다.
③ 순수한 물의 끓는점보다 설탕물의 끓는점이 더 낮다.
④ 역삼투 현상을 이용하여 바닷물을 담수화할 수 있다.

① 용액의 어는점은 용매보다 낮다.
② 용액의 증기압은 용매의 증기압보다 낮다.
③ 용액의 끓는점은 용매보다 높다.

2018

서울시 9급

01 〈보기〉는 임의의 원소 A~D의 중성 원자 혹은 이온의 전자배치를 나타낸 것이다. 이에 대한 설명으로 가장 옳지 않은 것은?

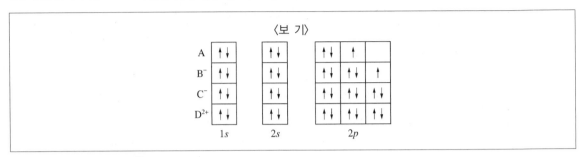

〈보 기〉

① 이온 반지름은 $C^- > D^{2+}$이다.

② A의 전자배치는 훈트 규칙을 만족하지 못한다.

③ A~D의 중성 원자 중 양성자 수가 가장 많은 원자는 D이다.

④ B^-이온은 옥텟 규칙을 만족하는 안정한 이온이다.

해설

A - N, B - O, C - F, D - Mg

① $F^- > Mg^{2+}$, 등전자 이온에서 양성자 수가 많을수록 이온 반지름은 작다.

② N은 홀전자 수가 3개여야 하지만 1개이므로 훈트 규칙을 만족하지 못한다.

④ O^{2-}가 옥텟 규칙을 만족한다.

02 〈보기 1〉은 X와 Y로 이루어진 화합물 A, B에 대한 설명이다. 이에 대한 설명으로 옳은 것을 〈보기 2〉에서 모두 고른 것은?(단, X, Y는 임의의 원소 기호이다)

〈보기 1〉

• A와 B의 분자당 구성 원자 수는 각각 2, 30이다.

• 같은 질량에 들어 있는 원소 Y의 질량비는 A : B = 11 : 14이다.

〈보기 2〉

ㄱ. A는 2원자 화합물이다.

ㄴ. B는 X_2Y이다.

ㄷ. 1g당 원소 X의 질량은 A가 B의 2배이다.

① ㄱ

② ㄷ

③ ㄱ, ㄷ

④ ㄴ, ㄷ

분자당 구성 원자 수가 각각 2, 3이고 B에서 Y의 질량비가 증가하였으므로
A는 XY, B는 XY₂이다.
같은 질량에 들어 있는 Y의 질량비가 A : B = 11 : 14이므로

1g이라고 가정하였을 때 $\dfrac{1}{x+y} : \dfrac{1}{x+2y} \times 2 = 11 : 14$이므로 $x : y = 3 : 40$이다.

따라서, 1g당 X의 질량은 $\dfrac{1}{3+4} : \dfrac{1}{3+8} = 11 : 7$이다.

---

03 〈보기〉는 임의의 2주기 원소 X~Z의 루이스 전자점식을 나타낸 것이다. 이에 대한 설명으로 가장 옳지 않은 것은?

〈보 기〉

$\cdot\ddot{X}\cdot\ \cdot\ddot{Y}\cdot\ \cdot\ddot{Z}:$

① YH_4^+ 이온은 정사면체 구조이다.

② Y_2와 Z_2는 각각 삼중결합, 단일결합으로 이루어져 있다.

③ XZ_3와 YZ_3 중 분자의 쌍극자모멘트 합이 0인 것은 XZ_3이다.

④ 수소화합물 XH_3 분자는 무극성 공유결합으로 이루어진 무극성 분자이다.

X – B, Y – N, Z – F이다.
BH_3는 극성 공유결합으로 이루어진 무극성 분자이다.
※ 저자의견 : BH_3는 그 형태보다는 이합체 B_2H_6를 형성하여 시험에 잘 출제하지 않는 편입니다.

---

04 〈보기〉의 (가)~(다)는 DNA를 구성하는 구성요소의 구조식이다. 이에 대한 설명으로 가장 옳은 것은?

〈보 기〉

(가)   (나)   (다)

① (가)~(다)는 모두 아레니우스 염기이다.

② (가)의 중심원자는 옥텟 규칙을 만족한다.

③ (나)의 모든 탄소 원자는 사면체 구조를 한다.

④ DNA 구조에서 (다)는 다른 종류의 염기와 공유결합으로 연결된다.

(가)는 인산, (나)는 당, (다)는 염기(아데닌)이다.
① (가)는 아레니우스 산이다.
② 인산에서 P는 확장된 옥텟 규칙의 적용을 받는다.
④ 아데닌은 티민과 수소결합을 한다.

05 〈보기 1〉은 3가지 산–염기 반응의 화학반응식이다. 이에 대한 설명으로 옳은 것을 〈보기 2〉에서 모두 고른 것은?

〈보기 1〉

(가) $HF(aq) + HCO_3^-(aq) \rightarrow H_2CO_3(aq) + F^-(aq)$

(나) $CH_3COOH(aq) + H_2O(l) \rightarrow H_3O^+(aq) + CH_3COO^-(aq)$

(다) $NH_3(aq) + H_2O(l) \rightarrow NH_4^+(aq) + OH^-(aq)$

〈보기 2〉

ㄱ. (나)의 $H_2O(l)$는 브뢴스테드–로우리 염기이다.
ㄴ. (가)의 $HF(aq)$는 브뢴스테드–로우리 산이다.
ㄷ. (다)의 $NH_3(aq)$는 아레니우스 염기이다.

① ㄴ
② ㄱ, ㄴ
③ ㄱ, ㄷ
④ ㄱ, ㄴ, ㄷ

NH_3는 수소이온을 받으므로 브뢴스테드–로우리 염기, 루이스 염기이다.
※ 저자의견 : 일반적으로 이렇게 접근하는게 맞지만 옥스토비 일반화학에는 (다)반응이 아레니우스 염기의 예시로 나와 있습니다. 비슷한 문제가 인천교육청 모의고사에서 출제된 적이 있지만 당시에도 논란이 많았던 문제입니다.

06 전자배치 중에서 훈트 규칙(Hund's Rule)을 위반한 것은?

① [Ar] $\frac{\uparrow\downarrow}{4s}$ $\frac{\uparrow\quad\uparrow\quad\uparrow\quad\uparrow\quad\uparrow}{3d}$
② [Ar] $\frac{\uparrow}{4s}$ $\frac{\uparrow\downarrow\ \uparrow\downarrow\ \uparrow\downarrow\ \uparrow\downarrow}{3d}$

③ [Ar] $\frac{\uparrow}{4s}$ $\frac{\uparrow\quad\uparrow\quad\uparrow\quad\uparrow\quad\uparrow}{3d}$
④ [Ar] $\frac{\uparrow\downarrow}{4s}$ $\frac{\uparrow\downarrow\ \uparrow\quad\uparrow\quad\_\quad\_}{3d}$

①은 바닥 상태이며 ②, ③은 쌓음 원리를 어긴 것이다.

07 탄소와 수소로만 이루어진 미지의 화합물을 원소분석한 결과, 4.40g의 CO_2와 2.25g의 H_2O를 얻었다. 미지의 화합물의 실험식은?(단, 원자량은 H = 1, C = 12, O = 16이다)

① CH_2
② C_2H_5
③ C_4H_{12}
④ C_5H_2

CO_2 4.40g이므로 포함된 C의 질량은 $4.40g \times \frac{12}{44} = 1.2g$, H_2O 2.25g이므로 포함된 수소의 질량은 $2.25g \times \frac{2}{18} = 0.25g$이므로 실험식은

$\frac{1.2}{12} : \frac{0.25}{1} = 2 : 5$ 이므로 실험식은 C_2H_5이다.

---

08 백열전구가 켜지는 전기회로의 전극을 H_2SO_4 용액에 넣었더니 백열전구에 밝게 불이 들어 왔다. 이 용액에 묽은 염 용액을 첨가했더니 백열전구가 어두워졌다. 어느 염을 용액에 넣은 것인가?

① $Ba(NO_3)_2$ ② K_2SO_4

③ $NaNO_3$ ④ NH_4NO_3

백열전구가 어두워진 것은 앙금이 생겼기 때문이다. $Ba(NO_3)_2$를 넣을 경우 $BaSO_4$(앙금)가 생성된다.

※ 양이온에 1족 원소 및 NH_4^+, 음이온의 NO_3^- 이온은 앙금이 생성되지 않는다.

주요 앙금 : AgCl, AgI, PbI_2, $BaSO_4$, $CaCO_3$, $CaSO_4$

---

09 반응식의 균형을 맞출 경우에, (가)~(다)로 가장 옳은 것은?

〈보 기〉
$3NaHCO_3(aq) + C_6H_8O_7(aq) \rightarrow$ (가)$CO_2(g)$ + (나)$H_2O(l)$ + (다)$Na_3C_6H_5O_7(aq)$

	(가)	(나)	(다)
①	2	3	2
②	3	3	1
③	2	3	3
④	3	3	3

화학반응식에서 생성물과 반응물의 원자 수는 같아야 한다. 반응물에는 Na : 3개, H : 11개, C : 9개, O : 16개가 있으므로 (다)는 1이 됨을 알 수 있다. 수소가 6개 남으므로 (나)는 3이며 남은 탄소 수에 따라 (가)는 3이다.

---

10 순수한 상태에서 강한 수소결합이 가능한 분자는?

① $CH_3 - C \equiv N:$

② H에 O가 연결되고 CH_3

③ $F_3C - \overset{F_2}{C} - \overset{F_2}{C} - CF_3$ 형태 (CF_3)

④ N과 C=O, CH_3, H_2 구조

해설

수소결합은 전기음성도가 강한 원자가 수소와 결합하여 수소의 전자구름을 벗겨 내기 때문에 생기는 현상으로 ②에서 수소와 산소의 공유결합 부분이 있으므로 수소의 전자구름이 벗겨지게 된다.

11 $^{90}_{38}Sr$(스트론튬)의 양성자(p) 및 중성자(n)의 수가 바르게 짝지어진 것은?

	양성자(p)	중성자(n)
①	38	52
②	38	90
③	52	38
④	90	38

해설

원자의 표기에서 $^{질량수}_{원자번호}X$ 이므로 양성자 수는 38이며 질량수 = 양성자 + 중성자이므로 중성자 수는 90 − 38 = 52이다.

12 이원자 분자 중 p오비탈−s오비탈 혼합을 고려해서 분자 오비탈의 에너지 순서를 정하고 전자를 채웠을 때, 분자와 자기성을 나타낸 것으로 가장 옳지 않은 것은?

① B_2, 상자기성   ② C_2, 반자기성
③ O_2, 상자기성   ④ F_2, 상자기성

해설

F_2는 홀전자가 없으므로 반자기성을 나타낸다.

13 〈보기〉의 괄호 안에 들어갈 4A족 원소에 해당하는 것으로 가장 옳은 것은?

〈보 기〉
(　　　)(은)는 연한 은빛 금속으로 압연하여 박막으로 만들 수 있으며 수 세기 동안 청동, 땜납, 백랍과 같은 합금에 사용되어 왔다. 현재 강철의 보호 피막에 사용된다.

① 탄 소   ② 규 소
③ 저마늄   ④ 주 석

해설

청동은 구리, 주석의 합금이며. 땜납은 녹는점이 낮은 보통 주석 40~50%로 이루어진 합금을 사용한다. 백랍은 주석과 납의 합금이며 강철의 보호 피막으로 양철로 이용된다. 공통적으로 속하는 것은 주석이다.

14 오존이 분해되어 산소가 되는 반응이 〈보기〉의 두 단계를 거쳐 이루어질 때, 반응 메커니즘과 일치하는 반응속도식은?(단, 첫 단계에서는 빠른 평형을 이루고, 두 번째 단계는 매우 느리게 진행한다)

〈보 기〉
$$O_3(g) \rightleftarrows O_2(g) + O$$
$$O + O_3(g) \rightarrow 2O_2(g)$$

① $k[O_3]$

② $k[O_3]^2$

③ $k[O_3]^2[O_2]$

④ $k[O_3]^2[O_2]^{-1}$

반응속도 결정단계는 2번째 단계이므로 $v_2 = k[O][O_3]$이다. $[O]$는 반응 중간체이며, 첫 번째 반응은 정반응과 역반응의 평형이 일어나므로 $v_1 = v_1{'}$이다. 따라서, $k[O_3] = k_{-1}[O_2][O]$이므로 이를 $[O] = \dfrac{k_1[O_3]}{k_{-1}[O_2]}$ 형태로 바꾸어 넣으면 $v_2 = k\dfrac{k_1[O_3]}{k_{-1}[O_2]}[O_3] = k[O_3]^2[O_2]^{-1}$이다.

15 암모니아를 생산하는 하버 프로세스가 〈보기〉와 같을 때, 암모니아 생성을 방해하는 것으로 가장 옳은 것은?

〈보 기〉
$$N_2(g) + 3H_2(g) \rightleftarrows 2NH_3(g) \quad \Delta H° = -92.2kJ$$

① 고 온

② 고 압

③ 수소 추가

④ 생성된 암모니아 제거

르샤틀리에 원리로 설명할 수 있다.
① $\Delta H < 0$이므로 발열반응이다. 따라서, 온도가 낮을수록 잘 일어나는 반응이다.
② 반응물 계수의 합이 생성물 계수의 합보다 크므로 압력이 높을수록 정반응이 일어난다.
③ 반응물이 추가되므로 정반응이 일어난다.
④ 생성물이 제거되므로 정반응이 일어난다.

16 프로판올(C_3H_7OH)이 산소와 반응하면 물과 이산화탄소가 생긴다. 120.0g의 프로판올이 완전 연소될 때 생성되는 물의 질량은?(단, 수소의 원자량은 1.0g/mol, 탄소의 원자량은 12.0g/mol, 산소의 원자량은 16.0g/mol이다)

① 36.0g

② 72.0g

③ 144.0g

④ 180.0g

프로판올의 연소반응은 $2C_3H_7OH + 13O_2 \rightarrow 6CO_2 + 8H_2O$이다.
C_3H_7OH의 분자량은 60이므로 120g은 2몰이다.
2몰 연소 시 물 8몰이 생성되므로 $18g \times 8 = 144g$이다.

17 주양자수 $n=5$에 대해서, 각운동량 양자수 l의 값과 각 부껍질 명칭으로 가장 옳지 않은 것은?

① $l = 0,\ 5s$ ② $l = 1,\ 5p$

③ $l = 3,\ 5f$ ④ $l = 4,\ 5e$

해석

각운동량 양자수 $l = 0(s$오비탈$)$, $l = 1(p$오비탈$)$, $l = 2(d$오비탈$)$, $l = 3(f$오비탈$)$, $l = 4(g$오비탈$)$이다.

18 〈보기〉 중 반지름이 가장 큰 이온은?

〈보 기〉

ㄱ. $_{38}Sr^{2+}$ ㄴ. $_{34}Se^{2-}$

ㄷ. $_{35}Br^-$ ㄹ. $_{37}Rb^+$

① ㄱ   ② ㄴ

③ ㄷ   ④ ㄹ

해석

〈보기〉 4개의 이온은 모두 전자 수가 36개이다. 등전자이온이므로 양성자 수가 작을수록 이온 반지름이 크다.

19 전자기파의 파장이 증가하는(에너지가 감소하는) 순서대로 바르게 나열한 것은?

① 마이크로파 < 적외선 < 가시광선 < 자외선

② 마이크로파 < 가시광선 < 적외선 < 자외선

③ 자외선 < 가시광선 < 적외선 < 마이크로파

④ 자외선 < 적외선 < 가시광선 < 마이크로파

해석

전자기파의 파장은 전파 > 마이크로파 > 적외선 > 가시광선 > 자외선 > X-선 > 감마선 순이다.

20 과망간산칼륨($KMnO_4$)은 산화제로 널리 쓰이는 시약이다. 염기성 용액에서 과망간산 이온은 물을 산화시키며 이산화망간으로 환원되는데, 이때의 화학반응식으로 가장 옳은 것은?

① $MnO_4^-(aq) + H_2O(l) \rightarrow MnO_2(s) + H_2(g) + OH^-(aq)$

② $MnO_4^-(aq) + 6H_2O(l) \rightarrow MnO_2(s) + 2H_2(g) + 8OH^-(aq)$

③ $4MnO_4^-(aq) + 2H_2O(l) \rightarrow 4MnO_2(s) + 3O_2(g) + 4OH^-(aq)$

④ $2MnO_4^-(aq) + 2H_2O(l) \rightarrow 2Mn^{2+}(aq) + 3O_2(g) + 4OH^-(aq)$

① 산소 원자의 수가 맞지 않는다.

② Mn의 산화수 +7 → +4로 3 변화, 수소는 +1 → 0으로 4개 변화, 이동한 전자의 수가 3개, 4개로 맞지 않으며 물은 환원되었다.

④ 생성물은 이산화망간이 아니다.

21 $[Co(NH_3)_6]^{3+}$, $[Co(NH_3)_5(NCS)]^{2+}$, $[Co(NH_3)_5(H_2O)]^{2+}$는 각각 노란색, 진한 주황색, 빨간색을 띤다. NH_3, NCS^-, H_2O의 분광화학적 계열 순서를 크기에 따라 표시한 것으로 가장 옳은 것은?

① $NH_3 > NCS^- > H_2O$

② $NH_3 < NCS^- < H_2O$

③ $NCS^- > H_2O > NH_3$

④ $NCS^- < H_2O < NH_3$

리간드의 세기 비교

$I^- < Br^- < Cl^- < F^- < H_2O < NH_3 < CN^-$, CO

착화합물에서 센 장 리간드가 붙을 경우 최대 흡수 파장은 짧아진다.

이에 따라 관찰되는 색상은 보색으로 나타난다.

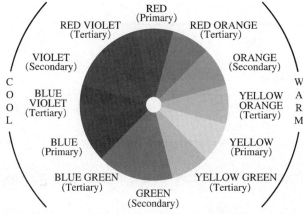

보색 관계에 따라 노란색 - 보라색, 주황색 - 파란색, 빨간색 - 녹색이므로

실제 흡수한 파장은 보라색, 파란색, 녹색이다. 에너지는 보라색 > 파란색 > 녹색이므로 분광화학적 계열 크기 순서는 $NH_3 > NCS^- > H_2O$이다.

22 알칼리 금속에 대한 설명으로 가장 옳지 않은 것은?

① 나트륨(Na)의 '원자가 전자 배치'는 $3s^1$이다.

② 물과 반응할 때, 환원력의 순서는 Li > K > Na이다.

③ 일차 이온화 에너지는 Li < K < Na이다.

④ 세슘(Cs)도 알칼리 금속이다.

일차 이온화 에너지는 주기율표의 같은 족에서 아래로 내려갈수록 감소한다(껍질수 증가).

23 〈보기〉의 화학반응식의 산화 반쪽 반응으로 가장 옳은 것은?

> 〈보 기〉
> $$Zn(s) + 2H^+(aq) \rightarrow Zn^{2+}(aq) + H_2(g)$$

① $Zn(s) \rightarrow Zn^{2+}(aq) + 2e^-$

② $Zn^{2+}(aq) + 2e^- \rightarrow Zn(s)$

③ $2H^+(aq) + 2e^- \rightarrow H_2(g)$

④ $H_2(g) \rightarrow 2H^+(aq) + 2e^-$

해석

• 산화 반쪽 반응 : $Zn(s) \rightarrow Zn^{2+}(aq) + 2e^-$

• 환원 반쪽 반응 : $2H^+(aq) + 2e^- \rightarrow H_2(g)$

24 〈보기〉 중 끓는점이 가장 높은 것은?

> 〈보 기〉
> ㄱ. H_2O ㄴ. H_2S
> ㄷ. H_2Se ㄹ. H_2Te

① ㄱ   ② ㄴ

③ ㄷ   ④ ㄹ

해석

모두 16족 원소들의 수소 화합물이며 일반적으로 분산력의 영향을 받지만 물은 수소결합에 의해 분자량이 비슷한 다른 분자들보다 끓는점이 높다.
$H_2O > H_2Te > H_2Se > H_2S$

25 VSEPR(원자가 껍질 전자쌍 반발이론)에 근거하여 가장 안정된 형태의 구조가 삼각쌍뿔인 분자는?

① $BeCl_2$ ② CH_4

③ PCl_5 ④ IF_5

해석

① 직선형   ② 정사면체형

③ 삼각쌍뿔형   ④ 사각피라미드형

2018 서울시 고졸 9급

01 〈보기 1〉는 임의의 원소 A~C의 바닥상태인 원자 또는 이온의 전자배치를 모형으로 나타낸 것이다. 이에 대한 설명으로 옳은 것을 〈보기 2〉에서 모두 고른 것은?

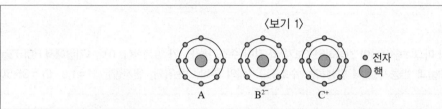

〈보기 1〉

A   B²⁻   C⁺   ○ 전자   ● 핵

〈보기 2〉

ㄱ. 원자 반지름은 C가 가장 크다.
ㄴ. 전기음성도는 A가 B보다 크다.
ㄷ. 이온 반지름은 A⁻가 B²⁻보다 크다.

① ㄱ, ㄴ ② ㄱ, ㄷ
③ ㄴ, ㄷ ④ ㄱ, ㄴ, ㄷ

A − F, B − O, C − Na
ㄱ. 원자 반지름은 3주기인 Na가 가장 크다. Na > O > F
ㄴ. 전기음성도는 F(4.0), O(3.5), Na(0.9)
ㄷ. 등전자 이온의 이온 반지름은 핵전하량이 작을수록 크다. F⁻ < O²⁻

02 25℃에서 0.1M 약산 HA 수용액의 이온화도가 0.01일 때 pH의 값은?

① 1 ② 2
③ 3 ④ 4

약산에서 $[H^+]= C\alpha$이므로 $[H^+] = 0.1M \times 0.01 = 0.001$
$\therefore \; pH = -\log[H^+] = -\log[10^{-3}] = 3$

03 25℃, 1기압에서 기체의 부피가 5.6L이다. 이 기체의 부피가 2배가 될 때의 온도(℃)는?(단, 기체의 양과 압력은 일정하고, 절대온도 = 섭씨온도 + 273이다)

① 50 ② 148
③ 273 ④ 323

$PV = nRT$에서 압력과 기체상수, 몰수는 일정하므로 $V \propto T$이며 부피가 2배일 때 온도도 2배가 된다. 절대온도가 2배이므로 25 + 273 = 298K의 2배인 596K이다.

∴ 596 - 273 = 323℃이다.

04 묽은 염산(HCl)과 마그네슘(Mg)이 반응하면 〈보기〉와 같이 수소기체(H₂)가 발생한다. 0℃, 1기압에서 HCl 73g을 충분한 양의 마그네슘(Mg)과 반응시킬 때 발생하는 수소(H₂)기체의 부피(L)는?(단, 원자량은 H = 1.0, Cl = 35.5이다)

〈보 기〉
$Mg(s) + 2HCl(aq) \rightarrow MgCl_2(aq) + H_2(g)$

① 5.6

② 11.2

③ 22.4

④ 33.6

HCl(분자량36.5) 73g은 2몰이므로 1몰의 수소기체가 발생한다. 따라서, 발생하는 수소기체의 부피는 22.4L이다.

05 〈보기〉는 다섯 가지 원자의 전자배치를 나타낸 것이다. 두 원자가 결합할 때 이온결합을 형성할 수 있는 것을 모두 고른 것은?

원 자	전자배치			
	K	L	M	N
ㄱ	2	6		
ㄴ	2	8	1	
ㄷ	2	8	5	
ㄹ	2	8	7	
ㅁ	2	8	8	2

① ㄱ - ㄴ, ㄹ - ㅁ

② ㄱ - ㄷ, ㄴ - ㄹ

③ ㄴ - ㄹ, ㄷ - ㄹ

④ ㄴ - ㅁ, ㄷ - ㄹ

ㄱ - O, ㄴ - Na, ㄷ - P, ㄹ - Cl, ㅁ - Ca

이온결합은 대부분 금속과 비금속의 결합이므로 ㄴ, ㅁ이 다른 원소들과 결합해야 한다.

06 〈보기〉의 물질에서 밑줄 친 원자의 산화수를 모두 합한 값은?

> 〈보 기〉
>
> Mg$\underline{H}_2$ $\underline{O}F_2$ $\underline{S}O_3^{2-}$

① +3

② +4

③ +5

④ +6

    MgH_2 OF$_2$ SO$_3^{2-}$
산화수 +2 −1   +2 −1   +4 −2
(−1) + (+2) + (+4) = +5이다.

07 0.2M 염산(HCl) 40mL가 완전히 중화되는 데 필요한 0.05M 수산화칼슘(Ca(OH)$_2$) 수용액의 부피(mL)는?

① 40

② 80

③ 120

④ 160

중화점에서는 산, 염기 몰의 농도는 같으므로 n(가수)M(몰농도)V(부피) $= n'M'V'$
1×0.2M$\times 0.04$mL $= 2 \times 0.05$M$\times a$이므로
$a = 0.08$L $= 80$mL이다.

08 〈보기〉는 구리 전극과 은 전극의 표준환원전위이다. 두 전극을 연결하여 전지를 만들었을 때, 이 전지의 표준전지전위의 값(V)은?

> 〈보 기〉
>
> $\mathrm{Cu}^{2+}(aq) + 2e^- \rightarrow \mathrm{Cu}(s)$, $E° = +0.34$V
>
> $\mathrm{Ag}^+(aq) + e^- \rightarrow \mathrm{Ag}(s)$, $E° = +0.80$V

① −1.14

② −0.46

③ +0.46

④ +1.14

표준환원전위는 계수의 영향을 받지 않으며, 환원전위가 클수록 (+)극에 해당한다. (+)극은 Ag, (−)극은 Cu이므로
$E = E_+ - E_- = 0.80 - 0.34 = 0.46$V

09 〈보기〉는 공유결합 화합물에서 공유 전자쌍과 비공유 전자쌍을 구별하여 나타낸 것이다. 화합물 중에서 비공유 전자쌍의 개수가 가장 많은 것은?

〈보 기〉

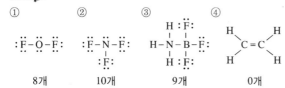

H· + ·F̈: → HF̈: ←비공유 전자쌍
⌐공유 전자쌍

① OF_2 ② NF_3

③ $H_3N:BF_3$ ④ C_2H_4

해석

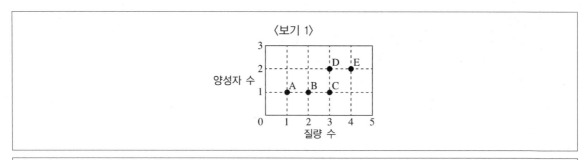

①   ②   ③   ④

:F̈-Ö-F̈:   :F̈-N-F̈:   H-N-B-F̈:   H   H
              | | | C = C
              :F̈:   H :F̈:   H   H

8개   10개   9개   0개

10 〈보기 1〉은 중성 원자 A~E의 질량 수와 양성자 수를 나타낸 것이다. 이에 대한 설명으로 옳은 것을 〈보기 2〉에서 모두 고른 것은?(단, A~E는 임의의 원소 기호이다)

〈보기 1〉

양성자 수 / 질량 수

(그래프: 양성자 수(세로축, 0~3), 질량 수(가로축, 0~5))
- D: (3, 2), E: (4, 2)
- A: (1, 1), B: (2, 1), C: (3, 1)

〈보기 2〉

ㄱ. $\dfrac{전자 \ 수}{질량 \ 수}$ 는 B와 E가 같다.

ㄴ. A와 C는 동위원소이다.

ㄷ. 1g에 들어 있는 원자 수는 D가 C보다 크다.

① ㄱ, ㄴ   ② ㄱ, ㄷ

③ ㄴ, ㄷ   ④ ㄱ, ㄴ, ㄷ

해석

A : ^1_1H B : ^2_1H C : ^3_1H D : ^3_2He E : ^4_2He

ㄱ. B : $\dfrac{1}{2}$, E : $\dfrac{2}{4}$ 이므로 같다.

ㄴ. A, C는 동위원소이다.

ㄷ. D, C의 질량 수는 같으므로 1g에 들어 있는 원자 수는 같다.

11 용액의 농도에 대한 설명으로 가장 옳은 것은?

① 퍼센트 농도(% 농도)는 온도에 따라 달라진다.

② ppm 농도는 용액 1,000,000g 속에 녹아 있는 용질의 몰수를 나타낸다.

③ 몰 농도는 용액 1L 속에 녹아 있는 용질의 몰수를 나타낸 농도이며, 단위로는 m를 사용한다.

④ 용액의 몰랄 농도와 용매의 질량을 알면 용액에 녹아 있는 용질의 몰수를 구할 수 있다.

① % 농도는 온도의 영향을 받지 않는다.

② ppm 농도는 용액 10^6g에 녹아 있는 질량을 나타낸다.

③ 몰 농도의 단위는 M이다.

12 분자 사이에 수소결합을 하지 않는 분자는?

① HCHO

② HF

③ C_2H_5OH

④ CH_3COOH

수소결합을 하려면 H와 N, O, F같은 원자와 직접 결합하여야 하지만 HCHO의 경우 탄소와 산소가 결합을 하고 있으므로 분자 사이에 수소결합을 하지 않는다.

13 〈보기 1〉은 수소(H_2)−산소(O_2) 연료 전지의 구조와, 각 전극에서 일어나는 화학반응식을 나타낸 것이다. 이에 대한 설명으로 옳은 것을 〈보기 2〉에서 모두 고른 것은?(단, 반응식의 계수는 기록하지 않았다)

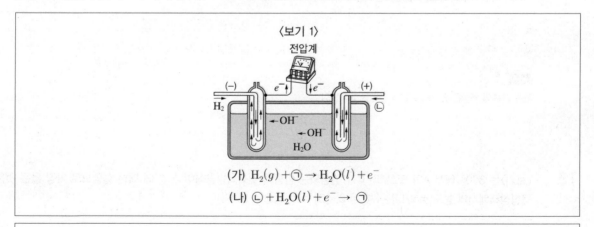

〈보기 1〉

(가) $H_2(g) + \bigcirc \rightarrow H_2O(l) + e^-$

(나) $\bigcirc + H_2O(l) + e^- \rightarrow \bigcirc$

〈보기 2〉

ㄱ. ⊙은 수산화이온이다.

ㄴ. (나)는 (−)극에서 일어나는 반응이다.

ㄷ. ⓒ 1몰이 반응하는 동안 전자 4몰이 도선을 따라 흘러간다.

① ㄱ, ㄴ

② ㄱ, ㄷ

③ ㄴ, ㄷ

④ ㄱ, ㄴ, ㄷ

연료 전지의 화학반응식은 다음과 같다.

(−)극 : $2H_2 + 4OH^- \rightarrow 4H_2O + 4e^-$

(+)극 : $O_2 + 2H_2O + 4e^- \rightarrow 4OH^-$

산소 1몰 반응 시 4몰의 전자가 이동한다.

14 〈보기 1〉은 뉴클레오타이드의 구조를 나타낸 것이다. 이에 대한 설명으로 옳은 것을 〈보기 2〉에서 모두 고른 것은?

〈보기 1〉

〈보기 2〉

ㄱ. 몸속 DNA의 액성은 중성이다.

ㄴ. DNA가 음전하를 띠는 것은 인산 때문이다.

ㄷ. 뉴클레오타이드는 인산, 당, 염기로 이루어져 있다.

① ㄱ

② ㄱ, ㄴ

③ ㄴ, ㄷ

④ ㄱ, ㄴ, ㄷ

몸속 DNA의 액성은 인산으로 인해 산성을 나타낸다.

15 〈보기〉는 300℃에서 A와 B로부터 C가 생성되는 반응의 열화학반응식이다. 이에 대한 설명으로 가장 옳은 것은?(단, 평형상태에서의 농도(mol/L)는 [A] = 3, [B] = 1, [C] = 3이다)

〈보 기〉

$$A(g) + 2B(g) \rightleftharpoons 2C(g), \ \Delta H < 0$$

① 평형상수는 1이다.

② 평형상태에서 온도를 높이면 평형은 정반응쪽으로 이동한다.

③ 평형상태에서 반응용기의 부피를 증가시켜 압력을 감소시키면 평형은 정반응쪽으로 이동한다.

④ 300℃에서 $A(g)$, $B(g)$, $C(g)$의 농도(mol/L)가 [A] = 2, [B] = 1, [C] = 2이면 정반응이 진행된다.

해설

① 평형상수 $K = \dfrac{[C]^2}{[A][B]^2} = \dfrac{[3]^2}{[3][1]^2} = 3$ 이다.

② $\Delta H < 0$, 발열반응이므로 온도를 낮추어야 정반응으로 평형이 이동한다.

③ 반응물의 계수가 더 크므로 압력을 증가시키면 정반응으로 평형이 이동한다.

④ $Q = K = \dfrac{[C]^2}{[A][B]^2} = \dfrac{[2]^2}{[2][1]^2} = 2 < K$ 이므로 정반응이 진행된다.

---

16 〈보기〉는 아연(Zn)판과 구리(Cu)판을 묽은 황산에 담그고 도선으로 두 금속판을 연결한 전지이다. 이에 대한 설명으로 가장 옳은 것은?

〈보 기〉

$Zn(s) \mid H_2SO_4(aq) \mid Cu(s)$

① 다니엘 전지이다.　　　　　　　　② (−)극에서 아연판 질량은 일정하다.

③ 분극현상이 일어난다.　　　　　　④ (+)극에서 구리판 질량이 증가한다.

해설

① 볼타 전지이다.

② (−)극에서 아연 이온이 만들어지므로 아연판 질량은 감소한다.

④ (+)극에서 수소기체가 발생하므로 판의 질량은 변화가 없다.

---

17 〈보기〉에 대한 설명으로 가장 옳은 것은?

〈보 기〉

(가) $C(s) + O_2(g) \rightarrow CO_2(g)$, $\Delta H_1 = -393.5kJ$

(나) $C(s) + \dfrac{1}{2}O_2(g) \rightarrow CO(g)$, $\Delta H_2 = -110.5kJ$

(다) $CO(g) + \dfrac{1}{2}O_2(g) \rightarrow CO_2(g)$, $\Delta H_3 = (\ \bigcirc\ )$

① (가) 반응은 흡열반응이다.

② $C(s)$의 연소 엔탈피(ΔH)는 ΔH_2이다.

③ $CO_2(g)$의 분해 엔탈피(ΔH)는 ΔH_1이다.

④ $\bigcirc$은 $-283.0kJ$이다.

해설

① $\Delta H < 0$이므로 발열반응이다.

② $C(s)$의 연소 엔탈피는 ΔH_1이다.

③ $CO_2(g)$의 분해 엔탈피는 $-\Delta H_1$이다.

④ 헤스의 법칙에 따라 $\Delta H_1 = \Delta H_2 + \Delta H_3$이므로, $-393.5kJ = -110.5kJ + \Delta H_3$, $\therefore$ $\Delta H_3 = -283.0kJ$이다.

18 〈보기〉 실험에 대한 설명으로 가장 옳은 것은?

〈보 기〉

[실험 과정]
(가) 삼각 플라스크에 100g의 물을 넣은 후 물의 온도(t_1)를 측정한다.
(나) 고체 질산암모늄(NH_4NO_3) 8g을 완전히 녹인 후 수용액의 온도(t_2)를 측정한다.

[실험 결과]
t_1은 23.8℃이고, t_2는 17.3℃가 되었다.

① 질산암모늄의 물에 대한 용해반응은 발열반응이다.
② 주위의 엔트로피는 감소한다.
③ 계의 엔탈피는 감소한다.
④ 반응이 자발적으로 일어나므로 계의 엔트로피는 감소한다.

해설
① 주위의 온도가 내려가므로 흡열반응이다.
③ 흡열반응이므로 계의 엔탈피는 증가한다.
④ 용질이 용매에 용해되는 과정이므로 엔트로피는 증가한다.

19 0℃, 1기압에서 22.4L의 일산화탄소(CO) 기체와 충분한 양의 일산화질소(NO) 기체를 〈보기〉와 같이 반응시켜 질소(N_2) 기체를 얻었다. 얻은 질소(N_2)기체를 20L 강철용기에 넣고 온도를 127℃로 올렸을 때의 기압으로 가장 옳은 것은?(단, 기체상수(R)는 0.08L·atm/mol·K이고, 절대온도 = 섭씨온도 + 273이다)

〈보 기〉
$$2CO(g) + 2NO(g) \rightarrow 2CO_2(g) + N_2(g)$$

① 0.25기압　　　　　　　　　　② 0.8기압
③ 1.6기압　　　　　　　　　　④ 7.1기압

해설
0℃, 1기압에서 22.4L는 1몰이므로 생성되는 질소기체는 0.5몰이다.
질소기체를 127℃, 20L 용기에 넣으면
$$P = \frac{nRT}{V} = \frac{0.5mol \times 0.08L \cdot atm/mol \cdot K \times (127+273)K}{20L} = 0.8기압$$

20 분자 중 모양이 삼각뿔형인 것은?

① BeH_2　　　　　　　　　　② BF_3
③ SiH_4　　　　　　　　　　④ NH_3

해설
① 직선형, ② 평면 삼각형, ③ 정사면체형

2019년 기출문제

01 금속나트륨(Na)과 염화나트륨(NaCl)에 대한 설명으로 옳지 않은 것은?

① Na 원자가 Cl 원자보다 전기 음성도가 크다.

② 나트륨 이온(Na^+)의 바닥 상태에서의 전자 배치는 $1s^2 2s^2 2p^6$이다.

③ 염화나트륨은 용융 상태가 고체 상태보다 전기 전도성이 크다.

④ 동일한 힘을 가할 때 염화나트륨이 금속나트륨보다 더 쉽게 부서진다.

해설

① 전기 음성도는 주기율표에서 오른쪽(주기가 커지는 쪽)으로 갈수록 증가한다. 전기 음성도는 Na 원자가 약 0.9, Cl 원자가 약 3.0으로, Cl 원자가 Na 원자보다 더 크다.

③ 염화나트륨은 이온결합물질이므로 고체 상태에서는 전기가 통하지 않고 액체 상태에서 전기가 통한다.

④ 이온결합물질(염화나트륨)은 단단하지만 힘을 가할 경우 이온 간의 반발로 인해 잘 부서진다.

02 다음 화학반응식에서 산화–환원 반응식만을 모두 고르면?

> ㄱ. $2H_2 + O_2 \rightarrow 2H_2O$
> ㄴ. $N_2 + 3H_2 \rightarrow 2NH_3$
> ㄷ. $CaCO_3 \rightarrow CaO + CO_2$
> ㄹ. $2NaCl + H_2SO_4 \rightarrow Na_2SO_4 + 2HCl$

① ㄱ, ㄴ   ② ㄱ, ㄹ

③ ㄴ, ㄷ   ④ ㄷ, ㄹ

해설

ㄷ, ㄹ은 산화수가 변하지 않으므로 산화–환원 반응식이 아니다.

※ 원소가 화합물로 변하거나 반대의 경우 산화수가 변하므로 산화–환원 반응에 해당한다.

정답 1 ① 2 ①

03 그림은 2주기 비금속 원자 X~Z의 루이스 전자점식을 나타낸 것이다. 〈보기〉의 설명으로 옳은 것만을 모두 고르면?(단, X~Z는 임의의 원소 기호이며, 〈보기〉의 물질에서 X~Z는 옥텟 규칙을 만족한다)

$$\cdot \dot{X} \cdot \quad : \dot{Y} \cdot \quad : \ddot{Z} \cdot$$

〈보 기〉

ㄱ. XZ_2는 선형 구조이다.
ㄴ. Y_2의 공유 전자쌍 수는 2개이다.
ㄷ. XH_4의 결합각(∠H–X–H)은 105°이다(H는 수소).
ㄹ. Z_2의 비공유 전자쌍 수는 4개이다.

① ㄱ, ㄴ   ② ㄱ, ㄹ
③ ㄴ, ㄷ   ④ ㄷ, ㄹ

해설

X는 C(탄소), Y는 N(질소), Z는 O(산소)이다.
ㄱ. XZ_2는 CO_2이므로 직선형 구조이다.
ㄴ. N_2는 삼중결합하므로 공유 전자쌍 수는 3개이다.
ㄷ. CH_4의 결합각은 109.5°이다.
ㄹ. O_2의 비공유 전자쌍 수는 4개이다.

04 메테인(CH_4)의 완전 연소 반응에 대한 설명으로 옳지 않은 것은?(단, H, C, O의 원자량은 각각 1, 12, 16이고, 기체는 아보가드로 법칙을 따르며, 아보가드로수는 N_A로 가정한다)

$$CH_4(g) + aO_2(g) \longrightarrow \boxed{\ \ \bigcirc\ \ }(g) + bH_2O$$

① 계수 a와 b는 같다.
② ㉠은 무극성 분자이다.
③ 8g의 CH_4가 완전 연소되기 위해서는 32g의 O_2가 필요하다.
④ 1몰의 CH_4가 완전 연소될 때 얻어지는 H_2O의 분자 수는 N_A이다.

해설

④ 1몰의 CH_4가 연소할 경우 2몰의 H_2O가 생성되므로 분자 수는 $2N_A$이다.
① $a = 2$, $b = 2$이다.
② ㉠은 CO_2로 무극성 분자이다.

05 다음은 중화 반응 실험 결과이다. 이에 대한 설명으로 옳은 것은?(단, 열 손실은 없고, 실험 (가)~(다)에 사용한 HCl(aq), KOH(aq)은 같다)

실 험	HCl(aq)의 부피(mL)	KOH(aq)의 부피(mL)	혼합 용액의 액성
(가)	10	15	㉠
(나)	15	5	산 성
(다)	20	10	중 성

① ㉠은 산성이다.
② (나)에 KOH(aq) 5mL를 추가로 넣으면 중성 용액이 된다.
③ 혼합 전 단위 부피당 총이온 수는 KOH가 HCl의 2배이다.
④ 반응에서 생성되는 물의 양은 (가)가 (다)보다 많다.

해설

각 실험의 내용을 분석해 보면 다음과 같다.

실 험	HCl(aq)의 부피(mL)		KOH(aq)의 부피(mL)		혼합 용액의 액성	물 생성량
	H$^+$이온 수	Cl$^-$이온 수	K$^+$이온 수	OH$^-$이온 수		
(가)	$2N$/10mL → $0N$	$2N$/10mL	$6N$/15mL	$6N$/15mL → $0N$	염기성	$2N$
(나)	$3N$/15mL → $1N$	$3N$/15mL	$2N$/5mL	$2N$/5mL → $0N$	산 성	$2N$
(다)	$4N$/20mL → $0N$	$4N$/20mL	$4N$/10mL	$4N$/10mL → $0N$	중 성	$4N$

① ㉠은 염기성이다.
② (나)에 KOH(aq) 5mL를 추가로 넣으면 반응 후 OH$^-$이온이 N개 남으므로 염기성 용액이 된다.
④ 반응에서 생성되는 물의 양은 (다)가 (가)의 2배이다.

지방직 9급

01 산화-환원 반응이 아닌 것은?

① Mg + 2HCl → MgCl$_2$ + H$_2$
② CaCO$_3$ + 2HCl → CaCl$_2$ + H$_2$O + CO$_2$
③ CuO + H$_2$ → Cu + H$_2$O
④ C$_6$H$_{12}$O$_6$ + 6O$_2$ → 6CO$_2$ + 6H$_2$O

해설

② 산화수가 변하지 않으므로 산화-환원 반응이 아니다.
※ 원소가 화합물로 변하거나 반대의 경우 산화수가 변하므로 산화-환원 반응에 해당한다.
① Mg → MgCl$_2$
③ CuO → Cu
④ O$_2$ → H$_2$O, CO$_2$

02 다음 이온들의 크기를 비교한 것으로 옳은 것은?

$$_{16}S^{2-} \qquad _{17}Cl^- \qquad _{19}K^+ \qquad _{20}Ca^{2+}$$

① $_{20}Ca^{2+} < {}_{19}K^+ < {}_{17}Cl^- < {}_{16}S^{2-}$

② $_{19}K^+ < {}_{20}Ca^{2+} < {}_{17}Cl^- < {}_{16}S^{2-}$

③ $_{16}S^{2-} < {}_{17}Cl^- < {}_{20}Ca^{2+} < {}_{19}K^+$

④ $_{16}S^{2-} < {}_{17}Cl^- < {}_{19}K^+ < {}_{20}Ca^{2+}$

해설

이온의 전자 배치가 Ar과 모두 같으므로 핵전하량이 클수록 이온의 크기가 작다.

03 다음 에탄올의 연소 반응에 대한 설명으로 옳은 것은?(단, $t℃$, 1기압에서 기체 1몰의 부피는 24L이고, 에탄올의 분자량은 46이다)

• $C_2H_5OH(l) + aO_2(g) \rightarrow bCO_2(g) + cH_2O(g)$
  (a, b, c는 반응 계수, l은 액체, g는 기체)
• 에탄올의 완전 연소 시 필요한 산소 기체의 부피는 $t℃$, 1기압에서 1.8L이다.

① a는 c보다 크다.

② b는 a보다 크다.

③ 완전 연소 시 반응한 에탄올의 양은 1.15g이다.

④ 반응물의 전체 분자 수와 생성물의 전체 분자 수는 같다.

해설

③ 1.8L의 몰수는 0.075몰이므로 연소한 에탄올은 0.025몰이다. 따라서 에탄올의 양은 0.025몰 × 46g/몰 = 1.15g이다.

①, ② $a = 3$, $b = 2$, $c = 3$이다.

④ 반응물 계수의 합은 4, 생성물 계수의 합은 5이다.

04 그림은 DNA를 구성하는 뉴클레오타이드의 구조 중 하나를 나타낸 것이다. 이에 대한 설명으로 옳지 않은 것은?

① (가)는 인산, (나)는 당, (다)는 염기이다.
② 인산을 구성하는 원소들은 모두 옥텟 규칙을 만족한다.
③ 인산과 당은 DNA의 골격을 형성한다.
④ 염기의 종류에는 A(아데닌), T(티민), C(사이토신), G(구아닌)이 있다.

해설

② 인산을 구성하는 원소 중 P만 옥텟 규칙에 해당한다. P는 5개의 공유결합을 하며, 확장된 옥텟 규칙(3주기 이상)을 만족한다.

05 수소 원자의 수가 가장 많은 것은?(단, 원자량은 H=1, O=16이고, 0℃, 1기압에서 기체 1몰의 부피는 22.4L이다)

① 9g의 물(H_2O)
② 0.5몰의 암모니아(NH_3)
③ 3.01×10^{23}개의 수소 분자(H_2)
④ 0℃, 1기압에서 11.2L의 메테인(CH_4)

해설

각 보기에 포함된 수소 원자의 몰수는 다음과 같다.
④ 11.2L는 0.5몰이므로 0.5×4=2몰이다.
① H_2O의 몰수는 9g÷18g/몰=0.5몰, 0.5몰×2=1몰이다.
② 수소 원자가 3개 있으므로 0.5몰×3=1.5몰이다.
③ 수소 분자는 0.5몰이므로 0.5×2=1몰이다.

06 유효숫자를 고려한 (13.59 × 6.3) ÷ 12의 값은?

① 7.1

② 7.13

③ 7.14

④ 7.135

해석

곱셈과 나눗셈에서는 계산에 쓰인 측정치 중 유효숫자 개수가 가장 적은 수에 맞춘다. 따라서 6.3의 유효숫자가 2개이므로 2개에 맞춘다.

07 다음 바닥 상태의 전자 배치 중 17족 할로젠 원소는?

① $1s^2 2s^2 2p^6 3s^2 3p^5$

② $1s^2 2s^2 2p^6 3s^2 3p^6 3d^7 4s^2$

③ $1s^2 2s^2 2p^6 3s^2 3p^6 4s^1$

④ $1s^2 2s^2 2p^6 3s^2 3p^6$

해석

① 염소(Cl)이다.

② 코발트(Co)이며 전이금속이다.

③ 칼륨(K)이며 알칼리금속이다.

④ 아르곤(Ar)이며 18족 기체이다.

08 결합의 극성 크기 비교로 옳은 것은?(단, 전기 음성도 값은 H = 2.1, C = 2.5, O = 3.5, F = 4.0, Si = 1.8, Cl = 3.0이다)

① C-F > Si-F

② C-H > Si-H

③ O-F > O-Cl

④ C-O > Si-O

해석

원자 간의 결합에서 결합의 극성은 쌍극자 모멘트 값에 비례하며, 전기 음성도의 크기 차이로 비교할 수 있다(단, 대략적인 비교이며 정확한 차이는 아니다).

② 0.4 > 0.3

① 1.5 < 3.2

③ 0.5 = 0.5

④ 1.0 < 1.7

09 샤를의 법칙을 옳게 표현한 식은?(단, V, P, T, n은 각각 이상 기체의 부피, 압력, 절대온도, 몰수이다)

① $V =$ 상수$/P$

② $V =$ 상수$\times n$

③ $V =$ 상수$\times T$

④ $V =$ 상수$\times P$

샤를의 법칙은 일정한 압력에서 일정량의 기체의 부피는 절대온도에 비례한다는 법칙이다. 절대온도와 부피를 제외한 값은 변화가 없으므로 상수로 나타낼 수 있다.

10 4몰의 원소 X와 10몰의 원소 Y를 반응시켜 X와 Y가 일정비로 결합된 화합물 4몰을 얻었고 2몰의 원소 Y가 남았다. 이때 균형 맞춘 화학반응식은?

① $4X + 10Y \rightarrow X_4Y_{10}$

② $2X + 8Y \rightarrow X_2Y_8$

③ $X + 2Y \rightarrow XY_2$

④ $4X + 10Y \rightarrow 4XY_2$

화학반응식	X	+	2Y	→	XY₂
반응 전	4		10		
반응	−4		−8		+4
반응 후	0		2		4

11 온실 가스가 아닌 것은?

① $CO_2(g)$

② $H_2O(g)$

③ $N_2(g)$

④ $CH_4(g)$

질소(N_2) 기체는 대기 중에 가장 많이 존재하는 기체로 온실 가스가 아니다.

12 용액의 총괄성에 대한 설명으로 옳은 것만을 모두 고르면?

> ㄱ. 용질의 종류와 무관하고, 용질의 입자 수에 의존하는 물리적 성질이다.
> ㄴ. 증기 압력은 0.1M NaCl 수용액이 0.1M 설탕 수용액보다 크다.
> ㄷ. 끓는점 오름의 크기는 0.1M NaCl 수용액이 0.1M 설탕 수용액보다 크다.
> ㄹ. 어는점 내림의 크기는 0.1M NaCl 수용액이 0.1M 설탕 수용액보다 작다.

① ㄱ, ㄴ

② ㄱ, ㄷ

③ ㄴ, ㄹ

④ ㄷ, ㄹ

해설

이온화가 되는 용질의 경우 이온화되는 효과까지 고려한다.

예 용질이 NaCl일 경우 100% 이온화라고 가정할 때, 입자 1개당 Na^+ 이온과 Cl^- 이온이 생성되므로 $\Delta T_b = K_b \times m$ 식에 2를 곱해 주어야 한다.

ㄴ. 같은 0.1M이지만 NaCl은 이온결합물질로 입자 수가 2배이므로 증기 압력이 더 작다.

ㄹ. 같은 0.1M이지만 NaCl은 이온결합물질로 입자 수가 2배이므로 어는점 내림의 크기는 더 크다.

13 고분자(중합체)에 대한 설명으로 옳은 것만을 모두 고르면?

> ㄱ. 폴리에틸렌은 에틸렌 단위체의 첨가 중합 고분자이다.
>
> ㄴ. 나일론 6,6은 두 가지 다른 종류의 단위체가 축합 중합된 고분자이다.
>
> ㄷ. 표면 처리제로 사용되는 테플론은 C-F 결합 특성 때문에 화학약품에 약하다.

① ㄱ   ② ㄱ, ㄴ

③ ㄴ, ㄷ   ④ ㄱ, ㄴ, ㄷ

해설

ㄱ. 폴리(Poly)는 많다는 의미로 에틸렌의 중합체이며 에틸렌은 첨가 중합한다.

ㄴ. 나일론 6,6은 아민기($-NH_2$), 카복시기($-COOH$)가 반응하여 축합반응을 한다.

$$n\,H - \underset{|}{\overset{H}{N}} - (CH_2)_6 - \boxed{\underset{|}{\overset{H}{N}} - H} \xrightarrow{\text{탈수 축합}} + n\,\boxed{HO - \overset{O}{\overset{\|}{C}}} - (CH_2)_4 - \overset{O}{\overset{\|}{C}} - OH \xrightarrow{\text{축합 중합}}$$

헥사메틸렌다이아민   아디프산

$$\left(\underset{|}{\overset{H}{N}} - (CH_2)_6 - \underset{|}{\overset{H}{N}} \overset{O}{\overset{\|}{C}} - (CH_2)_4 - \overset{O}{\overset{\|}{C}} \right)_n + (2n-1)H_2O$$

6,6 - 나일론 : 아마이드(펩타이드) 결합

ㄷ. 테플론은 C-F 결합으로 인해 물질이 잘 달라붙지 않아 코팅제로 활용된다.

14 팔전자 규칙(Octet Rule)을 만족시키지 않는 분자는?

① N_2 ② CO_2

③ F_2 ④ NO

해설

NO는 드물게 전자가 홀수 개로 존재하는 화합물이다. 불안정하여 일반적으로 이온을 형성하기 쉬우며, 다음 그림처럼 공명구조를 형성한다.

$$\ddot{\ddot{O}} = N - \ddot{\ddot{O}}:$$
$$\updownarrow$$
$$:\ddot{\ddot{O}} - N = \ddot{\ddot{O}}$$

15 수용액에서 HAuCl$_4$(s)를 구연산(Citric Acid)과 반응시켜 금 나노입자 Au(s)를 만들었다. 이에 대한 설명으로 옳은 것만을 모두 고르면?

> ㄱ. 반응 전후 Au의 산화수는 +5에서 0으로 감소하였다.
> ㄴ. 산화-환원 반응이다.
> ㄷ. 구연산은 환원제이다.
> ㄹ. 산-염기 중화 반응이다.

① ㄱ, ㄴ   ② ㄱ, ㄷ
③ ㄴ, ㄷ   ④ ㄴ, ㄹ

해설

ㄱ. Au의 산화수는 +3에서 0으로 감소한다.
   H Au Cl$_4$
   +1 +3 −1
ㄴ. 산화수가 변하므로 산화-환원 반응이다.
ㄷ. HAuCl$_4$가 환원되었으므로 구연산은 환원제이다.
ㄹ. 중화 반응은 산화-환원 반응이 아니다.

16 전해질(Electrolyte)에 대한 설명으로 옳은 것은?

① 물에 용해되어 이온 전도성 용액을 만드는 물질을 전해질이라 한다.
② 설탕(C$_{12}$H$_{22}$O$_{11}$)을 증류수에 녹이면 전도성 용액이 된다.
③ 아세트산(CH$_3$COOH)은 KCl보다 강한 전해질이다.
④ NaCl 수용액은 전기가 통하지 않는다.

해설

② 설탕은 물에 녹지만 이온이 생기지 않으므로 전도성 물질이 아니다.
③ 이온화도는 KCl이 아세트산보다 크며, 이온의 전도성도 KCl이 더 크다.
④ NaCl은 이온결합물질이며 물에 잘 녹고 전해질로 전기가 잘 통한다.

17 CH$_2$O(g) + O$_2$(g) → CO$_2$(g) + H$_2$O(g) 반응에 대한 ΔH° 값(kJ)은?

> CH$_2$O(g) + H$_2$O(g) → CH$_4$(g) + O$_2$(g) : ΔH° = +275.6kJ
> CH$_4$(g) + 2O$_2$(g) → CO$_2$(g) + 2H$_2$O(l) : ΔH° = −890.3kJ
> H$_2$O(g) → H$_2$O(l) : ΔH° = −44.0kJ

① −658.7   ② −614.7
③ −570.7   ④ −526.7

주어진 식을 조합하여 문제와 같은 식으로 만들려면 3번째 식을 2배로 하고 식을 바꾸어준다.

$CH_2O(g) + H_2O(g) \rightarrow CH_4(g) + O_2(g)$: $\Delta H^o = +275.6kJ$

$+ CH_4(g) + 2O_2(g) \rightarrow CO_2(g) + 2H_2O(l)$: $\Delta H^o = -890.3kJ$

$- 2 \times (H_2O(l) \rightarrow H_2O(g))$: $\Delta H^o = -44.0kJ$

$\therefore \Delta H^o = +275.6kJ + (-890.3kJ) - 2 \times (-44.0kJ) = -526.7kJ$

18 다음 열화학반응식에 대한 설명으로 옳지 않은 것은?

$$2Mg(s) + O_2(g) \rightarrow 2MgO(s) \qquad \Delta H^o = -1,204kJ$$

① 발열 반응
② 산화-환원 반응
③ 결합 반응
④ 산-염기 중화 반응

① 엔탈피가 0보다 작으므로 발열 반응이다.
② Mg, O의 산화수가 모두 변하므로 산화-환원 반응이다.
③ 2가지 물질이 반응하여 1가지 물질로 바뀌므로 결합 반응이다.
※ 중화 반응은 산과 염기가 만나 물이 생성되는 반응이다(좁은 의미).

19 화학반응속도에 영향을 주는 인자가 아닌 것은?

① 반응 엔탈피의 크기
② 반응 온도
③ 활성화 에너지의 크기
④ 반응물들의 충돌 횟수

화학반응속도에 영향을 주는 요인으로는 충돌 방향, 활성화 에너지, 유효 충돌, 농도, 온도, 촉매 등이 있다.

20 다음 그림은 $NOCl_2(g) + NO(g) \rightarrow 2NOCl(g)$ 반응에 대하여 시간에 따른 농도 $[NOCl_2]$와 $[NOCl]$를 측정한 것이다. 이에 대한 설명으로 옳은 것을 모두 고르면?

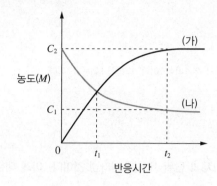

ㄱ. (가)는 $[NOCl_2]$이고 (나)는 $[NOCl]$이다.
ㄴ. (나)의 반응 순간 속도는 t_1과 t_2에서 다르다.
ㄷ. $\Delta t = t_2 - t_1$ 동안 반응 평균 속도 크기는 (가)가 (나)보다 크다.

① ㄱ
② ㄴ
③ ㄷ
④ ㄴ, ㄷ

ㄱ. 반응물과 생성물의 변화량은 계수에 따라 달라지는데 (가)의 변화량이 (나)의 변화량보다 크므로 (가)는 NOCl이며 (나)는 NOCl₂이다.
ㄴ. 반응 순간 속도는 그래프의 접선의 기울기이므로 t_1과 t_2에서 서로 다르다.
ㄷ. (가)의 기울기가 (나)의 기울기보다 크므로 평균 속도 크기는 (가)가 (나)보다 크다.

21 다음 설명 중 옳지 않은 것은?

① CO_2는 선형 분자이며 C의 혼성오비탈은 sp이다.
② XeF_2는 선형 분자이며 Xe의 혼성오비탈은 sp이다.
③ NH_3는 삼각뿔형 분자이며 N의 혼성오비탈은 sp^3이다.
④ CH_4는 사면체 분자이며 C의 혼성오비탈은 sp^3이다.

XeF_2 분자 구조는 직선형이며 Xe의 혼성오비탈은 sp^3d이다.

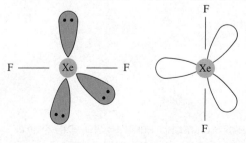

22 KMnO$_4$에서 Mn의 산화수는?

① +1　　　　　　　　　　　　　② +3
③ +5　　　　　　　　　　　　　④ +7

해설

K는 +1, O는 −2이므로 +1 + Mn + (−2×4) = 0이다. 따라서 Mn은 +7이다.

23 구조 (가)~(다)는 결정성 고체의 단위 세포를 나타낸 것이다. 이에 대한 설명으로 옳은 것을 모두 고르면?

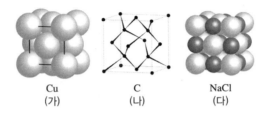

　　　Cu　　　　　　　C　　　　　　　NaCl
　　　(가)　　　　　　(나)　　　　　　(다)

ㄱ. 전기 전도성은 (가)가 (나)보다 크다.
ㄴ. (나)의 탄소 원자 사이의 결합각은 CH$_4$의 H–C–H 결합각과 같다.
ㄷ. (나)와 (다)의 단위 세포에 포함된 C와 Na$^+$의 개수 비는 1 : 2이다.

---

① ㄱ　　　　　　　　　　　　　② ㄷ
③ ㄱ, ㄴ　　　　　　　　　　　④ ㄱ, ㄴ, ㄷ

해설

ㄱ. (가)는 금속 결합으로 전기 전도성이 있으며, (나)는 다이아몬드로 전기 전도성이 없다.
ㄴ. 다이아몬드의 탄소 원자 사이의 결합각은 109.5°로 CH$_4$의 H–C–H 결합각과 같다.
ㄷ. (나)에 포함된 C의 개수는 $\frac{1}{8}\times 8 + \frac{1}{2}\times 6 + 4 = 8$이며, (다)에 포함된 Na$^+$의 개수는 $\frac{1}{4}\times 12 + 1 = 4$이므로, C와 Na$^+$의 개수 비는 2 : 1이다.

24 아세트산(CH$_3$COOH)과 사이안화수소산(HCN)의 혼합 수용액에 존재하는 염기의 세기를 작은 것부터 순서대로 바르게 나열한 것은?(단, 아세트산이 사이안화수소산보다 강산이다)

① H$_2$O < CH$_3$COO$^-$ < CN$^-$
② H$_2$O < CN$^-$ < CH$_3$COO$^-$
③ CN$^-$ < CH$_3$COO$^-$ < H$_2$O
④ CH$_3$COO$^-$ < H$_2$O < CN$^-$

해설

짝염기의 염기의 세기는 짝산의 산의 세기와 반대이다. 산의 세기는 H$_3$O$^+$ > CH$_3$COOH > HCN이므로 염의 세기는 반대이다.

25 팔면체 철 착이온 $[Fe(CN)_6]^{3-}$, $[Fe(en)_3]^{3+}$, $[Fe(en)_2Cl_2]^+$에 대한 설명으로 옳은 것을 모두 고르면?(단, en은 에틸렌다이아민이고 Fe는 8족 원소이다)

ㄱ. $[Fe(CN)_6]^{3-}$는 상자기성이다.
ㄴ. $[Fe(en)_3]^{3+}$는 거울상 이성질체를 갖는다.
ㄷ. $[Fe(en)_2Cl_2]^+$는 3개의 입체이성질체를 갖는다.

---

① ㄱ   ② ㄴ
③ ㄷ   ④ ㄱ, ㄴ, ㄷ

해설

ㄱ. $[Fe(CN)_6]^{3-}$에서 CN은 강한 장 리간드이므로 Low-spin을 형성하며, 홀전자가 적게 배치된다. 홀전자가 1개이므로 상자기성이다.

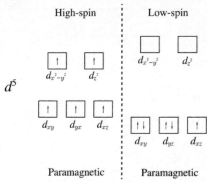

ㄴ. $[Fe(en)_3]^{3+}$는 $M(en)_3$이므로 거울상 이성질체(광학이성질체)를 가진다.

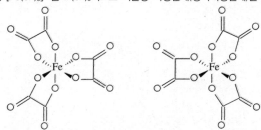

ㄷ. $[Fe(en)_2Cl_2]^+$는 $M(en)_2A_2$이므로 기하이성질체 2개, 거울상 이성질체 1개를 가진다. 따라서 총 3개의 입체이성질체를 갖는다.

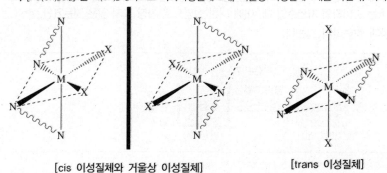

[cis 이성질체와 거울상 이성질체]   [trans 이성질체]

서울시 9급

01 〈보기〉는 서로 다른 탄화수소 (가)~(다)에 대한 자료이다. $\dfrac{x+y}{z}$는?

〈보기〉			
탄화수소	(가)	(나)	(다)
분자식	C_2H_x	C_3H_y	C_3H_8
H원자 2개와 결합한 C원자 수	2	3	z

① 8   ② 10
③ 12   ④ 15

해설

(가)
```
H   H
 \ /
  C = C
 / \
H   H
```

(나)
```
    H   H
     \ /
      C
     / \
H - C   C - H
    |   |
    H   H
```

(다)
```
H   H   H
|   |   |
H - C - C - C - H
|   |   |
H   H   H
```

$x=4$, $y=6$, $z=1$이므로 $\dfrac{x+y}{z}=\dfrac{4+6}{1}=10$이다.

02 〈보기〉는 A^{a+}과 B^{b+}이 들어 있는 수용액에 금속 C를 넣었을 때, 반응 전과 후의 수용액에 들어 있는 금속이온을 모형으로 나타낸 것이다. a와 b는 3 이하의 자연수일 때, 이에 대한 설명으로 가장 옳지 않은 것은?(단, A~C는 임의의 금속 원소이고, 음이온은 반응에 참여하지 않는다)

〈보기〉
금속 C를 넣는다. →
〈반응 전〉   〈반응 후〉
△ A^{a+} ○ B^{b+} □ C^{2+}

① C는 산화된다.
② $a=1$이다.
③ $b=2$이다.
④ 금속의 반응성은 C > A > B이다.

반응 후에 C^{2+}이온과 B이온이 남아 있으므로 A의 반응성이 가장 작다는 것을 알 수 있고, C의 반응성이 가장 크다는 것을 알 수 있다(가장 산화가 잘됨). 따라서 금속의 반응성은 C > B > A이다. C이온이 3개 생성될 때 A이온 4개, B이온 1개가 소모되었으므로 A는 +1가, B는 +2가임을 알 수 있다.

- $4A^+ + 2C \rightarrow 4A + 2C^{2+}$
- $B^{2+} + C \rightarrow B + C^{2+}$

03 〈보기〉는 4가지 물질의 화학식을 나타낸 것이다. 〈보기〉의 물질 중 분자이면서 화합물인 것은?

> 〈보 기〉
>
> O_2 He CH_4 $CaCO_3$

① O_2
② He
③ CH_4
④ $CaCO_3$

④ 화합물이나 분자는 아니다.
①, ② 분자이면서 원소이다.

04 〈보기〉는 HCl(aq)과 NaOH(aq)의 부피를 달리하여 혼합한 용액의 (가)와 (나)에 대한 자료이다. HCl(aq) 40mL와 NaOH(aq) 30mL를 혼합한 용액에서 $\dfrac{Cl^- \text{수}}{Na^+ \text{수}}$는?(단, HCl($aq$)과 NaOH($aq$)의 농도는 서로 다르다)

<보 기>

혼합 용액	혼합 전 용액의 부피(mL)		전체 이온 수
	HCl(aq)	NaOH(aq)	
(가)	10	20	$4N$
(나)	10	10	$3N$

① $\dfrac{1}{3}$

② $\dfrac{1}{2}$

③ 1

④ 2

해설

전체 이온 수는 산성, 염기성 용액 중 액성을 나타내는 것으로, 즉 이온 수가 많은 것의 이온 수를 따라간다. 이를 정리하면 한계반응물은 (가)에서는 HCl, (나)에서는 NaOH이므로 다음과 같다.

실 험	HCl(aq)의 부피(mL)		KOH(aq)의 부피(mL)		전체 이온 수
	H$^+$이온 수	Cl$^-$이온 수	K$^+$이온 수	OH$^-$이온 수	
(가)	1.5N/10mL → 0	1.5N/10mL	2N/20mL	2N/20mL → 0.5N	4N
(나)	1.5N/10mL → 0.5N	1.5N/10mL	1N/10mL	1N/10mL → 0	3N

HCl 40mL에 Cl$^-$이온은 6N개, NaOH 30mL에 Na$^+$이온은 3N개 들어있으므로 $\dfrac{\text{Cl}^-\ \text{수}}{\text{Na}^+\ \text{수}}$는 2이다.

05 〈보기〉는 이온 $^{34}_{16}\mathrm{X}^{2-}$을 구성하는 입자 ㉠~㉢에 대한 자료이다. ㉠~㉢은 각각 양성자, 중성자, 전자 중 하나이다. 이에 대한 설명으로 가장 옳은 것은?(단, X는 임의의 원소 기호이다)

〈보 기〉

• ㉠ 수와 ㉡ 수는 같다.
• ㉠과 ㉢은 전하를 띤다.

① ㉠ 수는 X에서가 $^{34}_{16}\mathrm{X}^{2-}$보다 크다.

② ㉡은 전자이다.

③ $^{34}_{16}\mathrm{X}^{2-}$에서 ㉡ 수는 16이다.

④ ㉢ 수는 $^{34}_{16}\mathrm{X}^{2-}$에서와 $^{32}_{16}\mathrm{X}$에서 같다.

해설

$^{34}_{16}\mathrm{X}^{2-}$ 이온을 분석하면 다음과 같다.

양성자 수	중성자 수	전자 수
16	18	18

따라서 ㉠ : 전자, ㉡ : 중성자, ㉢ : 양성자이다.
④ ㉢은 양성자로 이온상태가 되어도 변화가 없다.
① 중성원자에서 전자 수는 양성자 수와 같으므로 16개로 $^{34}_{16}\mathrm{X}^{2-}$보다 작다.
② ㉡은 중성자이다.
③ $^{34}_{16}\mathrm{X}^{2-}$에서 중성자 수는 18개이다.

5 ④ **정답**

06 〈보기〉는 원자 번호가 연속인 2주기 원소 A~D에 대한 자료이다. A~D는 네온(Ne)을 제외한 임의의 원소 기호이고 원자 번호 순서가 아니다. A~D에 대한 설명으로 가장 옳은 것은?

> 〈보 기〉
> • 원자 반지름 : B > C > A > D
> • 제1이온화 에너지 : D > A > B > C

① B는 비금속 원소이다.
② 제2이온화 에너지는 C가 B보다 크다.
③ 바닥상태의 전자배치에서 홀전자 수는 B가 A보다 크다.
④ A와 C의 전기 음성도 차이가 D와 B의 전기 음성도 차이보다 크다.

해설
• 원자 반지름은 원자 번호가 커질수록 작아지므로 원자 번호는 B > C > A > D 순서이다.
• 이온화 에너지는 대체로 원자 번호가 커질수록 증가하지만 2~13족과 15~16족 구간에서 예외가 발생하여 B, C가 순서가 바뀌므로 조건을 만족하는 원자 번호가 연속인 것은 다음과 같다.

구 분	A	B	C	D
원 소	C(탄소)	Be(베릴륨)	B(붕소)	N(질소)
홀전자 수	2	0	1	3
전기 음성도	2.5	1.5	2.0	3.0

② 제2이온화 에너지 경향성은 B(붕소)가 Be(베릴륨)보다 크다.
① Be(베릴륨)은 금속원소이다.
③ 바닥상태의 전자배치에서 홀전자 수는 Be(베릴륨)은 0이고, C(탄소)는 2이다.
④ C(탄소)와 B(붕소)의 전기 음성도 차이는 0.5이고 N(질소)와 Be(베릴륨)의 전기 음성도 차이는 1.5이다.

07 〈보기〉는 인류 문명과 생명 현상에 관련된 화학반응을 나타낸 것이다. 이에 대한 설명으로 가장 옳은 것은?

> 〈보 기〉
> (가) $Fe_2O_3 + 3CO \rightarrow 2(\ \textcircled{㉠}\ ) + 3CO_2$
> (나) $N_2 + 3H_2 \rightarrow 2(\ \textcircled{㉡}\ )$
> (다) $CH_4 + 2O_2 \rightarrow (\ \textcircled{㉢}\ ) + 2H_2O$
> (라) $6H_2O + 6CO_2 \rightarrow (\ \textcircled{㉣}\ ) + 6O_2$

① ㉠은 화합물로 분자이다.
② ㉡은 분자이며 원소이다.
③ ㉡, ㉢, ㉣은 분자이다.
④ ㉢, ㉣은 모두 같은 종류의 원소로 구성된 화합물이다.

해설
㉠ Fe, ㉡ NH_3, ㉢ CO_2, ㉣ $C_6H_{12}O_6$
③ NH_3, CO_2, $C_6H_{12}O_6$은 분자이다.
① Fe은 원소이며 분자가 아니다.
② NH_3는 분자이며 화합물이다.
④ ㉣은 H가 포함되어 있어 ㉢과 다른 종류로 구성되어 있다.

08 그림은 보어의 원자 모형에서 수소 원자의 에너지 준위와 몇 가지 전자 전이를 나타낸 것이다. 이에 대한 설명으로 옳은 것을 〈보기〉에서 모두 고르면?(단, 수소 원자의 에너지 준위 $E_n = -\dfrac{1,312}{n^2}$ kJ/mol이며, n은 주양자 수이다)

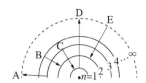

<보 기>
ㄱ. 전자 전이 A는 수소 원자에서 전자를 떼어 내는 데 필요한 에너지와 크기가 같다.
ㄴ. 전자 전이 B는 적외선 영역의 빛을 방출한다.
ㄷ. 전자 전이 E에서 방출되는 빛은 발머 계열에 해당한다.
ㄹ. 방출되는 빛의 파장 중에서 전자 전이 C의 파장이 가장 짧다.

① ㄱ, ㄴ   ② ㄴ, ㄷ
③ ㄴ, ㄹ   ④ ㄷ, ㄹ

해설
ㄱ. 수소 원자에서 전자를 떼어 내는 데 필요한 에너지와 크기가 같은 것은 D이다.
ㄴ. B는 발머 계열이므로 가시광선 영역의 빛을 방출한다.
ㄷ. 전자 전이 E에서 방출되는 빛은 $n = 2$인 전자껍질로 전이하므로 발머 계열이다.
ㄹ. C는 라이먼 계열($n = 1$)로, 자외선 영역의 빛을 방출하므로 B, C, E 중 파장이 가장 짧다.

09 그림은 주기율표의 일부를 나타낸 것이다. 원소 A~F에 대한 설명으로 가장 옳은 것은?(단, A~F는 임의의 원소 기호이며, 원자 번호는 20 이하이다)

1	2	13	14	15	16	17	18
							A
	B						C
D						E	
	F						

① A와 C의 원자가 전자 수는 8이다.
② 음이온이 되기가 가장 쉬운 원소는 E이다.
③ 비활성 기체는 B와 F이다.
④ 이온 반지름은 D가 E보다 크다.

해설
A : He, B : Be, C : Ne, D : Na, E : Cl, F : Ca
② 비금속은 금속보다 음이온이 되기 쉬우므로 E(Cl)가 가장 음이온이 되기 쉽다. A(He), C(Ne)는 18족이므로 이온이 되지 않는다.
① 18족은 화학반응을 하지 않으므로 원자가전자 수는 0이다.
③ 비활성 기체는 A(He), C(Ne)이다.
④ D(Na)는 이온이 되면 Ne의 전자배치(전자 10개, 껍질 2개), E(Cl)는 Ar의 전자배치(전자 18개, 껍질 3개)이므로 E의 이온 반지름이 더 크다.

10 표는 2주기 원소 X~Z로 이루어진 분자 (가)~(다)에 대한 자료이다. (가)~(다)에서 모든 원자가 옥텟 규칙을 만족할 때, 이에 대한 설명으로 옳은 것만을 〈보기〉에서 모두 고른 것은?(단, X~Z는 임의의 원소 기호이다)

분 자	(가)	(나)	(다)
분자식	XY_4	ZY_2	XZY_2
비공유 전자쌍 수	12	8	8

〈보 기〉

ㄱ. (가)의 분자 모양은 삼각뿔형이다.
ㄴ. (다)의 분자 모양은 평면 삼각형으로 결합각은 약 120°이다.
ㄷ. 분자의 쌍극자 모멘트 합이 (나)가 (가)보다 크다.
ㄹ. (가)와 (다)의 공유 전자쌍의 수가 같다.

① ㄱ, ㄷ
② ㄴ, ㄹ
③ ㄱ, ㄷ, ㄹ
④ ㄴ, ㄷ, ㄹ

해설

분 자	(가)	(나)	(다)
분자식	CF_4	OF_2	COF_2
구조식	:F̈–C(–F̈)(–F̈)–F̈:	:F̈–Ö–F̈:	:O:〓C(–F̈)(–F̈)
구 조	정사면체	굽은형	평면 삼각형
극성/무극성	무극성	극 성	극 성
공유 전자쌍 수	4	2	4
비공유 전자쌍 수	12	8	8

11 그림은 묽은 염산(HCl)에 금속 M을 넣었을 때 일어나는 반응을 모형으로 나타낸 것이다. 이에 대한 설명으로 가장 옳은 것은?(단, M은 임의의 원소 기호이다)

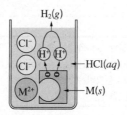

① H^+가 산화되어 H_2가 된다.
② 먼저 M이 산화되고, 순차적으로 나중에 H^+가 환원된다.
③ M이 환원되어 M^{2+}가 된다.
④ 반응이 일어나는 동안 수용액의 이온 수는 감소한다.

해설

④ 반응이 일어나는 동안 H^+이온이 2개 소모되고 M^{2+}이온이 1개 생성되므로 수용액의 이온 수는 감소한다.

① H^+가 환원되어 H_2가 된다.

② 산화, 환원은 동시에 일어난다.

③ M이 산화되어 M^{2+}가 된다.

12 $^{19}_{9}F^-$의 양성자, 중성자, 전자 수가 바르게 적힌 것은?

① 양성자 : 9, 중성자 : 10, 전자 : 9   ② 양성자 : 10, 중성자 : 9, 전자 : 9

③ 양성자 : 10, 중성자 : 9, 전자 : 10   ④ 양성자 : 9, 중성자 : 10, 전자 : 10

해설

- 양성자 수는 9개이다.
- 중성자 수는 질량수 − 양성자 수이므로 19 − 9 = 10개이다.
- F(중성 원자)의 전자 수는 9개이나 F^-는 1개의 전자를 얻은 것이므로 전자 수는 10개이다.

13 〈보기〉는 수소와 질소가 반응하여 암모니아를 만드는 화학반응식이다. 이에 대한 설명으로 가장 옳은 것은?(단, 수소 원자량은 1.0g/mol, 질소 원자량은 14.0g/mol이다)

〈보 기〉

$$3H_2(g) + N_2(g) \rightarrow 2NH_3(g)$$

① 암모니아를 구성하는 수소와 질소의 질량비는 3 : 14이다.

② 암모니아의 몰질량은 34.0g/mol이다.

③ 화학반응에 참여하는 수소 기체와 질소 기체의 질량비는 3 : 1이다.

④ 2몰의 수소 기체와 1몰의 질소 기체가 반응할 경우 이론적으로 2몰의 암모니아 기체가 생성된다.

해설

화학반응식	$3H_2(g)$	+	$N_2(g)$	→	$2NH_3(g)$
반응 부피비	3		1		2
반응 질량	6g		28g		34g
반응 질량비	3		14		17

① 일정 성분비의 법칙에 따라 암모니아를 구성하는 수소와 질소의 질량비는 3 : 14로 일정하다.

② 분자의 몰질량은 분자량이라고도 하므로 암모니아의 몰질량은 1.0g/mol × 3 + 14.0g/mol = 17.0g/mol이다.

③ 화학반응에 참여하는 수소 기체와 질소 기체의 질량비는 3 : 14이다.

④ 2몰의 수소 기체와 1몰의 질소 기체가 반응할 경우

화학반응식	$3H_2(g)$	+	$N_2(g)$	→	$2NH_3(g)$
반응 전(mol)	2		1		0
반응(mol)	−2		−2/3		+4/3
반응 후(mol)	0		1/3		4/3

14 물에 1몰이 녹았을 때 1몰의 A^{2+}와 2몰의 B^-이온으로 완전히 해리되는 미지의 고체 시료 AB_2를 생각해 보자. AB_2 15g을 물 250g에 녹였을 때 물의 끓는점이 1.53K 증가함이 관찰되었다. AB_2의 몰질량(g/mol)은 얼마인가?(단, 물의 끓는점 오름 상수(K_b)는 0.51K · kg · mol^{-1}로 한다)

① 30　　　　　　　　　　　　　　　　② 40
③ 60　　　　　　　　　　　　　　　　④ 80

해설

끓는점 오름 : $\Delta T_b = K_b \times m$ (여기서, K_b : 끓는점 오름 상수, m : 몰랄농도)

AB_2는 이온결합물질로 물에 1몰이 녹을 때 3몰의 이온(1몰의 A^{2+}이온과 2몰의 B^-이온)이 생성되므로 $\Delta T_b = K_b \times m \times 3$으로 나타낼 수 있다.

$$1.53K = 0.51K \cdot kg \cdot mol^{-1} \times \frac{\dfrac{15g}{M(몰질량)}}{0.250kg} \times 3 이므로\ M = 60g/mol이다.$$

15 $-d[W]/dt = k[W]^2$로 반응속도가 표현되는 화학종 W를 포함하는 화학반응에 대하여, 가장 반감기를 짧게 만들 수 있는 방법으로 옳은 것은?

① W의 초기 농도를 3배로 높인다.
② 속도상수 k를 3배로 크게 한다.
③ W의 초기 농도를 10배로 높인다.
④ 속도상수 k와 W의 초기 농도를 각각 3배로 크게 한다.

해설

반응속도식을 보았을 때 이 반응은 2차 반응이다. 2차 반응의 반감기는 $\dfrac{1}{k[W]_0}$이며, 초기 농도와 속도상수에 반비례한다.

③ 10배 짧아진다.
① 3배 짧아진다.
② 3배 짧아진다.
④ 9배 짧아진다.

16 암모니아의 합성 반응이 〈보기〉에서 제시되었으며, 특정 실험 온도에서 K값이 6.0×10^{-2}으로 알려져 있다. 해당 온도에서 초기 농도가 $[N_2] = 1.0M$, $[H_2] = 1.0 \times 10^{-2}M$, $[NH_3] = 1.0 \times 10^{-4}M$일 때, 평형에 도달하기 위해 화학반응이 이동하는 방향을 예측한다면?

〈보 기〉
$N_2(g) + 3H_2(g) \rightleftharpoons 2NH_3(g)$

① 정반응과 역반응이 모두 일어나지 않는다.
② 정반응 방향
③ 역반응 방향
④ 정반응과 역반응의 속도가 같다.

현재 농도에 따른 반응지수 Q를 구하면 다음과 같다.

$$Q = \frac{[NH_3]^2}{[N_2] \times [H_2]^3} = \frac{(1.0 \times 10^{-4})^2}{(1.0) \times (1.0 \times 10^{-2})^3} = 10^{-2}$$

$Q < K$이므로 정반응 쪽으로 반응이 진행된다.

※ $Q < K$: 정반응 우세, $Q = K$: 평형상태, $Q > K$: 역반응 우세

17 25℃에서 어떤 수용액의 $[H^+] = 2.0 \times 10^{-5}$M일 때, 이 용액의 $[OH^-]$값(M)으로 옳은 것은?

① 2.0×10^{-5}

② 3.0×10^{-6}

③ 4.0×10^{-8}

④ 5.0×10^{-10}

25℃에서 물의 이온화상수(K_w)는 1.0×10^{-14}이므로 $K_w = [H_3O^+ = H^+][OH^-] = 1.0 \times 10^{-14}$이다.

따라서, $[OH^-] = \dfrac{K_w}{[H^+]} = \dfrac{1.0 \times 10^{-14}}{2.0 \times 10^{-5}}$이므로 $[OH^-]$값은 5.0×10^{-10}M이다.

18 외벽이 완전히 단열된 6kg의 철 용기에 담긴 물 23kg이 20℃의 온도에서 평형상태에 존재한다. 이 물에 온도가 70℃인 10kg의 철 덩어리를 넣고 평형에 도달하게 하였을 때 물의 최종 온도(℃)는?(단, 팽창 또는 수축에 의한 영향은 무시한다. 모든 비열은 온도에 무관하다고 가정하며, 물의 비열은 $4kJ \cdot kg^{-1} \cdot ℃^{-1}$, 철의 비열은 $0.5kJ \cdot kg^{-1} \cdot ℃^{-1}$로 한다)

① 20

② 22.5

③ 25

④ 27.5

열평형 상태이므로 $Q = cm\Delta t$ 식을 이용한다.

6kg 철 용기의 열량 + 23kg 물의 열량 = 10kg 철 덩어리 열량

$0.5 \times 6kg \times (t-20) + 4 \times 23kg \times (t-20) = 0.5 \times 10kg \times (70-t)$

t는 22.5℃이다.

19 KOH(aq)와 Fe(NO$_3$)$_2$(aq)의 균형이 맞추어진 화학반응식에서 반응물과 생성물의 모든 계수의 합은?

① 3

② 4

③ 5

④ 6

화학반응식은 2KOH + Fe(NO$_3$)$_2$ → Fe(OH)$_2$ + 2KNO$_3$이므로 반응물과 생성물의 모든 계수의 합은 $2+1+1+2 = 6$이다.

20 〈보기〉의 물질 중 입체수(SN ; Steric Number)가 다른 물질은?

〈보 기〉

ㄱ. SF₄   ㄴ. CF₄

ㄷ. XeF₂   ㄹ. PF₅

① ㄱ   ② ㄴ

③ ㄷ   ④ ㄹ

해설

입체수 = 중심원자에 결합된 원자 수 + 중심원자에 속한 고립전자쌍 수

분자식	SF₄	CF₄	XeF₂	PF₅
구조식				
입체수	5	4	5	5

21 〈보기〉에서 제시된 이상 기체 및 실제 기체에 대한 방정식을 설명한 것으로 가장 옳지 않은 것은?

〈보 기〉

이상 기체 방정식 : $PV = nRT$

실제 기체 방정식 : $[P + a(n/V)^2] \times (V - nb) = nRT$

① 실제 기체 입자들 사이에서 작용하는 인력을 고려할 때, 일정한 압력에서 온도가 낮을수록 실제 기체는 이상 기체에 가까워진다.

② 실제 기체 입자들 사이에서 작용하는 인력을 보정하기 위해 P 대신 $[P + a(n/V)^2]$를 사용한다.

③ 실제 기체는 기체 입자가 부피를 가지고 있으므로 이를 보정하기 위해 V 대신 $V - nb$를 사용한다.

④ 실제 기체는 낮은 압력일수록 이상 기체에 근접한다.

해설

온도가 높을수록, 압력이 낮을수록 분자 간의 영향력이 작용할 가능성이 작아 실제 기체는 이상 기체에 가까워진다.

22 완충 용액에 대한 설명 중 가장 옳지 않은 것은?

① 완충 용액은 약산과 그 짝염기의 혼합으로 만들 수 있다.

② 완충 용액은 약염기와 그 짝산의 혼합으로 만들 수 있다.

③ 완충 용액은 센 산(Strong Acid)이나 센 염기(Strong Base)가 조금 가해졌을 때 pH가 잘 변하지 않는다.

④ 완충 용량은 pH가 완충 용액에서 사용하는 약산의 pK_a에 근접할수록 작아진다.

해설

중화 적정에서 변곡점(약산, 짝염기의 농도가 1 : 1인 지점 근처)에서 pH = pK_a이며 완충 용량은 최대이다.

23 약산인 아질산(HNO₂)은 0.23M의 초기 농도를 갖는 수용액일 때 2.0의 pH를 갖는다. 아질산의 산 이온화상수(Acid Ionization Constant)인 K_a는?

① 1.8×10^{-5}

② 1.7×10^{-4}

③ 4.5×10^{-4}

④ 7.1×10^{-4}

해설

$$HNO_2 \longrightarrow H^+ + NO_2^-$$

$$\begin{array}{ccc} 0.23 & & \\ -x & +x & +x \\ \hline 0.23-x & x & x \end{array}$$

$$K_a = \frac{[H^+][NO_2^-]}{[HNO_2]} = \frac{[H^+]^2}{0.23-x} \quad (\because [H^+]=[NO_2^-])$$

$$= \frac{[10^{-2}]^2}{0.23-0.01} \quad (\because \text{pH가 2이므로 } x\text{는 0.01이다})$$

$$\approx 4.5 \times 10^{-4}$$

24 PCl₃ 분자의 VSEPR 구조와 PCl₃ 분자에서 P 원자의 형식 전하를 옳게 짝지은 것은?

① 삼각평면 / +1

② 삼각평면 / 0

③ 사면체 / +1

④ 사면체 / 0

해설

• PCl₃는 암모니아와 같은 형태의 구조(원자가전자 수가 같은 질소 대신 인, 수소 대신 치환 가능한 17족 원소 염소)이므로 삼각뿔형(사면체)이다.

• 형식 전하 = 자유 원자 상태의 원자가전자 − (비공유 전자 수 + $\dfrac{\text{공유 전자 수}}{2}$)이므로 P의 형식 전하는 $5 - (2 + 6/2) = 0$이다.

25 다음 중에서 가장 작은 이온 반지름을 가지는 이온은?

① F^-

② Mg^{2+}

③ O^{2-}

④ Ne

해설

등전자 이온에서 이온 반지름이 가장 작은 것은 핵전하량(= 원자 번호)가 가장 큰 것이다. 따라서 이온 반지름은 $O^{2-} > F^- > Na^+ > Mg^{2+}$ 순이다. Ne은 이온이 아니다.

26 탄소(C(s)), 수소(H$_2$(g)), 메테인(CH$_4$(g))의 연소 반응(생성물은 기체 이산화탄소와 액체 물 또는 두 물질 중 하나임)은 각각 순서대로 390kJ/mol, 290kJ/mol, 890kJ/mol의 열을 방출하는 반응이다. 〈보기〉 반응에서 방출하는 열(kJ/mol)은?

〈보 기〉
$$C(s) + 2H_2(g) \rightarrow CH_4(g)$$

① 80　　　　　　　　　　　　② 210
③ 1,570　　　　　　　　　　　④ 1,860

해설

각 물질의 연소 반응식과 방출하는 열은 다음과 같다.
㉠ 탄소 : $C(s) + O_2(g) \rightarrow CO_2(g)$, $Q = 390$kJ/mol
㉡ 수소 : $H_2(g) + 1/2O_2(g) \rightarrow H_2O(l)$, $Q = 290$kJ/mol
㉢ 메테인 : $CH_4(g) + 2O_2(g) \rightarrow CO_2(g) + 2H_2O(l)$, $Q = 890$kJ/mol
헤스의 법칙에 따라 정리하면 ㉠ + 2 × ㉡ - ㉢이므로 390 + 290 × 2 - 890 = 80kJ/mol이다.

27 어떤 동핵 이원자 분자(X$_2$)의 전자 배치는 〈보기〉와 같다. 이 분자의 결합 차수는 얼마인가?

〈보 기〉
$$(\sigma_{2s})^2(\sigma^*_{2s})^2(\sigma_{2p})^2(\pi_{2p})^4(\pi^*_{2p})^4$$

① 1　　　　　　　　　　　　② 1.5
③ 2　　　　　　　　　　　　④ 2.5

해설

*가 있는 것이 반결합 오비탈, *가 없는 것은 결합 오비탈이므로
결합 차수 $= \dfrac{\text{결합 오비탈의 전자 수} - \text{반결합 오비탈의 전자 수}}{2} = \dfrac{8-6}{2} = 1$

28 미지의 화학종 A가 포함된 두 가지 반쪽 반응의 표준환원전위($E°$)는 각각 $E°(A^{2+} | A) = +0.3V$와 $E°(A^+ | A) = +0.4V$ 이다. 이를 바탕으로 계산한 $E°(A^{2+} | A^+)$ 값(V)은?

① +0.2　　　　　　　　　　② +0.1
③ -0.1　　　　　　　　　　④ -0.2

해설

$A^{2+} + 2e^- \rightarrow A$를 E_1, G_1, $A^+ + e^- \rightarrow A$를 E_2, G_2로 정의하고 네른스트식을 활용하면
$G° = G°_1 - G°_2$
$-nFE° = -n_1FE°_1 - (-n_2FE°_2)$
$-1 \times F \times E° = (-2 \times F \times 0.3) - (-1 \times F \times 0.4)$이므로
$E° = 0.2V$이다.

29 S^{2-} 이온의 전자 배치를 옳게 나타낸 것은?

① $1s^22s^22p^63s^23p^4$

② $1s^22s^22p^63s^23p^6$

③ $1s^22s^22p^63s^23p^43d^2$

④ $1s^22s^22p^63s^23p^44s^2$

S^{2-}의 전자 배치는 Ar의 전자 배치($1s^22s^22p^63s^23p^6$)와 같다.

30 HSO$_4^-$($K_a = 1.2 \times 10^{-2}$), HNO$_2$($K_a = 4.0 \times 10^{-4}$), HOCl($K_a = 3.5 \times 10^{-8}$), NH$_4^+$($K_a = 5.6 \times 10^{-10}$) 중 1M의 수용액을 형성하였을 때 가장 높은 pH를 보이는 일양성자산은?

① HSO$_4^-$

② NH$_4^+$

③ HOCl

④ HNO$_2$

K_a값이 클수록 강산이므로 K_a값이 가장 작은 NH$_4^+$의 pH가 가장 높다.

31 강산인 0.10M HNO$_3$ 용액 0.5L에 강염기인 0.12M KOH 용액 0.5L를 첨가하였다. 반응이 완료된 후의 pH는?(단, 생성물로 생기는 물의 부피는 무시한다)

① 6

② 8

③ 10

④ 12

HNO$_3$ 용액에서 [H$^+$]의 농도는 0.10M × 0.5L = 0.05mol, KOH 용액에서 [OH$^-$]의 농도는 0.12M × 0.5L = 0.06mol이므로 중화 반응 후 남은 이온은 [OH$^-$] 0.01mol이다. pOH = −log[OH$^-$]이며, 몰농도를 넣어야 하므로 계산하면 $[OH^-] = \dfrac{0.01mol}{1L} = 0.01M$이다. 따라서 pOH는 2이며 pH + pOH = 14이므로 pH = 12이다.

서울시 고졸 9급
2019

01 〈보기〉는 몇 가지 입자를 모형으로 나타낸 것이다. (가)~(다)에 대한 설명으로 가장 옳은 것은?

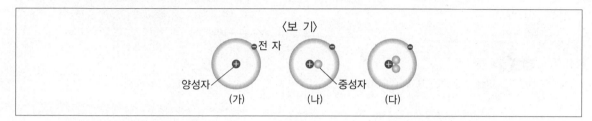

① (가)는 양이온이다.
② (나)의 질량수는 1이다.
③ (가)와 (다)의 물리적 성질은 같다.
④ (가)~(다)는 서로 동위원소 관계이다.

해설

(가) $_1^1\text{H}$, (나) $_1^2\text{H}$, (다) $_1^3\text{H}$
④ 모두 수소의 동위원소이다.
① (가)는 중성 원자이다.
② (나)의 질량수는 2이다.
③ 동위원소는 화학적 성질은 같으나 물리적 성질은 다르다.

02 1족인 알칼리 금속의 성질에 대한 설명으로 가장 옳은 것은?

① 알칼리 금속은 반응성이 커서 기체 상태의 금속 원자가 전자를 방출하고 양이온이 되는 발열반응을 보인다.
② 주기가 큰 알칼리 금속일수록 핵전하들 사이의 반발력이 증가하여 원자 반지름이 작아진다.
③ 같은 주기의 다른 원소들과 비교하여 원자 반지름이 큰 것은 전자 간 반발력이 크기 때문이다.
④ 원자가전자와 핵과의 거리가 먼 알칼리 금속일수록 이온화에너지 값이 감소한다.

해설

① 알칼리 금속은 고체 상태이다.
② 주기가 클수록 전자껍질이 증가하여 원자 반지름이 증가한다.
③ 같은 주기의 다른 원소보다 원자 반지름이 큰 것은 핵전하량이 작기 때문이다.

03 〈보기〉의 물질에서 밑줄 친 원자의 산화수를 모두 합한 값은?

〈보 기〉

$Li_2\underline{C}O_3$ $Ca\underline{H}_2$ $\underline{K}_2O$ $H_2\underline{O}_2$ $Cu(\underline{N}O_3)_2$

① +7
② +8
③ +9
④ +10

해설

$Li_2\underline{C}O_3$ $Ca\underline{H}_2$ $\underline{K}_2O$ $H_2\underline{O}_2$ $Cu(\underline{N}O_3)_2$
　+4　　　 −1　　 +1　　 −1　　　 +5　 $= 8$

04 0.3M 황산(H_2SO_4) 수용액 200mL를 완전히 중화시키는 데 수산화칼륨(KOH) 수용액 300mL가 사용되었다. 사용된 수산화칼륨(KOH) 수용액의 몰농도 값(M)은?

① 0.25M
② 0.3M
③ 0.35M
④ 0.4M

해설

산의 가수 $\times M \times V =$ 염기의 가수 $\times M' \times V'$
　　(황산)　　　　　　　(수산화칼륨)
$2 \times 0.3M \times 0.2L = 1 \times M' \times 0.3L$
∴ M'(수산화칼륨 수용액의 몰농도) $= 0.4M$

05 암모니아(NH_3) 수용액에 염화암모늄(NH_4Cl)을 첨가하면, 첨가하기 전보다 그 양이 감소하는 분자(또는 이온)은?(단, 온도는 일정하다)

① NH_3
② NH_4^+
③ OH^-
④ H_3O^+

해설

$NH_3 + H_2O \rightleftharpoons NH_4^+OH^-$에서 염화암모늄을 첨가하면 NH_4^+이온의 농도가 증가하므로, 르샤틀리에의 원리에 의해 NH_4^+이온의 농도를 줄이기 위한 역반응이 진행되어 OH^-이온의 농도가 감소한다.

3 ② 　4 ④ 　5 ③ 　**정답**

06 〈보기〉는 주기율표의 일부를 나타낸 것이다. 이에 대한 설명으로 가장 옳은 것은?(단, A~D는 임의의 원소 기호이다)

<보 기>

족 주기	1	2	13	14	15	16	17	18
1	A							
2			B				C	
3	D							

① 전기 음성도는 B가 C보다 크다.
② 끓는점은 화합물 AC가 DC보다 높다.
③ BC_3에서 B는 옥텟 규칙을 만족하지 않는다.
④ C와 D는 공유결합을 통해 화합물을 형성한다.

해설

A : H(수소), B : B(붕소), C : F(플루오린), D : Na(나트륨)
③ BF_3는 옥텟 규칙을 만족하지 않는다.
① 전기 음성도는 B(붕소)가 2.0이고 F(플루오린)가 4.0이므로 F(플루오린)가 더 크다.
② 공유결합물질인 HF보다 이온결합물질인 NaF의 끓는점이 높다.
④ NaF는 이온결합물질이다.
※ 저자 의견 : ③번에서 B(붕소)가 옥텟 규칙을 만족하는 경우(BCl_3)가 발견되어 앞으로는 BCl_3로 출제될 가능성이 높다. 아직 공식적인 언급은 없지만 2015 개정 교과서에서 모두 제외되었다.

07 〈보기〉와 같이 요소(NH_2CONH_2)는 물(H_2O)과 반응하여 암모니아(NH_3)와 이산화탄소(CO_2)를 생성한다. 암모니아 10몰이 생성되었을 때 반응한 요소의 질량(g)은?(단, H, C, N, O의 원자량은 각각 1, 12, 14, 16이다)

<보 기>

$$NH_2CONH_2 + H_2O \rightarrow 2NH_3 + CO_2$$

① 60g
② 150g
③ 300g
④ 600g

해설

보기의 반응식에서 암모니아 10몰 생성 시 요소 5몰이 반응하였다. 요소의 분자량은 60g이므로 반응에 필요한 요소의 질량은 300g이다.

08 〈보기〉 4가지 원자의 전자 배치 중 바닥 상태인 것을 옳게 짝지은 것은?(단, A~D는 임의의 원소 기호이다)

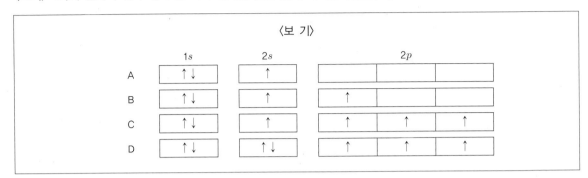

① A, B

② A, D

③ B, C

④ C, D

B, C는 쌓음 원리를 지키지 않았다.

09 〈보기〉는 질소 기체와 수소 기체가 만나 암모니아를 만드는 화학반응식을 나타낸 것이다. 25℃, 1기압에서 암모니아 34g을 생성하기 위해 충분한 양의 수소(H_2)와 반응하는 질소(N_2) 기체의 최소 부피(L)는?(단, H, N의 원자량은 각각 1, 14이고 25℃, 1기압에서 기체 1몰의 부피는 25L이다)

〈보 기〉

$$N_2(aq) + 3H_2(g) \rightarrow 2NH_3(g)$$

① 1L

② 12.5L

③ 25L

④ 50L

생성된 암모니아 34g은 2몰이므로 반응 시 질소 기체는 1몰이 필요하다. 문제에 주어진 조건에 따르면 1기압에서 기체 1몰의 부피는 25L이므로 반응하는 질소 기체의 최소 부피 역시 25L이다.

10 〈보기 1〉은 어떤 기체 A_2와 B_2가 반응하여 기체가 생성되는 것을 모형으로 나타낸 것이다. 이에 대한 설명으로 옳은 것을 〈보기 2〉에서 모두 고른 것은?

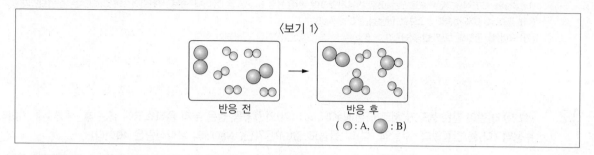

〈보기 1〉

반응 전 → 반응 후

(○ : A, ◯ : B)

〈보기 2〉

ㄱ. 반응 후 분자의 총수는 감소한다.
ㄴ. A_2와 B_2는 3 : 1의 분자 수 비로 반응한다.
ㄷ. 반응 후 생성된 화합물의 화학식은 AB_3이다.

① ㄱ, ㄴ　　　　　　　　　　② ㄱ, ㄷ
③ ㄴ, ㄷ　　　　　　　　　　④ ㄱ, ㄴ, ㄷ

해설

반응을 표로 정리하면 다음과 같다.

화학반응식	$3A_2$	+	B_2	→	$2A_3B$
반응 전	5		2		
반 응	−3		−1		+2
반응 후	2		1		2

ㄱ. 반응 후 분자의 총수는 7개에서 5개로 감소한다.
ㄴ. 반응하는 A_2와 B_2의 계수비는 3 : 1이다.
ㄷ. 반응 후 생성된 화합물의 화학식은 A_3B이다.

11 〈보기〉의 실험 과정에 대한 설명으로 가장 옳은 것은?

〈보 기〉

(가) $CuSO_4$ 수용액이 담긴 비커에 금속 A를 넣었더니 Cu가 석출되었다.
(나) (가) 비커에서 금속 A를 꺼내고 금속 B를 넣었더니 Cu와 금속 A가 석출되었다.
(다) (나) 비커에서 금속 B를 꺼내고 금속 C를 넣었더니 금속 A와 금속 B가 석출되었다.

① 과정 (가)에서 금속 A는 산화제이다.
② 과정 (나)에서 Cu와 금속 A의 이온은 환원된다.
③ 과정 (다)에서 금속 B는 금속 C보다 금속의 반응성이 크다.
④ 과정 (가)~(다)에서 가장 산화되기 쉬운 것은 금속 B이다.

(가) A가 산화되고 Cu가 석출되었으므로 반응성은 A > Cu이며, A는 환원제이다.

(나) Cu와 A가 석출되었으므로 B는 모두 반응하였으며, 반응성은 B > A > Cu이다. B는 산화되었으며 Cu와 A는 환원되었다.

(다) 금속 A, B가 석출되었으므로 반응성은 C > A, B이다.

(가)~(다)를 종합해 보면 반응성은 C > B > A > Cu이며, C가 가장 산화되기 쉽다.

12 〈보기〉와 같이 같은 농도가 서로 다른 NaOH(aq) (가)와 (나)를 같은 부피 플라스크에 넣은 후, 증류수를 가하여 1L의 수용액 (다)를 만들었다. 수용액 (다)의 몰농도 값(M)은?(단, NaOH의 화학식량은 40이다)

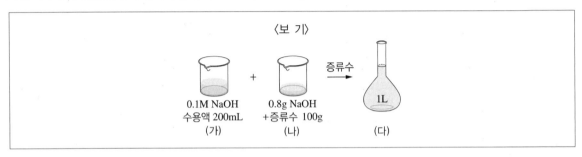

① 0.01M

② 0.02M

③ 0.04M

④ 0.10M

• (가)에 들어 있는 NaOH의 몰수 : 0.1M × 0.2L = 0.02몰

• (나)에 들어 있는 NaOH의 몰수 : 0.8g / 40 = 0.02몰

∴ 수용액 (다)의 몰농도 = $\dfrac{0.04몰}{1L}$ = 0.04M

13 〈보기〉는 황산나트륨(Na₂SO₄)을 소량 녹인 증류수에 전류를 흘려주었을 때 전기 분해가 일어나 기체 A와 B가 발생한 것을 나타낸 것이다. 이에 대한 설명으로 가장 옳은 것은?

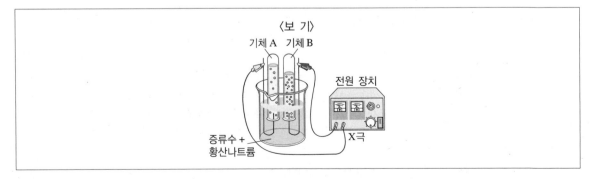

① X극은 (+)극이다.

② Na₂SO₄은 산화제이다.

③ 기체 A는 수소(H₂)이다.

④ X극에서 환원 반응이 일어난다.

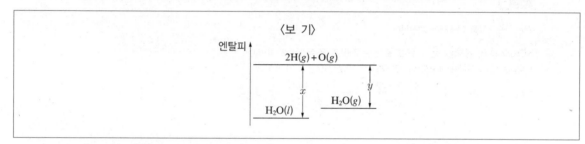

① X극은 (+)극이다.

② 황산나트륨(Na₂SO₄)은 물에 전기가 통하도록 하는 전해질 역할을 하며, 수산화나트륨도 전해질로 이용이 가능하다.

③ 물을 전기 분해하면 수소 기체(H₂)와 산소 기체(O₂)가 2 : 1의 비율로 발생하므로, 기체 A는 산소 기체, 기체 B는 수소 기체이다.

④ X극은 (+)극으로 산화 반응이 일어난다.

전원장치	(+)극	(−)극
기체 종류	산소 기체	수소 기체
산화, 환원	산 화	환 원
발생비	1	2

14 〈보기〉는 1기압에서 몇 가지 물질의 엔탈피를 나타낸 것이다. 산소(O)와 수소(H)의 결합 에너지(O–H)는?

〈보 기〉

엔탈피

2H(g)+O(g)

x y

H₂O(g)

H₂O(l)

① $x-y$

② x

③ $0.5y$

④ $0.5(x+y)$

결합 에너지는 기체 상태에서 결합을 형성했을 때의 값이며, $H_2O(g)$에는 O–H 결합이 2개이므로 $0.5y$이다.

15 〈보기〉의 물에 대한 설명으로 옳은 것을 모두 고른 것은?

〈보 기〉

ㄱ. 이온화상수값이 $K_w = 10^{-15}$인 물의 pH는 7보다 크다.

ㄴ. H⁺를 만나면 비공유 전자쌍을 공유하여 H⁺와 결합할 수 있다.

ㄷ. 순수한 물에는 H⁺와 OH⁻가 같은 수만큼 들어 있다.

① ㄱ, ㄴ

② ㄱ, ㄷ

③ ㄴ, ㄷ

④ ㄱ, ㄴ, ㄷ

ㄱ. $K_w = 10^{-15}$인 물의 경우 [H⁺] = [OH⁻] = $10^{-7.5}$이므로 중성 상태의 pH는 7.5이다.

ㄴ. H⁺를 만나면 비공유 전자쌍을 공유해 H⁺와 결합하여 H₃O⁺이온을 형성한다.

ㄷ. 순수한 물은 중성이므로 H⁺와 OH⁻의 수는 같다.

16 〈보기〉는 같은 질량의 메테인(CH_4)과 산소(O_2)가 각각 두 용기에 들어 있는 상태를 나타낸 것이다. $P_1 : P_2$는?(단, H, C, O의 원자량은 각각 1, 12, 16이고, K = ℃ + 273이며 메테인(CH_4)과 산소(O_2)는 이상 기체이다)

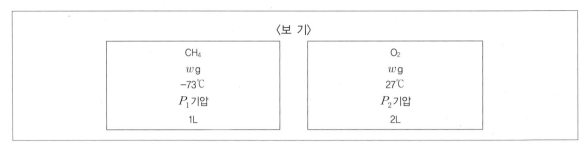

〈보 기〉

CH_4	O_2
wg	wg
−73℃	27℃
P_1기압	P_2기압
1L	2L

① 8 : 3
② 2 : 1
③ 4 : 3
④ 2 : 3

해석

$P = \dfrac{nRT}{V}$ 식을 이용하며 계산한다.

• CH_4와 O_2의 분자량비는 1 : 2이므로 같은 질량의 몰수비는 2 : 1이다.
• 절대온도 = 섭씨온도 + 273이므로 −73℃ = 200K, 27℃ = 300K이다.
• $P_1 : P_2 = P_{CH_4} : P_{O_2} = \dfrac{2 \times R \times 200K}{1L} : \dfrac{1 \times R \times 300K}{2L} = 8 : 3$이다.

17 〈보기〉는 같은 온도에서 HCl(aq)과 NaOH(aq)의 부피에 변화를 주면서 혼합 용액의 최고 온도를 측정한 결과이다. 이에 대한 설명으로 가장 옳지 않은 것은?

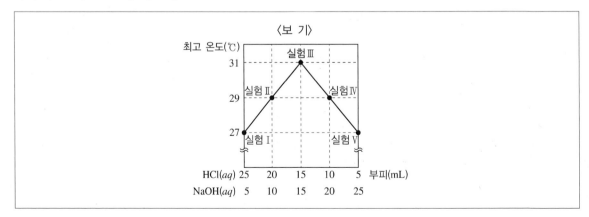

〈보 기〉

① 실험 Ⅲ에서 중화점에 도달하였다.
② 단위 부피당 이온 수 비는 HCl(aq) : NaOH(aq) = 1 : 1이다.
③ 실험 Ⅰ과 실험 Ⅳ에서 남은 용액을 혼합하면 산성 용액이 된다.
④ 중화 반응에 의해 생성된 물 분자 수는 실험 Ⅲ이 실험 Ⅱ의 2배이다.

해설

반응에서 들어 있는 이온 수를 가정하면 다음과 같다.

실 험	I	II	III	IV	V
HCl	$5N/25mL$	$4N/20mL$	$3N/15mL$	$2N/10mL$	$N/5mL$
NaOH	$N/5mL$	$2N/10mL$	$3N/15mL$	$4N/20mL$	$5N/25mL$
생성되는 물 분자	N	$2N$	$3N$	$2N$	N

③ 실험 I과 실험 IV에서 남은 용액을 혼합하면 H^+이 $2N$개 남으므로 산성이다.

④ 중화 반응에 의해 생선된 물 분자 수는 실험 III이 실험 II의 3/2배이다.

18 〈보기〉는 수소 원자의 몇 가지 전자 전이를 나타낸 것이다. 이에 대한 설명으로 가장 옳지 않은 것은?(단, $E_n = \dfrac{-1,312}{n^2}$ kJ/mol이다)

구 분		방출선				
		a	b	c	d	e
주양자 수(n)	전	∞	3	2	1	∞
	후	1	2	1	3	2

① 방출선 c의 파장은 방출선 a의 파장보다 짧다.

② b에서 방출되는 빛은 가시광선 영역에 속한다.

③ c에서 984kJ/mol의 에너지가 방출된다.

④ d에서는 에너지가 흡수된다.

해설

① a, c 모두 라이먼 계열이며, a가 가장 바깥껍질에서 $n=1$인 전자껍질로 전이하므로 전체 방출선 중 에너지가 가장 크고, 파장이 가장 짧다.

② b는 $n=2$인 전자껍질로 전이하므로 가시광선 영역의 빛을 방출한다.

③ c에서 방출되는 에너지는 $E = -1,312kJ/mol \times \left(-\dfrac{3}{4} \right) = 984kJ/mol$이다.

④ d는 $n=1$에서 $n=3$으로의 전이이므로 자외선 영역의 에너지를 흡수한다.

19 이상 기체 상태 방정식에 잘 맞는 기체 일정량을 부피가 변하지 않는 밀폐된 용기에 담고 절대온도를 2배로 올렸다. 이 기체에서 일어나는 변화로 가장 옳지 않은 것은?

① 기체의 압력이 2배로 증가한다.
② 기체의 분자 간 평균 거리가 1/2로 줄어든다.
③ 기체의 평균 운동에너지가 2배로 증가한다.
④ 기체 분자의 평균 운동속도는 증가한다.

해설

② 기체 분자 간 평균 거리는 기체의 몰수, 부피와 관련이 있으며, 두 가지 모두 변하지 않으므로 기체 분자 간 평균 거리는 변하지 않는다.

① $P = \dfrac{nRT}{V}$ 에서 절대온도(T)가 2배이므로 압력(P)은 2배로 증가한다.

③ 기체의 평균 운동에너지는 $E_k = \dfrac{3}{2}kT$이므로 절대온도(T)에 비례하며 평균 운동에너지는 2배 증가한다.

④ $E_k = \dfrac{3}{2}kT = \dfrac{1}{2}mv^2$ 식에서 평균 운동속도를 유도하면 $v = \sqrt{\dfrac{3kT}{m}}$ 이며, 절대온도(T)의 제곱근에 비례하므로 평균 운동속도는 $\sqrt{2}$ 배 증가한다.

20 〈보기〉에서 (가)는 25℃에서 기체 반응 2A(g) → B(g)의 진행에 따른 에너지를 나타낸 것이다. (가)에서 (나)로 변화시킬 수 있는 요인으로 가장 옳은 것은?

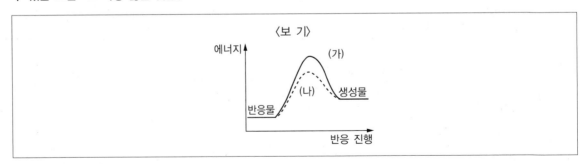

① A(g) 추가
② 온도 상승
③ 부피 증가
④ 촉매 사용

해설

(가)에서 (나)로 변화할 때 활성화 에너지가 줄어듦을 알 수 있으며, 화학반응에서 활성화 에너지가 줄어드는 것은 정촉매를 사용하는 경우이다.

2020년 기출문제

 국가직 9급

01 표는 중성원자 (가)~(다)의 바닥상태 전자배치에 대한 자료이다. 이에 대한 설명으로 옳은 것은?

중성원자	(가)	(나)	(다)
s오비탈의 전자수	w	3	4
p오비탈의 전자수	6	x	3
홀전자수	1	y	z

① w와 z의 합은 6이다.
② x와 y는 같다.
③ (가)와 (나)는 같은 족의 원소이다.
④ (가)와 (다)는 같은 주기의 원소이다.

해설

• 바닥상태의 원자이므로 (가)에서 홀전자가 1개이려면 $1s^2 2s^2 2p^6 3s^1$만 가능하다. 따라서 (가)는 Na(나트륨)이며, w = 5이다.
• s오비탈의 전자수가 3개인 것은 $1s^2 2s^1$이므로 (나)는 Li(리튬)이며 x = 0, y = 1이다.
• (다)는 N(질소)이므로 z = 3이다.
③ Na, Li 모두 1족 원소이다.
① $w + z$ = 8이다.
② x = 0, y = 1이므로 다르다.
④ Na은 3주기, Li은 2주기 원소이다.

02 그림은 화합물 XY와 YZ₂의 결합 모형을 나타낸 것이다. 이에 대한 설명으로 옳은 것은?(단, X~Z는 임의의 원소 기호이다)

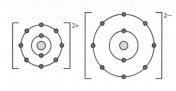

XY   YZ₂

① 원자번호는 Y가 Z보다 크다.
② Y_2 분자는 3중결합을 갖는다.
③ Z_2 분자는 $\dfrac{\text{비공유 전자쌍 수}}{\text{공유 전자쌍 수}}$가 6이다.
④ X와 Z 사이의 화합물은 공유결합 물질이다.

해설

전자배치에 따라 X^{2+}이므로 X = Mg, Y^{2-}이므로 Y = O이다. Z의 원자가 전자는 7이므로 F이다.

③ F_2는 $\dfrac{비공유\ 전자쌍\ 수}{공유\ 전자쌍\ 수} = \dfrac{6}{2} = 3$이다.

① O는 원자번호 8 , F은 원자번호 9이다.

② O_2는 이중결합을 갖는다.

④ MgF_2은 이온결합 물질이다.

03 그림은 원자번호가 연속인 2주기 원소 (가)~(라)의 원자반지름과 이온화 에너지를 나타낸 것이다. 이에 대한 설명으로 옳은 것은?

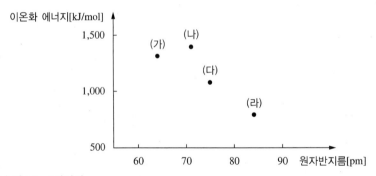

① (가)~(라) 중 금속원소는 1개이다.

② 원자번호는 (라)가 (다)보다 크다.

③ 전기음성도는 (나)가 (가)보다 크다.

④ 원자가 전자의 유효 핵전하는 (가)가 (나)보다 크다.

해설

원자번호가 연속일 때 일반적으로 원자반지름이 작아질수록(원자번호가 증가할수록) 이온화 에너지가 증가한다.

위의 그림에서 (가)와 (나)에서는 예외 구간이 발생하므로, 가능한 배치는 (가) O, (나) N, (다) C, (라) B이다.

① 금속원소는 없다.

② 원자번호는 C가 B보다 크다.

③ 전기음성도는 원자번호가 증가할수록 커지므로 O가 가장 크다.

04 표는 $a\text{XY} + b\text{Y}_2 \rightarrow c\text{XY}_2$ 반응의 전과 후에 반응물과 생성물의 양을 나타낸 것이다. 이에 대한 설명으로 〈보기〉에서 옳은 것만을 모두 고르면?(단, X와 Y는 임의의 원소 기호이다)

물 질	XY	Y_2	XY_2
반응 전의 질량(g)	7	6	0
반응 후의 질량(g)	0	2	11

> ㄱ. a는 b의 2배이다.
>
> ㄴ. 원자량은 X가 Y의 $\dfrac{4}{3}$배이다.
>
> ㄷ. 반응 전에 반응물의 몰수는 XY가 Y_2보다 크다.

① ㄴ
② ㄷ
③ ㄱ, ㄴ
④ ㄱ, ㄷ

해설

ㄱ. 반응식의 계수를 완성하면 $a = 2$, $b = 1$, $c = 2$이다. 따라서 a는 b의 2배이다.

표에서 주어진 조건이 질량이므로, 질량 보존의 법칙을 통해 반응 시 질량비를 구할 수 있다.

반응식	$2\text{XY} + \text{Y}_2 \rightarrow 2\text{XY}_2$		
반응 전	7	6	0
반 응	−7	−4	+11
반응 후	0	2	11

$M = \dfrac{w}{n}$ 이므로 다음과 같이 계산한다.

물 질	2XY	Y_2
질량(w)	7	4
몰수(n)	2	1
분자량(M)	7	8

ㄴ. 원자량은 X = 3, Y = 4이므로, X가 Y의 $\dfrac{3}{4}$배이다.

ㄷ. 반응 전 반응물의 몰수는 XY : Y_2 = 1 : 3/4이므로, XY가 Y_2보다 크다.

05 다음은 구리(Cu)와 관련된 실험 내용이다. 이에 대한 설명으로 옳은 것은?

> • 구리를 공기 중에서 가열하면 산화구리(Ⅱ)가 생성된다.
> • 산화구리(Ⅱ)를 유리관에 넣고 수소 기체를 흘리면서 가열하면 구리와 (가)가 생성된다.
> • 산화구리(Ⅱ)와 탄소 가루를 시험관에 넣고 가열하면 구리와 (나)가 생성된다.

① 산화구리(Ⅱ)의 화학식은 Cu_2O이다.
② (가)는 H_2O이다.
③ (나)와 석회수가 반응하면 CaO가 생성된다.
④ 탄소 가루는 산화제 역할을 한다.

해설

① 산화구리(Ⅱ)의 화학식은 CuO이다.
② $CuO(s) + H_2(g) \rightarrow Cu(s) + H_2O(l)$이므로 (가)는 H_2O이다.
③ $2CuO(s) + C(s) \rightarrow 2Cu(s) + CO_2(g)$이므로 (나)는 CO_2이며,
　석회수와 반응하면 $Ca(OH)_2(aq) + CO_2(g) \rightarrow CaCO_3(s) + H_2O(l)$이므로 $CaCO_3$이 생성된다.
④ 탄소 가루는 산화되므로 환원제 역할을 한다.

2020

지방직, 서울시 9급

01 다음 분자들을 중심원자의 결합각이 큰 것부터 순서대로 옳게 나열한 것은?

> $BeCl_2$　　H_2O　　NH_3　　BCl_3　　CF_4

① $BeCl_2$, BCl_3, CF_4, NH_3, H_2O
② $BeCl_2$, H_2O, BCl_3, NH_3, CF_4
③ H_2O, $BeCl_2$, NH_3, BCl_3, CF_4
④ H_2O, NH_3, $BeCl_2$, CF_4, BCl_3

해설

분 자	$BeCl_2$	H_2O	NH_3	BCl_3	CF_4
결합각(°)	180	104.5	107	120	109.5

02 그림 (가)는 수소원자의 가시광선 영역의 선 스펙트럼을, (나)는 수소원자 오비탈의 주양자수(n)에 따른 에너지 준위와 전자전이 A~C를 나타낸 것이다. 이에 대한 설명으로 옳지 않은 것은?

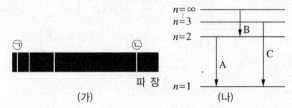

(가)　　　　(나)

① ⊙의 에너지는 ⓒ의 에너지보다 크다.
② A 전이로 ⓒ이 관찰된다.
③ C 전이는 라이먼 계열이다.
④ 전이에서 방출되는 빛의 파장은 A보다 B가 길다.

해석

오른쪽으로 갈수록 파장이 길어지므로 가장 파장이 긴 ⓒ은 $n = 3 → 2$로의 전이이며, ⊙은 $n = 6 → 2$로의 전이이다.
② A 전이는 $n = 2 → 1$로의 전이이므로 자외선 영역이라 ⓒ이 관찰되지 않는다.
① 파장이 짧을수록 에너지가 크므로 ⊙의 에너지가 더 크다.
③ C 전이는 $n = 3 → 1$로의 전이이므로 자외선 영역이며, 라이먼 계열이다.
④ A는 자외선 영역($n = 2 → 1$), B는 가시광선 영역($n = \infty → 2$)이므로 빛의 파장은 A보다 B가 더 길다.

03 그림의 (가)~(다)는 25℃에서 1M Ca(OH)₂ 수용액과 1M HCl 수용액을 다양한 부피비로 혼합한 용액을 나타낸 것이다. 이에 대한 설명으로 〈보기〉에서 옳은 것만을 모두 고르면?

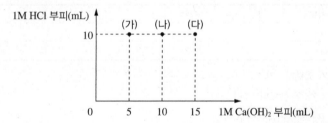

〈보 기〉
ㄱ. (가)에 브로모티몰 블루(BTB)를 소량 가하면 노란색이 된다.
ㄴ. 총이온수는 (나)가 (가)의 2배이다.
ㄷ. 혼합할 때 생성된 물의 양은 (나)보다 (다)가 많다.

① ㄱ   ② ㄴ
③ ㄱ, ㄷ   ④ ㄴ, ㄷ

해석

1가 산과 2가 염기의 반응이므로 HCl과 Ca(OH)₂의 중화점에서의 부피비는 2 : 1이다.
따라서 (가)는 중성이며, (나)와 (다)는 염기성을 띤다.
ㄱ. (가)는 중성이므로 BTB를 가하면 초록색이 된다.
ㄴ. (가)의 총이온수는 0.015mol, (나)의 총이온수는 0.03mol이므로 (나)가 (가)의 2배이다.
ㄷ. HCl의 양은 일정하므로 (나)와 (다)에서 생성된 물의 양은 같다.

04 그림은 마그네슘(Mg)과 관련된 화학반응 (가)~(다)를 나타낸 것이다. 이에 대한 설명으로 옳은 것은?

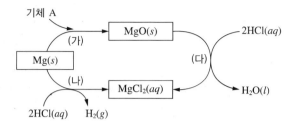

① (가)~(다) 모두 산화-환원반응이다.

② (가)에서 기체 A는 산화된다.

③ (나)에서 H의 산화수는 감소한다.

④ (다)에서 MgO는 환원제이다.

해설

③ (나)에서 H의 산화수는 +1에서 0으로 감소한다.

① (다)는 산화수가 변하지 않으므로 산화-환원반응이 아니다.

② (가)에서 기체 A의 산화수는 0에서 -2로 감소하므로 환원된다.

④ (다)는 산화-환원반응이 아니므로 산화제, 환원제가 없다.

05 표는 일정 온도와 압력에서 기체 시료 (가)와 (나)에 대한 자료이다. 이에 대한 설명으로 옳은 것은?(단, X~Z는 임의의 원소 기호이다)

기체 시료	분자식	부 피	질 량
(가)	XY_3	V	m
(나)	Y_2Z_2	$2V$	$4m$

① 원자량은 X가 Z보다 크다.

② 분자량은 XY_3가 Y_2Z_2보다 크다.

③ 총원자수는 (나)가 (가)의 4배이다.

④ 질량 1g에 포함된 총원자수는 XY_3가 Y_2Z_2의 2배이다.

해설

$M = \dfrac{w}{n}$ 이므로 다음과 같이 계산된다.

분자식	XY_3	Y_2Z_2
질량(w)	m	$4m$
몰수(n)	V	$2V$
분자량(M)	1	2

④ 질량 1g에 포함된 총원자수는 $\dfrac{1}{\text{분자량}} \times$ 원자수이므로 XY_3가 Y_2Z_2의 2배이다.

① 원자량의 합 X + 3Y = Y + Z를 정리하면 X + 2Y = Z이므로 Z > X이다.

② 분자량은 Y_2Z_2가 XY_3의 2배이다.

③ 분자를 구성하는 원자수가 4개로 같으므로 원자수비는 몰수비와 동일하며, (나)가 (가)의 2배이다.

06 25℃에서 측정한 용액 A의 $[OH^-]$가 1.0×10^{-6}M일 때, pH값은?(단, $[OH^-]$는 용액 내의 OH^- 몰농도를 나타낸다)

① 6.0 ② 7.0

③ 8.0 ④ 9.0

$K_w = [H_3O^+][OH^-] = 1.0 \times 10^{-14}$

$[H_3O^+] = \dfrac{1.0 \times 10^{-14}}{[OH^-]} = \dfrac{1.0 \times 10^{-14}}{1.0 \times 10^{-6}M} = 1.0 \times 10^{-8}$M이므로 pH는 8.00이다.

07 32g의 메테인(CH_4)이 연소될 때 생성되는 물(H_2O)의 질량(g)은?(단, H의 원자량은 1, C의 원자량은 12, O의 원자량은 16이며 반응은 완전연소로 100% 진행된다)

① 18 ② 36

③ 72 ④ 144

메테인의 연소반응식 : $CH_4(g) + 2O_2(g) \longrightarrow CO_2(g) + 2H_2O(l)$

CH_4 32g은 2몰이므로 H_2O은 4몰이 생성된다. 따라서 H_2O의 질량은 $4 \times 18g = 72g$이다.

08 원자 간 결합이 다중 공유결합으로 이루어진 물질은?

① KBr ② Cl_2

③ NH_3 ④ O_2

산소 기체는 이중결합이다.

09 N$_2$O 분해에 제안된 메커니즘은 다음과 같다.

$$N_2O(g) \xrightarrow{k_1} N_2(g) + O(g) \text{ (느린 반응)}$$

$$N_2O(g) + O(g) \xrightarrow{k_2} N_2(g) + O_2(g) \text{ (빠른 반응)}$$

위의 메커니즘으로부터 얻어지는 전체반응식과 반응속도 법칙은?

① $2N_2O(g) \rightarrow 2N_2(g) + O_2(g)$, 속도 $= k_1[N_2O]$

② $N_2O(g) \rightarrow N_2(g) + O(g)$, 속도 $= k_1[N_2O]$

③ $N_2O(g) + O(g) \rightarrow N_2(g) + O_2(g)$, 속도 $= k_2[N_2O]$

④ $2N_2O(g) \rightarrow N_2(g) + 2O_2(g)$, 속도 $= k_2[N_2O]^2$

해설

• 전체반응식 : 제시된 두 반응식을 합하여 반응물과 생성물에서 중복되는 것을 지워주면 완성된다.

$$+ \begin{array}{l} N_2O(g) \rightarrow N_2(g) + O(g) \\ N_2O(g) + O(g) \rightarrow N_2(g) + O_2(g) \\ \hline 2N_2O(g) \rightarrow 2N_2(g) + O_2(g) \end{array}$$

• 반응속도는 느린 반응이 속도 결정단계이므로, 속도 $= k_1[N_2O]$ 이다.

10 일정 압력에서 2몰의 공기를 40℃에서 80℃로 가열할 때, 엔탈피 변화(ΔH)[J]는?(단, 공기의 정압열용량은 20Jmol^{-1}℃$^{-1}$이다)

① 640

② 800

③ 1,600

④ 2,400

해설

'ΔH = 열용량 × 온도차'이므로 20J/mol · ℃ × 40℃ = 800J/mol이다.

문제에서 2몰의 공기를 가열하였으므로 800J/mol × 2mol = 1,600J이다.

※ 저자의견 : 단위를 없애는 방향으로 접근하면 문제를 해결하는 데 도움이 된다.

11 다음은 원자 A~D에 대한 양성자수와 중성자수를 나타낸다. 이에 대한 설명으로 옳은 것은?(단, A~D는 임의의 원소 기호이다)

원 자	A	B	C	D
양성자수	17	17	18	19
중성자수	18	20	22	20

① 이온 A^-와 중성원자 C의 전자수는 같다.

② 이온 A^-와 이온 B^+의 질량수는 같다.

③ 이온 B^-와 중성원자 D의 전자수는 같다.

④ 원자 A~D 중 질량수가 가장 큰 원자는 D이다.

해설

① 이온 A^-의 전자수는 18이며, 중성원자 C의 전자수는 18로 같다.

② 이온 A^-의 질량수는 35(= 17 + 18)이며, 이온 B^+의 질량수는 37(= 17 + 20)이므로 다르다.

③ 이온 B^-의 전자수는 18이며, 중성원자 D의 전자수는 19이므로 다르다.

④ 원자 A~D 중 질량수가 가장 큰 원자는 C(40)이다.

12 단열된 용기 안에 있는 25℃의 물 150g에 60℃의 금속 100g을 넣어 열평형에 도달하였다. 평형 온도가 30℃일 때, 금속의 비열($Jg^{-1}℃^{-1}$)은?(단, 물의 비열은 $4Jg^{-1}℃^{-1}$이다)

① 0.5 ② 1

③ 1.5 ④ 2

해설

물이 얻은 열량 = 금속이 내놓은 질량

$c_1 m_1 \Delta T = c_2 m_2 \Delta T$이므로 $4Jg^{-1}℃^{-1} \times 150g \times (303 - 298)K = x \times 100g \times (333 - 303)K$이다.

∴ $x = 1Jg^{-1}℃^{-1}$

13 주기율표에 대한 설명으로 옳지 않은 것은?

① O^{2-}, F^-, Na^+ 중에서 이온반지름이 가장 큰 것은 O^{2-}이다.

② F, O, N, S 중에서 전기음성도는 F이 가장 크다.

③ Li과 Ne 중에서 1차 이온화 에너지는 Li이 더 크다.

④ Na, Mg, Al 중에서 원자반지름이 가장 작은 것은 Al이다.

해설

이온화 에너지는 주기율표상에서 오른쪽으로 갈수록 커지는 경향이 있다. 특히 18족은 배치가 안정하므로 이온화 에너지는 각 주기에서 가장 크다. 따라서 Li과 Ne 중에서 1차 이온화 에너지는 Ne이 더 크다.

14 화합물 A_2B의 질량 조성이 원소 A 60%와 원소 B 40%로 구성될 때, AB_3를 구성하는 A와 B의 질량비는?

① 10%의 A, 90%의 B
② 20%의 A, 80%의 B
③ 30%의 A, 70%의 B
④ 40%의 A, 60%의 B

원자의 질량비는 A = 30%, B = 40%이다. 따라서 AB_3의 질량비는 30% : 120%이므로 1 : 4이다.

15 25℃ 표준상태에서 다음의 두 반쪽 반응으로 구성된 갈바니 전지의 표준전위(V)는?(단, $E°$는 표준환원전위값이다)

$$Cu^{2+}(aq) + 2e^- \rightarrow Cu(s) : E° = 0.34V$$
$$Zn^{2+}(aq) + 2e^- \rightarrow Zn(s) : E° = -0.76V$$

① −0.76
② 0.34
③ 0.42
④ 1.1

(+)극이 Cu, (−)극이 Zn이므로, $E° = E°_{(+)극} - E°_{(-)극} = 0.34V - (-0.76V) = 1.1V$이다.

16 반응식 $P_4(s) + 10Cl_2(g) \rightarrow 4PCl_5(s)$에서 환원제와 이를 구성하는 원자의 산화수 변화를 옳게 짝지은 것은?

	환원제	반응 전 산화수	반응 후 산화수
①	$P_4(s)$	0	+5
②	$P_4(s)$	0	+4
③	$Cl_2(g)$	0	+5
④	$Cl_2(g)$	0	−1

산화되는 물질을 환원제라고 하며, 일반적으로 공유결합에서 Cl의 산화수는 −1이다.

17 프로페인(C_3H_8)이 완전연소할 때, 균형 화학반응식으로 옳은 것은?

① $C_3H_8(g) + 3O_2(g) \rightarrow 4CO_2(g) + 2H_2O(g)$
② $C_3H_8(g) + 5O_2(g) \rightarrow 4CO_2(g) + 3H_2O(g)$
③ $C_3H_8(g) + 5O_2(g) \rightarrow 3CO_2(g) + 4H_2O(g)$
④ $C_3H_8(g) + 4O_2(g) \rightarrow 2CO_2(g) + H_2O(g)$

18 중성원자를 고려할 때, 원자가 전자수가 같은 원자들의 원자번호끼리 옳게 짝지은 것은?

① 1, 2, 9
② 5, 6, 9
③ 4, 12, 17
④ 9, 17, 35

해설

원자가 전자수가 같은 것은 주기율표상에서 같은 족에 해당하며, ④번은 모두 17족이다(9 : F, 17 : Cl, 35 : Br). 주기율표상에서 2~3주기는 전자배치에 따라 원자번호가 8 증가하며, 4주기는 $3d$ 오비탈에 전자를 배치하므로 원자번호가 18 증가한다.

19 물분자의 결합 모형을 그림처럼 나타낼 때, 결합 A와 결합 B에 대한 설명으로 옳은 것은?

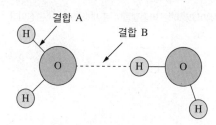

① 결합 A는 결합 B보다 강하다.
② 액체에서 기체로 상태변화를 할 때 결합 A가 끊어진다.
③ 결합 B로 인하여 산소원자는 팔전자 규칙(Octet Rule)을 만족한다.
④ 결합 B는 공유결합으로 이루어진 모든 분자에서 관찰된다.

해설

① A는 공유결합, B는 수소결합이며 공유결합이 수소결합보다 강하다.
② 액체에서 기체로 상태변화를 할 때 수소결합이 끊어진다.
③ 팔전자 규칙(옥텟 규칙)은 공유결합과 관련이 있다.
④ 수소결합은 N, O, F과 H 사이에서 발생하는 일부 물질에만 존재하는 결합이다.

20 다음 중 산화-환원반응은?

① $HCl(g) + NH_3(aq) \rightarrow NH_4Cl(s)$

② $HCl(aq) + NaOH(aq) \rightarrow H_2O(l) + NaCl(aq)$

③ $Pb(NO_3)_2(aq) + 2KI(aq) \rightarrow PbI_2(s) + 2KNO_3(aq)$

④ $Cu(s) + 2Ag^+(aq) \rightarrow 2Ag(s) + Cu^{2+}(aq)$

해설

중화반응, 앙금생성반응은 산화-환원반응이 아니며, 산화수가 변하는 원소가 없으면 산화-환원반응이 아니다.

① 넓은 의미의 중화반응이다.

② 중화반응이다.

③ 앙금생성반응으로 산화-환원반응이 아니다.

21 아세트알데하이드(Acetaldehyde)에 있는 두 탄소(ⓐ와 ⓑ)의 혼성 오비탈을 옳게 짝지은 것은?

$$CH_3CHO$$

ⓐ   ⓑ

	ⓐ	ⓑ
①	sp^3	sp^2
②	sp^2	sp^2
③	sp^3	sp
④	sp^3	sp^3

해설

ⓐ는 전부 단일결합이므로 sp^3 혼성이고, ⓑ는 이중결합이 존재하므로 sp^2 혼성이다.

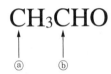

22 용액에 대한 설명으로 옳지 않은 것은?

① 용액의 밀도는 용액의 질량을 용액의 부피로 나눈 값이다.

② 용질 A의 몰농도는 A의 몰수를 용매의 부피(L)로 나눈 값이다.

③ 용질 A의 몰랄농도는 A의 몰수를 용매의 질량(kg)으로 나눈 값이다.

④ 1ppm은 용액 백만g에 용질 1g이 포함되어 있는 값이다.

해설

② 용질 A의 몰농도는 A의 몰수를 용액의 부피(L)로 나눈 값이다.

23 바닷물의 염도를 1kg의 바닷물에 존재하는 건조 소금의 질량(g)으로 정의하자. 질량 백분율로 소금 3.5%가 용해된 바닷물의 염도$\left(\dfrac{g}{kg}\right)$는?

① 0.35

② 3.5

③ 35

④ 350

해설

질량 백분율 3.5%는 100g의 바닷물에 건조 소금이 3.5g 녹아 있다는 의미이며, 이를 염도로 바꾸면 1,000g의 바닷물에 건조 소금이 35g이 녹아 있는 것이므로 바닷물의 염도는 35이다.

24 25℃ 표준상태에서 아세틸렌($C_2H_2(g)$)의 연소열이 −1,300kJmol^{-1}일 때, C_2H_2의 연소에 대한 설명으로 옳은 것은?

① 생성물의 엔탈피 총합은 반응물의 엔탈피 총합보다 크다.

② C_2H_2 1몰의 연소를 위해서는 1,300kJ이 필요하다.

③ C_2H_2 1몰의 연소를 위해서는 O_2 5몰이 필요하다.

④ 25℃의 일정 압력에서 C_2H_2이 연소될 때 기체의 전체 부피는 감소한다.

해설

아세틸렌 연소반응식 : $2C_2H_2(g) + 5O_2 \rightarrow 4CO_2(g) + 2H_2O(l)$

④ 연소반응식에서 계수의 합이 반응물은 7, 생성물은 6이므로 기체의 전체 부피는 감소한다.

① 발열반응이므로, 반응물의 엔탈피 총합이 생성물의 엔탈피 총합보다 크다.

② 연소열은 연소 시 방출하는 열량이다.

③ 필요한 O_2의 양은 2.5몰이다.

25 물질 A, B, C에 대한 다음 그래프의 설명으로 옳은 것만 모두 고르면?

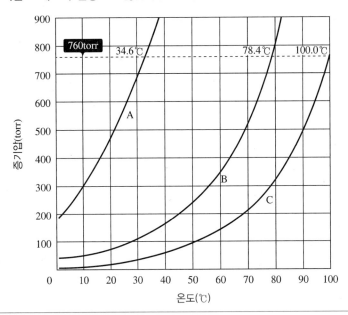

ㄱ. 30℃에서 증기압 크기는 C < B < A이다.

ㄴ. B의 정상 끓는점은 78.4℃이다.

ㄷ. 25℃ 열린 접시에서 가장 빠르게 증발하는 것은 C이다.

① ㄱ, ㄴ   ② ㄱ, ㄷ

③ ㄴ, ㄷ   ④ ㄱ, ㄴ, ㄷ

해설

ㄱ. 30℃에서 증기압은 그래프상 30℃에서 수직으로 선을 그었을 때 각 곡선과 만나는 점이므로, 크기는 A > B > C이다.

ㄴ. 정상 끓는점은 1기압(= 760torr) 상태일 때의 온도이므로, B의 정상 끓는점은 78.4℃이다.

ㄷ. 증기압의 크기는 분자 간의 인력이 작을수록 크며, 이는 끓는점이 낮을수록 크다고 볼 수 있으므로 25℃ 열린 접시에서 가장 빠르게 증발하는
것은 A이다.

2020 서울시 고졸 9급

01 물질의 양(몰, mol)에 대한 설명으로 가장 옳은 것은?(단, H, C, N, O의 원자량은 각각 1, 12, 14, 16이고, 0℃, 1기압에서 기체 1몰의 부피는 22.4L, 아보가드로수는 6.02×10^{23}이다)

① N_2H_4 5.6L에는 질소원자 0.5몰이 포함되어 있다.

② CH_4 32g에는 탄소원자 6.02×10^{23}개가 포함되어 있다.

③ H_2O 3몰에는 수소원자 12.04×10^{23}개가 포함되어 있다.

④ 2몰의 포도당($C_6H_{12}O_6$)에 포함되어 있는 수소원자의 질량은 12g이다.

해설

② CH_4의 분자량은 16이므로 CH_4 32g은 탄소원자 2몰이 있으므로 탄소원자 12.04×10^{23}개가 포함되어 있다.

③ H_2O 3몰에는 수소원자 6몰이 있으므로 수소원자 36.12×10^{23}개가 포함되어 있다.

④ 2몰의 포도당($C_6H_{12}O_6$)에는 수소원자 24몰이 포함되어 있으므로 수소원자의 질량은 24g이다.

02 탄소화합물에 대한 설명으로 가장 옳지 않은 것은?

① 폼알데하이드 : 새집증후군을 일으키는 물질이다.

② 아세트산 : 물에 녹으면 염기성을 나타내는 물질이다.

③ 아세톤 : 물에 잘 녹으며, 손톱칠을 지우는 데도 이용된다.

④ 에탄올 : 물에 잘 녹으며, 술의 주성분 및 소독제 등으로 이용된다.

해설

아세트산은 물에 녹으면 수소이온을 내놓는 산성 물질이다.

03 〈보기〉는 바닥상태 원자 A~C에 대한 자료이다. 이에 대한 설명으로 가장 옳은 것은?

	〈보 기〉		
원 자	A	B	C
s오비탈에 들어 있는 전자수	3	5	8

① A의 홀전자수는 3개이다.
② 원자 B와 원자 C의 전자수 차이는 8이다.
③ B에서 전자가 들어 있는 오비탈의 개수는 6개이다.
④ 전자가 들어 있는 전자껍질수는 A와 B가 같다.

해설

① A는 $1s^2 2s^1$ 이므로 Li이며, 홀전자수는 1개이다.
② B는 $1s^2 2s^2 2p^6 3s^1$ 이므로 Na이며, C는 Ca 이후 원소로 Ca과의 전자수 차이는 9이다(이후 번호는 더 벌어진다).
④ A는 2주기, B는 3주기 원소이므로 전자가 들어 있는 전자껍질수는 다르다.

04 〈보기 1〉은 원소 A, B, C로 이루어진 물질 (가)~(다)를 구성 원소의 전기음성도 차이에 따른 화학결합 모형으로 나타낸 것이다. 이에 대한 설명으로 옳은 것을 〈보기 2〉에서 모두 고른 것은?

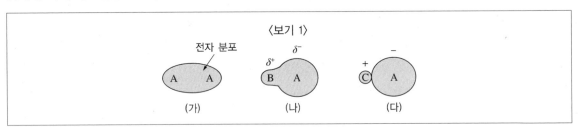

〈보기 2〉
ㄱ. 전기음성도는 A > B > C이다.
ㄴ. (다)는 액체 상태에서 전기전도성이 있다.
ㄷ. (가)는 극성 공유결합, (다)는 이온결합이다.
ㄹ. Cl_2는 (가)모형, NaCl은 (나)모형으로 나타낼 수 있다.

① ㄱ, ㄴ ② ㄴ, ㄷ
③ ㄷ, ㄹ ④ ㄱ, ㄴ, ㄹ

해설

ㄱ. 전기음성도는 -로 쏠린 쪽이 강하므로 전자의 분포를 보면 A > B이고, A > C이다. 또 (다)는 이온결합이므로 A와 C의 차이가 A와 B의 차이보다 크므로 전기음성도는 A > B > C이다.
ㄴ. (다)는 이온결합 물질이므로 액체 상태에서 전기전도성이 있다.
ㄷ. (가)는 무극성 공유결합이다.
ㄹ. NaCl은 (다)모형으로 나타낼 수 있다.

3 ③ 4 ① 정답

05 〈보기 1〉은 암모니아 합성반응에 대한 설명이다. (가)~(다)에 대한 설명으로 옳은 것을 〈보기 2〉에서 모두 고른 것은?

〈보기 1〉

하버는 공기 중의 (가)질소를 (나)수소와 반응시켜 (다)암모니아를 대량으로 합성하는 제조공정을 개발함으로써 질소비료의 대량 생산을 가져왔다.

〈보기 2〉

ㄱ. (가)~(다) 중 화합물은 3가지이다.
ㄴ. (가)는 이원자 분자로 존재한다.
ㄷ. 암모니아 분자 1개는 3개의 원자로 이루어져 있다.

---

① ㄴ
② ㄱ, ㄴ
③ ㄱ, ㄷ
④ ㄴ, ㄷ

ㄱ. (가)~(다) 중 화합물은 암모니아 1가지이다.
ㄴ. (가)와 (나)는 2원자 분자로 존재한다.
ㄷ. 암모니아 분자 1개는 수소원자 3개와 질소원자 1개로 이루어져 있다.

06 0.1M 황산(H_2SO_4) 수용액 10mL를 완전히 중화시키는 데 필요한 0.05M 수산화나트륨(NaOH) 수용액의 부피의 값(mL)은?

① 10mL
② 20mL
③ 30mL
④ 40mL

$0.1M \times 2 \times 0.01L = 0.05M \times x L$
∴ $x = 0.04L = 40mL$

07 〈보기〉의 (가)~(다)는 각각 탄소(C), 산소(O), 마그네슘이온(Mg²⁺)의 전자배치를 순서 없이 나타낸 것이다. 이에 대한 설명으로 가장 옳은 것은?(단, n = 주양자수, l = 부양자수(또는 방위양자수)이다)

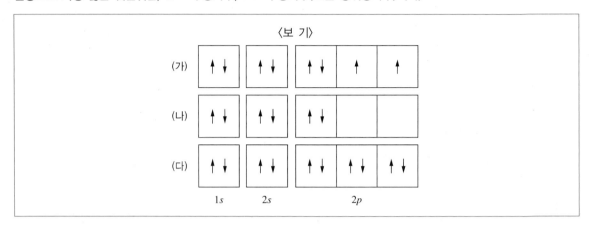

① (가)의 원자가 전자수는 4개이다.
② (나)는 탄소의 바닥상태 전자배치를 나타낸 것이다.
③ (가)~(다)의 전자배치에는 홀전자가 없다.
④ n = 3, l = 0인 오비탈에서 전자를 잃어버린 것은 (다)이다.

해설

(가)는 산소(O), (나)는 탄소(C)의 들뜬상태, (다)는 마그네슘이온(Mg²⁺)이다.
④ n = 3, l = 0은 3s오비탈이므로 전자를 잃어버린 것은 (다)이다.
① (가)의 원자가 전자수는 6개이다.
② (나)는 탄소의 들뜬상태 전자배치를 나타낸 것이다.
③ (가)의 전자배치에 홀전자는 2개이다.

08 화학반응속도에 대한 설명으로 가장 옳지 않은 것은?

① 정촉매를 사용하면 활성화 에너지가 감소한다.
② 온도를 높이면 활성화 에너지가 증가하여 반응속도가 증가한다.
③ 반응물의 농도가 증가하면 유효 충돌수가 증가하여 반응속도가 증가한다.
④ 일정 온도에서 활성화 에너지가 증가하면 활성화 에너지 이상의 운동 에너지를 가진 분자수가 감소한다.

해설

② 온도를 높이면 분자의 운동이 활발해져 반응속도가 증가한다.

09 〈보기 1〉의 (가)와 (나)는 분자량이 60인 A로 만든 수용액을 나타낸 것이다. 이에 대한 설명으로 옳은 것을 〈보기 2〉에서 모두 고른 것은?(단, (가) 수용액의 밀도는 1.09g/mL, 물의 몰랄내림상수(K_f)는 1.86℃/m이고, A는 비전해질, 비휘발성이다)

〈보기 1〉

(가) 1.5M A 수용액 100mL
(나) 1.5m A 수용액 100g

〈보기 2〉

ㄱ. (나)의 어는점은 −2.79℃이다.
ㄴ. (가)를 몰랄농도로 표현하면 1.5m이다.
ㄷ. (가)와 (나)에 포함된 A의 몰수는 같다.

---

① ㄱ   ② ㄱ, ㄴ
③ ㄴ, ㄷ   ④ ㄱ, ㄴ, ㄷ

해석

ㄱ. '순수한 용매의 어는점 − 어는점 내림 = 용액의 어는점'이므로 0℃ − 2.79℃ = −2.79℃이다.
ㄴ. 몰농도를 몰랄농도로 변환할 경우
   1,000 × d(용액의 밀도) − a(용질의 몰수) × M_w(용질의 분자량) : M(용액의 몰농도) = 1,000 : x이므로 x = 1.5m이다.
ㄷ. 두 물질의 몰랄농도가 같으나 용매의 질량이 다르므로 (가)와 (나)에 포함된 A의 몰수는 다르다.

---

10 〈보기〉는 일정 온도와 압력에서 메테인(CH_4) 1몰이 연소될 때의 열화학반응식을 나타낸 것이다. 이에 대한 설명으로 가장 옳은 것은?

〈보 기〉

$$CH_4(g) + 2O_2(g) \rightarrow CO_2(g) + 2H_2O(l), \ \Delta H = -890.5kJ$$

---

① 반응 후 주위의 온도가 감소한다.
② 산소 1몰이 반응할 때 890.5kJ의 열이 발생한다.
③ 생성물의 엔탈피 총합보다 반응물의 엔탈피 총합이 크다.
④ 반응물의 결합 에너지 총합이 생성물의 결합 에너지 총합보다 크다.

해석

① 발열반응이므로 반응 후 주위의 온도는 증가한다.
② 엔탈피는 몰수에 따라 변화하므로 산소 1몰이 반응할 때 발생하는 열은 445.25kJ이다.
④ 발열반응이므로 생성물의 결합 에너지 총합은 반응물의 결합 에너지 총합보다 크다.

11 〈보기〉는 다니엘 전지를 나타낸 것이다. 이에 대한 설명으로 가장 옳지 않은 것은?

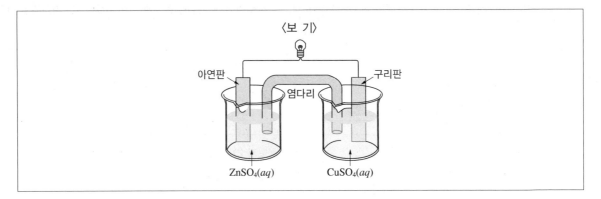

① 전자는 아연판에서 구리판으로 이동한다.

② (−)극에 해당하는 판의 질량이 감소한다.

③ 음이온은 염다리를 따라 $CuSO_4$ 수용액으로 이동하여 전하의 균형을 이룬다.

④ (+)극에 해당하는 판에서는 $Cu^{2+}(aq) + 2e^- \rightarrow Cu(s)$의 반응이 일어난다.

해설

③ Cu가 환원되므로 음이온은 염다리를 따라 $ZnSO_4$ 수용액으로 이동한다.

12 물의 특성에 대한 설명으로 가장 옳지 않은 것은?

① 0℃에서 얼음 1g의 부피는 0℃에서 물 1g의 부피보다 작다.

② 물의 밀도는 4℃일 때 최대이다.

③ 물은 수소결합이 존재하므로 다른 액체 물질에 비해 표면장력이 크다.

④ 물은 비열이 커서 쉽게 가열되지 않는다.

해설

① 물은 일반적인 물질과 다르게 고체가 될 때 물분자 간 수소결합이 형성되기 때문에 부피가 증가한다. 따라서 0℃에서 얼음 1g의 부피가 0℃에서 물 1g의 부피보다 크다.

13 〈보기〉는 4가지 질소화합물이다. 이 화합물에 있는 질소(N)의 산화수를 모두 합한 값은?

〈보 기〉
NH_3　NO_2　HNO_2　HNO_3

① 7　　　　　　　　　　　　　② 9
③ 12　　　　　　　　　　　　④ 15

해설

구 분	NH_3	NO_2	HNO_2	HNO_3
질소 산화수	−3	+4	+3	+5

∴ $(-3)+4+3+5=9$

14 평형상수에 대한 설명으로 가장 옳은 것은?

① 평형상수는 온도와 압력에 따라 변한다.

② 정반응의 평형상수가 K일 때 역반응의 평형상수는 $\frac{1}{K}$이다.

③ 고체나 용매의 경우에도 평형상수식에 포함하여 나타낸다.

④ 화학반응식의 계수와 평형상수식은 무관하다.

해설
① 평형상수는 온도에 따라 변한다(압력 ×).
③ 고체나 용매는 평형상수식에서 제외한다.
④ 화학반응식의 계수는 평형상수식의 농도의 지수이다.

15 〈보기〉는 온도 T에서 프로페인($C_3H_8(g)$)의 연소반응식과 실린더 속에 $C_3H_8(g)$과 $O_2(g)$가 들어 있는 초기 상태를 나타낸 것이다. 반응이 완결된 후 남은 $O_2(g)$의 부분 압력의 값[기압]은?(단, 대기압은 1기압, 온도는 일정하고, 피스톤의 질량과 마찰은 무시한다)

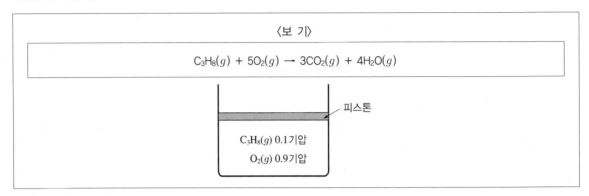

〈보 기〉

$$C_3H_8(g) + 5O_2(g) \rightarrow 3CO_2(g) + 4H_2O(g)$$

피스톤

$C_3H_8(g)$ 0.1기압

$O_2(g)$ 0.9기압

① $\dfrac{1}{11}$ 기압   ② $\dfrac{3}{11}$ 기압

③ $\dfrac{4}{11}$ 기압   ④ $\dfrac{8}{11}$ 기압

해석

연소반응을 표로 정리하면 다음과 같다.

연소반응식	$C_3H_8(g) + 5O_2(g) \rightarrow 3CO_2(g) + 4H_2O(g)$			
반응 전	0.1	0.9		
반 응	−0.1	−0.5	+0.3	+0.4
반응 후	0	0.4	0.3	0.4

∴ 반응이 완결된 후 남은 $O_2(g)$의 부분 압력의 값은 $\dfrac{0.4몰}{1.1몰} = \dfrac{4}{11}$ 기압이다.

16 가역반응과 비가역반응을 화학반응식으로 나타내려 한다. 역반응(←)을 표시할 수 있는 반응은?(단, 역반응이 정반응에 비해 무시할 수 있을 만큼 거의 일어나지 않는 반응을 비가역반응이라 본다)

① $Mg(s) + 2HCl(aq) \rightarrow H_2(g) + MgCl_2(aq)$

② $HCl(aq) + NaOH(aq) \rightarrow H_2O(l) + NaCl(aq)$

③ $CH_4(g) + 2O_2(g) \rightarrow CO_2(g) + 2H_2O(l)$

④ $CaCO_3(s) + H_2O(l) + CO_2(g) \rightarrow Ca(HCO_3)_2(aq)$

해석

연소반응과 중화반응, 금속과 산의 반응은 비가역반응이다.
① 금속과 산의 반응이다.
② 중화반응이다.
③ 연소반응이다.

17 〈보기〉는 원자 (가)~(다)를 모형으로 나타낸 것으로 ◯, ●, ●은 원자를 구성하는 입자이다. 이에 대한 설명으로 가장 옳은 것은?

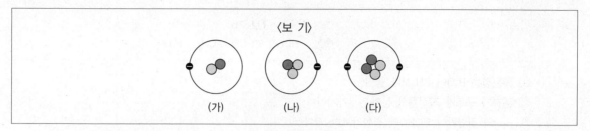

〈보 기〉

(가) (나) (다)

① 원자번호는 (나)가 (가)보다 크다.

② $\dfrac{\text{질량수}}{\text{전자수}}$ 는 (다)가 (가)보다 크다.

③ (나)와 (다)는 동위원소이다.

④ 중성자수 − 양성자수는 (나) > (가) = (다)이다.

전자수를 통해 양성자, 중성자를 구분할 수 있으며, (가) $_1^2H$, (나) $_1^3H$ (다) $_2^4He$ 이다.

① (가)와 (나)의 원자번호는 같다.

② $\dfrac{\text{질량수}}{\text{전자수}}$ 는 (가) $= \dfrac{2}{1}$, (다) $= \dfrac{4}{2}$ 이므로 같다.

③ (가)와 (나)는 동위원소이다.

18 〈보기〉는 이온 A^{2+}, B^{2-}이 화학결합하여 화합물 (가)가 형성되는 것을 모형으로 나타낸 것이다. 이에 대한 설명으로 가장 옳은 것은?(단, A, B는 임의의 원소 기호이다)

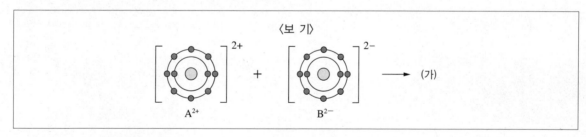

〈보 기〉

A^{2+} + B^{2-} ⟶ (가)

① A와 B는 같은 주기 원소이다.

② A와 B의 안정한 화합물 (가)는 A_2B_2이다.

③ 화합물 (가)는 고체 상태에서 전기전도성이 있다.

④ 화합물 (가)의 결정은 외부에서 힘을 가하면 쉽게 부서진다.

A는 Mg, B는 O이다.

① Mg은 3주기, O는 2주기 원소이다.

② Mg과 O의 안정한 화합물 (가)는 MgO이다.

③ 화합물 MgO은 이온결합으로, 고체 상태에서 전기전도성이 없다.

19 〈보기〉는 5가지 분자의 분자식이다. 이에 대한 설명으로 가장 옳은 것은?(단, H, C, N, O의 원자량은 각각 1, 12, 14, 16이다)

〈보 기〉
CO_2 HCHO   HCN CH_4 H_2O

① 끓는점은 H_2O이 CH_4보다 높다.

② 분자의 구조가 직선형인 분자는 3가지이다.

③ H_2O의 결합각이 HCHO의 결합각보다 크다.

④ 중심원자가 비공유 전자쌍을 가지는 분자는 2가지이다.

해석

분자식	CO_2	HCHO	HCN	CH_4	H_2O
구 조	직선형	평면삼각형	직선형	정사면체	굽은형
결합각(°)	180	약 120	180	109.5	104.5

① H_2O은 극성, CH_4은 무극성이므로 끓는점은 H_2O이 CH_4보다 높다.

② 분자의 구조가 직선형인 분자는 2가지이다.

③ H_2O의 결합각은 HCHO의 결합각보다 작다.

④ 중심원자가 비공유 전자쌍을 가지는 분자는 H_2O 1가지이다.

20 원자번호 1~20번 원소의 주기적 성질에 대한 설명으로 가장 옳지 않은 것은?

① 최초의 주기율표는 멘델레예프가 원자량 순으로 배열하여 만든 것이다.

② 금속원소의 원자가 양이온이 되면 양이온의 반지름은 원자반지름보다 작아진다.

③ 같은 족에서는 원자번호가 증가할수록 전자껍질수가 증가하여 원자반지름이 증가한다.

④ 전자수가 같은 이온(등전자이온)은 원자번호가 커질수록 이온반지름이 커진다.

해석

④ 등전자이온은 원자번호가 커질수록 핵전하량이 커지므로 이온반지름이 작아진다.

제 3 편

9급 국가직 · 지방직 · 고졸채용을 위한 합격 완벽 대비서

최근 기출문제

2021년   기출문제(국가직, 지방직, 서울시, 서울시 고졸)

기술직
TECH BIBLE
화학

9급 국가직 · 지방직 · 고졸채용을 위한 합격 완벽 대비서

합격의 공식 시대에듀

잠깐!

자격증 · 공무원 · 금융/보험 · 면허증 · 언어/외국어 · 검정고시/독학사 · 기업체/취업

이 시대의 모든 합격! 시대에듀에서 합격하세요!

www.youtube.com → 시대에듀 → 구독

2021년 기출문제

국가직 9급

01 이온결합 물질에 대한 설명으로 옳지 않은 것은?

① 연성(늘림성)과 전성(퍼짐성)이 크다.
② 대부분 상온에서 고체 상태로 존재한다.
③ 액체 상태나 수용액 상태에서 전기 전도성을 나타낸다.
④ 양이온과 음이온이 강한 정전기적 인력으로 결합하고 있다.

해설

① 연성과 전성이 큰 것은 금속결합 물질의 성질이다.
②·④ 이온결합 물질은 양이온과 음이온이 강한 정전기적 인력으로 결합하여 대체로 녹는점이 높다. 따라서 상온에서 고체 상태로 존재하는 경우가 많다.

02 다음은 서로 다른 산화–환원 반응 (가)와 (나)의 화학반응식이다. 이에 대한 설명으로 옳은 것은?

> (가) $N_2(g) + 3H_2(g) \longrightarrow 2NH_3(g)$
> (나) $Cu(s) + 2Ag^+(aq) \longrightarrow Cu^{2+}(aq) + 2Ag(s)$

① (가)에서 N_2는 산화되었다.
② (가)에서 H의 산화수는 감소하였다.
③ (나)에서 Cu는 환원제이다.
④ (나)에서 Ag 1몰이 생성될 때 반응한 Cu는 2몰이다.

해설

③ (나)에서 Cu는 산화수가 0에서 +2로 증가하였으므로 산화되었다. 따라서 환원제이다.
① (가)에서 N의 산화수는 0에서 –3으로 감소하였으므로 N_2는 환원되었다.
② (가)에서 H의 산화수는 0에서 +1로 증가하였다.
④ (나)에서 반응식의 계수비에 따라 Ag 2몰이 생성될 때 반응한 Cu는 1몰이다.

03 다음은 A와 B가 반응하여 C를 생성하는 반응의 화학반응식이다.

$$2A(g) + bB(g) \rightarrow 2C(g) \ (b : 반응\ 계수)$$

표는 같은 질량의 A와 B가 부피가 변할 수 있는 실린더 내에서 반응할 때 반응 전과 후의 몰수를 나타낸 것이다. 이에 대한 설명으로 옳은 것은?(단, 기체의 온도와 압력은 일정하고, 기체는 아보가드로 법칙을 따른다)

기 체	A	B	C
반응 전의 몰수[몰]	1	2	0
반응 후의 몰수[몰]	0	x	$2x$

① $x = 1$이다.

② $b = 1$이다.

③ 분자량은 B가 A의 2배이다.

④ 전체 기체의 밀도는 반응 후가 반응 전의 2배이다.

해설

화학반응식	$2A(g) + bB(g) \rightarrow 2C(g) \ (b : 반응\ 계수)$		
반응 전	1	2	
반 응	-1	$-\dfrac{3}{2}$	$+1$
반응 후	0	$\dfrac{1}{2}$	1

① A가 한계반응물이며, A와 C의 계수가 같으므로 생성물은 1몰이다. 따라서 $x = \dfrac{1}{2}$이다.

② B가 $\dfrac{1}{2}$몰 남아 있으므로, 반응한 B의 양은 $\dfrac{3}{2}$이다. 따라서 반응 계수 $b = 3$이다.

③ 분자량 $M = \dfrac{w}{n}$이며, 같은 질량의 A와 B를 넣었으므로 질량비는 1 : 1이다.

물 질	A	B
질량(w)	1	1
몰수(n)	1	2
분자량(M)	1	$\dfrac{1}{2}$

④ 기체가 아보가드로 법칙을 따르므로 부피는 $3V$에서 $\dfrac{3}{2}V$로 감소하며, 질량은 일정하다. 따라서 전체 기체의 밀도는 반응 후가 반응 전의 2배이다.

04 표는 25℃의 3가지 수용액 (가)~(다)에 대한 자료이다. 이에 대한 설명으로 옳은 것은?(단, 25℃에서 물의 이온화 상수(K_w)는 1.0×10^{-14}이다)

수용액	(가)	(나)	(다)
pH	1.0		
[H_3O^+]		1.0×10^{-2}M	
[OH^-]			1.0×10^{-10}M

① (가)의 pH가 가장 크다.
② 산성 수용액은 2가지이다.
③ [H_3O^+]는 (나)가 (가)의 2배이다.
④ [OH^-]는 (다)가 (나)의 100배이다.

해설

25℃에서 [H_3O^+][OH^-] = K_w = 1.0×10^{-14}이므로, 다음과 같이 표를 작성할 수 있다.

수용액	(가)	(나)	(다)
pH	1.0	2.0	4.0
[H_3O^+]	1.0×10^{-1}M	1.0×10^{-2}M	1.0×10^{-4}M
[OH^-]	1.0×10^{-13}M	1.0×10^{-12}M	1.0×10^{-10}M

① pH는 (다)가 가장 크다.
② (가), (나), (다)는 모두 산성 수용액이다(3가지).
③ [H_3O^+]는 (나)가 (가)의 10^{-1}배이다.

05 그림은 오비탈 (가)~(다)를 모형으로 나타낸 것이다. 이에 대한 설명으로 옳은 것은?

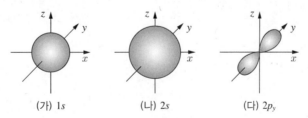

(가) $1s$　　　(나) $2s$　　　(다) $2p_y$

① (가)와 (나)의 주양자수는 같다.
② (가)와 (나)에 최대로 들어갈 수 있는 전자 수는 같다.
③ 탄소(C) 원자에서 (나)와 (다)의 에너지 준위는 같다.
④ 리튬(Li)의 바닥상태 전자 배치에서 (다)에 들어 있는 전자 수는 1이다.

해설

② (가)와 (나)에 각각 2개의 전자가 들어갈 수 있다.
① (가)의 주양자수는 1, (나)의 주양자수는 2이다.
③ 수소(H)를 제외한 원자들의 에너지 준위는 $2s < 2p$이다.
④ 리튬(Li)의 바닥 상태 전자 배치는 $1s^2 2s^1$으로, $2p$를 채우지 않는다.

2021

지방직, 서울시 9급

01 다음은 세 가지 분자의 분자식이다. 이에 대한 설명으로 〈보기〉에서 옳은 것만을 모두 고르면?

$$C_2H_2 \quad C_2H_4 \quad C_2H_6$$

〈보 기〉

ㄱ. 입체구조를 갖는 분자는 2가지이다.
ㄴ. 결합각(∠HCC)의 크기는 C_2H_6가 가장 작다.
ㄷ. 다중결합을 갖는 분자는 2가지이다.

① ㄱ
② ㄴ
③ ㄱ, ㄷ
④ ㄴ, ㄷ

해설

분자식	C_2H_2	C_2H_4	C_2H_6
결합각(°)	180	120	109.5
평면/입체	평 면	평 면	입 체
C–C 간 결합	삼중결합	이중결합	단일결합

02 그림은 주기율표의 일부를 나타낸 것이다. A~E에 대한 설명으로 〈보기〉에서 옳은 것만을 모두 고르면?(단, A~E는 임의의 원소 기호이다)

주 기 \ 족	1	2	13	14	15	16	17	18
1	A							
2				B			C	
3	D						E	

〈보 기〉

ㄱ. 원자 반지름은 A가 D보다 크다.

ㄴ. 전기 음성도는 B가 C보다 크다.

ㄷ. 제1 이온화 에너지는 C가 E보다 크다.

① ㄱ

② ㄷ

③ ㄱ, ㄴ

④ ㄴ, ㄷ

해설

A : H(수소), B : C(탄소), C : F(플루오린), D : Na(나트륨), E : Cl(염소)

ㄷ. 이온화 에너지는 같은 족에서 주기율표 아래로 갈수록 감소하므로, F(플루오린)이 Cl(염소)보다 크다.

ㄱ. 같은 족에서 주기율표 아래로 갈수록 전자 껍질 수가 늘어나므로 원자 반지름은 증가한다. 따라서 Na(나트륨)이 H(수소)보다 크다.

ㄴ. 전기 음성도는 같은 주기에서 주기율표 오른쪽으로 갈수록 증가하므로, F(플루오린)이 C(탄소)보다 크다(C : 2.5, F : 4.0).

03 표는 원자 A~D의 바닥 상태 전자 배치를 나타낸 것이다. 이에 대한 설명으로 〈보기〉에서 옳은 것만을 모두 고르면?(단, A~D는 임의의 원소 기호이다)

원자	전자 배치
A	$1s^22s^22p^5$
B	$1s^22s^22p^2$
C	$1s^22s^22p^63s^2$
D	$1s^22s^22p^4$

〈보 기〉

ㄱ. 이온 반지름은 A^-가 C^{2+}보다 크다.

ㄴ. 홀전자 수는 A가 가장 많다.

ㄷ. 금속 원소는 2가지이다.

① ㄱ

② ㄴ

③ ㄱ, ㄷ

④ ㄴ, ㄷ

해설

A : F(플루오린), B : C(탄소), C : Mg(마그네슘), D : O(산소)

ㄱ. 두 이온 전자 배치는 Ne(네온)과 같으므로, 핵 전하량이 큰 Mg^{2+}의 이온 반지름이 F^-의 이온 반지름보다 작다.

ㄴ. 홀전자 수는 C(탄소), O(산소)가 각각 2개로 가장 많다.

ㄷ. 금속 원소는 Mg(마그네슘) 1가지이다.

04 표는 원자 X~Z로 이루어진 화합물 (가)와 (나)에 대한 자료이다. X~Z는 각각 O, F, Mg 중 하나이다. 이에 대한 설명으로 〈보기〉에서 옳은 것만을 모두 고르면?(단, 화합물에서 모든 원자는 옥텟 규칙을 만족한다)

화합물	화학식의 구성 원자 수 비	액체 상태에서의 전기 전도성
(가)	X : Y = 1 : 1	㉠
(나)	X : Z = 1 : 2	없음

〈보 기〉

ㄱ. ㉠은 '없음'이다.
ㄴ. Y와 Z로 이루어진 화합물의 화학식은 YZ_2이다.
ㄷ. (나)에서 X의 산화수는 −2이다.

① ㄱ
② ㄴ
③ ㄱ, ㄷ
④ ㄴ, ㄷ

(나)는 액체 상태에서 전기 전도성이 없으므로, 공유결합임을 유추할 수 있다. 따라서 (나)는 OF_2이며, (가)는 MgO이다.
X : O(산소), Y : Mg(마그네슘), Z : F(플루오린)
ㄴ. Mg(마그네슘)과 F(플루오린)으로 이루어진 화합물의 화학식은 MgF_2이다.
ㄱ. MgO는 이온결합 물질이므로, 액체 상태에서 전기 전도성이 있다.
ㄷ. OF_2에서 O(산소)의 산화수는 +2이다.

05 다음은 구리(Cu)와 질산(HNO_3)이 반응하여 이산화질소(NO_2) 기체가 발생하는 반응을 나타낸 것이다. 이에 대한 설명으로 〈보기〉에서 옳은 것만을 모두 고르면?(단, $a \sim d$는 반응 계수이다)

$$Cu(s) + aH^+(aq) + bNO_3^-(aq) \longrightarrow Cu^{2+}(aq) + cNO_2(g) + dH_2O(l)$$

〈보 기〉

ㄱ. Cu는 환원제이다.
ㄴ. $a + b + c + d = 10$이다.
ㄷ. Cu 1몰이 충분한 양의 HNO_3와 반응하면 1몰의 NO_2 기체가 발생한다.

① ㄱ
② ㄷ
③ ㄱ, ㄴ
④ ㄴ, ㄷ

반응식 : $Cu(s) + 4H^+(aq) + 2NO_3^-(aq) \longrightarrow Cu^{2+}(aq) + 2NO_2(g) + 2H_2O(l)$
ㄱ. Cu는 산화되므로 환원제이다.
ㄴ. $a = 4$, $b = 2$, $c = 2$, $d = 2$이므로, $a + b + c + d = 10$이다.
ㄷ. 반응식의 계수비에 따라 Cu 1몰이 충분한 양의 HNO_3와 반응하면 2몰의 NO_2 기체가 발생한다.

06 다음 물질 변화의 종류가 다른 것은?

① 물이 끓는다.
② 설탕이 물에 녹는다.
③ 드라이아이스가 승화한다.
④ 머리카락이 과산화수소에 의해 탈색된다.

해설

①·②·③ 물리적 변화
④ 화학적 변화

07 용액의 총괄성에 해당하지 않는 현상은?

① 산 위에 올라가서 끓인 라면은 설익는다.
② 겨울철 도로 위에 소금을 뿌려 얼음을 녹인다.
③ 라면을 끓일 때 스프부터 넣으면 면이 빨리 익는다.
④ 서로 다른 농도의 두 용액을 반투막을 사용해 분리해 놓으면 점차 그 농도가 같아진다.

해설

용액의 총괄성 : 비휘발성 용질을 녹인 묽은 용액에 대하여 특정한 용질의 성질과 관련 없이 용질의 농도에만 영향을 받는 성질로, 증기압력 내림, 끓는점 오름, 어는점 내림, 삼투압 등이 있다.
① 기압의 변화에 의해 발생하는 현상이다(보일의 법칙).
② 어는점 내림 현상이다.
③ 끓는점 오름 현상이다(단, 실제로는 거의 영향이 없다).
④ 삼투압 현상이다.

08 강철 용기에서 암모니아(NH_3) 기체가 질소(N_2) 기체와 수소(H_2) 기체로 완전히 분해된 후의 전체 압력이 900mmHg이었다. 생성된 질소와 수소 기체의 부분 압력[mmHg]을 바르게 연결한 것은?(단, 모든 기체는 이상 기체의 거동을 한다)

	질소 기체	수소 기체
①	200	700
②	225	675
③	250	650
④	275	625

해설

반응식 : $2NH_3 \rightarrow N_2 + 3H_2$

질소(N_2) 기체와 수소(H_2) 기체가 1 : 3의 비율로 존재한다.

∴ 질소 기체의 부분 압력 $= 900 \times \dfrac{1}{4} = 225$mmHg, 수소 기체의 부분 압력 $= 900 - 225 = 625$mmHg

09 다음은 일산화탄소(CO)와 수소(H_2)로부터 메탄올(CH_3OH)을 제조하는 반응식이다.

$$CO(g) + 2H_2(g) \rightarrow CH_3OH(l)$$

일산화탄소 280g과 수소 50g을 반응시켜 완결하였을 때, 생성된 메탄올의 질량[g]은?(단, C, H, O의 원자량은 각각 12, 1, 16이다)

① 330
② 320
③ 290
④ 160

해설

일산화탄소 280g은 $\dfrac{280g}{28g/몰} = 10$몰, 수소 50g은 $\dfrac{50g}{2g/몰} = 25$몰이므로 일산화탄소가 한계반응물이며, 메탄올은 10몰이 생성된다.

∴ 생성된 메탄올의 질량 = 메탄올의 분자량 × 10몰 = 32g/몰 × 10몰 = 320g

10 주족 원소의 주기적 성질에 대한 설명으로 옳은 것만을 모두 고르면?

> ㄱ. 같은 족에 있는 원소들은 원자 번호가 커질수록 원자 반지름이 증가한다.
> ㄴ. 같은 주기에 있는 원소들은 원자 번호가 커질수록 원자 반지름이 증가한다.
> ㄷ. 전자 친화도는 주기의 왼쪽에서 오른쪽으로 갈수록 더 큰 양의 값을 갖는다.
> ㄹ. He은 Li보다 1차 이온화 에너지가 훨씬 크다.

① ㄱ, ㄴ
② ㄱ, ㄹ
③ ㄴ, ㄷ
④ ㄱ, ㄷ, ㄹ

해설

ㄴ. 같은 주기에 있는 원소들은 원자 번호가 커질수록 유효 핵전하로 인해 원자 반지름이 감소한다.
ㄷ. 전자 친화도는 전자를 받아들일 때의 에너지 변화로, 전자를 잘 받아들여 안정화가 될수록 음의 값을 가진다. 따라서 음이온이 되기 쉬운 17족 쪽으로 갈수록 더 큰 음의 값을 가진다.

11 다음 화합물 중 무극성 분자를 모두 고른 것은?

> SO_2, CCl_4, HCl, SF_6

① SO_2, CCl_4
② SO_2, HCl
③ HCl, SF_6
④ CCl_4, SF_6

해설

CCl_4는 정사면체, SF_6는 팔면체 구조로 무극성이다.

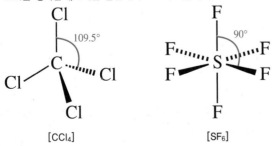

[CCl₄]   [SF₆]

10 ② 11 ④ **정답**

12 탄소(C), 수소(H), 산소(O)로 이루어진 화합물 X 23g을 완전연소시켰더니, CO_2 44g과 H_2O 27g이 생성되었다. 화합물 X의 화학식은?(단, C, H, O의 원자량은 각각 12, 1, 16이다)

① HCHO

② C_2H_5CHO

③ C_2H_6O

④ CH_3COOH

• C의 양 : $44 \times \dfrac{12}{44} = 12$

• H의 양 : $27 \times \dfrac{2}{18} = 3$

• O의 양 : $23 - 12 - 3 = 8$

$\therefore\ C : H : O = \dfrac{12}{12} : \dfrac{3}{1} : \dfrac{8}{16} = 2 : 6 : 1 \rightarrow C_2H_6O$

13 1기압에서 녹는점이 가장 높은 이온결합 화합물은?

① NaF

② KCl

③ NaCl

④ MgO

쿨롱 법칙에 의해 +2가, −2가 이온이 결합하는 MgO가 이온결합력이 가장 강하므로, 1기압에서 녹는점이 가장 높다.

14 다음 화학반응식의 균형을 맞추었을 때, 얻어진 계수 a, b, c의 합은?(단, a, b, c는 정수이다)

$$aNO_2(g) + bH_2O(l) + O_2(g) \longrightarrow cHNO_3(aq)$$

① 9

② 10

③ 11

④ 12

$4NO_2(g) + 2H_2O(l) + O_2(g) \longrightarrow 4HNO_3(aq)$

$\therefore\ a + b + c = 4 + 2 + 4 = 10$

15 다음 양자수 조합 중 가능하지 않은 조합은?(단, n은 주양자수, l은 각운동량 양자수, m_l은 자기 양자수, m_s는 스핀 양자수이다)

	n	l	m_l	m_s
①	2	1	0	$-\dfrac{1}{2}$
②	3	0	-1	$+\dfrac{1}{2}$
③	3	2	0	$+\dfrac{1}{2}$
④	4	3	-2	$+\dfrac{1}{2}$

해설

$m_l = \pm l$이므로, $l = 0$일 때 $m_l = 0$만 가능하다.

16 $_{29}$Cu에 대한 설명으로 옳지 않은 것은?

① 상자성을 띤다.
② 산소와 반응하여 산화물을 형성한다.
③ Zn보다 산화력이 약하다.
④ 바닥 상태의 전자 배치는 $[Ar]4s^13d^{10}$이다.

해설

③ Zn이 Cu보다 산화가 잘되므로, Zn의 산화력(산화를 시키는 능력)이 Cu의 산화력보다 약하다.
④ Cu는 전자 배치의 예외로 $[Ar]4s^13d^{10}$이다.

17 광화학 스모그 발생과정에 대한 설명으로 옳지 않은 것은?

① NO는 주요 원인 물질 중 하나이다.
② NO₂는 빛 에너지를 흡수하여 산소 원자를 형성한다.
③ 중간체로 생성된 하이드록시라디칼은 반응성이 약하다.
④ O₃는 최종 생성물 중 하나이다.

해설

③ 하이드록시라디칼은 반응성이 강하다.

18 철(Fe) 결정의 단위 세포는 체심입방구조이다. 철의 단위 세포 내의 입자 수는?

① 1개　　　　　　　　　　② 2개
③ 3개　　　　　　　　　　④ 4개

체심입방구조는 단위 세포 내의 입자 수로, 철의 단위 세포 내의 입자 수는 $\frac{1}{8} \times 8 + 1 = 2$개이다.

19 루이스 구조와 원자가 껍질 전자쌍 반발 모형에 근거한 ICl_4^- 이온에 대한 설명으로 옳지 않은 것은?

① 무극성 화합물이다.
② 중심 원자의 형식 전하는 −1이다.
③ 가장 안정한 기하 구조는 사각 평면형 구조이다.
④ 모든 원자가 팔전자 규칙을 만족한다.

ICl_4^- 이온의 루이스 구조

④ 중심 원자 I의 주변에 8개를 초과하는 원자가 전자를 갖게 되므로, 팔전자 규칙을 만족하지 않는다.
② 중심 원자 I의 형식 전하

= 자유원자 상태의 원자가 전자 − (비공유 전자수 + $\frac{공유\ 전자수}{2}$)

= $7 - \left(4 + \frac{8}{2}\right)$

= −1

20 0.1M CH₃COOH(aq) 50mL를 0.1M NaOH(aq) 25mL로 적정할 때, 알짜이온 반응식으로 옳은 것은?(단, 온도는 일정하다)

① $H_3O^+(aq) + OH^-(aq) \rightarrow 2H_2O(l)$

② $CH_3COOH(aq) + NaOH(aq) \rightarrow CH_3COONa(aq) + H_2O(l)$

③ $CH_3COOH(aq) + OH^-(aq) \rightarrow CH_3COO^-(aq) + H_2O(l)$

④ $CH_3COO^-(aq) + Na^+(aq) \rightarrow CH_3COONa(aq)$

해설

알짜이온 반응식은 화학반응 시 반응에 참여한 이온만 쓴 화학반응식이다. 중화적정 결과 산성 용액이고, 아세트산의 이온화도는 매우 작으므로 대부분 분자 상태로 존재한다.

• 분자 반응식 : $CH_3COOH(aq) + NaOH(aq) \rightarrow CH_3COONa(aq) + H_2O(l)$

• 완전이온 반응식 : $CH_3COOH(aq) + Na^+(aq) + OH^-(aq) \rightarrow CH_3COO^-(aq) + Na^+(aq) + H_2O(l)$

여기서, 구경꾼 이온 $Na^+(aq)$를 제외하면 알짜이온 반응식이다.

∴ 알짜이온 반응식 : $CH_3COOH(aq) + OH^-(aq) \rightarrow CH_3COO^-(aq) + H_2O(l)$

21 다음 분자쌍 중 성질이 다른 이성질체 관계에 있는 것은?

① ㄱ ② ㄴ
③ ㄷ ④ ㄹ

해설

ㄱ. 구조 이성질체

ㄴ, ㄷ, ㄹ. 광학 이성질체(cis/trans)

22 다음은 밀폐된 용기에서 오존(O_3)의 분해 반응이 평형 상태에 있을 때를 나타낸 것이다. 평형의 위치를 오른쪽으로 이동시킬 수 있는 방법으로 옳지 않은 것은?(단, 모든 기체는 이상기체의 거동을 한다)

$$2O_3(g) \rightleftharpoons 3O_2(g), \quad \Delta H° = -284.6\text{kJ}$$

① 반응 용기 내의 O_2를 제거한다.
② 반응 용기의 온도를 낮춘다.
③ 온도를 일정하게 유지하면서 반응 용기의 부피를 두 배로 증가시킨다.
④ 정촉매를 가한다.

촉매는 반응 속도만 변화시킬 뿐 평형의 위치에는 영향을 주지 않는다.

23 약산 HA가 포함된 어떤 시료 0.5g이 녹아 있는 수용액을 완전히 중화하는 데 0.15M의 NaOH(aq) 10mL가 소비되었다. 이 시료에 들어 있는 HA의 질량 백분율[%]은?(단, HA의 분자량은 120이다)

① 72   ② 36
③ 18   ④ 15

약산에 포함된 H^+의 양 = $0.15\text{mol/L} \times 10 \times 10^{-3}\text{L} = 1.5 \times 10^{-3}\text{mol}$

∴ 시료에 들어 있는 HA의 질량 백분율 = $\dfrac{1.5 \times 10^{-3}\text{mol} \times 120\text{g/mol}}{0.5\text{g}} \times 100 = 36\%$

24 다음은 원자 A~D에 대한 원자 번호와 1차 이온화 에너지(IE_1)를 나타낸다. 이에 대한 설명으로 옳은 것은?(단, A~D는 2, 3주기에 속하는 임의의 원소 기호이다)

	A	B	C	D
원자 번호	n	$n+1$	$n+2$	$n+3$
IE_1[kJmol^{-1}]	1,681	2,088	495	735

① A_2 분자는 반자기성이다.

② 원자 반지름은 B가 C보다 크다.

③ A와 C로 이루어진 화합물은 공유결합 화합물이다.

④ 2차 이온화 에너지(IE_2)는 C가 D보다 작다.

해설

A : F(플루오린), B : Ne(네온), C : Na(나트륨), D : Mg(마그네슘)

① F_2는 반자기성이며, 무극성 분자이다.

② 원자 반지름은 Na(나트륨)이 3주기 원소이므로, 2주기 원소인 Ne(네온)보다 크다(단, 고등학교에서 18족의 원자 반지름 개념은 배우지 않는다).

③ NaF는 이온결합 화합물이다.

④ 2차 이온화 에너지는 1족 이온이 안정하므로, Na(나트륨)이 Mg(마그네슘)보다 크다.

25 다음은 철의 제련 과정과 관련된 화학반응식이다. 이에 대한 설명으로 옳지 않은 것은?

(가) $2C(s) + O_2(g) \rightarrow 2CO(g)$

(나) $Fe_2O_3(s) + 3CO(g) \rightarrow 2Fe(s) + 3CO_2(g)$

(다) $CaCO_3(s) \rightarrow CaO(s) + CO_2(g)$

(라) $CaO(s) + SiO_2(s) \rightarrow CaSiO_3(l)$

① (가)에서 C의 산화수는 증가한다.

② (가)~(라) 중 산화-환원 반응은 2가지이다.

③ (나)에서 CO는 환원제이다.

④ (다)에서 Ca의 산화수는 변한다.

해설

④ (다)에서 Ca의 산화수는 변하지 않는다(+2).

① (가)에서 C의 산화수는 0에서 +2로 증가한다.

② (가)~(라) 중 (다)와 (라)는 산화-환원 반응이 아니다.

③ (나)에서 C의 산화수가 +2에서 +4로 증가하였으므로 산화되었다. 따라서 환원제이다.

2021

서울시 고졸 9급

01 미지의 원자 X를 〈보기〉와 같이 표시하였다. 원자 X의 양성자 수, 중성자 수, 전자 수를 순서대로 바르게 나열한 것은?

〈보 기〉

$$^{26}_{12}X$$

① 12, 12, 14
② 12, 14, 12
③ 14, 12, 12
④ 14, 12, 14

해설

• 양성자 수 = 원자 번호 = 12
• 중성자 수 = 질량수 − 양성자 수 = 26 − 12 = 14
• 전자 수 = 양성자 수 = 12

02 〈보기〉는 물의 상평형 그림을 나타낸 것이다. 이에 대한 설명으로 가장 옳지 않은 것은?

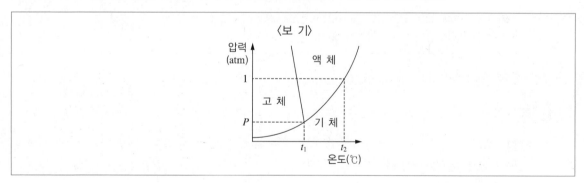

① t_1℃, P atm일 때 삼중점이다.
② 삼중점보다 낮은 압력에서 고체의 온도를 높이면 승화가 일어난다.
③ 1기압에서 물의 끓는점은 t_2℃이다.
④ 1기압보다 압력이 높아지면 물의 어는점은 높아진다.

해설

④ 압력이 1기압보다 높아지면 물의 어는점은 낮아진다.

03 〈보기〉는 0.1M HCl(aq) 20mL와 xM NaOH(aq) 20mL를 혼합한 용액의 단위 부피당 이온 모형이다. 이에 대한 설명으로 가장 옳은 것은?(단, 모든 용액의 온도는 25℃이고, 25℃에서 물의 이온화상수는 $K_w = 1 \times 10^{-14}$이다)

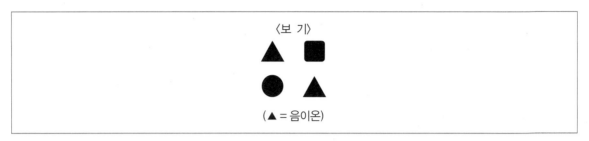

〈보 기〉

(▲ = 음이온)

① $x = 0.05$이다.　　　　② ▲는 OH^-이다.
③ 혼합 용액에서 H^+의 양(mol)은 5×10^{-4}mol이다.　　④ 혼합 용액의 pH는 7보다 크다.

해설

①·② 혼합 용액에 음이온이 가장 많으므로 OH^-는 존재할 수 없다. 따라서 ▲는 Cl^-이다.
　$0.1mol/L \times 20 \times 10^{-3}L - x\,mol/L \times 20 \times 10^{-3}L = 1 \times 10^{-3}mol$
　∴ $x = 0.05$
③ 혼합 용액에서 H^+의 양(mol)은 1×10^{-3}mol이다.
④ 혼합 용액은 산성이므로, pH는 7보다 작다.

04 〈보기〉는 온도와 압력이 같은 2가지 기체 수소(H_2)와 메테인(CH_4)에서 수소(H)의 양(mol)을 비교한 것이다. (가)와 (나)에 해당하는 부등호를 옳게 짝지은 것은?(단, H, C의 원자량은 각각 1, 12이다)

〈보 기〉
• 기체 각 10g에 들어 있는 H의 양(mol) : H_2 (가) CH_4
• 기체 각 10L에 들어 있는 H의 양(mol) : H_2 (나) CH_4

　　(가)　　(나)　　　　　　　(가)　　(나)
① ＞　　＞　　　　② ＞　　＜
③ ＜　　＞　　　　④ ＜　　＜

해설

• 기체 각 10g에 들어 있는 H의 양(mol)
　－ $H_2 = \dfrac{10g}{2g/mol} \times 2 = 10mol$
　－ $CH_4 = \dfrac{10g}{16g/mol} \times 4 = 2.5mol$
　∴ $H_2 > CH_4$
• 기체 10L에 들어 있는 1L를 1몰이라고 가정했을 때 H의 양(mol)
　－ $H_2 = 2 \times 10$몰 $= 20$몰
　－ $CH_4 = 4 \times 10$몰 $= 40$몰
　∴ $H_2 < CH_4$

05 〈보기〉는 온도 T에서 A(g)가 분해되어 B(g)와 C(g)가 생성되는 화학반응식과 농도 평형상수(K), 반응시간에 따른 물질의 농도를 나타낸 그래프이다. 이에 대한 설명으로 가장 옳은 것은?(단, 반응은 강철 용기 내에서 진행되며 온도는 T로 일정하다)

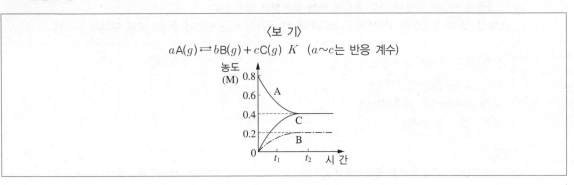

① $a = b + c$이다.

② t_1에서는 역반응이 일어나지 않는다.

③ t_2에서는 정반응속도가 0이다.

④ 온도 T에서 평형상수(K)는 0.2이다.

해설

④ $K = \dfrac{[0.4]^2[0.2]}{[0.4]^2} = 0.2$

① A는 0.4몰 감소, B는 0.2몰 증가, C는 0.4몰 증가하였으므로 계수는 2 : 1 : 2이다. 따라서 $a \neq b + c$이다.

② 가역반응은 정반응과 역반응이 동시에 일어난다.

③ t_2는 평형 상태이므로, 정반응과 역반응의 속도는 같다.

06 산화-환원 반응에 해당하지 않는 것은?

① $CO + 2H_2 \rightarrow CH_3OH$

② $Cl_2 + H_2O \rightarrow HCl + HClO$

③ $Ca(OH)_2 + CO_2 \rightarrow CaCO_3 + H_2O$

④ $2CuO + C \rightarrow 2Cu + CO_2$

해설

③ 반응식에서 산화수가 변하지 않았으므로 산화-환원 반응이 아니다.

07 〈보기〉에서 설명하는 물의 2가지 특성과 가장 관련이 깊은 것은?

> 〈보 기〉
> • 물은 분자량이 비슷한 다른 물질에 비해 끓는점이 매우 높다.
> • 물은 얼 때 분자들이 규칙적으로 배열되며 빈 공간이 있는 결정을 형성하므로 부피가 증가한다.

① 물은 분자 사이에 수소결합을 한다.
② 물은 극성물질을 잘 녹인다.
③ 물의 분자 구조는 굽은형이다.
④ 물은 3원자 분자이다.

해설
물은 수소결합으로 인해 분자 간 힘이 강하여 끓는점이 높다. 그 외에도 표면장력, 모세관 현상 등이 나타난다.

08 0.5M 요소 수용액[$NH_2CONH_2(aq)$] 500mL에 요소[$NH_2CONH_2(s)$] 9g을 넣은 뒤 물을 가하여 혼합 용액의 부피가 1L가 되도록 했을 때, 요소의 몰농도[M]는?(단, 요소의 분자량은 60이고, 수용액의 온도는 일정하다)

① 0.3
② 0.4
③ 0.5
④ 0.6

해설

$$\frac{0.5몰/L \times 0.5L + \dfrac{9g}{60g/몰}}{1L} = 0.4몰/L = 0.4M$$

09 원자 번호 20번인 원소(A)의 원자와 17번인 원소(B)의 원자가 결합하여 화합물을 만들었다. 〈보기〉의 내용에서 옳은 것을 모두 고른 것은?

> 〈보 기〉
> ㄱ. A원자 1개에서 전자 2개를 2개의 B원자에 1개씩 주면 A, B 모두 옥텟 규칙을 만족하는 전자 배치를 갖게 된다.
> ㄴ. A와 B가 결합한 화합물은 상온에서 전류가 흐르지 않는 고체이나, 용융되어 액체가 되면 전기 전도성이 있다.
> ㄷ. A와 B는 매우 강하게 결합하므로, 이런 결합의 화합물은 물에 잘 용해되지 않는다.

① ㄱ, ㄴ
② ㄱ, ㄷ
③ ㄴ, ㄷ
④ ㄱ, ㄴ, ㄷ

해설
A : Ca(칼슘), B : Cl(염소)
ㄴ. 이온결합 물질의 성질이다.
ㄷ. 이온결합 물질은 물에 잘 녹는다.

10 〈보기 1〉 반응속도에 대한 예와 〈보기 2〉 반응속도에 영향을 미치는 요인에 대한 설명을 관련된 것끼리 옳게 짝지은 것은?

〈보기 1〉

(가) 강철솜은 공기 중에서보다 산소가 들어 있는 집기병에서 빠르게 연소된다.

(나) 먼지가 많은 탄광이나 밀가루 공장에서 화재로 인한 폭발 사고가 일어날 위험이 크다.

(다) 과산화수소수에 이산화망가니즈를 넣으면 과산화수소수가 물과 산소로 분해되는 속도가 빨라진다.

(라) 겨울철 비닐하우스에서 채소를 재배하면 식물의 물질대사 속도가 빠르다.

〈보기 2〉

ㄱ. 표면적이 증가하여 유효 충돌이 많을수록 반응속도가 빨라진다.

ㄴ. 반응물의 농도가 증가하면 반응속도는 빨라진다.

ㄷ. 온도가 높을수록 반응속도상수(k)가 증가하여 반응속도는 빨라진다.

ㄹ. 활성화 에너지의 크기를 감소시켜 반응할 수 있는 분자 수가 증가하여 반응속도가 빨라진다.

① (가) - ㄹ ② (나) - ㄴ

③ (다) - ㄱ ④ (라) - ㄷ

(가) - ㄴ, (나) - ㄱ, (다) - ㄹ, (라) - ㄷ

11 물 100g에 포도당 36g을 모두 녹여 용액 A를 만들었다. A의 몰랄농도(m)는?(단, 포도당의 분자량은 180이다)

① 2 ② 3

③ 4 ④ 10

$$\frac{\frac{36g}{180g/몰}}{0.1kg} = 2몰/kg = 2m$$

12 〈보기〉는 25℃, 1atm에서의 2가지 열화학 반응식과 $CO_2(g)$의 생성 엔탈피, 그리고 4가지 결합 에너지에 대한 자료이다. x[kJ], y[kJ/mol]의 값은?

〈보 기〉

• $CH_4(g) + 2O_2(g) \rightarrow CO_2(g) + 2H_2O(g)$ $\Delta H_1 = -880$kJ

• $C(s, 흑연) \rightarrow C(g)$ $\Delta H_2 = x$ kJ

• $CO_2(g)$의 생성 엔탈피 : -395kJ/mol

결 합	C=O	O-H	O=O	C-H
결합 에너지[kJ/mol]	745	470	495	y

	x	y			x	y
①	450	187		②	600	375
③	-450	375		④	-600	187

해설

• $C(s, 흑연) \rightarrow C(g)$는 흡열반응이므로 $\Delta H > 0$이다.
 $C(g) + O_2(g) \rightarrow CO_2(g)$를 결합 에너지로 구하면 다음과 같다.
 O=O 결합 에너지 $-$ (C=O 결합 에너지$\times 2$) $= 495 - (745 \times 2) = -995$
 $C(g) + O_2(g) \rightarrow CO_2(g)$ $\Delta H = -995$kJ ⋯ ㉠
 헤스의 법칙에 따라 CO_2의 생성 엔탈피는 다음과 같다.
 $C(s, 흑연) + O_2(g) \rightarrow CO_2(g)$ $\Delta H = -395$kJ ⋯ ㉡
 ㉠식과 ㉡식을 이용해 정리하면 다음과 같다.

$$\begin{array}{l} \quad C(s, 흑연) + O_2(g) \rightarrow CO_2(g) \;\; \Delta H = -395\text{kJ} \\ + \quad CO_2(g) \rightarrow C(g) + O_2(g) \qquad\quad \Delta H = +995\text{kJ} \\ \hline \quad C(s, 흑연) \rightarrow C(g) \qquad\qquad\quad\;\; \Delta H = 600\text{kJ} \end{array}$$

 $\therefore x = 600$

• (C=O 결합 에너지$\times 4$) $+$ (O=O 결합 에너지$\times 2$) $-$ {(C=O 결합 에너지$\times 2$) $+$ ($2\times$O-H 결합 에너지$\times 2$)} $= -880$
 $(y \times 4) + (495 \times 2) - \{(745 \times 2) + (2 \times 470 \times 2)\} = -880$
 $\therefore y = 375$

13 〈보기〉에 나열된 분자들 중에서 2중결합이 있는 분자의 수는 (가)개이고, 극성 공유결합이 있는 무극성 분자의 수는 (나)개다. (가)와 (나)에 맞는 숫자로 옳은 것은?

〈보 기〉

N_2, O_2, F_2, CO_2, NH_3, HCHO, OF_2, CCl_4

	(가)	(나)			(가)	(나)
①	2	2		②	2	3
③	3	2		④	3	3

해설

• (가) O_2, CO_2, HCHO → 3개
• (나) CO_2, CCl_4 → 2개

14 〈보기〉는 실린더에서 기체 A_2와 B_2가 반응하여 둘 중의 한 기체가 남고, 기체 C가 생기는 반응의 전과 후를 나타낸 그림과 화학반응식이다. 이 반응에 대한 설명으로 가장 옳은 것은?(단, A_2, B_2, C 모두 이상기체이고 온도와 압력은 25℃, 1기압으로 일정하다. 또한 피스톤의 무게와 마찰은 무시한다)

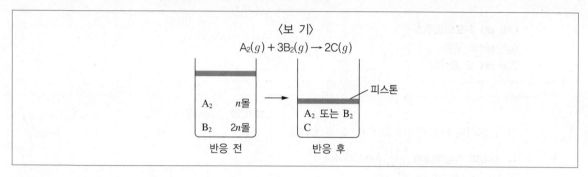

① 기체 C의 분자식은 A_2B_3이다.
② 반응 후 남아 있는 기체는 B_2이다.
③ 반응 후 실린더에 남아 있는 한 기체와 생성된 C 분자 수의 비는 1 : 3이다.
④ 반응 전과 후의 실린더 안 기체의 부피비는 9 : 5이다.

해설

반응식	$A_2(g)$	$+ 3B_2(g)$	$\rightarrow 2AB_3(g)$
반응 전	n	$2n$	
반 응	$-\dfrac{2}{3}n$	$-2n$	$+\dfrac{4}{3}n$
반응 후	$\dfrac{1}{3}n$	0	$\dfrac{4}{3}n$

④ 반응 전 몰수 : 반응 후 몰수 $= 3n : \dfrac{5}{3}n$이며 아보가드로 법칙이 성립하므로, 몰수비는 부피비와 같다. 따라서 반응 전과 후의 실린더 안 기체의 부피비는 9 : 5이다.
① 기체 C의 분자식은 AB_3이다.
② 반응 후 남아 있는 기체는 A_2이다.
③ 반응 후 실린더에 남아 있는 기체 A_2와 생성된 기체 AB_3의 비는 1 : 4이다.

15 〈보기 1〉은 25℃의 수용액에 대한 예이다. 〈보기 1〉에 대한 설명으로 옳은 것을 〈보기 2〉에서 모두 고른 것은?(단, 25℃에서 물의 이온화상수(K_w)는 1.0×10^{-14}이다)

〈보기 1〉

(가) pH 4 토마토주스

(나) pH 6 우유

(다) pH 12 표백제

〈보기 2〉

ㄱ. [H_3O^+]의 비는 (가) : (나) : (다) = 2 : 3 : 6이다.

ㄴ. (나)의 수용액에서 $\dfrac{[H_3O^+]}{[OH^-]}$ = 100이다.

ㄷ. (다)는 염기성 수용액이다.

---

① ㄴ

② ㄱ, ㄷ

③ ㄴ, ㄷ

④ ㄱ, ㄴ, ㄷ

해설

ㄱ. [H_3O^+]의 비는 (가) : (나) : (다) = $10^8 : 10^6 : 1$이다.

ㄴ. (나)의 수용액에서 $\dfrac{[H_3O^+]}{[OH^-]} = \dfrac{[10^{-6}]}{[10^{-8}]} = 100$이다.

ㄷ. (다)는 pH가 7보다 크므로, 염기성 수용액이다.

16 〈보기 1〉의 반응식을 완성하는 과정에 대한 설명으로 옳은 것을 〈보기 2〉에서 모두 고른 것은?(단, a, b, c, d는 반응 계수이며 $a:b:c:d$는 가장 작은 자연수의 비이다)

〈보기 1〉

$$aCu + bNO_3^- + cH^+ \rightarrow aCu^{2+} + bNO + dH_2O$$

〈보기 2〉

ㄱ. 반응 전후 수소와 산소의 산화수는 변하지 않는다.
ㄴ. $a+b+c+d=17$이다.
ㄷ. 반응이 일어나는 동안 금속 Cu가 150개의 전자를 잃는다면, 생성되는 H_2O 분자의 수는 100개이다.

---

① ㄱ, ㄴ
② ㄱ, ㄷ
③ ㄴ, ㄷ
④ ㄱ, ㄴ, ㄷ

해설

반응식 : $3Cu + 2NO_3^- + 8H^+ \rightarrow 3Cu^{2+} + 2NO + 4H_2O$

ㄱ. 반응 전후 수소의 산화수는 +1, 산소의 산화수는 −2로 변하지 않았다.
ㄴ. $a+b+c+d = 3+2+8+4 = 17$
ㄷ. Cu는 원자 1개당 전자 2개가 이동하므로 75개의 원자가 반응하며, 계수비가 3:4이므로 생성되는 H_2O 분자의 수는 100개이다.

17 〈보기〉는 실린더에 두 이상기체 X와 Y가 각각 10g씩 들어 있는 것을 나타낸 것이다. 분자량은 X가 Y의 2배이고, 대기압은 1기압이다. 기체 X의 부분 압력[atm]은?(단, 피스톤의 마찰은 무시하며 현재 피스톤은 멈춰 있다)

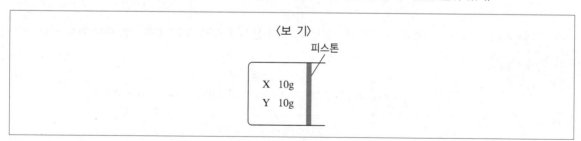

〈보 기〉

피스톤

X 10g
Y 10g

① $\dfrac{1}{3}$

② $\dfrac{1}{2}$

③ $\dfrac{2}{3}$

④ 1

해설

두 이상기체 X와 Y가 같은 질량이나 분자량이 X가 Y의 2배이므로 X는 a몰, Y는 $2a$몰이다.

∴ 기체 X의 부분 압력 $= 1atm \times \dfrac{1}{3} = \dfrac{1}{3}atm$

18 〈보기〉는 주양자수 $n = 2$인 전자 껍질에 존재하는 오비탈을 나타낸 그림이다. 이에 대한 설명으로 가장 옳은 것은?

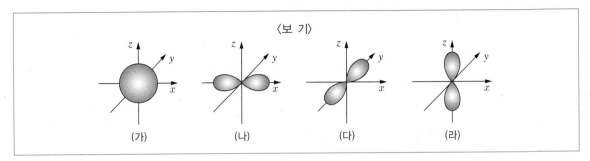

〈보 기〉

(가)   (나)   (다)   (라)

① (가)는 부양자수 $l = 0$인 $2p$ 오비탈이다.
② (가)~(라)는 원자핵 주위에 존재하는 전자의 모양을 나타낸 것이다.
③ (나)~(라)는 부양자수는 같으나 자기 양자수가 다른 오비탈을 나타낸 것으로 오비탈의 에너지 준위는 같다.
④ 주양자수 $n = 2$인 전자 껍질에는 4개의 오비탈이 있으므로 최대 4개의 전자가 존재할 수 있다.

해설

① (가)는 부양자수 $l = 0$인 $2s$ 오비탈이다.
② 오비탈은 전자의 확률 분포를 나타낸 것이다.
④ 주양자수 $n = 2$인 전자 껍질에는 4개의 오비탈이 있으므로 최대 8개의 전자가 존재할 수 있다.

19 〈보기〉는 산 HA의 이온화반응식과 25℃에서의 이온화상수(K_a)이다. 이에 대한 설명으로 가장 옳지 않은 것은?

〈보 기〉

$$HA(aq) + H_2O(l) \rightleftharpoons A^-(aq) + H_3O^+(aq) \qquad K_a = 1.8 \times 10^{-5}$$

① HA는 약산이다.
② H_2O는 염기로 작용하였다.
③ 산의 세기는 HA > H_3O^+이다.
④ A^-는 H_2O보다 강한 염기이다.

해설

짝산-짝염기 관계에 따라 HA가 약산, A^-가 강염기이므로 H_3O^+는 강산이다.
$HA(aq) + H_2O(l) \rightleftharpoons A^-(aq) + H_3O^+(aq)$
약산　　약염기　　강염기　　강산

20 〈보기〉는 NO와 O₂의 반응물 농도에 따른 초기 반응속도이다. NO와 O₂에 대한 반응차수는 각각 1 또는 2이며 서로 같지 않다. 반응물의 초기 농도 외에 다른 조건은 동일할 때, $\dfrac{y}{x}$ 값은?

〈보 기〉

$$2NO(g) + O_2(g) \rightarrow 2NO_2(g)$$

실 험	반응물의 초기 농도(mol/L)		초기 반응속도 $\left(\dfrac{mol}{L \cdot s}\right)$
	NO	O₂	
1	0.01	0.01	0.01
2	0.02	0.02	0.08
3	x	0.03	0.12
4	0.03	x	0.18
5	$2x$	$0.5x$	y

① 0.18

② 0.34

③ 4

④ 8

$v = k[NO]^2[O_2]$ 이므로 농도에 따라 대입해 보면 $x = 2$, $y = 16$이다.

$$\therefore \ \frac{y}{x} = \frac{16}{2} = 8$$

참 / 고 / 문 / 헌

• 기술직 공무원 물리 한권으로 끝내기, 임정, 시대고시기획, 2016

• 기술직 공무원 화학, 임혜경, 서울고시각, 2017

• 옥스토비의 일반화학, 옥스토비, 사이플러스, 2014

• Atkins 물리화학, Peter Atkins, 교보문고, 2007

• EBS 수능특강 화학 I, EBS 한국교육방송공사 편집부, EBS 한국교육방송공사, 2021

• EBS 수능특강 화학 II, EBS 한국교육방송공사 편집부, EBS 한국교육방송공사, 2021

• EBS 일반화학의 이해, 조한길, 자연과 과학, 2015

• High Top 고등학교 화학 I, 동아출판 편집부, 동아출판, 2018

• High Top 고등학교 화학 II, 김봉래, 동아출판, 2016

좋은 책을 만드는 길
독자님과 함께하겠습니다.

도서나 동영상에 궁금한 점, 아쉬운 점, 만족스러운 점이
있으시다면 어떤 의견이라도 말씀해 주세요.
SD에듀는 독자님의 의견을 모아 더 좋은 책으로 보답하겠습니다.

www.sdedu.co.kr

기술직 화학 기출이 답이다

개정5판1쇄 발행	2022년 05월 04일 (인쇄 2022년 03월 18일)
초 판 발 행	2017년 06월 15일 (인쇄 2017년 04월 21일)
발 행 인	박영일
책 임 편 집	이해욱
편 저	정지수
편 집 진 행	윤진영 · 이새록
표지디자인	권은경 · 길전홍선
편집디자인	심혜림 · 정경일
발 행 처	(주)시대고시기획
출 판 등 록	제10-1521호
주 소	서울시 마포구 큰우물로 75 [도화동 538 성지 B/D] 9F
전 화	1600-3600
팩 스	02-701-8823
홈 페 이 지	www.sdedu.co.kr
I S B N	979-11-383-2175-4(13350)
정 가	21,000원

나는 이렇게 합격했다

여러분의 힘든 노력이 기억될 수 있도록
당신의 합격 스토리를 들려주세요.

합격생 인터뷰
상품권 증정

추첨을 통해
선물 증정

베스트 리뷰자 1등
아이패드 증정

베스트 리뷰자 2등
에어팟 증정

SD에듀 합격생이 전하는 합격 노하우

"기초 없는 저도 합격했어요
여러분도 가능해요."

검정고시 합격생 이*주

"불안하시다고요?
시대에듀와 나 자신을 믿으세요."

소방직 합격생 이*화

"강의를 듣다 보니
자연스럽게 합격했어요."

사회복지직 합격생 곽*수

"선생님 감사합니다.
제 인생의 최고의 선생님입니다."

G-TELP 합격생 김*진

"시험에 꼭 필요한 것만 딱딱!
시대에듀 인강 추천합니다."

물류관리사 합격생 이*환

"시작과 끝은 시대에듀와 함께!
시대에듀를 선택한 건 최고의 선택"

경비지도사 합격생 박*익

합격을 진심으로 축하드립니다!

합격수기 작성 / 인터뷰 신청

QR코드 스캔하고 ▷ ▷ ▶
이벤트 참여하여 푸짐한 경품받자!

합격의 공식 시대에듀
SD에듀

기술직 공무원 전기이론
별판 | 22,000원

기술직 공무원 전기기기
별판 | 22,000원

기술직 공무원 기계일반
별판 | 22,000원

기술직 공무원 환경공학개론
별판 | 21,000원

기술직 공무원 재배학개론+식용작물
별판 | 35,000원

기술직 공무원 기계설계
별판 | 22,000원

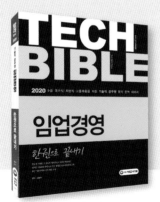

기술직 공무원 임업경영
별판 | 20,000원

기술직 공무원 조림
별판 | 20,000원

※도서의 이미지와 가격은 변경될 수 있습니다.